高等学校经管类专业系列教材

消费者行为学

(第二版)

主　编　高孟立
副主编　曾　锵　葛米娜　张玉荣

西安电子科技大学出版社

内容简介

本书是一本理论与实践相结合的消费者行为学教材，以应用型能力培养贯穿始终，展现了当前消费者行为学研究领域的最新成果，强调了心理学、社会学、管理学以及市场营销学等多学科知识在消费者行为学中的具体运用。全书分为五篇十二章，主要介绍了消费者行为学研究领域的基本概念、原理和方法以及不同情境下的消费者行为。

本书的章节内容和逻辑顺序都作了精心的设计，每一章均有知识目标、能力目标、课程思政、案例导入、本章小结、练习题。本书适合本专科学生和在职营销人员学习与参考。

图书在版编目(CIP)数据

消费者行为学 / 高孟立主编. --2 版. --西安：西安电子科技大学出版社，2024.3
ISBN 978-7-5606-7191-8

Ⅰ. ①消… Ⅱ. ①高… Ⅲ. ①消费者行为论 Ⅳ. ①F713.55

中国国家版本馆 CIP 数据核字(2024)第 039452 号

策　　划　李　伟
责任编辑　李鹏飞
出版发行　西安电子科技大学出版社(西安市太白南路 2 号)
电　　话　(029)88202421　88201467　　邮　　编　710071
网　　址　www.xduph.com　　电子邮箱　xdupfxb001@163.com
经　　销　新华书店
印刷单位　陕西天意印务有限责任公司
版　　次　2024 年 3 月第 1 版　2024 年 3 月第 1 次印刷
开　　本　787 毫米×1092 毫米　1/16　印张 24
字　　数　573 千字
定　　价　68.00 元
ISBN 978-7-5606-7191-8 / F
XDUP　7493002-1

如有印装问题可调换

前　言

消费者行为学虽然是一门新兴的学科，但是从其产生以来，一直受到理论界和企业界的高度重视，并逐渐发展成为市场营销专业学生的必修课程。如何将理论与实践紧密结合，更好地服务于高校、企业和社会，提高消费文明和消费质量，促进经济发展，是一个亟待解决的问题。多年的教学和科研工作经历使我们感到，无论从消费者行为学课程的教学本身考虑，还是从企业市场营销实践出发，都需要一本以应用型人才培养为目标的消费者行为学教材。为此，我们编写了本书。

本书共五篇十二章。其中：第一篇(第一章)为消费者行为学概论；第二篇(第二章)为消费者购买行为模式与购买决策过程；第三篇(第三章至第七章)为消费者的心理现象和行为，具体包括消费者需要和购买动机、消费者的知觉过程、消费者的学习与记忆、消费者的态度、消费者个性心理；第四篇(第八章至第十一章)为外部环境因素与消费者行为，具体包括社会文化与消费者行为、社会阶层与消费者行为、社会群体与消费者行为、社会情境与消费者行为；第五篇(第十二章)为营销组合因素与消费者行为。

本次再版的特色在于：

(1) 体系方面，对该学科领域的知识结构进行了精心设计和编排，以便尽可能全面地涵盖各个方面，积极探索和构建具有综合性、应用性、实践性的体系结构。

(2) 内容方面，引入近年来消费领域出现的许多新现象，加大与培养学生实践技能相关的内容，重视“能力培养”“课程思政”“创新教育”，突出应用型人才培养的导向性。

(3) 体例方面，积极探索模块化教学，使学生容易明确教材的知识体系，迅速而系统地掌握知识，同时强调体例的新颖性和应用性；在各章中阐明知识目标、能力目标，并设置了案例导入、延伸阅读、练习题。这种模块化的内容架构符合高校应用型人才培养目标的要求。

浙江树人学院高孟立教授担任本书主编，负责本书框架的搭建和大纲的确定，以及统稿、定稿等；浙江树人学院曾锵教授、葛米娜副教授、张玉荣副教授担任副主编；浙江树人学院孙培康博士、李彦和博士、段晓伟博士参与了本书的编写工作。本书是浙江树人学院浙江省一流专业/特色专业——市场营销专业的建设成果，也是浙江树人学院首批“四新”重点教材建设项目成果。

在本书修订过程中，嘉里物业服务(杭州)有限公司提供了一些来自企业实践的有益建议，在此表示感谢。

消费者行为学发展迅猛，本版虽经修订，但难免有疏漏与不当之处，敬请读者批评指正，以使教材日臻完善。

编　者

2023 年 11 月

目 录

第一篇 消费者行为学概论

第二篇 消费者购买行为模式与购买决策过程

第三篇 消费者的心理现象和行为

第四篇 外部环境因素与消费者行为

第五篇 营销组合因素与消费者行为

第一篇　消费者行为学概论

第一章　消费者行为学概论

知识目标

理解消费者行为学的基本概念；认识消费者行为的特点及规律；掌握现代消费者行为学的基本内容；了解现代消费者行为学的研究对象、起源、发展沿革、研究意义以及发展趋势。

能力目标

理解影响消费者行为的内在心理因素和外在社会环境因素，并结合消费者行为学的发展沿革，具体分析市场中的消费行为，具备解释消费现象背后原因的能力。

课程思政

2021 年 11 月 24 日，华为发布了一条宣传片，以微纪录片的形式记录了妈妈从怀孕到生产过程中的种种经历，在纪录片的最后，产房外的爸爸利用鸿蒙多机位模式，和产房内的妈妈共享新生命到来的喜悦。通过华为情感营销的实例，结合消费者及消费者行为的基本概念，学生应当了解企业应根据消费者心理进行营销决策。同时，学生也需要认识到作为营销者除推广企业的产品或服务外，更应当注重企业所承担的社会责任，例如，可通过广告等多种形式向社会传达正能量。此外，通过对本章中消费者行为学研究发展历程的学习，学生应能深刻地体会到学科概念和理论是怎样形成、修正而趋于完善的，学生应了解到研究者们所做出的突出贡献，同时学习他们严谨的科学态度。

案例导入

现代大学生的消费观

某大学消费者行为学教师组织学生就“现代大学生的消费观”这一主题进行了调研，目的是帮助相关企业认识大学生的消费观念与行为，为营销决策提供依据。此次调研将现代大学生的消费观分为经济意识、生活品质、时尚追求、个性追求、购物效率和理性程度等 6 个方面。调研对象为北京、上海、广州、深圳、武汉、长沙、西安等地的在校大学生。调研方式为校园内访问与网络调研相结合。共发放问卷 620 份，回收有效问卷 497 份。主要调查结论如下。

1. 经济意识

多数大学生对经济意识的理解是每个月都节省开支、增加储蓄或计划用钱。调研表明，多数大学生经济意识较强，希望自己攒钱购买所需商品，价格敏感性较高，存在求实、求廉动机。但是，这种求廉动机是有条件的：对于实用性强的日用品，求廉动机比较明显；对于与身份、面子相关的价值较高的外显性产品，求廉动机则不那么明显，如果资金不够，宁可等足资金后再买，也不会轻易地买便宜货。此外，这种求廉动机也具有短期性，随着经济条件的改善，会逐渐被求新、求名动机所取代。

2. 生活品质

多数大学生对生活品质的理解是购买符合自己品位与身份的高质量产品以及去大商场购物。一般而言，大学生都注重生活品质，但是各年级多有不同。其中，一二年级的重视程度弱一些，三年级的最高，四年级的次之。四年级学生由于就业压力大而变得比较现实。

3. 时尚追求

多数学生对时尚的理解是领导潮流或追随潮流。总体而言，大学生思维活跃，对新生事物敏感度高，乐于接受新产品，敢于尝试新产品，是革新性购买者或早期采用者，对时尚的追求程度较高。大学生中的流行与传播往往会对整个社会潮流产生影响。大学生的时尚追求随着年级的不同而变化，二年级达到最低点，而后逐年上升。其主要原因是二年级学生的课业负担较重，抑制了他们追求时尚的热情；而随着年级的升高，学生的课外时间越来越多，他们也越接近于踏入社会，追求时尚的热情就越来越高。

4. 个性追求

大学生的购买行为既有从众的共性，又有独特的个性。大学生会自觉或不自觉地模仿他人的消费行为，与他人保持一致，但又不完全盲从，其能根据自身条件与心理差异体现出独特的个性。多数学生对个性的理解是处处与众不同。有些学生大手大脚地过度购物，追逐新产品，只是为了体现个性，张扬个性，树立自己的形象，展现自己的审美水平，与他人或其他群体区分开来。二年级学生的个性追求程度处于最低点，以后逐年上升，其主要原因仍然是二年级学生的课业负担太重，抑制了他们追求个性的热情。总体而言，各年级学生对于个性的追求都在适度范围内。

5. 购物效率

男生与女生对于购物效率的理解有显著差异。多数男生对购物效率的理解是只买计划要买的东西，而多数女生的理解是只有要买东西的时候才去购物场所。这两种说法貌似相同，其实不同。只买计划要买的东西已经暗示了只有要买东西的时候才去购物场所，而只有要买东西的时候才去购物场所并不保证只买计划要买的东西，有可能买完计划内商品之后还会购买计划外商品。由于学生的购物行为与其所理解的购物效率通常是相符的，因此男女生的不同理解表明男生比女生购物更有效率。

6. 理性程度

理性程度指购物时是否依据商品自身属性做出决策。如果购物时主要依据商品自身的属性如性能、质量、服务、价格等做出决策，不易受到自身心情或商场装修、商品布局、销售人员态度等外在环境的影响，则称为理性程度高。如果在购物时不仅仅考虑商品属性因素，还易于受到自身心情或外在环境的影响，则称为感性程度高。调研表明，男生购物的理性程度高于女生，女生往往会受到自身心情或商场购物氛围的影响而购买了自己本来不太需要的商品。

（资料来源：作者根据相关资料整理而成。）

第一节 消费者行为学的基本概念

以消费者的需要为核心，是现代营销理论和实践的精髓。了解和掌握消费者行为的相关知识，具有十分重要的意义。本节主要介绍消费者行为学的基本概念。

一、消费

我们每天都在为满足自身需要而进行着各种各样有形商品和无形服务的消费活动。经济发达的社会，往往被称为消费社会。生活在消费社会中的人们，要花相当多的时间从事消费活动。一般认为，消费是社会经济活动的出发点和归宿，同生产、分配、交换一起构成社会经济活动的整体。具体地说，消费是指人们消耗物质资料和精神产品以满足生产和生活需要的过程。

人类的消费活动与人类的产生相伴而来，是人类赖以生存和发展的最古老的社会活动和社会行为，同时也是社会进步与发展的基本前提。消费在广义上包括生产性消费和生活性消费，而狭义的消费仅指生活性消费。

生产性消费是指在物质资料生产过程中，各种工具、设备、原材料等生产资料以及劳动力的使用和耗费。在生产过程中，劳动者与其他生产要素结合创造出新使用价值的活动，是生产行为的反映，而生产行为本身，就其生产要素来说，也是消费行为。因此，生产过程中，对劳动力及其生产要素的使用、消耗及磨损，称为生产过程中的消费，即生产性消费。

在生活过程中，人们为满足某种需要，在消耗物质产品与非物质产品的过程中所表现出来的行为活动，称为生活过程中的消费，即生活性消费。所以，生活性消费是指人们为了满足自身需要而消耗各种物质产品、精神产品和劳动服务的行为和过程。

二、消费者

狭义的消费者是指购买、使用各种消费用品(服务)的个人或家庭。广义的消费者是指购买、使用各种产品与服务的个人或组织。消费活动中的消费者包括两类：个体消费者和组织消费者。个体消费者购买产品或服务是为了自己的消费，为了家庭的消费，或者是作为礼物送给朋友，即产品的购买都是为了最终消费，所以个体消费者也称为最终用户或最终消费者。组织消费者包括营利或非营利的企业、政府机构和各种组织机构，它们也必须购买产品、设备和服务来维持组织的运转。

本书所研究的对象为狭义的消费者。狭义的消费者是从市场需求的视角进行界定的，将消费者放在市场需求的框架中加以考察，可以认为消费者是指那些对某种商品或者服务有现实或潜在需求的人，即现实的消费者和潜在的消费者。

现实的消费者是指对某种商品或劳务有现实需要，并实际从事商品购买或使用活动的消费者。潜在的消费者是指当前尚未购买、使用或需要某种商品，但在未来可能对其产生需求并付诸购买及使用的消费者。比如，青少年消费者对厨房用品缺乏现实需要，但是在将来独立组建家庭以后，就会对其产生实际需求。因此就目前而言，青少年就是这类商品的潜在消费者。一般而言，消费者需求的潜在状态是由于缺乏某种必备的消费条件所致，比如需求意识不明确、需求程度不强烈、购买能力不足、缺乏有关商品信息等，而一旦所需条件具备，潜在的消费者随时都有可能转化为现实的消费者。

三、消费对象

消费者的消费对象是多种多样的商品和服务，可以从消费对象的有形性或有形程度、消费对象的性质对其进行分类(具体见表 1-1)。

表 1-1　消费对象的分类

性　质	有形性或有形程度		
	有形商品	混合形商品与服务	无形服务
个人用品或服务	洗护用品 饮料	餐馆用餐 外出旅游	心理咨询 资格培训
家庭用品或服务	家具 电视机	室内装修 家政服务	家庭财务咨询 家庭法律咨询
集体用品或服务	街灯 收费桥梁	敬老院 物管服务	天气预报 电话查询

从消费对象的有形性或有形程度来看，消费对象可以分为有形商品、无形服务和介于两者之间的混合形商品与服务。有形商品是指洗护用品、饮料、家具等具体可见的商品；无形服务则是抽象的、不可见的消费对象，如心理咨询、电话查询等服务。有形商品常常具有无形的特征，如珠宝的档次、时装的品位；而无形服务也可能包含或具有某些有形特征，如餐馆用餐、室内装修。在很多情况下，消费者的消费对象往往是混合形商品与服务，同时消费有形商品与无形服务，比如外出旅游、物管服务等。

从消费对象的性质来看，消费对象可以分为个人用品或服务、家庭用品或服务、集体用品或服务。个人用品或服务与个体消费者密切相关。家庭用品或服务则与整个家庭或家庭的每个成员有关。集体用品或服务一般有很多人使用或消费，可以是由政府提供的公共品，如街灯、收费桥梁，也可以是由私人企业提供的物管服务等。

四、消费者行为

消费者行为是指消费者为获取、使用、处置消费物品或服务所采取的各种行动以及先于且决定这些行动的决策过程。传统上，消费者行为往往被理解为商品或服务的获取，但是随着对消费者行为研究的深入，人们日益深刻地意识到，消费者行为是一个整体，同时也是一个过程，它涉及许多方面的决策、参与者和消费活动，获取或者购买仅仅是消费者行为过程中的一个环节。消费者行为主要具有以下特点。

1. 多样性

消费者行为的多样性，首先表现在获取、使用、处置三个阶段的每一个阶段都包含许多不同的活动，而这些活动中既有理性购买活动，也有冲动性购买活动。其次，不同消费者在需求、偏好以及选择产品的方式等方面各有侧重、互不相同。最后，同一消费者在不同时期、不同情境、不同商品的选择上，其行为均呈现出较大的差异性，而这种差异性正是市场细分的前提。

2. 复杂性

消费者行为的复杂性，一方面可以通过其多样性、多变性表现出来，另一方面体现在其受很多内部因素的影响。首先，消费者行为受动机影响，每一行为后的动机往往是隐蔽和复杂的。同一动机可以产生多种行为，同样地，同一行为也可以由多种动机所驱使。其次，消费者行为受个体特征、文化、经济、社会等因素影响，这些因素对消费者行为的影响有直接的、间接的，也有单独的、交叉或交互的，正是这些影响因素的多样性和复杂性决定了消费者行为的多样性和复杂性。同时，每个消费者购买决策过程的起始时间及其所耗费的时间不同，决策所涵盖的活动数目以及困难程度也互不相同，因此决策过程极其复杂。

3. 规律性

虽然消费者行为本身极其复杂、多样，影响消费者行为的因素既难识别又难把握，但消费者行为也并非完全不可捉摸。纷繁复杂的消费者行为背后也存在一些共同的特点或特征，即任何消费者行为都受人类的需要所支配，而人类的需要最终可以从生理、心理、社会等方面找到源头，正是需要的共性决定了行为的共性。同时，消费者行为按照获取、使用、处置三个阶段按部就班地进行，顺序不能颠倒，每一阶段内也都包含一连串有次序的活动，因此消费者行为呈现出一定的规律性。

4. 可诱导性

消费者行为的产生来源于需要，但消费者有时对自己的需要以及以何种方式来满足自己的需要并不十分清楚。此时，企业可以通过提供合适的商品或服务、传递合适的信息来激发或满足消费者的需要。从这个意义上说，消费者的行为是能够被影响的。企业之所以能够影响消费者行为，是以其商品或服务能够满足消费者某种现实或潜在的需要，能够给消费者带来某种利益为前提的。

因此我们研究消费者行为，不仅要调查、了解消费者在获取商品或服务之前的评价与选择过程，而且要重视他们在获取商品或服务之后的使用和处置过程。

第二节　消费者行为学的起源和发展沿革

一、消费者行为学的起源

(一) 中国古代消费思想

消费者行为学作为一门学科虽然诞生只有几十年的时间，但是对消费行为的研究却古已有之。商品交换出现之时，商品经营者就或多或少地开始研究购买者的消费行为和消费心理。我国对消费者行为的研究，早在春秋战国时期就已萌芽。春秋后期的计然运用经济循环学说预测市场，发现了物价随天时和气候而变化的规律，提出了“旱则资舟，水则资车，物之理也”的经营思想。其意思是在天旱船价下跌时，应当大量收购船只贮备起来，以待发大水船价上涨时卖个好价钱；而在水灾车价下跌时，应当大量购买车子贮备起来，以待天旱车价上涨时卖个好价钱。计然的弟子范蠡师承这一理论，提出了“夏则资皮，冬则资絺(音 chī，古代指细葛布)”的经营思想。其意思是夏天皮货的价格下跌时，应当大量收购皮货贮备起来，以待冬天卖个好价钱；冬天絺的价格下跌时，应当大量收购絺贮备起来，以待夏天卖个好价钱。在这种根据消费需求变化来安排经营思想的指导下，范蠡在弃官经商后 19 年中“三致千金”，成为当时的巨富。

白圭是战国时期人，是继计然和范蠡之后著名的商业理论家，提出了“人弃我取，人取我与”的八字经商原则，即在丰年谷价下跌时购进储存，在荒年谷价上涨时大量抛售。中国古代的商店、饭店等都用招贴、幌子等以引起顾客的注意，也会通过匾额、题词和对联等做广告，这些都无不体现出我国古代的消费思想。

(二) 西方古代消费思想

古希腊哲人亚里士多德提出了“欲望是心理运动的源泉，一切情感、需要、动作和意志均为欲望所引发”的命题。古希腊的另一位哲人色诺芬最早提出了“消费”这个术语。西方重商主义的杰出代表托马斯·曼提出了折中的消费原则。英国古典经济学家则强调节制消费。英国的托马斯·莫尔、法国的西斯蒙第等人也较早地论及了精神文化消费的问题。经济学之父亚当·斯密所信奉的“看不见的手”的原理，也是建立在对个体消费者行为的观察和某些假设之上的。

二、消费者行为学的发展沿革

消费者行为学是在商品经济进一步发展，市场供过于求的现象日渐严重，企业之间竞争加剧的社会经济背景下形成和发展起来的。消费者行为学研究的演进与发展，与心理学、社会学、人类学和经济学等多门学科的发展进程紧密相连，是这些学科在消费者行为领域的延伸与发展。虽然人们对消费者心理与行为的关注和研究已有漫长的历史，但关于消费者行为的专门研究，则始于 19 世纪末 20 世纪初，而消费者行为学作为一门独立的学科，只有短短 40 多年的历史。消费者行为学的发展历程大致可以分为以下四个阶段。

(一) 萌芽阶段(19 世纪末—20 世纪 20 年代)

消费者行为学的研究始于 19 世纪末 20 世纪初，此时的西方各国经过工业革命后，生产力大幅度提高，商品生产的增长速度超过了市场需求的增长速度，生产能力相对过剩和购买能力相对不足之间的矛盾日益突出。企业之间的竞争加剧，直接针对消费者的广告促销和商品推销活动得到关注，对消费者心理和行为进行专门研究的要求更加迫切。与此同时，心理学等相关学科的迅速发展也为消费者行为学研究提供了必要的理论基础。

最早从事消费者行为学研究的是美国社会学家凡勃伦，他在 1899 年出版的《有闲阶级论》中提出了炫耀性消费及其社会含义。他认为，过度消费是由于人们在一种向别人炫耀自己的心理支配下所激发的，如消费者对服饰、首饰、住宅等物品的过度消费，源于向别人炫耀自己的社会心理。在这里，凡勃伦明确阐述了过度消费中的炫耀心理，否定了传统经济学所认为的消费者是理性的这一说法。

在凡勃伦出版《有闲阶级论》后不久，美国一些大学开始开设市场营销学这门课程。与此同时，随着试验心理学的发展，心理学家对将心理学原理、方法运用于广告、促销等领域也表现出浓厚的兴趣。1901 年 12 月 20 日，美国心理学家斯科特在美国西北大学做报告时提出了“广告工作应成为一门科学，心理学可以在其中发挥重要作用”的见解，这被认为是在学术界首先提出的消费者心理学问题。1903 年，斯科特出版了《广告理论》一书。一般认为，这本书的出版标志着消费心理学的雏形——广告心理学的诞生。在这本书中，斯科特较系统地分析了广告影响消费者心理的各种因素，并强调心理学不仅可以运用于广告宣传中，而且可以运用于其他产业问题中。同时，美国明尼苏达大学的心理学家盖尔出版了《广告心理学》一书，较为系统地论述了商业广告中运用心理学原理来引起消费者注意与兴趣的问题。1912 年，德国心理学家闵斯特伯格发表了《心理学与工业效率》一书，其中阐述了在商品销售中广告的橱窗陈列对顾客消费心理的影响。他最早研究了广告面积、色彩、文字运用、广告编排等因素与广告效果的关系，并且注意到了商品宣传在销售方面的作用。1925 年，美国心理学家科普兰出版了《销售学》一书，对消费者的购买动机进行了详细的分析研究，提出了顾客的购买动机分为情感动机与理智动机两大类，具有明显的现实意义。

萌芽阶段的消费者行为学研究主要是从不同的角度或侧面探讨了消费心理与消费行为问题，进而为消费者行为学的形成与发展打下了必要的基础。但当时，人们对消费者行为的研究还处于起步阶段，尚未考虑到怎样去满足消费者的需求。无论是经济学家，还是心理学家，在研究有关销售与广告问题时，关注的焦点或中心并不是现实中的消费者，而是如何促进产品的销售。即使是经过市场营销学训练的学者，对消费者行为的研究也局限于比较狭窄的层面，而且大都依靠推理的方法，没有消费者的直接参与。

总之，在 20 世纪 30 年代以前，虽然已有一些学者关注并着手从事对消费者行为的研究，但研究范围比较狭窄，研究方法是心理学或经济学研究方法的简单移植，研究结果也仅局限于理论的探讨，没有具体运用到市场营销实践中去。因此，未能引起社会的普遍关注或广泛重视。

(二) 应用阶段(20 世纪 30—60 年代)

20 世纪 30—60 年代，消费者行为学研究得到了显著发展，并最终确立了其学科地位。

1929—1933 年，西方资本主义国家出现了较大的经济危机，生产过剩、工人失业、市场衰败、消费萎缩等导致商品销售的难度增大，商品市场完全转变为供过于求的买方市场。在经济危机背景下，需求问题成为政府和企业面临的最大难题。为了促进销售，摆脱产销脱节的困境，政府采取刺激消费的政策来应对危机，提出了“创造需求”的口号。企业纷纷增加了广告、促销等方面的投入，同时开始重视和加强市场调查和市场预测，力图刺激出更多的消费需求。产业界对具体运用消费者行为的研究成果表现出越来越浓厚的兴趣。在广告界，运用心理学原理与方法探测广告对顾客行为的影响日益普遍，由此广告心理学得以繁荣发展。与此同时，市场营销学和管理学等有关知识在企业的营销活动中得到了较为广泛的应用，并且收到了一定的成效，为消费者行为的研究提供了良好的基础。

第二次世界大战期间，商品供应严重不足，人们对消费者行为的研究兴趣暂时减退，但这一时期，由于交战双方的物资供应非常紧张，刺激了政府引导消费者使用代用品的消费研究。例如，战争期间，为了节约粮食，支援前线，美国政府鼓励民众多吃动物内脏。受传统文化与习俗的影响，美国人没有形成吃动物内脏的习惯，为了指导消费者，心理学家勒温经过多次实验，终于找到了改变美国人不食动物内脏这一习惯的有效途径。实验的结论是：在团体中的个体，其态度和行为容易受到团体的左右。

第二次世界大战以后，由于商品供应量不断增加，花色品种不断翻新，消费需求趋向多样化，消费者购买行为变幻莫测，企业之间的竞争更加激烈，这也促使企业转换经营观念，注重对消费者心理和行为的分析，重视广告和推销手段的研究，从而为消费者行为学理论研究的发展和学科地位的确立创造了必要的社会条件。另外，心理学的应用和研究，吸引了越来越多的心理学家、经济学家、社会学家相继加入这一研究行列，为消费者行为学研究的深入发展和学科的形成、壮大奠定了坚实的学科基础，由此推动了消费者行为学研究的发展。

这一阶段取得了以下一些主要研究成果。1950 年，美国学者梅森·海尔利用投射原理中的间接询问法揭示家庭主妇不愿购买速溶咖啡的真实原因，提出了消费者潜在或隐藏的购买动机。1951 年，美国心理学家马斯洛在系统研究人类需要的基础上，提出了需要层次理论。1953 年，美国学者盖斯特和布朗开始研究消费者对品牌的忠诚问题，试图通过对影响消费者品牌忠诚因素的分析，寻找促使消费者重复购买某一品牌的有效途径。同一时期，谢里夫、凯利和谢巴托尼等人开展了参照群体的研究，提出了参照群体对消费者购买行为的规范功能和比较功能。1960 年，美国哈佛大学鲍尔教授发表了关于知觉与风险的研究论文，随之激起对消费者认知风险的研究。鲍尔的研究对于确立信息处理在消费者行为学研究中的地位，对于推动消费者购买决策过程的研究，对于重新定义经济学中的“理性”概念和使之适合对个体消费者的研究，均产生了重要影响。1960 年，美国正式成立了“消费者心理学会”，这是消费者行为学开始确立其学科地位的前奏。1965 年，美国俄亥俄州立人学列出了“消费者行为学”课程教学大纲。至此，消费者行为学作为一门独立学科的地位得到确认。

这一阶段的消费者行为学研究呈现出快速发展的态势，研究文献的数量明显增多，质量也相应提高，研究的重点从宏观经济转向微观实践应用，对消费者的需要、动机、态度、购买习惯以及新产品的扩散等方面的研究更为深入具体，研究方法也趋于多样化和科学化。这一阶段的研究成果丰富了消费者行为学的内容，促使消费者行为学从其他学科中分离出来，形成一门独立的学科。

(三) 发展阶段(20 世纪 70—90 年代以后)

20 世纪 70 年代以后，消费者行为学的研究进入了全面发展时期，研究不断趋于成熟。

有关论文、调查报告、专著不仅在数量上急剧增加，而且在质量上也进一步提高。心理学、社会学、人类学和经济学等多门学科的研究成果在消费者行为学研究中得到进一步应用，研究方法的科学性、实用性大大加强，消费者行为学的学科地位得到进一步的巩固。据统计，在 1968—1972 年间发表的消费者行为学的相关论文已经超过了 1968 年以前的总和。目前，在美国刊登消费者行为学研究成果的学术刊物，除1974年创刊的《消费者研究杂志》以外，还有《应用心理学》《市场营销研究》《市场营销》《广告研究》《营销调研杂志》等学术刊物。消费者行为学研究在20世纪70年代以后得到蓬勃发展，一方面是学术界对从20世纪50年代以来越来越多的企业逐步采用现代市场营销观念从事经营活动的自然反应，另一方面也得益于各种学科的研究方法与研究成果的交融。

在这一阶段，消费者行为学研究全面发展并趋向成熟，有关消费者心理与行为理论知识的传播日渐广泛，社会各界的关注程度不断提高。这一时期，有关消费者行为学的重要研究有：罗杰斯关于创新采用与扩散的研究，拉维吉和斯坦勒关于广告效果的研究，费希本等人关于态度与行为的研究，谢恩等人关于组织购买行为的研究以及关于消费者权益保护问题的研究，科克斯和罗斯留斯等人关于消费者如何应付认知风险的研究等。除此之外，还出现了一些新的研究领域，如关于消费者满意与不满意的研究，关于发展商标和建立长期顾客关系的研究等。

(四) 广泛应用阶段(21世纪以后)

21世纪以后，消费者行为学得到了广泛的应用。消费者行为学自产生以来，其理论研究与实际应用一直是紧密结合在一起的。当前，许多学者和企业对消费者心理与行为学十分关注。市场导向、市场细分、市场规模都以消费者为中心，这充分反映了人们对消费者行为学的重视程度。这一时期，消费者行为学的研究内容不再仅仅局限于消费者信息加工过程或消费者购买决策过程等个体消费者心理活动过程和行为规律，还涉及消费生态问题、文化消费问题、信息处理问题、消费者心理结构问题、消费信用问题、外部环境对消费行为的影响、消费者权益保护的政策与法律问题等。

同时，随着越来越多的学科向消费者行为学渗透，消费者行为学的研究角度呈现出多元化的趋势。参与消费者行为学研究的，不仅有从事心理学、市场营销学和经济学的学者，还有从事管理学、社会学、人类学、法学等其他学科的学者。这有利于消费者行为学广泛吸收各学科的研究成果，促进研究方法的多样化，对促进消费者行为学研究起到了积极的作用。同时，推动消费者行为学研究得以不断充实和丰富，其研究成果也在各个领域得到广泛的运用。

第三节 消费者行为学的理论来源和研究方法

一、消费者行为学的理论来源

消费者行为学是一个相对较新的研究领域，在其形成和发展过程中，不断地吸收和消化其他相关学科的研究成果，不仅丰富和扩展了其他相关学科的理论知识，也形成了自己独特的学科体系。消费者行为学具有显著的跨学科性质，与其关系密切的学科主要有心理学、社会学、社会心理学、经济学、人类学、市场营销学等。

(一) 心理学

心理学是研究心理现象和心理规律的科学，它以人的心理为主要研究对象。科学的心理学不仅描述心理现象，而且对心理现象进行说明，以揭示其发生发展的规律。心理学关于人类认知活动心理过程的研究成果，为研究消费者的信息加工过程提供了理论依据，有助于研究人员了解并解释众多消费者的消费行为和品牌偏好现象。如广告如何才能吸引消费者的注意力，并促成消费者的购买行为。一个广告从出现到消费者最终购买商品或服务的过程，是一个受众的感觉、知觉、注意、记忆、联想、态度改变和购买的复杂的心理过程。一个成功的广告必须考虑如何通过广告这一载体向受众提供合适的外在刺激，通过广告诉求来吸引受众的注意，并让其形成正面的记忆，且让受众形成一定的想象空间，从而引导、说服受众购买商品。任何成功的广告诉求都是建立在消费者需要的基础之上的，而消费者行为学中有关消费者需求、动机、态度和行为的研究均来自心理学的理论基础。

(二) 社会学

社会学是研究社会结构及其内在关系与社会发展规律的学科，它侧重于对社会组织、社会结构、社会功能、社会变迁、社会群体等的研究。社会学在研究社会结构、社会发展过程时，必然涉及人类与社会的需要、社会心态、社会意向等现象，而这些现象又反过来影响参与其中的个体的行为。所以，社会学的一些理论和原理，对考察、分析消费者行为是很有价值的。比如，文化和亚文化是如何影响消费的、不同社会阶层的消费差异以及社会阶层是如何影响消费者购买偏好的、群体规范是怎样形成的以及它通过什么机制影响消费者，这类研究对具体分析消费者行为具有非常重要的价值。

(三) 社会心理学

如果说普通心理学重在对个体的研究，那么社会心理学则重在对人与人之间相互作用的研究。社会心理学是研究个体和群体的社会心理现象的心理学分支。个体社会心理现象是指受他人和群体制约的个人思想、感情和行为，如人际知觉、人际吸引、社会促进和社会抑制、顺从等。群体社会心理现象是指群体本身特有的心理特征，如群体凝聚力、社会心理气氛、群体决策等。社会心理学是心理学和社会学之间的一门交叉学科，受到来自两个学科的影响。在社会心理学内部一开始就存在着两种理论观点不同的研究方向，即社会学方向的社会心理学和心理学方向的社会心理学。解释社会心理现象上的不同理论观点，并不妨碍社会心理学作为一门独立学科应具备的基本特点，因此社会心理学始终为消费者行为学研究提供重要的理论基础和科学依据。比如，社会心理学所揭示的个体社会心理和社会行为规律是研究消费者社会动机、社会认知和社会态度的重要依据。

(四) 经济学

经济学是一门研究人类行为及如何将有限或者稀缺资源进行合理配置的社会科学。其可分为宏观经济学和微观经济学两个分支。宏观经济学以整个国民经济为视野，以经济活动总过程为对象，考察国民收入、物价水平等总量的决定和波动。经济增长理论和经济波动(经济周期)理论是宏观经济学的两个独立分支。微观经济学研究市场经济中单个经济单位即生产者(厂商)、消费者(居民)的经济行为，包括供求价格平衡理论、消费者行为理论，在不同市场类型下厂商成本分析与产量、价格决定理论、分配理论等。宏观经济学提供消费者行为指标，有助于理解全球消费差异；微观经济学有助于分析某类产品的供求状况及其影响因素，能预测市场价格走势，评估消费者对价格变动的心理反应和行为选择，从而提出产品定价的策略及建议。

(五) 人类学

人类学是用历史的眼光研究人类及其文化的科学，包括对人类的起源、种族的区分，以及物质生活、社会构造、心灵反应等原始状况的研究。人类学对于文化和环境的研究，使得消费者行为学研究人员能够了解不同国家和地区人们的基本价值观、态度和民族文化的差异，而这种差异必然导致他们在消费心理与行为表现上的差异。人类学家采用的跨文化比较研究的方法，对于考察不同国家和地区的消费者行为无疑是十分有价值的。人类学关于民俗、宗教等方面的研究，对于分析习俗与禁忌是如何影响消费者进行购买决策，如何影响消费者选择商品等具有直接而深远的意义。

(六) 市场营销学

市场营销学是研究企业如何通过产品开发、定价、宣传推广等一系列企业行为来满足消费者需求、赢得市场的科学。为了满足消费者需求，获得市场份额和利润，市场营销学将影响消费者行为学的多种因素作为研究对象，因此市场营销学的研究结论对消费者行为学的研究具有重要的指导作用。

二、消费者行为学的研究方法

消费者行为学以行为科学研究的一般方法为基础，吸纳、借鉴、创新、发展多门学科的研究方法，形成了自己的研究方法体系。消费者行为学的研究方法主要有观察法、调查法、问卷法、实验法、访谈法、投射法等。

(一) 观察法

观察法是科学研究中最简单、最常用的研究方法，也是研究消费者行为学的一种最基本的方法。观察法是指在购买现场以及日常消费活动中，有目的、有计划地观察消费者的动作、表情、语言等方面的外部表现，并把观察结果按时间顺序系统地记录下来，然后分析其原因与结果，从而揭示其心理活动规律的方法。其主要适用于研究消费者的现场行为，如广告、商标包装、橱窗、柜台等的设计效果，消费者对商品价格的反应以及新产品的销售情况。

运用观察法，首先应有明确的目的，要制订研究计划，拟订详细的观察提纲。观察过程中要敏锐捕捉各种现象并准确详细地记录下来，及时予以整理和分析，以利于科学结论的产生。由于这种方法的主要优点是比较直观，被观察对象的外部表现是在不受干扰的情况下自然流露出来的，因此所获得的结果一般比较真实和切合实际。当然观察法也带有一定的片面性和局限性。观察只能被动地等待所要观察的行为出现，而行为出现时，也只能观察到被观察人是怎样从事活动的外在表现形式，并不能了解消费者为什么这样活动，因而对观察所得的资料往往不足以区分哪些是偶然的、哪些是规律的。此外，观察法对研究者要求较高，表面看起来观察法很简单，但实际运用起来难度非常大，因此只有经过严格训练的人才能有效使用该方法。

观察法一般适用于以下情形：调查者所关注的行为是公开的，这些行为经常且重复出现或者是可以预测的，行为发生在相对较短的时间跨度里。

从不同的角度进行划分，观察法可以分为以下几种类型：

(1) 自然条件下的观察与人创情境下的观察。前者是在自然情境下等待某一种行为的出现；后者是根据当时的需要，创设一定的条件而进行观察。

(2) 公开观察与隐蔽观察。公开观察是指观察者的身份是公开的，而且消费者意识到自己的行为被观察；隐蔽观察是指观察者的身份不公开，而且消费者没有意识到有人在观察自己。

(3) 结构性观察与非结构性观察。如果将观察限定在预先确定的那些行为上，就是结构性观察；非结构性观察是指对所有出现的行为都进行观察和记录。

(4) 直接观察与间接观察。直接观察是指对行为本身进行观察；而间接观察仅仅是对行为结果进行观察。

(5) 人工观察与机械观察。按照观察时是否借助于机械、仪器等设备，可以把观察法分为人工观察与机械观察。

(6) 参与式观察与非参与式观察。参与式观察要求观察者要融入调查环境之中，并付出大量的时间和努力；而非参与式观察就没有这个要求。

(二) 调查法

调查法是指从大量的消费者中系统收集信息的方法。调查可以采用邮寄问卷、电话访问、个人访问、在线调查等方式。

个人访问通常在购物现场进行，通过运用复杂的问卷和产品展示，能在较短时间内从消费者中收集到大量的信息。邮寄问卷调查所花费的时间较长，所问的问题一般比较简单，这种方法可用来收集中等复杂程度的数据，其优点是费用较低。电话访问的特点是完成迅速，能提供良好的样本控制(谁回答问题)，而且费用也不太高，但询问的问题也比较简单。

调查法的一个主要问题是拒访所引起的偏差比较大。在选择参与调查的对象中只有不到一半的人实际接受了调查。在电话访问和个人访问中，很多人不在家或者拒绝合作，而在邮寄问卷调查中，很多人拒绝或忘了做出反应。为了尽量避免这种情况的发生所带来的不利影响，调查人员可以通过电话或个人再访等方式来提高应答率，当然再访应该安排在不同的时间。

(三) 问卷法

问卷法是研究消费者行为学常用的方法，是指通过研究者事先设计的调查问卷，向被调查者提出问题，并由其予以回答，从中了解被调查者心理与行为的方法。问卷法可以分为邮寄问卷法、入户问卷法、拦截问卷法和集体问卷法。

问卷法的优点是能够同时取得多个被调查者的信息资料，可以节省大量的调查时间和费用，而且简便易行。但问卷法也有其局限性，主要是由于它以文字语言为媒介，研究者与被调查者没有面对面的交流，无法彼此沟通感情，如果受访者没有理解问题，或者不负责任地回答，甚至不予协作，放弃回答，那么问卷就失去了意义。

问卷法的用途非常广泛，它可以用来测量过去、现在或将要发生的行为；有关的人口统计特征，如年龄、性别、收入、职业等；被调查者的知识水平或对某一问题的了解程度；被调查者的态度和意见等。

问卷法的关键是问卷的设计。一份好的问卷设计应该要解决以下问题。

(1) 明确问卷对象：需要收集哪些信息以及向哪些人收集信息。

(2) 设计问题与内容：是否确实需要问这一问题；被调查者是否能正确地回答这一问题；是否存在外部的事件使得被调查者的回答具有倾向性。

(3) 明确回答方式或形式：这个问题是以自由回答式还是以多项选择式提出来。

(4) 确定提问的措辞：所用的词语是否对所有的被调查者只有一种含义；选项里是否含有所有的备选答案。

(5) 设定问题的排列顺序：所有问题是否都是以一种合乎逻辑的方式排列。换而言之，前后问题之间有没有矛盾的地方。

(6) 预试与修正：最终问卷能否被采用，往往取决于运用少量样本的预试结果。

(四) 实验法

实验法通过严格控制或创设一定的条件，人为地引起某种心理现象与行为的产生，从而对它进行分析研究。因此，实验法涉及在改变一个或多个变量(如改变产品特征、包装颜色、广告主题)的条件下，观察这种改变对另外一个变量如消费者态度、学习或重复购买行为的影响。在控制条件下改变的变量称为自变量，受自变量影响而改变的变量称为因变量。实验法又可以具体划分为市场实验法和实验室实验法两种。

1. 市场实验法

市场实验法是指在市场营销环境中，有目的地创设或变更某些条件，给消费者的心理活动以一定的刺激和诱导；或者针对某一心理与行为问题，选择一定的实验对象，观察和记录其心理活动的各种表现。这种方法具有主动性，既可以研究一些简单的心理现象，也可以研究消费者的个性心理特征，应用范围比较广泛。常用的市场实验法主要有以下几种：

(1) 事前事后对比实验法。这是最简便的一种市场实验调查形式。在同一个市场内，实验期前在正常的情况下进行测量，收集必要的数据；然后进行现场实验，经过一段实验时间以后，再测量实验过程中(或事后)的数据，从而进行事前事后对比，通过对比观察，了解实验变数的效果。

(2) 控制组与实验组对比法。控制组是指非实验单位(与实验组必须具备同等条件，以保证其可比性)，它是与实验组作对比的，又称为对照组。实验组是指实验单位。控制组同实验组对比实验，就是以实验单位的结果同非实验单位的情况进行比较而获取市场信息的一种实验调查方法。采用这种实验调查方法的优点在于实验组与控制组在同一时间内进行现场对比，不需要按时间顺序分为事前事后，这样可以排除由于实验时间不同而可能出现的外界变数影响，尽量降低实验效果出现的偏差。

由于市场实验法是人们有目的地创设或变更营销条件，因而具有主动性，应用范围比较广泛。企业举办产品展销会，测量商品价格变动，改变包装、广告的效果等都可以运用这种方法。

2. 实验室实验法

实验室实验法通常是指在实验室内，借助各种实验仪器设备，严格控制实验条件，主动创造条件，用给定的刺激，引起一定行为反应，在这种条件下来研究消费者心理的原因、特点和规律的方法。如关于消费者对购物环境的颜色心理反应研究就可以通过实验室实验法进行，精确的设备可以准确记录实验者的一系列生理反应，其结论往往比较科学。但是这种方法一般难以准确地测定复杂的、深层次的心理活动和个性心理，因此应用范围比较有限。

(五) 访谈法

访谈法是指调查者与消费者进行面对面有目的的谈话、询问，以了解消费者对所调查内容的态度倾向、人格特征等的方法。访谈法可以分为结构式访谈和非结构式访谈两种。

结构式访谈，是指由访谈者按事先拟定好的提纲提出问题，消费者按问题要求逐一回答，通过有目的、有计划的提问搜集所需要的资料。结构式访谈的优点是针对性比较强、调查的问题比较明确、节省时间，它的不足之处是由于所提问题规范化程度比较高，可能会降低被调查者合作的积极性或采取敷衍的态度。非结构式访谈，是指访谈者事先不定出谈话的具体题目，有时甚至也不告诉被访谈者谈话的目的，而是在总体目标范围内采取自然交谈的方式。这样做的优点是谈话的气氛比较轻松，消费者可以坦诚地说出自己的真实想法。但这种方法要求调查者有较高的把握目标和掌握谈话技巧的能力。同时，用这种方法对收集到的资料进行归纳和整理也比较困难。

访谈法可以涉及一个访问者和一个被访问者，也可以涉及一个访问者和多个被访问者。前者被称为一对一访谈，后者被称为集中小组访谈。在一对一访谈中，访谈者要注意不能给被访者任何压力和暗示，要使被访者轻松、自然地回答问题，而不能有意识地影响被访者的回答。标准的集中小组访谈通常涉及 8～12 名被访者。一般来说，被访者是根据相关的样本挑选出来的，其构成应该能反映特定细分市场的特性。小组讨论由一名主持人组织，主持人一般在 1～3 小时的讨论过程中尝试发展起三个清晰的阶段：与小组成员建立起融洽关系、设定访谈目标；在相关领域激发热烈的讨论；尝试总结小组的各种反应，以确定小组成员在基本观点上的一致程度。

(六) 投射法

投射法是指研究者以一种无结构性的测验，引起被测试者的反应，以此来考察其所投射出的人格特征的心理测验法。

投射法不是直接对被试者明确提出问题以求回答，而是给被试者一些意义不确定的刺激，让被试者想象、解释，使其内心的动机、愿望、情绪、态度等在不知不觉中投射出来。消费者行为学研究中常用的投射法有主题统觉测试法、造句测验法、漫画实验法和角色扮演法。这里主要介绍主题统觉测试法和造句测验法。

1. 主题统觉测试法

主题统觉测试法又称绘画解释法，这种方法是让被试者看一些内容模糊、意义模棱两可的图画，让被试者看图后编写一段故事，并加以解释，以此来掌握消费者的购买动机。由于主题统觉图本身没有特定的含义，让消费者把它的“意义”讲出来，往往就会把消费者的性格结构强加在图上，即把“意义”投射到这些图上，测试者就可以根据消费者对图画的解释，判断其内心的活动，掌握消费者的潜在购买动机。比如，将绘有一位家庭主妇在超市面对罐头食品陈列架的图展示给被试者，然后要求被试者将该主妇内心的想法说出来。由于图上并未提示任何资料，因此被试者的回答无疑反映了他本人的想法。

2. 造句测验法

造句测验法是指由研究者提出某些未完成的句子，要求被试者填上几个字，使句子完整。例如，“________牌等离子彩电最受欢迎”；“________牌西服最潇洒”；“如果买中档轿车，应该选择________牌”等。研究者通过被试者填写的内容，可推知其爱好、愿望和要求，从而了解到消费者对某种商品的评价和看法。

第四节　消费者行为学研究的内容、意义和趋势

一、消费者行为学研究的内容

消费者行为学的研究任务是揭示和描述消费者行为的表现，洞悉消费行为的规律性，以及预测和引导消费者行为。在现代市场经济条件下，企业的经营活动，特别是市场营销活动要求对目标市场进行深入了解,而对目标市场的了解必须以消费者行为的研究为基础。消费者行为学的研究体系由以下几个部分构成。

(一) 消费者行为学概论

消费者行为学概论主要包括消费、消费者、消费对象、消费者行为等基本概念的理论界定，以及有关消费者行为学的起源和发展沿革、消费者行为学研究的理论来源、方法等的概括性、总体性介绍。此部分内容在本章中已做介绍。

(二) 消费者购买行为模式与购买决策过程

消费者购买行为模式不像物理现象那样可以准确地进行测量，特别是对消费者的思想活动过程更难以直接观察和测量，因此学者们在研究消费者购买行为时提出了各种理论和模式。消费者购买决策过程具体可以分为认识问题、搜集信息、评价方案、购买决策和购后行为五个阶段。消费者在购买决策过程的不同阶段表现出不同的行为特点，企业营销人员应当分析研究这些特点，并据此制订相应的营销方案。消费者购买决策过程还涉及消费者满意和消费者忠诚。此部分内容将在第二章中进行详细介绍。

(三) 消费者的心理现象和行为

消费者的心理现象和行为研究是对支配消费者行为的内在心理活动过程、特点和规律性加以研究。此部分是实质性的问题，主要包括消费者的需要和动机、消费者的感觉和知觉、消费者的学习与记忆、消费者的态度、消费者的个性心理和自我概念等。此部分内容将在第三章至第七章中进行详细介绍。

(四) 外部环境因素与消费者行为

消费者行为除受到内在心理活动的影响外，还受到诸多外部环境因素的影响，主要包括社会文化与消费者行为、社会阶层与消费者行为、社会群体与消费者行为、社会情境与消费者行为。此部分内容将在第八章至第十一章中进行详细介绍。

(五) 营销组合因素与消费者行为

市场营销人员研究消费者行为的目的是运用营销组合因素去影响和引导消费者行为，以扩大企业的产品销售。市场营销组合因素具体包括产品因素、价格因素、渠道因素以及促销因素，重点研究这四个方面的因素对消费者行为的影响。此部分内容将在第十二章中进行介绍。

二、消费者行为学研究的意义

从消费者行为学起源和发展沿革的历程中我们可以看出，这门学科是市场经济发展的产物。对消费者行为的研究构成了营销决策的基础，因此深入开展消费者行为学研究，无论过去、现在还是将来都有非常重要的现实与实践意义。具体而言，消费者行为学研究有以下几方面的意义。

(一) 消费者行为学研究是营销决策和制订营销策略的基础

消费者行为学研究为市场营销者提供了制订营销战略和战术的关键信息。美国营销学会对营销的定义是：“营销是一项组织职能，包括一系列为消费者创造、沟通和传播价值的过程，以及按最有利于组织和利益相关者的方式管理客户关系。”从这一定义可以看出，为了有效地对商品或服务展开营销活动，市场营销者必须清楚地理解消费者行为的价值。消费者是整个营销策略的核心，所有营销策略的制订，包括市场细分策略、定位策略与营销组合(包括产品策略、价格策略、渠道策略和促销策略)，都必须建立在对消费者行为的正确认识和理解之上。许多实例表明：对消费者行为的研究，在提高营销决策水平、增强营销策略的有效性方面有着重要的意义；而对消费者行为的漠视，是导致营销失败的直接原因。

◇ 案例 1-1

10 大失败科技产品之一：Sirius XM 卫星广播

Sirius XM 卫星广播曾经一度被认为是有史以来最为成功的消费电子设备之一。利用车载或便携设备，其注册用户可以收听到多达 100 个电台。这一服务最初没打算投放广告。

2001 年，XM Satellite Radio 发布了自己的服务品牌，后来则被并入 Sirius XM。截至当年年底，该公司的注册用户达到 2.8 万人，到 2002 年底则飙升至 35 万人，2005 年底则达到 590 万人。在此期间，为了弥补运营赤字、资本开支以及营销和销售成本，XM 累积了数亿美元的债务。分析师曾预计，当该公司的注册用户突破 1000 万时，就将获取高额利润。该公司的业务增长非常迅速,使得这一目标成为意料之中的事情。其竞争对手 Sirius 于 2002 年 7 月诞生，在接下来的 5 年间，Sirius 的注册用户一直不敌 XM，但是增速却同样迅猛。Sirius 也背负了同样沉重的债务。这两家盈利困难的企业最终宣布于 2007 年 2 月 17 日合并。美国联邦通讯委员会(FCC)为此进行了长达 13 个月的审查，在此期间，两家公司都在大笔烧钱。随着苹果 iPad 和智能手机等新型消费电子设备的兴起，Sirius XM 的注册用户增速也开始放缓。2000 年时，Sirius 的股价为 63 美元左右，而 2009 年则跌至 0.05 美元。2009 年第一季度，两家公司的用户总数环比减少 40 万，为 1860 万。Sirius 和 XM 都无法继续盈利。

(资料来源：作者根据相关资料整理而成。)

(二) 消费者行为学研究为消费者权益保护和消费政策的制定提供依据

随着经济的发展和各种损害消费者权益的商业行为不断增多，消费者权益保护正成为全社会关注的话题。消费者作为社会的一员，拥有自由选择商品和服务，获得安全正确的信息等权利，这些权利也是构成市场经济的基础。政府有责任和义务来禁止欺诈、垄断、不守信用等损害消费者权益的行为，有责任通过宣传、教育等手段来提高消费者的自我保护意识。

政府应当制定什么样的法律，采取何种手段来保护消费者权益，政府法律和保护措施在实施过程中能否达到预期的目的,很大程度上可以借助于消费者行为研究所提供的信息。比如在对消费者的保护方面，很多国家规定，食品供应商应在产品标签上披露各种成分和营养方面的数据，以便消费者做出更明智的选择。这类规定是否真正达到了目的，首先取决于消费者在选择时是否依赖这类信息。如果消费者选择食品时，主要根据自己对品牌的印象，而根本不阅读标签上的文字，那么这类额外信息的披露可能仅仅是增加了标签制作的成本。所以通过研究消费者行为，可以更全面地评价现行消费者权益保护的法律、政策，并在此基础上制定出更加切实可行的消费者权益保护措施。

政府制定相关消费政策，也必须建立在了解消费者行为的基础上，否则政策效果可能要大打折扣。例如，近年来大城市房价一路飙升，控制房价成了中央政府的一项重要任务。虽然采取了很多措施，但效果似乎并不是很明显。原因固然很多，但与政策制定者对这些政策在“需求”抑制上到底会产生什么作用缺乏了解和研究有很大的关系。政策的制定能否更加有效，离不开对消费者行为展开更加深入细致的研究。

(三) 消费者行为学研究有助于消费者自身作出更明智的购买决策

了解消费者行为学的知识，对个体消费者也是颇有益处的。首先，对自己和其他消费者的行为有更多的了解，可以更好地与市场发生互动。比如，当得知每年数以亿计的消费支出是花在冲动性购买行为上时，我们可能会从中获得一些启示并更愿意对购买活动做出周密的计划和安排。其次，了解企业如何运用消费者行为知识来制订营销策略，使我们能够更好地洞悉企业行为背后的动机，更加全面、深入地理解企业营销活动对我们自身和社会的影响，从而在购买决策过程中更加理智和自信。再次，消费者行为学研究所产生的数据和信息可以用来进行消费者教育，从而改善消费者的决策能力与水平。事实上，目前在西方一些国家，很多大学甚至高中的课程里就包含有消费者教育的项目或内容。最后，理解影响消费者行为的因素与机制，对很多人而言本身就具有内在价值。了解为什么在阈限下的广告信息不大可能影响购买决策、为什么某些名人证词比另外一些营销策略更有效果等，这既能满足消费者的求知欲望，又有助于其成为一名知识更丰富的消费者。

(四) 消费者行为学研究有利于企业赢得消费者

现代市场营销观念以它最基本的形式，阐明企业要想获得最大利润就必须去预测和满足消费者的需求，了解消费者产生购买行为的原因、过程以及影响因素。世界著名的管理学大师彼得·德鲁克认为，企业的目标就在于创造并保留满意的消费者。虽然企业一定要赚钱，但德鲁克认为，赚钱是企业的一种需要，但不是目标，而企业要想赚钱，只有满足消费者的需要，让消费者满意。

对于消费者来说，企业营销活动的结果就是满足自己的需要。消费者所购买的无论是有形的商品还是无形的服务，都是为了追求一定需要的满足。因此，一个企业所做的任何调整都应该首先有利于消费者，这不仅是因为人们认识到了消费者是企业的衣食父母，而且也因为随着现代科学技术(如计算机技术)的发展，企业已能从个体层次上了解它们的消费者究竟是哪些人、营销战略对消费者会有哪些影响以及消费者将会有怎样的反应等。因此，企业成功的关键，是让消费者满意。

营销实践表明，消费者的需要被满足得越充分，他们的满意度就越高，企业也越容易处于一种良好的发展势头。这也是为什么越来越多的企业开始青睐关系营销的原因。关系营销持这样一种观点，即把消费者看作企业的长期“财富”，而不是一次性购买者。很多企业已经逐渐意识到，保持住一个老客户比吸引一个新客户更容易，而且成本更少。关系营销的本质就是要发现哪些消费者对企业具有真正的价值，这样有价值的客户不一定是最富有的，也不一定是花费最大的消费者。

◇ 案例 1-2

联想集团：“您的需求，我们的行动”

随着 IT 产品日新月异的发展，用户对服务也有了更进一步的需求。而厂商是否作好了充分的准备,变单纯的针对产品的售后服务为全方位的对客户的服务呢？2002 年 6 月 7 日，在联想集团位于北京上地信息产业基地的总部大楼举行了一次独具特色的客户日活动，并发布联想阳光服务品牌，让我们看到了中国厂商已迈出可喜的一步。

2001 年初，联想提出了“技术创新、服务转型”的企业战略，这为联想获得更大发展奠定了坚实的基础。联想非常注重客户体验，阳光服务全面确立了联想服务客户的理念，即以业界领先的高科技和信息化手段为基础，向各类 IT 产品用户提供全面、全心、全技术的专业服务，让客户随时享受来自联想无处不在、无微不至的服务关怀，轻松体验信息时代的美好IT人生。事实上，在高度标准化、流程化的生产线上每天成就着成千上万台工业化的产品，如何保证产品尽可能地满足用户的需求，这对于所有厂商，无论是传统制造业还是新兴信息产业都是巨大的挑战。有业界专家这样评论：今天IT市场竞争的重心正由“产品技术”向“应用和服务”转变。相应地，IT产业的发展战略也由“以产品为导向”转向“以客户为导向”，提升客户满意度成了IT企业增强核心竞争力的重要途径。联想阳光服务的宗旨是“您的需求，我们的行动”，服务理念是“专业、诚信、贴心”，阳光服务的推出是以客户体验、满足客户需求为宗旨的。

联想此次全力推出了IT产品服务品牌——“联想阳光服务”。什么是“阳光服务”呢？它首先是“标准化”的服务。通过具有“一站式”和“全程化”特点的“阳光直通车”服务模式，全国任何地方的客户购买联想的产品，只需登录联想阳光网站或拨打咨询电话进行用户注册，就可在任何时间就地享受到专业的咨询服务，而不必再东奔西走。联想也可以对服务的每一个环节进行全程监控，从而保证了服务的标准化。联想为此建立了强大的信息交互系统，使得通过电话、网站或面对面收集到的客户需求都能够完整、实时地反映到产品设计、研发、销售、售后服务等各个环节；通过呼叫中心与网站的无缝整合，加上全国统一报修业务全面上线，全国各地用户的服务需求信息都将实时地传递到联想总部。

对于不同用户的不同需求，联想“阳光服务”在“标准化”之外，还具有“个性化”的特点。以军队客户为例，联想针对他们的服务格外注重保密性、时效性和精确性，并且在配件上采用了灵活的维护举措。

阳光是温暖的、贴心的、无所不在的、无微不至的，联想集团表示：“联想阳光服务以业界领先的高科技和信息化手段为基础，向各类IT产品用户提供全面、全心、全技术的专业服务，在给客户提供高品质服务的同时还赋予客户阳光般温暖、贴心，无所不在、无微不至的全心关怀。同时，联想也将通过对IT产品服务的不断深入探索，积极拓展第三方服务领域，为推进IT产品服务业的迅速、健康发展做出不懈努力。”

(资料来源：作者根据相关资料整理而成。)

三、消费者行为学研究的趋势

消费者行为学研究的趋势如下。

(一) 研究视角的多元化

长期以来，人们一直从商品生产者和经营者的单一视角去研究消费者行为，关注点集中在帮助企业通过满足消费者需要来扩大销售，增加盈利。目前这种单一局面已经被打破，许多学者开始把消费者行为同更广泛的社会问题联系在一起，从宏观经济、环境保护、消费者利益、生活方式、信息与网络技术等多种视角进行研究。比如研究作为买方的消费者行为对市场供求变动的影响，各种宏观调控措施对消费者的心理效应，政府部门在制定经济政策时如何将消费者行为作为重要的参考依据等。为了顺应20世纪70年代以来消费者权益保护运动的兴起，众多学者注重从消费者利益视角研究消费者行为，以便帮助消费者提高消费能力，学会保护自身权益不受损害。开展不同类型消费者生活方式特点及其与消费意识、消费态度、购买行为的关系研究，从而帮助消费者提高生活质量。这些方面的探讨为消费者行为学的研究提供了更为广阔、新颖的研究视角。

(二) 研究因素的多样化

在消费者行为学最初的研究中，主要是利用社会学、经济学的有关概念作为消费者行为学的研究基础，根据年龄、性别、职业、家庭、收入等因素来解释各种消费行为的差异。随着研究的深入，与消费行为相关的心理因素和社会因素被大量地引入，如需要、动机、个性、群体、社会规范、人际沟通等。从目前来看，由于社会环境的变化和消费者自身素质的提高，消费者行为比以往任何时候都要复杂，已有的研究内容很难对某些现象做出全面的解释。比如，为什么像日本这样富裕国家的国民仍崇尚节俭，储蓄率居高不下，而美国国民却热衷于借贷消费。对此类问题进行研究时，应引入历史、文化、地理、民族、道德传统、价值观念、信息化程度等一系列的内容，这也为消费者行为学的研究进一步奠定了基础。

(三) 研究方法的定量化

在新的社会经济环境下，纯粹对某一消费现象进行事实性陈述和定性分析，显然是不够的。为此现代的研究方法越来越倾向于定量分析，运用统计分析技术、信息技术以及运筹学、动态分析等现代科学的研究成果，从因果关系、相关关系以及数量上来揭示各变量之间内在的联系，这样研究的结果可以建立更加精确的消费者行为模式的模型。分析模型的建立又进一步推动了对消费现象本质的分析，从而把消费者行为的研究提升到一个新的高度。在此基础上，消费者行为学研究的内容将更加全面，理论分析将更加深入，学科体系也将更加完善，研究成果在实践中将得到越来越广泛的应用。

本章小结

消费者行为是指消费者为获取、使用、处置消费物品或服务所采取的各种行动以及先于且决定这些行动的决策过程。研究消费者行为既是企业制订营销策略和进行营销管理的基础，又是消费者权益保护和有关消费者政策的制定依据。同时消费者行为学的研究成果还有助于消费者自身作出更明智的购买决策，也为企业拓展了消费者市场。

对消费者行为学的专门研究始于 19 世纪末 20 世纪初。19 世纪末到 20 世纪 20 年代可视为消费者行为学研究的萌芽阶段；20 世纪 30 年代至 60 年代是消费者行为学研究的应用阶段；20 世纪 70 年代至 90 年代是消费者行为学研究的发展阶段；21 世纪以后，消费者行为学研究进入广泛应用阶段，消费者行为学作为独立学科的地位得到确认。

相对而言，消费者行为学是一个十分年轻的学科领域，它正在从心理学、社会学、社会心理学、人类学、经济学和市场营销学等诸多学科领域吸取营养，以此丰富和发展自己。消费者行为学以行为科学研究的一般方法为基础，吸纳、借鉴、创新、发展多门学科的研究方法，形成了自己的研究方法体系，其研究方法主要有观察法、实验法、调查法、问卷法、访谈法和投射法等。

本章还介绍了本书的内容框架：第一篇为消费者行为学概论；第二篇为消费者购买行

为模式与购买决策过程，第三篇为消费者的心理现象和行为；第四篇为外部环境因素与消费者行为；第五篇为营销组合因素与消费者行为。

学习课件

练 习 题

一、单项选择题

1. 人们为满足某种需要，在消耗物质产品与非物质产品的过程中所表现出来的行为活动，称为(   )。

A. 生产性消费　　B. 组织性消费
C. 生活性消费　　D. 个体性消费

2. 提出“旱则资舟，水则资车，物之理也”的经营思想的是(   )。

A. 计然　　B. 范蠡　　C. 白圭　　D. 子贡

3. 最早提出“消费”这个术语的学者是(   )。

A. 亚里士多德　　B. 色诺芬
C. 亚当·斯密　　D. 西斯蒙第

4. 消费者行为学的发展沿革中(   )时期是其发展阶段。

A. 19 世纪末—20 世纪 20 年代　　B. 20 世纪 30—60 年代
C. 20 世纪 70—90 年代　　D. 21 世纪以后

5. 调查者与消费者进行面对面有目的的谈话、询问，以了解消费者对所调查内容的态度倾向、人格特征等的方法是(   )。

A. 投射法　　B. 问卷法　　C. 观察法　　D. 访谈法

二、多项选择题

1. 消费者行为的特点包括(   )。

A. 多样性　　B. 复杂性　　C. 关联性　　D. 规律性
E. 可诱导性

2. 消费者行为学的发展历程大致可分为(   )。

A. 萌芽阶段　　B. 应用阶段　　C. 发展阶段　　D. 成长阶段
E. 广泛应用阶段

3. 消费者行为学具有显著的跨学科性质，与其关系密切的学科主要有(   )。

A. 心理学　　B. 经济学　　C. 人类学　　D. 市场营销学
E. 社会心理学

4. 消费者行为学吸纳、借鉴、创新、发展了多门学科的研究方法，形成了自己的研究方法体系，其研究方法主要有(   )。

A. 实验法　B. 观察法　C. 调查法　D. 问卷法
E. 投射法

5. 消费者行为学研究中常用的投射法主要有(　　)。

A. 主题统觉测试法　B. 漫画实验法　C. 造句测验法
D. 情境演示法　E. 角色扮演法

三、名词解释

1. 消费
2. 消费者
3. 消费者行为
4. 访谈法
5. 投射法

四、简答题

1. 简述中国古代消费思想。
2. 简述西方古代消费思想。
3. 简述消费者行为学应用阶段的主要特点。
4. 简述消费者行为学发展阶段的主要特点。
5. 简述消费者行为学的研究内容。

五、论述题

1. 论述消费者行为学的发展沿革。
2. 论述消费者行为学的研究意义。

六、应用实践题

1. 访问三位最近购买过大件商品的消费者和另外三位购买过小件商品的消费者。试分析他们的购买决策过程在哪些方面相同，在哪些方面不同。

2. 某果冻公司为了扩大产品销量，决定改变产品包装，对 A、B、C 三种果冻采用新包装设计，并投放市场，进行为期一个月的实验。经过实验调查，获得如表 1-2 所示的统计结果。试问：表格所反映的实验结果如何？果冻的包装设计对果冻的销量影响如何？

表 1-2　果冻销售额统计结果　单位：元

包装果冻	事前每月销售额	事后每月销售额	变　动
A	1600	1800	+200
B	1300	1700	+400
C	2200	2500	+300
总计	5100	6000	+900

七、案例分析题

消费者行为的错误理解

消费者的心理是一个“黑箱子”，企业准确把握消费者心理或行为特征的难度非常大，不少企业错误地理解消费者心理或行为，结果以失败告终。下面我们看看因错误地理解消费者心理或行为而失败的一些案例。

(一) 未做市场调查，未能准确把握消费者心理或行为的案例

1. 可口可乐公司的一个研发团队曾经开发出一种橙汁浓缩膏，消费者可以把它放到冰箱冷藏室里，使用时像牙膏一样挤出。也许这个研发团队主观上相信这样的橙汁浓缩膏会解决消费者所感知到的对冰箱空间不足的问题，但此产品上市后就失败了。因为消费者每次喝橙汁前必须把浓缩膏挤出来放到水里，这不仅给消费者带来不便，而且浓缩膏的盖子容易脏，会影响橙汁的味道。

2. 美国最大的电话通信公司 AT&T 曾经开发出可视电话，但因消费者以侵犯个人隐私为由而反应冷淡，结果该产品在市场上以失败告终。

3. 生产消费者日常生活用品的宝洁公司曾在推出婴儿尿布(Pampers)时强调此产品能如何节省妈妈们的时间，使用是如何的方便，但他们没有注意到购买婴儿尿布的妈妈们在选购尿布的时候，与自身的便利相比，更看重孩子的舒适度。宝洁公司发现婴儿妈妈们的心理后，便在广告中强调要为自己的宝贝及时更换尿布。

4. 1983 年美国最大的杂志社未经过市场调查而试办了 TV-Cable Week 杂志，结果以失败告终，损失 4700 万美元。

(二) 虽然做了市场调查，但没有准确地把握消费者的心理或行为而以失败告终的案例

1. 美国的一家服装企业——Levi Stauss 公司的主打产品是牛仔裤。该公司曾经在 20 世纪 70 年代末期根据女式牛仔裤市场饱和状态和激烈的竞争环境，向市场推出男性正装。他们通过市场调查发现关心服装的男性消费者越来越多，其市场规模非常大。他们推出的男性正装品牌为 Levi Tailored Classic。但问题就出现在这个男性正装品牌上。通过消费者调查，他们发现美国人非常熟悉牛仔裤品牌 Levi，人们一看到 Levi 品牌就会联想到牛仔裤，Levi 和牛仔裤几乎已经画上了等号。但是，该公司的研究战略小组认为，Levi 是该公司最响亮的品牌，可以扩展到男性正装这一新产品，并坚持使用这个品牌。结果品牌名所持有的形象和产品概念不协调，最后以失败告终。

2. 20 世纪 80 年代以后，可口可乐受到百事可乐的巨大挑战。当时可口可乐公司通过调查发现消费者喜欢百事可乐的甜味，于是在 1985 年向市场推出了比原来可乐更甜的 New Coke。结果可口可乐公司遭到了习惯于原来味道的消费者的强烈抗议，消费者要求恢复原来的味道。最终可口可乐公司还是推出了恢复原来味道的 Coca Cola Classic。该公司仅仅认为消费者根据舌头感觉选择清凉饮料，而忽略了消费者对品牌所持有的情感依恋。

(资料来源：作者根据相关资料整理而成。)

思考：

1. 从上述案例中你得到了什么启示？如何理解消费者行为对企业的重要性？
2. 如果你是一家企业的决策者，你认为应该从哪个角度入手来研究市场？

2

第二篇　消费者购买行为模式与购买决策过程

第二章　消费者购买行为模式与购买决策过程

知识目标

通过本章的学习，了解并掌握消费者购买行为的概念、特征，消费者购买决策类型，以及消费者购买决策过程，并且能简要分析消费者购买行为模式以及消费者的购买决策过程。

能力目标

首先能运用所学理论，根据自己对消费者购买行为的理解，在现实生活中能做出正确的消费者购买行为；其次运用消费者购买决策过程理论，分析判断消费者的具体购买决策过程，了解消费者的购买习惯和购物心理，掌握提高消费者满意和消费者忠诚的具体营销策略。

课程思政

近年来，青少年群体中出现的诸如攀比消费、炫耀消费、超前消费、负债消费甚至低俗消费等不良消费行为成为社会关注的焦点，不少年轻人因一时的爱慕虚荣，通过贷款甚至违法行为让自己享受一时。在这种大环境下，我们应当树立正确的人生观与价值观，理性消费，量入为出，不让一时的冲动蒙蔽自己的双眼。通过对消费者购买决策过程的学习，学生在日后消费中应要尽量避免不健康消费心理的影响，坚持从个人实际需要出发，做出理性消费的决策。合理安排生活支出，避免盲目跟风，对自己、家庭和社会负责。同时，应当坚持绿色消费观念，以绿色发展的核心理念，在衣食住行消费中以可持续发展为指向，选择绿色、低碳、环保的消费方式，如光盘行动、废旧物品循环利用等，以实际行动为建设“美丽中国”贡献力量。

案例导入

高级折扣零售店——塔吉特公司

作为一家直接与终端消费者打交道的企业，美国塔吉特公司对消费者的研究十分深入，消费者购买行为模式被他们作为一个非常重要的工具使用，并取得了显著成效。

塔吉特公司成立于1962年，在美国47个州设有1330家商店，为客户提供物美价廉的、时尚前沿的零售服务。不管是在Target商店，还是在线Target.com，客户都能从数千件风格独特的商品中做出选择，享受到妙趣横生、简单方便的购物体验。塔吉特公司对消费者购买行为模式的分析、研究体现在以下方面。

• 塔吉特定位顾客群

塔吉特的创始人发现，折扣商场价格虽低，但很多女性并不去那里购物，因为她们不喜欢店里的商品、服务和气氛。这些女性属于中等或中上阶层，以她们的收入，应该去高级百货店购买，但她们还是喜欢物美价廉的商品。在分析她们对于产品的品味和生活方式之后，"女性到底喜欢在什么样的地方购物"的答案逐渐浮出水面，如果有家商店能提供愉快、省时的购物体验，商品质量高于传统折扣商场，价格又比百货公司低很多，那么女性会很乐意光顾。

"在折扣店中走高级路线是可行的。"塔吉特的创始人约翰·吉斯(John Geisse)说，他认为折扣商场这个行业除了低价商品之外，还有更多可发挥的空间。

• 减少和剔除

和沃尔玛的"天天低价"相比，塔吉特对于低价的承诺有适度的保留。塔吉特将自己的顾客群的80%定位于年龄平均为40岁左右的女性，家庭收入平均为5.1万美元，略高于沃尔玛的4万美元，大大高于凯马特的2万美元。

塔吉特的店面设计强调"平价"的因素，去除过去精致的装饰和复杂花哨的陈列。在商品陈列和楼面的设计上，塔吉特的策略是协助顾客尽快买到想买的商品，因此楼面规划和各种标志设计都便于顾客找到方向。店面的商品通道指标设有3个相交立面，顾客从任何角度都看得到，卖场各处都设有价格扫描器，顾客还可以就近利用店内的红色电话联络客服部门。

• 创造和增加

塔吉特采取的商品战略是提供只能在塔吉特买得到的独家商品，尤其是设计师特别设计的商品，如此不但能满足顾客对质量的要求，而且也大幅提升了塔吉特高级、时髦的形象。这些为塔吉特设计独家商品的设计师都站在流行和时尚的前端，因此也可以为未来的趋势提供丰富的信息。自从格雷夫斯的商品在塔吉特商店出现以来，美国大众的热情使这家商店的销售增长率达到了两位数。

同时塔吉特增加了原来大众零售店匮乏的"体面"氛围——不仅仅是装修上的舒适体面，更包括对待顾客有如上宾。塔吉特员工礼貌又有效率的服务在普通折扣商店很少见。

自从这一系列改变后，塔吉特仿佛被打上了质量优良的戳记。高阶层的顾客互相比较到塔吉特采购省了多少钱，而且到处炫耀最近在塔吉特买的东西——新衣服、锅具组、电视机等。塔吉特希望传达给顾客的信息是："我们拥有你在别家店找不到的高质量商品，而且价格不贵。"

(资料来源：作者根据相关资料整理而成。)

第一节　消费者购买行为模式

消费者购买行为，是指消费者为满足自身需要而发生的购买和使用商品或劳务的行为活动。社会生活中任何人都必须消费各种物质生活资料以满足其生理和心理需要，因此消费者购买行为是人类社会中最为普遍的一种行为活动，其广泛存在于社会生活的各个方面，成为消费者日常生活中不可分割的重要组成部分。在现代社会中，由于购买动机、消费观念、消费方式以及购买习惯的不同，每个消费者的消费方式也千差万别，形成了不同的购买行为模式，当然也存在着一些共性的特征。

一、消费者购买行为的一般特征

(一) 消费者购买行为和其心理现象存在一定的联系

消费者购买行为是消费者心理活动的外在体现，消费者的心理活动是消费者行为的内在制约因素和驱动力。消费者的心理活动过程和个性心理特征是消费者心理现象的两个方面，它们共同制约着消费者的一切经济活动，通过消费者购买行为具体表现出来。所以在认识消费者购买行为时，必须将消费者的购买活动与其心理过程和个性心理紧密结合起来。

(二) 个体的消费行为会受到社会群体消费的制约与影响

每个消费者都是社会人，都隶属于某种社会群体，如一个家庭、一个社会阶层、一个民族等，而作为某种社会群体成员的消费者，其消费行为必然受到所处的自然环境和社会环境的影响。

◈ 案例 2-1

美国亚裔的购买行为模式

美国移民中有 70%是亚洲移民，大多数年龄在 25 岁以下。美国商务部统计局的统计数字表明，亚裔美国人是美国增长最快的种族亚文化群体。这一群体由中国人、日本人、菲律宾人、朝鲜人、亚洲印第安人、东南亚各国及太平洋岛国的人组成。有关亚裔美国消费者的研究提出，这一文化群体的个人和家庭可分为两个群体：一部分是“同化”的亚裔美国人。他们精通英语，受过高等教育，担任专家和经理职位，表现出来的购买行为模式与典型的美国人非常相似；另一部分是“未同化”的亚裔美国人。他们是新进移民，仍保持自己原有的语言和风俗习惯。美国安休斯——布希农场公司的农产品销售部所销售的 8 个不同品种的加州米，便各标以不同的亚洲标签，以覆盖一系列的民族和口味，该公司的广告还述及中国、日本、朝鲜等不同种类饭碗的各自偏好。

一些研究还表明，作为一个整体的美籍亚裔亚文化群体，具有一些共同的特征，如勤奋、家庭观念强烈、欣赏教育、中等家庭的收入超过白人家庭等，同时这一文化群体也是美国最具创业精神和意识的群体，这可以从亚洲人在企业中的表现中得到证明。根据这些特质，美国人寿保险公司大都会将亚洲人作为一个主要的保险目标市场。

(资料来源：作者根据相关资料整理而成。)

(三) 消费者购买行为具有明确的目的性和很强的自主性

消费的目的是满足消费者的需要，消费行为的直接目的是实现消费者的消费动机，因此消费行为的目的是非常明确的。如人们到商店购买食品的目的不外乎以下几个：第一，由于饥饿；第二，出于对一种新口味食品的好奇心；第三，出于证实食品质量与品质与广告宣传的内容是否一致等。

消费行为的自主性是消费行为区别于其他行为的重要标志之一。任何消费行为的进行一般都是在人们自主地支付了货币之后才得以实现的。虽然，现代商业的发展使消费者支付货币的时间具有更大的灵活性，但支付相应的货币才能获取商品的所有权与使用权这一基本前提并没有发生本质变化，这就决定了消费者行为必然要以自觉自愿地支付货币才能取得商品的所有权为特征。

◇ 案例 2-2

购物空间的变迁展现消费者自主性

自 20 世纪 80 年代以来，城市居民购物模式的变化体现了消费者自主性的提高。购物模式变迁主要表现为：支付手段从现金支付转为信用卡支付；购物观念从关注商品的使用性能转变为关注商品的外观风格；而最明显的则是购物空间的变迁——从小型零售店到百货商场乃至当今的大型超市和购物中心。购物空间的不断变迁使不断提高的消费者自主性得以可视化。

中国城市购物空间经历过两次重大变化：第一，购物空间从流动空间转变为固定空间。地摊叫卖是对传统再分配体制下零售店的补充，城市居民可以在固定的时间和地点买到匮乏的商品；第二，购物空间从排斥消费者到吸引消费者参与。这个过程又经历了两个阶段：首先是从传统的零售店到大型百货商场，这种转变使消费者可以任意浏览商品并要求售货员多次更换商品；再次是从百货商场到大型超市或购物中心，这种转变让消费者有充分的自由来挑选商品，拉近了消费者与商品的空间距离。

显然，购物空间变迁的背后隐含着消费者自主性的变化。这个变化无论是从消费者还是商家身上都可以找到依据。以消费者为例，地摊叫卖式的购物让消费者承担了买到假冒伪劣商品的消费风险，再分配体制下的零售店购物使消费者要承受售货员不佳的服务态度，百货商场购物使消费者难以避免售货员的无端挑剔。相反，大型超市购物却给消费者提供了无尽的消费自由，消费者可以随意地触摸商品而无须背上道德谴责的压力，因为这是消费者的权利；消费者可以因为囊中羞涩摒弃掉一些商品而无须遭受售货员的白眼，因为这也是消费者的权利。那么商家又是如何做的呢？不少商家为了吸引顾客使尽浑身解数，比如营造美观的购物空间、提供方便快捷的消费服务、举办各式各样的促销活动等。从购物空间来看，商家可以营造美观的商店空间，使消费者在购物的过程中不仅获得视觉上的美感和身心上的愉悦，而且在挑选商品的过程中可以随心所欲，消费者的自主性可见一斑。

近年来关于消费者自主性、消费者权威和消费者运动的评论文章日益增多。上海市社会科学院的卢汉龙研究员曾在《中国的城市消费革命》一书中指出，消费者自主性的产生，主要是源于市场化的发展，而这种发展又是通过货币消费的形式来实现的，货币消费不仅打破了国家对社会生活的干预，而且还扩大了消费者选择商品、服务的品种和范围，结果使消费者逐渐获得了自主性。

(四) 消费者购买行为具有很强的关联性

消费者购买行为的关联性有两种表现方式：当消费者满足一种消费需要，实现一种消费动机的时候，他可能会为了得到更加满意的消费效果，而对另一些相关的商品产生消费需要和消费动机，如人们购买了西服之后，一般都需要相应的领带、衬衫与之配套，这就是消费者购买行为关联性的表现形式之一。当消费者满足了一种需要或者实现了一种消费动机的时候还可能产生新的消费需要，并因此激发新的消费动机。如上述消费者在购买西服及配套商品后，发现穿上西服后人的精神状态发生了改变，希望自己内在的气质也有所改变，于是增加了对知识和受教育的渴望，产生购买书籍的动机，这是消费者购买行为关联性的又一种表现形式。

(五) 消费者购买行为具有发展变化性

消费者行为是人类社会行为的一个组成部分，会随着人类社会各种条件的发展而不断地变化发展。从消费者本身的角度来说，消费者本人的心理、生理的变化，年龄的增加，消费行为的改变，某一时间内的情绪和情感的变化，个人生活中的重大改变等都会对消费者购买行为带来一定的影响。从消费者所处的社会环境来看，社会的风俗习惯会因时间的推移而改变，消费的时尚、潮流等也会不断更新，消费者所处环境的物质文明与精神文明都会不断提高，所有这些都会改变消费者的购买行为，因此消费者的购买行为会随着消费者本身及社会环境的发展而不断发展变化。

二、消费者购买行为理论

长期以来营销人员都希望能对个体消费者的购买行为进行有效的预测，从而制定相应的营销策略。不仅如此，在学术界许多学者努力探索消费者购买行为的规律，他们试图从理论上阐述、预测消费者的购买行为，下面就几个比较重要的消费者购买行为理论进行介绍。

(一) 习惯建立理论

习惯建立理论认为，消费者的购买行为实际上是一种习惯的建立过程。消费者对消费对象和消费方式的喜好是在重复使用和消费中建立起来的，这个过程并不需要认知过程的参与。消费者在内在需求激发和外在商品的刺激下，购买了某商品并在使用过程中感觉不错，那么他可能会再次购买和使用，如果多次的购买和使用给消费者带来的是愉快的经历，购买、使用和愉快经验的多次结合，最终在消费者身上形成了固定化反应模式，即消费习惯建立了。每当产生消费需要时，消费者就会想到这种商品，随之产生相应的购买行为。

习惯建立理论完全符合斯金纳的操作性条件反射理论，是行为主义心理学观点在消费者购买行为研究上的应用。消费者主动的购买和使用行为在先，愉快这种正强化在后，此过程丝毫不见认知因素的影子。多次的购买、使用和愉快经验的结合就在消费者身上形成了固定的联结，一种新的条件反射建立了，如图 2-1 所示。

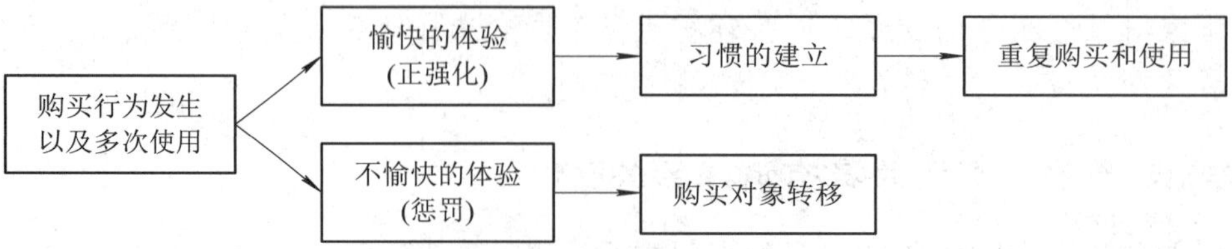

图 2-1 消费者购买习惯建立理论

习惯建立理论能够解释许多现实生活中的消费者购买行为，尤其对那些习惯性消费行为能提供比较满意的解释。在日常生活中每个消费者都有许多这样的习惯性购买行为存在，如对牙膏、香皂等都有其固定的消费偏好，而不会轻易选择新的消费对象。这样做可以使消费者最大限度地节省用于挑选的精力投入，同时又避免了不必要的消费风险的发生。

(二) 信息加工理论

信息加工理论把消费者看做一个信息处理器，而消费行为就是一个信息处理工程，即信息的输入、编码、加工、储存、提取和使用的过程。消费者面对各种大量的商品信息，要对信息进行选择性注意、选择性加工、选择性保持，最后作出购买决策并实施购买行为，如图 2-2 所示。

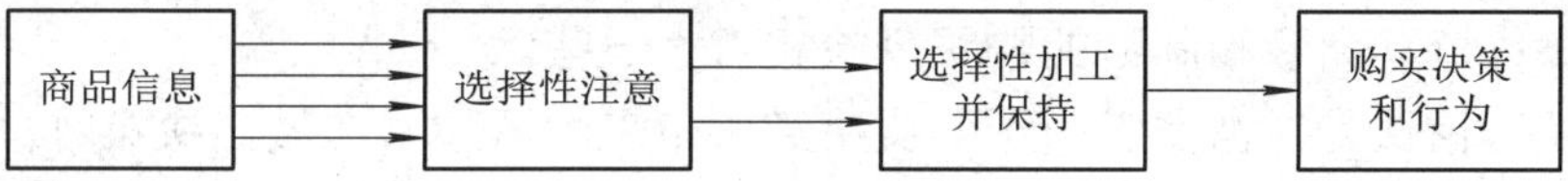

图 2-2　消费者购买信息加工理论

需要注意的是信息加工理论的假设前提是“人是理性的”，而事实上消费者是理性和非理性的复合体，其纯粹的理性状态和非理性状态都是非常态，所以在应用信息加工理论时必须注意这个问题。可以说，信息加工理论揭示了消费者的一个侧面，能够解释某些消费行为。然而针对消费者的随机性购买和冲动性购买，受教育程度较低和智力较低的消费者的购买行为，则其信息加工过程不明显，或者说还谈不上真正意义上的信息加工。同样习惯性购买行为也不存在明显的信息加工过程，只有那些受过良好教育的消费者，又面临高介入的购买行为，同时又有大量的商品信息可利用时，信息加工理论才能提供比较完美的解释。

(三) 风险减少理论

风险减少理论认为，消费者购买商品时要面临各种各样的风险，而这种风险和消费者的心理承受力会影响其消费行为。所谓风险是指消费者在购买商品或服务时，由于无法预测和控制购后的结果是否令自己满意而面临或体验到的不确定性。这种观点认为，消费者的消费行为就是想方设法寻求减少风险的途径。消费者对可能存在和发生的风险的心理预期会影响到他的购买行为。风险减少理论认为，消费者进行消费时承受风险的大小，主要决定于以下因素。

1. 消费者个体付出的成本大小

对具体消费者而言，通常其付出的成本越大，相应感受到的风险也就可能越大，在采取购买行为时也就越谨慎。这里所说的成本包括心理成本、时间成本、机会成本、经济成本和社会成本。

2. 消费者对风险的心理承受能力

个体的心理素质差异以及个体对购买结果心理预期水平上的差异是构成消费者心理

承受力的两大因素。

3. 服务产品的购买风险大于实物产品

实物产品在购买前可以有实物供消费者进行比较、判断，从而避免了一些风险的发生。服务产品由于其无形性和生产消费同步性的特点，消费者在购买前通常无法对其功能和质量等进行判别和鉴定，而这种判别和鉴定只能在消费行为发生时进行，这样风险就很可能已经发生。服务产品的无形性和生产消费的同步性使得消费者一旦遭遇风险难以提供确凿的证据用于申诉，因而自身权利无法得到保障。

4. 购买风险与产品经营者相关

通常情况下，消费者认为实力雄厚的大公司一般不会欺诈，更值得信赖；而与小公司打交道会感知到更多的风险；购买有固定销售场所的产品比购买无固定销售场所的产品感知到的风险小；流动商贩和邮购的购买风险相对大一些。

风险减少理论认为，消费者由于购买决策所带来的风险，在做出决策时总是使用一些"风险减少策略"来尽力控制风险，增加其购买决策的确定性。消费者常用的风险减少策略主要有：① 尽可能多地收集产品的相关信息；② 尽量买自己熟悉的或使用效果较好的产品；③ 通过购买名牌产品来减少风险；④ 通过有信誉的销售渠道购买产品；⑤ 购买高价产品，信奉一分钱一分货，价高则货好；⑥ 寻求安全保证，如企业提供的退款制度、权威机构的检测报告、保险公司的质量保险或者免费试用等。

(四) 边际效用理论

边际效用理论从人的需要和需要满足的角度宏观地解释消费者购买行为。边际效用理论认为，消费者购买商品的目的就是要用既定的钱最大限度地使个体的需要得到满足，即以一定的钱买来尽可能多的商品，从而达到总效用和边际效用的最大化。

效用是指商品满足人需要的能力，通俗地说就是一种商品能够给人带来多大的快乐。总效用是指消费者在一定时间内消费某种商品而获得的效用总量。随着商品消费的增加，总效用也在增加，但却是以递减的速度增加，即增长率递减。此外，随着消费量增加，总效用将达到一个最大值，此后若继续增加消费量，其总效用非但不会增加反而会下降。

边际效用是指每增加一个单位的商品所增加的总效用，即总效用的变化量。在一定时间内，消费者消费某种商品的边际效用，随着其消费量的增加而减少的现象被称为边际效用递减规律。如早餐喝一杯牛奶正好，如果喝两杯就没有意义了，其边际效用为零，如果喝四杯牛奶则会使人非常难受，边际效用变为负数。

边际效用理论对消费者的消费行为规律进行了深入分析，即消费者在货币数量一定的条件下，努力寻求总效用和边际效用两者的最大化。边际效用理论的思想基础是享乐主义哲学和传统的理性人假设。按照边际效用理论的解释，消费者本质上是一个最大限度地追求享乐和舒适的理性的"机器"，随时随地计算如何使自己的收益最大化。尽管边际效用理论对人的冲动性消费、习惯性消费、信念性消费等现象无法做出解释，然而边际效用理论的最大价值在于能够对人的复杂消费行为进行解释。

三、消费者购买行为的一般模式

(一) 霍华德-谢恩模式

霍华德-谢恩模式是由学者霍华德(Howard)与谢恩(Sheth)合作在《购买行为理论》(1969年)一书中提出的，其重点是从刺激或投入因素(输入变量)、外在因素、内在因素(内在过程)以及反应或者产出因素来分析消费者的购买行为，如图 2-3 所示。

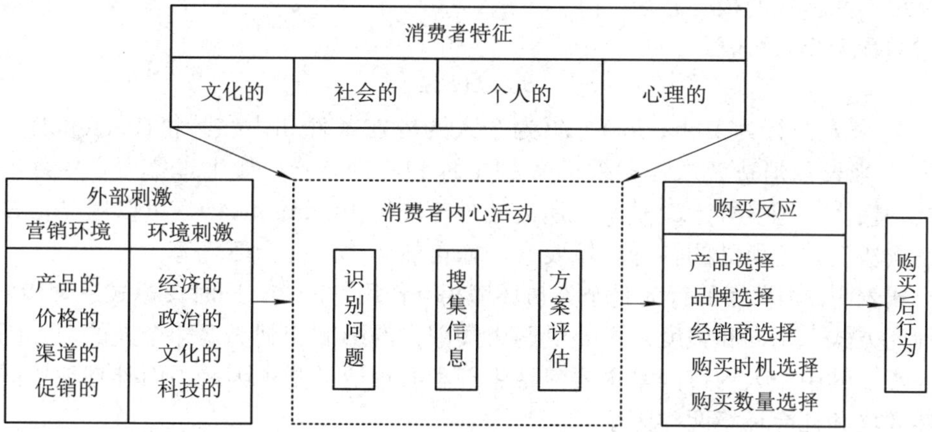

图 2-3　霍华德-谢恩模式

霍华德-谢恩模式的分析方法是通过外部刺激变量与消费者的行为(反应)之间的联系来判断消费者的购买决策过程，可以通过建立 S-O-R 模式来表示消费者复杂的购买过程。该模式将购买过程分为三个部分，即外部刺激(S)、消费者内心活动(O)和购买反应(R)，其中，外部刺激包括营销环境和环境刺激两大类，前者如新产品上市、降价促销、广告促销等，后者如经济水平的提高、与邻居或同事的攀比、家居环境要求等；消费者内心活动是以消费者的个人特征为基础，体现消费者在决策过程中的意志活动，也就是说不同个性特点的人对于外部同样的刺激会有不同的想法，对是否购买、如何购买等问题的考虑也是不一样的；购买反应则是指消费者在深思熟虑之后，就是否购买、如何购买所表现出来的具体、实际的行为。

由图 2-3 可以看出，首先消费者是具有一定需要的，外部刺激会进一步激发其需要与欲望，消费者要在思想中识别和确认他所面临的需要与欲望，搜集可以满足其需要与欲望的所有产品及相关信息，并在各种方案之中进行比较、评估，最后做出购买决策和采取购买行动。在使用和消费购买的产品后，消费者会与自己的期望相比较，确认购买的价值，在心理上会产生满意或不满意，这又会影响消费者以后的购买行为。

霍华德-谢恩模式利用心理学、社会学和管理学的知识，从多方面解释了消费者的购买行为，适用于各种不同产品和各种不同消费者的购买模式研究。

(二) 卢因行为模式

霍华德-谢恩模式研究了消费者行为的过程和规律，对营销活动产生了一定的影响。但该模式变量较多，复杂烦琐，不便于利用和掌握。且由于各个消费者的个性不同，厂商发出的信息各异，社会环境的复杂多变，该模式均未作详细分析和说明。因此，需要我们在综合考虑各种因素的基础上，对消费者的行为模式作出概括和总结，从而提出一种可行性的行为分析理论。

20 世纪以来，许多心理学家、社会心理学家和生物心理学家对探索人类行为奥秘产生了浓厚的兴趣，纷纷致力于人类行为研究，试图揭示隐藏在复杂行为现象背后的一般规律。在众多研究成果中，尤以美国的社会心理学家库尔特·卢因(Kurt Lewin)的研究成果最为引人瞩目。在大量分析试验的基础上，卢因提出了他的著名的行为模式(卢因行为模式)。下面简单介绍卢因模式的核心思想。

卢因的行为模式可表示为

$$B = f(P, E)$$

式中：B 为个人的行为(Behavior)；P 为个人的内在条件和内在特征(Personal)，可以用 $P_1, P_2, \cdots, P_n$ 来表示消费者内在条件的各种生理和心理要素，如生理需要、生理特征、能力、气质、性格、态度等；E 是个人所处的外部环境(Environment)，可以用 $E_1, E_2, \cdots, E_n$ 来表示是构成消费者所处的各种环境要素，如自然环境，社会环境等。

该模式表明，消费者的行为是个人与环境相互作用的产物，同时该模式进一步表明，消费者的行为方式、指向和强度，主要受两大类因素的影响和制约，即个人的内在因素和外部环境因素，其中个人内在因素主要包括生理和心理两类基本因素，而外部环境因素主要包括自然环境和社会环境两类因素。

卢因行为模式在一定程度上揭示了消费者消费行为的一般规律，并对影响行为的多种因素做出了最基本的归纳和划分，其结论具有高度概括性和广泛适用性，因而受到其他学者的一致认可。

(三) 尼克西亚模式

尼克西亚(Nicosia)在《消费者决策程序》(1966 年)一书中提出这一消费者决策模式，该模式由四大部分组成，第一部分从信息源到消费者态度，包括企业和消费者两方面的态度；第二部分消费者对商品进行调查和评价，并且形成动机的输出；第三部分消费者采取有效的决策行为和实施购买行为；第四部分消费者购买行动的结果被大脑记忆、储存起来，供消费者以后的购买参考或反馈给企业，如图 2-4 所示。

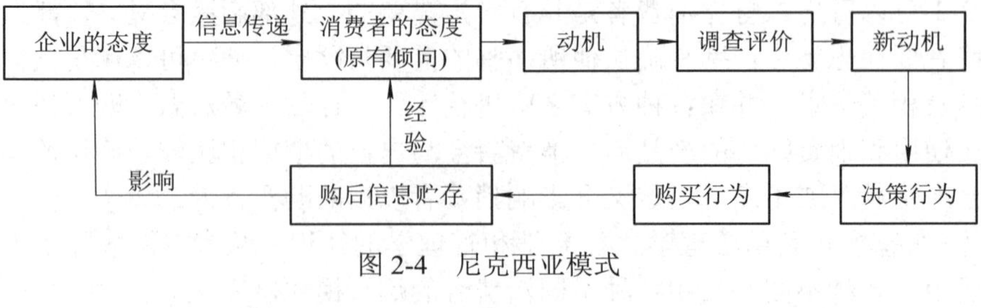

图 2-4　尼克西亚模式

(四) EKB 模式

恩格尔-科拉特-布莱克威尔模式(简称 EKB 模式)是由恩格尔(Engel)、科拉特(Kollat)和布莱克威尔(Blackwell)于 1968 年提出，并在 1984 年修正而成的消费者购买行为理论框架。EKB 模式强调消费者的购买决策过程，其模式分为中枢控制系统(消费者的心理活动过程)、信息加工、决策过程及环境因素四部分。

EKB 模式可以说是一个购买决策模式，它详细地描述了消费者购买决策过程，即在外界刺激物的作用下，使某种商品展露，引起消费者心理上的知觉、注意、记忆、形成信息与经验存储起来，从而构成消费者认知问题的最初阶段；在动机、个性及生活方式的作用下，消费者对问题的认识明朗化，并开始寻找符合自己最初意愿的购买对象，这种寻找在评价标准、信念、态度及购买意向的支持下向购买结果迈进；经过产品品牌评价进入备选方案评价阶段，消费者对备选品牌进行选择，得到输出结果从而完成购买行为；最后消费者对购买行为的结果进行评价，得出满意与否的结论，形成信息与经验，并影响未来的进一步购买行为。

第二节　消费者购买决策类型

在购买活动中，每个消费者的购买决策都与他人存在差异，这使得对购买决策的分析研究趋于复杂化，因此有必要按照不同标准对消费者的购买决策类型进行分类，以便为全面认识消费者行为奠定基础。现实中可采用的分类标准有很多，每一种分类方法都可以从不同的侧面反映消费者购买决策的特点，这里我们主要采用霍华德的研究成果对消费者购买决策类型进行分类。

20 世纪 30 年代，雀巢公司推出了速溶咖啡，这是一种全新的产品。人们以前所熟悉的是磨制咖啡，而速溶咖啡是在高温高压下经过特殊工艺制造而成，精致且易溶于水。速溶咖啡最初的销售并不理想，50 年代才开始出现转机，从此销售量节节攀升，到 60 年代初期销售量达到顶峰，随后速溶咖啡的销售量增长率和绝对销售量均开始下滑，如何解释这一现象呢？我们可以从霍华德对消费者购买决策类型的分类来理解。

霍华德提出了扩展型决策、有限型决策和名义型决策的消费者购买决策分类。

一、扩展型购买决策

当消费者对某类产品或这类产品的具体品牌不熟悉，而且也未建立起相应的产品与品牌评价标准时，消费者所面临的就是扩展型决策。在 20 世纪 40 年代，因为很少有人见过速溶咖啡，为了解和评价它需要发展相应的标准，为此要大量搜集信息并花时间处理这些信息。与此同时各种与速溶咖啡购买相关的价值问题也随之出现，购买这样一种方便食品是否真的合适？我的家人和朋友会怎样看待我买这样的产品？对于过去一直购买传统咖啡的消费者来说，这些都是严肃的问题。为消除疑虑和解答上述问题，消费者需要时间，也需要更多信息，这就是为什么速溶咖啡在刚推向市场时并没有迅速风靡的原因。

扩展型购买决策是一种较为复杂的购买决策，它一般是在消费者介入程度较高，品牌间差异程度比较大，而且消费者有较多时间进行斟酌的情况下所作出的购买决策，该类型决策的显著特点是，消费者在购买过程中需要搜集大量的信息，并对各种备选产品进行广泛而深入的评价、比较。以购买家庭轿车为例，如果购买者对轿车本身以及轿车市场的情况均不熟悉，那么他就需要从各方面搜集信息，了解市场上有哪些汽车品牌，各种品牌的汽车在性能、价格等方面的差异，以及应从哪些方面来评价轿车的好坏、优劣，等等。也许他要花上几天、几个星期甚至几个月的时间才能决定选择何种品牌、何种标准、何种价格的家庭轿车。

对于特定的购买问题，消费者是否广泛收集信息和做出大量的评价、比较，主要取决于以下三个方面的因素。

1. 消费者的购买介入程度

购买介入程度是指消费者对购买或购买对象的重视程度、关心程度。对不同产品的购买，对同一产品在不同情形下的购买，消费者的购买介入程度都是不同的。比如购买汽车、房屋等大宗产品，消费者的购买介入程度明显较购买牙膏、香皂、毛巾等产品要高。对于同一产品的购买，比如化妆品的购买，作为礼品送给朋友时和供自己使用时，所花的时间、投入的精力可能存在很大的差别。购买介入程度越高，消费者在信息搜集、产品评价与选择上投入和花费的精力也越多。因此在很多情况下，扩展型购买决策是和消费者的高度介入密切联系在一起的。

2. 各种备选产品或备选品牌的差异程度

如果消费者认为不同产品或品牌在品质、功能、价格等方面差异比较大，就会更倾向于广泛搜集信息和对各种品牌进行认真比较；反之，消费者就会减少在这方面的时间投入。

3. 购买时的时间压力

消费者在购买时间极为紧迫的情况下，花很多时间用于购买决策过程既不明智也不可能。比如汽车在高速上因为轮胎故障而中途抛锚，假如此时遇到有轮胎出售，哪怕价格贵一点，司机也会不假思索地购买下来。如果在平时购置轮胎，决策过程很可能较为复杂，购买时所花的时间也会更多。

二、有限型购买决策

有限型购买决策是指消费者对某一产品领域或该领域的各种品牌有了一定程度的了解，或者对产品品牌的选择建立起了一些基本的评价标准，但还没有形成对某些特定品牌的偏好，因此还需要进一步搜集信息，以便在不同品牌之间做出较为理想或满意的选择。当消费者认为备选品之间的差异不是很大、介入程度不是很高、解决需求问题的时间也比较短时，消费者所面临的大多属于有限型决策。此时，消费者的决策过程也需要经过认识问题、信息搜集、评价方案、购买决策、购后行为五个阶段，但是消费者所花的时间，精力往往都非常有限。

20 世纪 50 年代，消费者对速溶咖啡以及选择标准已经相当熟悉，当遇到新的和不熟悉的品牌时，消费者可能会做些简单的了解，如检查一下标签信息，看看各种品牌之间的价格如何，然后再作出具体的购买决定。将速溶咖啡买回家后，如果没发现什么异常，消费者一般很少再作出进一步评价。如果品质特别的好或特别的不好，消费者可能会偶尔向他人提及，或者在下次购买时根据自身体验决定是否仍然购买该品牌。总之在有限型决策情形下信息搜集主要来自内部，外部信息搜集比较有限。

追求多样化的购买决策，以及在他人的影响下或者在某种情绪下所作出的购买决策，很多可以归入到有限型购买决策的范畴。有时消费者的购买决策是在观察或模仿别人的基础上作出的，尽管此时信息搜集和品牌比较等活动几乎不存在，但仍然属于有限型购买决策，因为购买者在购买前对所购买的物品知道的很少，根本谈不上有选择该产品或品牌的习惯。

三、名义型购买决策

名义型购买决策是指某个消费问题被意识到以后，经内部信息搜集，消费者脑海里马上浮现某个偏爱的产品或者品牌，该产品或品牌随之被选择和购买。名义型购买决策，实际上就其本身而言并未涉及任何决策，比如当消费者发现家里的“高露洁”牙膏快用完了，于是决定到超市里买一支，而根本没有考虑用别的品牌来代替。

名义型购买决策又可以进一步分为两种类型，即忠诚型购买决策和习惯型购买决策。

1. 忠诚型购买决策

忠诚型购买决策是指消费者认定某一品牌较竞争品牌能更好地满足自身需求，其对该品牌形成了情感上的依赖，长期反复选择该产品。比如消费者曾经对牙膏有较高的介入程度，但在选定“高露洁”之后，觉得它很不错，之后虽然牙膏的选择对消费者来说仍然很重要，但消费者可能会不假思索地一再选择此品牌，由于消费者对该产品形成了偏好和忠诚，因此竞争品牌很难赢得消费者的青睐。

2. 习惯型购买决策

习惯型购买决策和忠诚型购买决策在外在形式上的表现几乎没多大差异，即都是在较长时间内重复选择某一品牌。然而两者有着本质上的区别，如果消费者是一位每天喝牛奶的人，平时喝的“伊利”昨天喝完了，到小区附近的小卖部想购买一箱“伊利”牛奶，不巧这个牌子的牛奶小卖部现在断货了，那么消费者会怎么办？是买差不多口味其他品牌的牛奶还是跑更远的路去买“伊利”牛奶？如果是前者就属于习惯型购买决策，后者则属于忠诚型购买决策。

◇ 案例 2-3

习惯型购买决策

在一项研究中，研究者观察了 120 位消费者在 3 家连锁店购买洗衣粉的行为。观察结果表明，对于绝大多数消费者来说，购买洗衣粉的行为是一种习惯性的购买行为。在这 120 位消费者中，72%的消费者只看了一种品牌或包装的洗衣粉，只有 11%的消费者看了两种以上品牌或包装的洗衣粉；83%的消费者只拿起了一种洗衣粉，只有 4%的消费者拿起了两种以上的洗衣粉。很明显，多数消费者几乎没有在不同品牌或同一品牌不同包装的洗衣粉之间做比较分析，而是完全依据经验和习惯对产品做出选择。

（资料来源：作者根据相关资料整理而成。）

四、三种购买决策的差异

以上三种类型的购买决策主要存在四方面的差异：

(1) 购买决策中信息搜集的范围和数量存在差异。通常名义型购买决策很少进行信息搜集，而扩展型购买决策将进行广泛的信息搜集。

(2) 决策速度存在差异。扩展型购买决策所花的决策时间最长，名义型购买决策所花的时间最短，有限型购买决策则介于两者之间。

(3) 不同决策类型下，消费者重复选择同一品牌的概率不同。一般而言，越是复杂的购买，消费者在下一轮购买中再次选同一品牌的可能性很小，而越是名义型购买决策，重复选择同一品牌的可能性也就越大。

(4) 不同决策类型下，消费者心理过程存在差异。在扩展型购买决策下，由于消费者对整个类别的产品不熟悉，需要发展全新的产品概念，包括该类产品与其他类似产品的联系和区别，与某种或某类需要的关系等，整个决策过程可以看成是“形成概念”的过程。在有限型购买决策下，由于消费者已经发展起了关于产品类别的评价标准，因此当有新品牌进入时，只需根据这些标准对该品牌的各个方面进行评价即可，此一过程可以看成是“概念的获取或获得”。名义型购买决策下，消费者不仅对品类，而且对市场上的每一个品牌都形成了“概念”和“形象”，因此简单地运用这些概念，即可作出购买决策。

第三节　消费者购买决策过程

一、消费者购买决策的概念

一般意义上的决策，是指为了达到某一预期目标，在两种以上的备选方案中选择最优方案的过程。就消费者而言，购买决策是指消费者作为主体，为了实现满足需求这一特定目标，在购买过程中所进行的评价、选择、判断、决定等一系列活动。简而言之，消费者的购买决策是指消费者购买目的的确立、购买手段的选择和购买动机的取舍过程。

消费者的购买决策在消费者的购买行为中占有极为重要的地位。首先，消费者决策是否进行，决定了其购买行为发生或不发生。其次，决策的内容，确定了购买行为的方式、时间和地点。最后，决策的质量决定着购买行为效用的大小。因此正确的决策可以使消费者以较少的费用和时间买到物美价廉的商品，最大限度地满足消费者的需要。反之，质量不高或者错误的决策，不但会造成时间、金钱的损失，还会给消费者带来心理上的挫折，对以后的购买行为产生不利影响。所以购买决策在购买行为中居于核心地位，起着支配和决定其他要素的关键性作用。

二、消费者购买决策的特点

消费者的购买决策有一些共同的特点，主要表现在。

(一) 决策主体的单一性

本书所讲的消费者主要是为了自身和家庭需要的最终消费者，虽然也受环境等外界因素的影响，但与生产资料消费者相比，在决策中通常表现为消费者个别的、独立的决策过程。

(二) 决策范围的有限性

与其他决策相比，消费者的购买决策范围相对有限，主要体现在购买何种商品、购买时间地点、以及购买方式等方面的决策。

(三) 决策因素的复杂性

消费者的购买行为看似简单，其实影响其决策的因素复杂多样，既有消费者的个性品质、兴趣爱好、生活习惯、经济收入等个人因素的影响，又有社会阶层、相关群体等环境因素的影响。

(四) 决策内容的情境性

消费者的购买行为，一类是有计划的购买行为，即何时何地需要买什么商品等事先都做好计划，但由于影响决策的因素各不相同，且随着时间、环境的变化而发生变化，因此消费者不得不经常改变先前已经决策好的内容。另一类是冲动性购买行为，是指由于受到某一因素的刺激，消费者产生即刻的购买行为。冲动性购买行为常常伴有非理性的因素，在商业发达、经济收入不断提高的现代社会里冲动性购买行为的比例将会越来越大，这种决策具有很大的随机性和情境性。

三、消费者购买决策过程

消费者购买决策过程，实质就是消费者解决问题的过程，是指消费者购买产品或服务的经历。因所购买的商品、购买的动机、购买的环境不同以及个性的差异，消费者的具体购买行为千差万别，有的过程很复杂，要持续相当长的时间，而有的过程又十分简单，只需很短的时间就能完成，但作为一个理性的消费者在购买过程中所表现出来的行为还是有一定的逻辑和规律的。根据大量的观察和调查结果，一般认为在复杂的购买决策中，消费者一般要经过认识问题、搜集信息、评价方案、购买决策、购后行为五个阶段，每一个阶段都要做出若干决策，如图 2-5 所示。

图 2-5　消费者购买决策过程

(一) 认识问题

消费者对某一商品的购买需要来源于其自身生理和心理上的需求。当消费者的某种需要没有得到满足，理想状态和现实状态之间存在差异时，便产生了需要。因此需要是指人们缺乏某种东西时所产生的一种匮乏的心理状态，它是个体自然的(生理的)和社会的(心理的)客观需求在头脑中的反映，它是个体一切行为的原动力。

心理学研究表明，当人们缺乏某种东西时，便会产生一种紧张和不安的心理状态，这种紧张不安的心理对个体是一种压力，于是便产生了排除紧张不安心理的愿望，于是便形成了一定的需求，由“缺乏感”转为“需求感”就构成了消费者原始的购买动机。消费者的这种购买动机，可以是由内部刺激引起的，例如当人肠胃里的血糖水平降低后就会产生饥饿感，于是就想进食了；饿了想吃饭，渴了想喝水，这都是由内部刺激引起的需求。有时消费者的需求也可以是由外部刺激引起，例如有时人们想吃某种食品，不一定是由饥饿感引起的，而是由于闻到了食品诱人的香味或者看到别人吃而引起了食欲。此外，消费者由于受到广告宣传的影响而产生对某一商品的需要等，这都是消费者对需要问题的认识。

(二) 搜集信息

消费者需要问题产生之后，便会围绕需要广泛地开展信息的搜集，因此消费者购买决策的第二个阶段是搜集信息，下面从搜集信息的方法、影响消费者搜集信息范围的因素、消费者选择信息的过程三方面介绍搜集信息阶段。

1. 搜集信息的方法

1) 人际来源

人际来源主要包括家人、朋友、同事、同龄人、邻居、熟人等，这方面来源的信息，对消费者的购买决策影响很大。

2) 商业来源

商业来源主要包括广告、推销员、经销商、展示会等，这方面来源的信息量最大。

3) 公共来源

公共来源主要指大众传媒，如网络、电视、广播、报纸、杂志、消费者组织、专家学者等，这方面来源的信息极具客观性和权威性。

4) 经验来源

经验来源主要指消费者个人购买和使用商品的经验以及对产品的认知等，这方面来源的信息，对决策初期和最后是否作出购买决策具有决定性影响。

2. 影响消费者搜集信息范围的因素

1) 消费者对购物风险的预期

消费者在购物时，都有一定的风险意识。一般来说，随着对购物风险预期的增加，消费者就会扩大搜集信息的范围，提供更多可供选择的品牌，以降低购物风险。例如，消费者要买一处商品房，由于价格较高，因此这是一项风险较高的决策。为了降低风险，消费者开始广泛地搜集有关商品房的信息，包括房子的质量、结构、位置、交通状况、周边环境、物业管理费用、开发商信誉等方面的信息，可能会花费较多的时间去查找资料。相反，如果购买商品的风险较小，就不会花费这么大的精力。但是对于同一类产品，由于消费者的个性不同，对风险的预期心理也就不同，因此信息的搜集范围和努力程度也就不同。

2) 消费者对商品或服务的认知

对商品或服务的认知是指消费者对商品或服务带有评价意义的理解或说明。如果消费者对商品或服务了解较多，认知程度较高，搜集其信息的效率就越高，搜集信息花费的时间也就越少。对商品或服务越是有信心，就越会掌握足够多的信息，从而对作出正确购买决策也就越有信心。

3) 消费者对商品或服务感兴趣的程度

一般来说，消费者对某一商品或服务越感兴趣，关注它的程度也就越高，就会花费更多的时间去搜集与它相关的信息。因此信息搜集的范围往往与消费者对某一产品或服务的兴趣成正比。例如摄影爱好者更关心哪里有摄影器材出售和哪里是摄影取景的最佳去处。

3. 消费者选择信息的过程

1) 有选择性地注意

消费者在日常生活中会接触到大量的刺激，但并不是对每一个刺激都能感知。美国广告协会与哈佛大学联合进行了一次全国调查，结果表明被调查的人平均半天要接触大约150则广告，但是实际能引起他们注意的广告却只有10～20则。这说明消费者只是有选择地注意信息。

2) 有选择性地理解

即使消费者注意到的刺激，也不一定都会产生预期的效果，因为每个消费者都是按照自己的思维模式来接收信息。有选择性地理解是指消费者更趋向于将所获得的信息与自己的意愿结合起来进行理解。比如王先生决定购买某一小区的商品房，他就可能不去考虑它的缺点，而是更多地强调它的优点，诸如房屋的结构合理质量好，周围环境优美，即使价格高点也值得。在大多数情况下，消费者都会以“先入为主”或“为我所用”的视角来理解信息。

3) 有选择性地记忆

消费者在日常生活中会接触到大量的信息，但不一定都能记住这些信息，而往往是倾向于记住那些与自己的需要、兴趣、态度相符合的信息。例如张先生到某国旅游，过了很长时间后，他还会清晰地记住那些著名的景点或他认为好玩的地方。

(三) 评价方案

消费者从不同途径、渠道获得大量信息后，根据信息选择方案，即进入购买决策的评价方案阶段。在这一阶段，消费者将记忆中存储的信息和从外界信息来源获得的大量信息，进行“去粗取精，去伪存真”地加工、整理和筛选，并形成一套标准，并用这套标准对评价方案进行比较、评价和选择，但是评价标准的选择会因消费者的价值观等不同而产生较大的差异。例如有的消费者会以价格低廉为基本尺度，有的则以是否符合时尚为选择标准，有的追求外观新颖，有的希望结实耐用，有的追求个性化、时代感，有的则宁可从众，与多数人趋同。因此对于同一决策，不同的消费者甚至会作出完全不同的评价。虽然对同一方案消费者的评价不同，取舍结果也可能迥然相异，但是无论标准的具体内容如何不同，实质上都可以归结为同一尺度，即将付出的成本与所获得的效用进行比较，所获得的效用要大于付出的成本。为了使所得效用大于付出的成本，消费者在选择评价决策方案时，可以采取以下几种方法。

1. 以理想品牌为参照物

每个消费者的心目中都有对某一商品的理想品牌的印象。消费者可以用心目中的理想品牌同实际品牌进行比较，实际品牌越接近理想品牌，就越容易被消费者所接受。例如消费者可先给自己心目中的理想品牌打分，然后再给实际品牌打分，最后看看两者误差的大小，误差越小，消费者对实际品牌的满意程度越高，选择该种决策方案的可能性就越大；

相反误差越大，表明实际品牌与理想品牌之间的差距就越大，消费者选择该品牌商品的可能性也就越小。

2. 设定一个最低下限

这是消费者对商品的多种属性关联考虑后，为商品的各种属性规定一个最低可接受的水平，只有所有的属性都达到了规定的水平时，该商品才被考虑，而对于没有达到这一可接受水平的其他商品则不予考虑。运用这一方法，就排除了某些不必要信息的干扰，减少了处理信息的数量和规模。但是这种决策方法可能会导致最终所剩品牌方案不止一个，因此消费者还需要借助其他方法作进一步的筛选。

3. 采用单一评价标准

这种方法与上一种设定一个最低下限法正好相反，是指消费者只用一个单一的评价标准来选择商品，也就是说消费者以所看中商品的一种最主要的属性去评价他所考虑的几个品牌的商品，并依据这一评价标准从中选出一个最符合其需要的那个商品或方案。

4. 排除法

排除法的核心是逐步排除，减少备选方案。使用这种方法时，首先要排除那些不具备所规定评价标准的最低可接受水平的商品或方案。然后消费者再设定出不同的衡量标准，用这些标准再不断地排除下去，直到最后剩下一个商品和方案为止，这个方案或商品就是消费者满意或比较满意的选择方案。

5. 排序法

这种评价方法类似于编辑词典时所采用的词条排序法，因此又称为“词典编辑法”。使用这种方法时，首先将产品的一些属性按照消费者自己认为的重要性程度，从高到低排出顺序，然后再按顺序选择最优的商品和方案。具体指消费者根据排序中的第一重要属性对各种备选品牌进行比较，如果在比较的过程中出现了两个及以上的品牌，消费者还必须根据第二重要属性，甚至第三重要属性、第四重要属性逐个比较下去，直到最后剩下一个品牌为止。

选择评价方案是消费者购物前的活动，是影响消费者实现购买行为的重要因素，也是进行购买决策的基础。因此营销者要善于运用广告宣传、商品展览、柜台服务等多种促销手段，为消费者提供更多的信息和便利，积极引导并帮助消费者进行选择、评价，以便作出购买决策。

(四) 购买决策

消费者对各种方案进行选择评价之后，接下来的问题就是确定一个最满意的方案，作出购买决策，最终实施购买行为，这是消费者整个决策过程的中心环节。但是需要指出的是，购买决策和真正的购买行为是有本质区别的。在一般情况下，消费者一旦选择了某一品牌的商品，他就会执行这个决策，并会真正实施购买行为。但有时在消费者即将采取购买行为之前也会发生变化，比如消费者的态度发生了变化，消费者遇到了意外的因素或者发生了未预料的情况时，就可能会改变其原先的购买意图，此时就需要消费者重新作出购买决策。因此消费者的购买行为和购买决策之间有时存在着一定的滞后性，影响消费者购买决策的主要是消费者风险知觉。

1. 消费者风险知觉

有时消费者改变、推迟或取消购买决策的重要原因，在很大程度上取决于他们对风险的认知。消费者在决定购买某一商品时，会面临一些矛盾和问题，即他们所购买的某一商品给其带来满足和愉悦的同时，也会带来一些他们所不愿意、不希望接受的损失或潜在的危害，甚至带来一些现实的危险。消费者在购买商品之前，对商品可能给自身带来的损失、危害，甚至是危险的清楚意识就是消费者的风险知觉。当消费者意识到消费某种商品会给他带来损失、危害，甚至是危险的风险时，就会尽量减少或避免这些不愿接受的结果。当消费者对风险程度的认识达到一定程度时，就可能改变其原先的购买意图，重新作出购买决策。消费者购买活动中可能遇到的风险知觉主要有以下几种。

1) 功能风险知觉

消费者购买的商品是否具有商家所宣传的功能，例如某医用理疗仪是否具备商家宣传的能治疗很多种疾病的功能，如果消费者对此产生怀疑，就属于功能风险知觉。

2) 资金风险知觉

消费者花费了较多的资金，是否能购买到高质量的产品和享受到优质的服务。如果消费者怀疑他所购买的商品、享受的服务是否值得花那么多钱，就属于资金风险知觉。

3) 社会风险知觉

社会风险知觉是消费者对购买和使用某一商品，可能会给他的社会关系带来损害、造成环境污染的意识。例如高保真音响设备为许多青年消费者所喜爱，但是由于居住条件有限，买回高级音响以后，经常发挥不了它应有的效果，音量小了音质差，音量达到适当的高度，音响效果好，但这又会给周围的邻居带来震动和噪声污染，势必影响与周围邻居的关系，造成邻里不和，带来社会关系的负面影响。

4) 对本人形象损坏的风险知觉

这种风险知觉是指消费者消费了某种商品或服务之后，会给消费者本人的形象带来损害和危险。这类风险知觉情况比较复杂，比如在食品消费方面，一些营养成分高，口味可口的食品大家都喜欢，但是一些女性消费者害怕吃了这些食品后会发胖，影响自己的身材，如奶油蛋糕、冰激凌就属于这类食品，因此女性消费者对这类食品既想购买，又想回避。

5) 安全风险知觉

这种风险知觉是指消费者对购买和使用某类商品之后，商品本身可能给消费者带来的麻烦和潜在的危险。例如家用燃气热水器可以为消费者带来洗浴的便利，但是由于使用不当或产品质量低劣，就会造成煤气中毒乃至死亡的危险；染发可以美发，可以美化人的形象，使人显得更加年轻，但是长期染发对人身体具有潜在的危险；燃放爆竹一方面可以烘托气氛，抒发人的喜悦之情，但另一方面燃放爆竹不仅会造成环境污染，而且可能会对个人造成身体上的伤害。

6) 影响其他消费的风险知觉

这种风险知觉是指消费者购买了某种商品之后，会影响其他商品的消费。例如有的消费者购买了商品房，几乎付出了全家多年来的全部积蓄，甚至还需要贷款，这必然会影响到其今后生活中的其他消费。

2. 减少风险知觉的方法

消费者在购买活动前知觉到这些风险后，必然想尽量减少或避免这些风险，因此会改变原先的购买意图，重新做出购买决策。那么，消费者如何才能减少购买活动过程中的风险呢？一般认为以下几种方法可以减少购买活动的风险。

1) 全面搜集商品的相关信息

学习所消费商品的知识，增加对商品的了解程度。消费者要善于学习商品知识，通过多种渠道和手段，如通过报纸、杂志、电视、广播等宣传媒体的广告来了解商品的特点，通过营销人员的介绍了解商品，通过向有消费经验的人了解该种商品的使用效果等。消费者随着对商品的了解程度越深，对商品可能带来的风险与危险的认识也就越清楚。如果消费者认识到这种风险远远小于这种商品给他带来的利益，甚至可以采取一定的办法来减小风险程度或者化解风险，消费者就会坚持原先的购买心理，实行原先的购买决策，完成购买行为。相反，消费者如果对这种商品的认识程度较高，发现消费这种商品可能为其带来的风险很大，又无法克服或者化解这种风险，便会放弃原先的购买心理，改变原先的购买决策。

2) 尽量购买品牌产品

消费者应该尽量购买著名商标的商品，这些商品的信誉高，消费者的满意度高，更加值得信赖。消费者应尽量不去购买那些知名度低，商品的功能和特性都不太熟悉的商品。

3) 购买前参考他人的意见

消费者在购买大件耐用消费品或有重大消费行为时，在购买前尽量请人提出参考意见或邀请有过同类商品消费经验的人一起购买。例如消费者要购买一台电脑，就应该多听听懂电脑的人的意见，并邀请他一起去挑选购买。消费者要购买小汽车，就应该听听有熟练驾驶经验的人的意见，听听他们对汽车型号、性能、耗油量、乘坐的舒适度等的看法，并邀请他们一同前往购买，甚至请他们找出汽车的毛病和缺点，这样更有利于消费者做出购买决策。

(五) 购后行为

消费者从购物场所购买商品之后，便回家使用和消费商品，而在使用和消费商品的过程中，会产生购物后的心理体验，并对商品做出评价。如果说前面四个阶段的活动都是手段，那么最后这一阶段则是真正的目的，消费者从产品和服务的消费中得到利益上的满足，消费者才真正达到了目的。而消费者是否真正达到了目的，可以从他们购物后的心理体验和评价中反映出来。

1. 消费者购物后的心理体验

消费者在使用和消费商品的过程中，对商品的质量、功能、味道、使用效果等都有深刻的体验，消费者的体验不同，就会产生不同的满意程度。西方有些学者认为，消费者的满意程度取决于两方面的影响。

1) 消费者对产品的预期性能与从实际消费中所获得性能之间的对比

如果消费者购物后的实际消费符合其预期效果，则会感到满意，超过预期效果则会很满意；而未能达到预期效果，就会感到不满意或者很不满意。实际和预期效果差距越大，不满意的程度也就越大。

2) 商品满足消费者的实际需要程度

如果商品的特性与消费者需要之间的距离越近，或高于消费者的需要，那么消费者将会产生满意的体验。消费者对商品的满意体验可表现为对商品质量的肯定、性能的肯定、商品形象的肯定、价格的认同以及对产品生产和经销企业的信赖感等，形成对商品和服务的深刻印象和美好的回忆，产生一种惠顾心理。相反如果商品的特性不能满足消费者的实际需要，消费者购物后就会产生不满意的体验，这种不满意的体验表现为对商品形象的否定，对商品生产和经销单位的不信任与怀疑，在商品的价格与质量方面产生不平衡心理，觉得吃亏上当，甚至产生被骗的感觉。这不仅会使消费者今后尽量避免作出类似的购买行为，有些消费者还会把自己的体验告诉别人，希望别人不至于重复自己吃亏上当的消费行为。这种结果会使其他消费者对商品和购物场所产生怀疑或戒备的心理，最终损害的还是生产和经营企业的形象。为了使消费者在购买后产生良好的心理体验，企业在宣传自己的产品时，要做到实事求是，商品的宣传与商品的客观特性必须一致，不要夸大其词进行虚假宣传，虚假的宣传会提高消费者对商品的期望值，也会激发消费者的强烈需要，而实际商品又达不到消费者所预期的高度，只能引起消费者的不满和更大程度上的厌恶，而一些精明的企业在宣传自己的商品时，对自己产品的性能宣传故意留有余地，以增加消费者购买后的满意感。

2. 消费者购物后的评价

消费者在使用和消费商品产生不同心理体验的同时，还会对商品作出以下评价。

1) 对商品的质量和性能的评价

这是消费者根据自己的知识、经验、对商品的印象和主观判断标准，来评价商品的质量。这种评价往往是把商品的包装、性能、使用效果、价格等综合起来所进行的商品质量评价。这种综合评价方式类似于平衡效应，商品的价格高，消费者要求商品的质量就高，否则就会做出质次价高的评价。

2) 对商品形象的评价

商品形象是指包括商品的包装、性能、效用等在内的质量、价格和服务等综合印象。消费者使用和消费某一商品后，便会把商品和名称记在自己的大脑中，形成记忆和印象，消费者的这种记忆和印象便构成了该商品名称和知名度的一部分，是影响下次再次选购该商品的心理基础。

3) 对生产和经营单位的评价

消费者在购物场所能买到称心如意的商品、受到营业人员热情周到的服务和售后服务，在购物场所能进行愉快的购物，他们一般都会作出满意的评价。此外，消费者所购商品与商品的宣传差别越小，或实际购买的商品远远优于宣传效果，消费者越容易对生产和经营单位作出良好的评价。

由此可见，消费者使用和消费某一商品后，常常会用自己的标准对商品作出相应的评价，而对商品的评价如何，不仅影响消费者下次的购买行为，而且消费者还有可能把他的评价传播给其他消费者，影响他人的消费行为。正因为如此，许多生产和经营企业都非常重视消费者对商品的评价，通过多种渠道来收集消费者对商品和企业形象的评价。

消费者购买产品或服务时，一般情况下，需要经历购买决策过程的全部过程，但并不是所有的消费者决策都会按次序经历这个过程的所有步骤。在有些情况下，消费者可能跳过或颠倒某些阶段，尤其是前面所讲的习惯型的购买决策行为，由于购买经验极为丰富，因而有了购买欲望后，不需要寻找行为方案进行比较评价，立即就可作出购买决策，然后付诸实施。比如当消费者在做饭时，发现没有食盐了，立即就会到附近的小卖部去购买食盐回来，而且不会向售货员详细咨询食盐的生产日期、重量、价格等问题。消费者的这一决策过程，从认识需要食盐直接进入购买决策，跳过了搜集信息和评价方案的阶段。

图 2-5 所示的消费者购买决策过程，是假定消费者最终作出了购买产品或服务行为的。事实上，消费者在购买决策过程的任何阶段都可能决定不购买，决策过程因此而终结。比如消费者感觉不需要，信息搜集不到，评价后觉得不满意，营业员态度恶劣，等等，都会造成购买决策过程的提前中止。

四、消费者满意

(一) 消费者满意的含义

消费者满意是指消费者通过对一个产品的可感知的效果或结果与预期的期望值相比较后，所形成的愉悦或失望的感受状态。具体而言，消费者在购买后是否满意取决于产品或服务对消费者的满足程度与其期望值之间的关系。因此满意水平可以看作是可感知效果和期望值之间的差异函数。

研究表明消费者满意既是消费者本人持续购买的基础，也是影响其他顾客购买的重要因素，高度的满意能培养消费者对品牌情感上的吸引力，而不仅仅是一种理性的偏好。因此企业必须高度重视提高消费者的满意程度，只有使消费者感到满意才能使企业得到不断的发展。

在信息、成本、收入等条件的限制下，消费者是价值最大化者，他们在购买商品时，已经形成了心理价值上的期望，并据此判断其行为是否应该发生，进而影响其满意程度及今后重购概率的大小。消费者满意取决于顾客总价值和顾客总成本两大要素，其基本公式如下：

顾客让渡价值 = 顾客总价值 - 顾客总成本

顾客总价值是指消费者购买某一种产品所期望获得的一组利益，而顾客总成本是指消费者为购买某一产品所付出的一组代价。顾客让渡价值就是顾客总价值和顾客总成本之间的差额，包括多个要素，如图 2-6 所示。

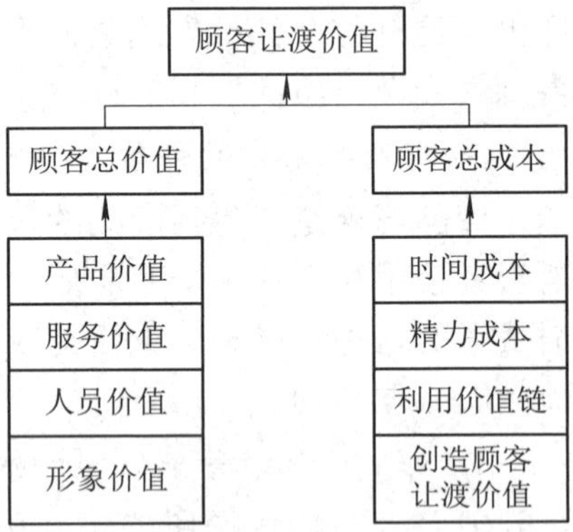

图 2-6 顾客让渡价值

(二) 提高消费者满意的途径

消费者满意是消费者对产品或服务消费经验的情感反映状态，是任何一个企业生存与发展的重要条件。这种满意不仅体现在对一件产品、一项服务、一种思想的满意，还体现为对一种系统、一种体系的满意。由图 2-6 可知企业在竞争中要想获胜，就必须比竞争对手提供更多的让渡价值，这可以从两方面入手：首先通过改进产品、服务、人员和形象，来提高顾客的总价值。其次通过服务与销售网络系统，减少顾客购买产品的时间、精力与体力的消耗，从而降低顾客的总成本。

1. 提高顾客购买的总价值

1) 产品价值

产品价值是由产品的质量、功能、规格、样式等要素所产生的价值。产品价值是消费者需求的核心内容之一，产品价值的高低是消费者选择商品或服务所考虑的首要因素，因而一般情况下，它是决定消费者购买价值大小的关键性要素。如何才能提高产品价值呢？企业在生产和创新中必须注意两点：一是产品价值的实现与产品整体概念密不可分；二是提高产品价值的目的是为了更好地满足市场需求，进而使企业获得更多的利润。

2) 服务价值

从竞争的形势来看，服务可分为追加服务与核心服务两大类。追加服务是伴随产品实体的购买而发生的，企业向消费者提供的各种附加服务，包括产品介绍、送货、安装、调试、维修、技术培训、产品保证等所产生的价值；核心服务是指消费者所要购买的对象，服务本身为购买者提供了其所追求的效用，核心服务把服务内在的价值作为主要展示对象。

3) 人员价值

人员价值是指企业员工的经营思想、知识水平、业务能力、工作效率与质量、经营作风以及应变能力等所产生的价值。只有企业所有部门和员工协调一致地设计和实施卓越的竞争性的价值让渡系统，营销部门才会变得卓越有效。因此，企业的全体员工是否就经营观念、质量意识、行为取向等方面形成共同信念和准则，是否具有良好的文化素质、市场及专业知识，以及能否在共同的价值观念基础上建立崇高的目标，作为规范企业内部员工一切行为的最终准则，决定着企业为消费者提供的产品与服务的质量，进而决定消费者购买总价值的大小。由此可见，人员价值对企业、顾客的影响作用是巨大的。因此，应高度重视企业人员综合素质与能力的培养，进而为企业提供更好的服务。

4) 形象价值

形象价值是指企业及其产品在社会公众中形成的总体形象所产生的价值，是企业宝贵的无形资产。它既包括企业的产品、技术、质量、品牌等所构成的有形形象所产生的价值，也包括企业及其员工的职业道德行为、经营行为，服务态度、作风等行为形象所产生的价值，以及企业的价值观念、管理哲学等理念形象所产生的价值等。所以形象价值是企业知名度的竞争，是产品附加值的一部分，是服务的竞争，说到底是企业“含金量”和形象力的竞争，它使企业营销从感性走向理性。

2. 减少顾客购买的总成本

要实现最大程度的顾客让渡价值，仅仅创造价值是不够的，应该设法降低顾客购买的总成本。顾客总成本不仅包括货币成本，而且还包括时间成本、精力成本等非货币成本。因此，企业要想创造最大的让渡价值，使消费者能够充分满意，就必须解决如何帮助消费者降低非货币成本的问题。

1) 时间成本

时间成本是消费者为得到所期望的商品或服务而必须处于等待状态的时间代价。时间成本是消费者满意和价值的减函数，在顾客价值和其他成本一定的情况下，时间成本越低，顾客购买的总成本越小。因此，在保证商品服务质量的前提下，尽可能减少消费者为购买商品或服务所花费的时间支出，从而降低顾客购买成本，为消费者创造最大的让渡价值，增强企业产品的市场竞争力。

2) 精力成本

精力成本是指消费者购买商品时，在精力、精神方面的耗费与支出。在顾客总价值与其他成本一定的情况下，精力与精神成本越小，消费者为购买商品所支出的总成本越低，从而让渡价值也就越大。因此，企业如何采取有效的营销措施，从企业经营的各个方面和各个环节为消费者提供便利，使消费者以最低的成本耗费，取得最大的实际价值是每个企业需要深入探究的问题。

3) 利用价值链创造顾客让渡价值

建立高度的顾客满意，要求企业创造更多的顾客让渡价值。为此，企业有必要系统协调其创造价值的各分工部门以及由供应商、分销商和最终消费者组成的价值链工作，达到消费者和企业利益最大化。顾客让渡价值系统建立的实质是设计出一套满足顾客让渡价值最大化的营销机制，哈佛大学的迈克尔·波特教授把这一系列活动称之为价值链。竞争者价值链之间的差异是企业创造顾客让渡价值的关键，也是企业竞争优势的一个关键性来源。

(三) 实现消费者满意的意义

随着市场竞争的日趋激烈，企业间的较量已开始从基于产品的竞争转向基于争夺消费者资源的竞争，消费者资源正在逐渐取代产品技术本身成为企业最重要的资源。因为消费者资源是有限的，让消费者满意即意味着他们会购买更多的本企业产品并提高购买产品的等级，而忽视竞争品牌，同时也能为企业及产品免费宣传。由此可见，如何使消费者满意，已经成为现代企业取得竞争优势不可缺少的重要条件，对企业的发展具有以下积极意义。

1. 保留老顾客

对于企业而言顾客分为两种类型，一类是老顾客，另一类是企业的潜在顾客，也就是新顾客。西方营销专家的研究和企业的实践经验表明，吸引一个新顾客所花费的成本，大约是保持一个老顾客的5～10倍，由此可见保持老顾客对企业来说更为重要，同时由于老顾客是维持企业正常运营、获取稳定利润的重要保证，因此企业首先要通过适当的产品和服务打动消费者，使其满意后才可能吸引其重复购买，并在以后的长期接触中与消费者建立良好的关系，进而使老顾客对企业产生绝对的信任感和依赖感。

2. 获得新顾客

企业想要获得长期的发展，仅仅维持住现有的顾客是远远不够的，还必须获得潜在顾客的认同进而产生购买行为，而消费者满意可以帮助企业获得新顾客。一方面，企业通过提升消费者满意可以树立良好的声誉，而良好的企业声誉反过来成为其产品和服务的保障，能够吸引新顾客。另一方面，满意的老顾客可能为企业及其产品和服务进行免费宣传，这种口碑传播在消费者的购买决策中具有极大的影响作用，可以为企业带来大量新顾客。所以企业实施消费者满意的经营思想，可以在保留老顾客的基础上进一步获得新顾客，为企业扩大市场、继续发展壮大提供了必要的顾客资源。

3. 实现利润增长

企业消费者满意理念的作用在财务上表现为销售收入的增加和维持发展顾客成本的

降低，即企业利润的增长。资料表明90%以上的企业利润来源中1/10由一般顾客创造，3/10由满意顾客创造，6/10由忠诚顾客创造。据美国有关机构调查表明，随着顾客忠诚的提高，企业3/4的销售成本会相应下降，当顾客忠诚度提高5%，企业利润可增加25%～85%。使消费者满意的目的就是最终培养消费者的忠诚，从而增加企业的利润，因此消费者满意是企业扩大销售、获取利润的一条有效途径。

4. 取得长期竞争优势

随着生活条件的不断改善，人们的需求层次也不断提高，消费者已不再满足基本的生活需要，而是更加注重具有个性化和人情味的产品和服务。在产品同质化日益严重的今天，企业应更加重视消费者的偏好和感受，时刻关注消费者需求的变化，及时与消费者沟通，并迅速采取相应的市场行动，在满足不断变化的消费者需求的基础上，让消费者达到高度的满意水平。在激烈的市场竞争中企业如果能够尽快转向“以人为本”的营销理念，使经营重点转向以消费者满意和提高消费者忠诚为中心，就可以在经营管理过程中取得持久的竞争优势。

五、消费者忠诚

(一) 消费者忠诚的含义

消费者忠诚是指消费者对某产品或品牌感到十分满意而产生情感上的认同，对该产品或品牌有一种强烈的偏爱，它包括两层含义：一是消费者在以往的购买中，选择某一特定品牌的频率很高；二是消费者对该品牌形成偏好，显示一种明显的购买意图。消费者忠诚可以分为内部消费者忠诚和外部消费者忠诚。内部消费者忠诚是一种强大的凝聚力，表现为企业士气高、效率高。外部消费者忠诚对象是指消费者，其表现形式通常为重复购买，在以后的购买决策中，只考虑该产品或品牌，而不再搜集其他相关信息。有人称消费者忠诚是营销学的最高境界，由此可见消费者忠诚是众多企业努力追求的目标。

(二) 消费者忠诚的衡量标准

消费者忠诚既表现为行为上的忠诚，也表现为情感和态度上的忠诚，往往可以用以下标准来衡量。

1. 消费者重复购买率

根据消费者重复购买率的不同可以将消费者分为，忠诚者(高度忠诚者)——重复购买概率在50%以上；跳跃者(中度忠诚者)——重复购买概率在10%～50%之间；价格驱动者(低度忠诚者)——重复购买概率在10%以下。

2. 消费者挑选时间

消费者挑选商品或服务的速度越快，时间越短，消费者对商品或服务的信任度就越高，反映出对商品或服务的忠诚；反之则相反。

3. 消费者对价格的敏感程度

忠诚的消费者对产品价格的变动敏感性较低，一般价格变动不会影响其继续购买所忠诚的产品或服务。

4. 消费者对竞争产品的态度

忠诚的消费者有时不是特别注意甚至忽视竞争产品的变化，依然“我行我素”购买所忠诚的产品或服务。

5. 消费者对产品质量故障的承受能力

任何企业无法保证所有的产品质量是不可挑剔的，当产品质量出现问题的时候，忠诚的消费者会宽容、谅解企业，并期待企业能及时改进，在一定的时间里会继续表现为忠诚。

(三) 提高消费者忠诚的途径

基于对消费者让渡价值的理解和消费者忠诚标准的分析，可以得出一些具体的、可操作性的方法来培养和提高消费者的忠诚。

1. 不断提高产品质量

优质的产品是消费者忠诚的前提条件，可靠的产品质量是建立消费者忠诚的根本保证。高质量的产品本身就是出色的推销员和维系消费者的强力凝固剂。企业要为消费者提供优良的产品，即能够满足消费者需要，具有正常功能、定价合理且消费者能够买得到的产品。在企业内部应该形成“以赢得消费者忠诚”为准则的企业文化，产品和服务的设计、生产要以消费者为中心，不断地寻求改进，树立“为了消费者，对质量的追求永不满足”的营销理念。

2. 提供优质服务

为消费者提供优质服务的方法之一就是保修和服务保证，这不仅为消费者提供了信用，而且还加强了企业的品牌形象。另一种提供优质服务的方法就是补救服务，产品不可能百分之百没有问题，关键是企业在产品发生故障或服务出现问题时如何补救。服务补救对保持与消费者的长期关系十分重要，通过给消费者提供服务来发展与消费者的长期关系是企业提供差异化产品的手段之一，可以有效地提高市场的竞争力。为消费者提供超越其期望的优质服务是消费者满意和愉悦的基础，而消费者仅仅满意不一定忠诚，但超值的优质服务不仅产生满意，而且产生愉悦，才会形成最终消费者的忠诚。

3. 降低消费者成本

企业要尽量降低消费者的成本，由让渡价值理论可知消费者的成本不仅包括产品的价格、使用成本等货币支出，还包括精力、体力等非货币支出。企业可以通过方便的销售网络使消费者搜索成本降低，通过优质的服务体系使消费者节省产品的使用成本，通过统一的销售价格使消费者不需要太多的时间来讨价还价，从而节省消费者的精力投入，使消费者的成本降低，价值提升。

4. 消除消费者不满

要与消费者建立长期相互信任的伙伴关系，就要善于处理消费者的抱怨或异议。有些企业的员工在面临消费者不满时常常表现出不耐烦、不欢迎，甚至流露出反感的情绪，这会使企业丧失宝贵的消费者资源。实际上消费者不满是代表了部分消费者的意见，也是为企业提供了难得的发现自身不足和改进服务的机会。在面对消费者不满时，要设身处地为消费者着想，考虑其不便之处，采取一定的跟进方式了解消费者的最终想法，直到问题得以解决，消费者不满情绪完全消除。

5. 提高消费者退出障碍

退出是指消费者不再购买某企业的产品，终止与该企业的业务关系。退出主要有以下几种表现：

(1) 价格退出者。为了更低的价格而转向竞争者，这类消费者最缺乏忠诚，价格是影响其购买决策的决定性因素。

(2) 产品退出者。因为找到了更好的产品而退出，企业欲留住这类消费者就必须提供更好的产品。

(3) 技术退出者。由于产品使用技术升级而转向其他企业的产品。

(4) 服务退出者。由于企业提供了不尽如人意的服务而退出。

企业应认真分析消费者退出的原因，并采取针对性的措施，尽量减少消费者退出。

就单个消费者而言，转换购买对象需要花费时间和精力去寻找、了解和接触新产品，放弃原产品所能享受的折扣优惠，改变使用习惯，同时还可能面临一些经济、社会或精神上的风险。对于机构购买者而言，更换使用另一种产品则意味着人员再培训和产品重置成本的支出。提高转换成本就是要研究消费者的转换成本，并采取有效的措施人为增加其转换成本，以减少消费者退出，保证消费者对本企业产品或服务的重复购买。

提高消费者退出障碍的方法有三种：第一，对忠诚消费者进行财务奖励。第二，为消费者提供有效的服务支持，包括免费热线、维修保养、事故处理、操作培训等，以此增加消费者的感知价值。第三，通过有效沟通与消费者建立长期的伙伴关系。企业可借助消费者数据库提供的信息，定期与消费者保持联系，使企业熟悉并了解消费者的意见，提高消费者转换购买的精力成本。

6. 提高内部员工的满意度

员工关系会直接影响消费者的关系，使员工满意是培养消费者忠诚的前提。如果员工的满意度只有70%，那么消费者的满意度绝不会达到90%，自然也不能保证消费者的忠诚度。这是因为企业为消费者提供的产品或服务都是由内部员工完成的，他们的行为及行为结果是消费者评价服务质量的直接来源。因此企业在培养消费者忠诚的过程中，除了做好外部市场营销工作外，还要重视内部员工的管理，努力提高内部员工的满意度。

7. 塑造良好的品牌形象

品牌是成功企业赢得消费者忠诚的重要武器。许多消费者愿意花较高的价格购买名牌服装、名牌化妆品、名牌手表、名牌背包等，是因为这些品牌已经成为一种独特的文化和身份象征。品牌能够给企业带来超额利润，要提高消费者对品牌的忠诚，企业就要善待消费者，掌握消费者的满意程度，奖励消费者的忠诚，并提供相应的配套服务。消费者对品牌的忠诚不仅出于对产品使用价值的需要，还带有强烈的感情色彩，只有塑造出良好的品牌形象，使之在消费者心中留下美好的印象，消费者才会产生对该产品的忠诚。

(四) 培养消费者忠诚的意义

消费者是否忠诚直接决定着企业能否取得成功，因此培养消费者忠诚对企业来讲有着重要的意义，具体表现如下。

1. 提高企业生产效率

有关调查数据显示企业消费者的重复购买率越高，其生产力指数越高，即企业劳动生产效率也就越高。

2. 提高企业利润率

有学者研究发现，消费者忠诚度增加 5%，这些行业的利润至少可增长 25%，最多可达 85%。由此可见保持消费者忠诚的重要性。

3. 延长企业生命周期，实现企业的可持续发展

企业应该注意的是，消费者忠诚的前提是消费者满意，只有满意的消费者才有可能培养成为忠诚的消费者。提高消费者满意，培养消费者忠诚是企业争取市场份额、增加利润、提升竞争力的关键。管理学大师彼得·德鲁克曾经说过：“衡量一个企业是否兴旺发达，只要回头看看其身后的顾客队伍有多长就一清二楚了。”由此可见消费者忠诚对于企业的重要意义。当今时代谁能占有作为稀缺资源的消费者资源，谁就能获得更大的生存和发展空间，谁就能在激烈的市场竞争中立于不败之地。

本 章 小 结

本章主要讨论了三个相互联系的问题，即消费者购买行为模式、消费者购买决策类型和消费者购买决策过程。

关于消费者购买行为模式，首先介绍了消费者购买行为的概念及特征等基础知识，讨论了消费者购买行为理论，分别介绍了习惯建立理论、信息加工理论，风险减少理论和边际效用理论。其次，具体介绍了霍华德-谢恩模式、卢因行为模式、尼克西亚模式、恩格尔-科拉特-布莱克威尔模式(EKB 模式)这四个代表性模式，详细地说明了不同模式下消费者购买决策过程的特点。

消费者购买决策类型中主要介绍了扩展型决策、有限型决策和名义型决策三种类型，并对三种类型互相之间的差异，与消费者介入程度高低的关系，以及购买决策过程的阶段几个方面进行了详细的介绍。

消费者购买决策过程主要包括认识问题、搜集信息、评价方案、购买决策和购后行为五个阶段。消费者购买某产品还会伴随着一定的情绪体验，使其产生满意或不满意的评价，而购买后的满意与否，直接导致消费者的重复购买与忠诚，或者导致消费者转换品牌或不再使用该类产品。

本章最后对消费者满意和消费者忠诚进行讨论，并提出了提高消费者满意和消费者忠诚的具体途径。

学习课件

练　习　题

一、单项选择题

1. (　　)是行为主义心理学观点在消费行为学研究上的具体应用。

A. 习惯建立理论　　B. 信息加工理论

C. 风险减少理论　　D. 边际效用理论

2. EKB 模式的全称是(　　)。

A. 尼克西亚模式　　B. 恩格尔-科拉特-布莱克威尔模式

C. “刺激-反应”模式　　D. 卢因行为模式

3. 扩展型决策、有限型决策和名义型决策三种消费者购买政策分类的提出者是(　　)。

A. 卢因　　B. 尼克西亚　　C. 恩格尔　　D. 霍德华

4. 下列选项中，属于消费者满意并对企业具有重要意义的是(　　)。

A. 减少消费成本　　B. 良好的服务态度

C. 实现利润增长　　D. 优惠的商品价格

5. 下列选项中，属于顾客让渡价值中的顾客总价值的是(　　)。

A. 货币价值　　B. 产品价值　　C. 时间价值　　D. 体力成本

6. (　　)是提高消费者满意的途径。

A. 改进产品质量　　B. 提供优质服务

C. 提高顾客购买的总价值　　D. 生产尖端产品

7. 在购买过程中，消费者的介入程度不高，且品牌之间在产品质量、性能等方面的差异较小，此时消费者采用的购买决策过程类型属于(　　)。

A. 无限型决策　　B. 扩展型决策

C. 有限型决策　　D. 习惯型决策

8. 消费者购买决策过程的最后阶段是(　　)。

A. 评价方案　　B. 认识问题　　C. 购后行为　　D. 购买决策

9. (　　)购买决策中，消费者介入程度很低，也较少进行信息收集。

A. 名义型决策　　B. 扩展型决策

C. 有限型决策　　D. 和谐型决策

10. 消费者购买决策过程的五个阶段依次为(　　)。

A. 搜集信息——认识问题——评价方案——购买决策——购后行为

B. 认识问题——购买决策——评价方案——搜集信息——购后行为

C. 认识问题——搜集信息——购买决策——评价方案——购后行为

D. 认识问题——搜集信息——评价方案——购买决策——购买行为

二、多项选择题

1. 消费者购买行为模式有(　　)。

A. 霍华德-谢恩模式　　B. 尼克西亚模式

C. EKB 模式　　D. 多因素模式

E. 卢因行为模型

2. 下列选项中，属于顾客让渡价值理论中顾客总价值的是(　　)。

A. 人员价值　　B. 形象价值　　C. 产品价值　　D. 服务价值

E. 时间价值

3. 消费者购买决策过程具体包括(　　)。

A. 认识问题　　B. 搜集信息　　C. 评价方案　　D. 购买决策

E. 购后行为

4. 消费者的信息来源主要有(　　)。

A. 商业来源　　B. 间接来源　　C. 人际来源　　D. 公共来源

E. 经验来源

5. 提高消费者忠诚的途径主要有(　　)。

A. 不断提高产品质量　　B. 降低消费者成本

C. 提高消费者退出障碍　　D. 消除消费者不满

E. 塑造良好的品牌形象

三、名词解释

1. 消费者购买行为
2. 扩展型购买决策
3. 顾客总价值
4. 消费者满意
5. 消费者忠诚

四、简答题

1. 简述消费者购买行为模式。
2. 简述消费者购买行为的一般特征。
3. 简述减少风险知觉的方法。
4. 简述消费者购买决策过程的阶段。
5. 简述消费者满意的意义。

五、论述题

1. 论述对顾客让渡价值理论的理解。
2. 论述提高消费者忠诚的具体途径。

六、应用实践题

具体运用本章所讲的消费者购买决策过程理论，以小组为单位实地走访商场以了解消费者的购物特点，访问营业员或商场管理人员了解卖场的具体布局原理，以此来更好地了解消费者的购物心理和购买习惯，掌握提高销售业绩的具体营销策略。

七、案例分析题

一个白领家庭的购房行为

自从实行货币化分房政策以来，中国房地产业得到了空前的发展。购房热潮一浪高过一浪。在这一拨拨的购房者中，有一部分是有房一族，尽管他们的购房动机各异，然而投资和改善居住条件是两个最直接的动机。

陈先生和陈太太是广州市的二次置业者，他们与许多人一样，已经享受了福利分房的待遇，在1996年得到了一套三室一厅、面积为96平方米的房子，位置离市中心较近。但是，陈先生和陈太太工作的单位，一个在城东，一个在城南，二人经常要早出晚归，难得在一起吃一餐饭。这种生活方式一直维持了六七年，直到2003年的一天，情况开始发生了改变。

陈先生和陈太太又有4天没在一起吃过饭了。这天下午陈太太给陈先生打电话，要他下班后一定回家吃晚饭。陈太太一下班就开始为这顿晚饭张罗开来，买了先生最喜欢吃的菜，做了先生最爱吃的酸菜鱼。饭菜做好后，陈太太左等右等，一个小时后才看到先生一身疲惫地回来。饭桌上，陈太太开始谈她单位同事买房的事，话语间流露出对这些同事的羡慕之情，房子很漂亮，装修有格调，结构很合理，生活很方便，价钱公道，等等。

谈到房子的问题,陈先生也想起自己单位最近公布了在另外一个城市开发的一些房子，欢迎职工购买，职工购买的价钱特别优惠，许多职工都想认购。陈先生把这件事告诉了太太，问她是否也买一套。

“买房子！好啊！”陈太太一听可高兴了，好像等这句话已等了很长时间似的，她那突如其来的大嗓门差点没把她先生吓一跳。“就这么着，买套新房享受一下。”陈先生看太太这样高兴，知道太太很想再买一套房，也就同意了。“买房”这件事，就这样自然地列入这个家庭的年度计划了。

十多天后，陈太太向陈先生提出了在另一个城市置业是否合适的问题。陈先生奇怪太太为什么提出这样的问题。陈太太把这些天与同事讨论的情况告诉了先生：他们都认为在另一个城市置业，要么是投资、要么是要到该市工作、或者是作旅游休闲之所，咱们好像没有一条能沾得上边的，难道因为有优惠就到那么运的地方花几十万去买套房？陈先生一听有道理，“要不我们就不买了”。陈太太想了想，尽管心里有点不甘，但要到那么远的地方买套房，也的确不合算，就同意了先生的提议，买房这件事也就此告一段落。

时间不长，陈太太又旧事重提。“不买另一个城市的房子，我们有没有必要在本市再买一套房？”陈太太的想法也是陈先生在这段时间一直考虑的问题。陈先生和陈太太都觉得奇怪，每每想到买房，一种莫名的兴奋总会油然而生。他们是否真要考虑在本市再买一套房呢？陈太太陈列了一些应该买房的理由：① 原来的房子已有六七年了，需要全新装修和买家具，与其花一笔钱装修和买家具，还不如交首期买套新房；② 双方的住房公积金差不多可以满足每个月供房之用；③ 现在的房子正好在各自上班单位的中间，来回跑彼此都辛苦，可以买套靠近其中一人单位的房子。陈太太的理由既现实又可取，接下来的事是夫妻两人走访各自单位附近的楼盘，看是否有彼此都满意合适的楼盘。

一晃几个月过去了，陈太太和陈先生在百忙之中抽空实地考察了好几个在他们各自工作单位附近的楼盘，也看了几个朋友介绍的楼盘。忙碌几个月，有关楼盘的知识倒是增长了不少，开了眼界，但也确实把他俩累坏了。最终结果却是没有他们都满意的：不是规格不行，就是价钱不合算，要不就是对售楼小姐的服务不满。看来，在一方单位附近买房的想法又要泡汤了。

“算了，还是把钱省下来做别的吧。”陈先生垂头丧气地对陈太太说。陈太太也默认了——找不到合适的，有啥办法嘛！

陈先生以为买房这事就这样过去了，可到了“五一”黄金周，太太提议到番禺区去看一个她的同事。这个同事刚研究生毕业分配到单位不久，就在一个新楼盘上买了一套三房二厅的房子。陈太太把这位同事给她的有关这个楼盘的宣传单拿给先生看，顺便说：“听说那里的房子很不错，而且在黄金周购房还有很多优惠呢！”陈先生回应“不错有啥用，解决不了咱俩两边跑的问题，我们要买的不是单位附近的房子吗？既然没有合适的，还有必要买其他地方的吗？”陈太太说：“是的，但我们去看看也无妨嘛！”陈先生拗不过陈太太，只好答应。

等他们到了这个楼盘后，他们的第一个感觉就是安静，更重要的是靠山面水，地方宽绰。这个环境对住在市中心，工作在繁忙拥挤区域的陈太太和陈先生来说，真有点世外桃源的味道。陈先生有点动心了，再听太太的同事历数这里的诸多好处，也就情不自禁请太太的同事一起去样板房。路上陈先生碰到了一个熟悉的脸孔，他热情地迎了上来，原来是一位很久未谋面的朋友。这位朋友在这家房地产公司任副总经理，他答应会给些力所能及的优惠。陈先生和陈太太看了几套三房二厅的房子，对其中四楼的一套特别感兴趣。陈先生和陈太太略略交换了一下意见，当即交了订金，办了相关手续。

在回家的路上，陈先生笑问陈太太是否早有预谋，陈太太一语道破天机：“买新房、住商品房是我的一个梦！”“为什么？”陈先生问。“商品房新潮，而且往往结构合理，好用。”陈太太的回答并没有打消陈先生的忧虑，他怀疑这么快下订金是否有点太冲动了。陈太太安慰他“其实，我们之所以这么快决定买这套房子，看似一时冲动，其实并不尽然。”陈先生想不到他太太竟有如此一说，带着欣赏的口吻说：“愿闻其详。”陈太太自信地继续谈她的看法：“这房子的确解决了我们的问题。你想想，我们原来的房子是在路边，而且是在高层，噪声很大。这就是为什么我们喜欢这里，而且要买低层房子的原因。”“啊，原来如此。”这时陈先生才恍然大悟。

如今，陈先生和陈太太入住新房已有半年，他们都很爱这个新家，时不时请朋友来新家做客。尽管俩人上班的距离更远了，但并没有感到太大的不方便，穿梭于市中心和楼盘间的巴士专线直达，基本能解决上下班交通问题。购物的不便利也被其良好的环境所抵消。他们还介绍一些朋友来买房，成了业余的销售人员。下一步他们要做的重要家庭决策，可能就是买车了。不知他们会买什么样的车呢！

(资料来源：http://wenku.baidu.com/view/9333cd0216fc700abb68fc0f.html?Qq-pf-to=pcqq.c2c)

思考：

1. 陈先生和陈太太的购买行为有什么特征？
2. 哪些因素影响了陈先生和陈太太的购房决策，其中最为重要的因素有哪些？
3. 陈先生和陈太太真正的购房需要是什么，在买房过程中发生了哪些变化？
4. 运用消费者行为学理论描述和解释陈先生和陈太太的购买决策过程。

3

第三篇　消费者的心理现象和行为

第三章　消费者需要和购买动机

知识目标

通过对本章的学习，了解消费者需要的概念、内容与特征，把握现代消费者需要的发展趋势；了解消费者购买动机的概念、作用、特征及类型，掌握消费者购买动机理论，深刻理解动机冲突现象、动机受挫原因及其受挫后的行为反应。

能力目标

通过对消费者需要与购买动机相关理论的学习，能够对消费者的购买行为作出具体的解释，并在此基础上制定更有针对性的市场营销策略。

课程思政

通过对消费者需要以及动机理论的学习，学生应当认识到个体除了具有基本的生理需要、安全需要之外，还具有爱与归属的需要、自尊的需要，以及自我实现的需要。正如习近平总书记所说："广大青年要肩负历史使命，坚定前进信心，立大志、明大德、成大才、担大任，努力成为堪当民族复兴重任的时代新人，让青春在为祖国、为民族、为人民、为人类的不懈奋斗中绽放绚丽之花。"

案例导入

法国葡萄酒不好卖了

法国人对自己享誉已久的葡萄酒业越来越感到忧虑了，连续几年葡萄酒的出口量都在下降。法国葡萄酒业必须重新考虑如何在全世界范围内面对新一代消费者的问题。法国本土消费量的逐年递减对法国葡萄酒业是一个很大的打击，年青一代中很多人被可乐类的软饮料所"俘虏"，目前15～24岁的年轻人只占葡萄酒消费市场的5%。法国葡萄酒业背负着历史成功的包袱，几百年来很少变化，一味坚持"酒香不怕巷子深"的理念，这正是其市场份额减少的主要原因。

近年来，世界葡萄酒市场上出现了一批后起之秀，如澳大利亚、新西兰、智利、阿根廷和美国等。这些国家和地区采用现代化生产工艺，用易拉罐和塑料螺旋瓶盖简化包装，通过添加橡木成分来缩短酒的陈化过程，同时运用大量的广告宣传和现代推销手段，使许多不喜欢复杂说明的消费者被这类新酒所吸引。

与其他国家的葡萄酒业相比，法国葡萄酒生产者坚持家庭个体生产方式，坚持复杂的调酒和品酒文化，坚持采用传统的玻璃瓶、软木塞，对酒的广告宣传却很不够。有调查显示，很多消费者都认为法国葡萄酒的品牌、味道和品种太复杂，不知如何选择。而一些新牌葡萄酒只采用标准化的商标与统一的口味，这种销售策略却获得了巨大的成功。一般消费者很难弄清楚众多葡萄酒品牌之间的区别。现在更多的人认为，法国葡萄酒业必须进行改革，以适应竞争和消费者的需要，否则只会将市场拱手让人。

第一节　消费者需要

一、需要的含义

需要描述的是一种心理活动，其实质是个体为延续和发展生命，并以一定方式适应环境所必需的对客观事物的需求反映，这种反映通常以欲望、渴求、意愿的形式表现出来。个体在其生存和发展过程中有各种各样的需要，如饿的时候有进食的需要，渴的时候有喝水的需要，在与他人交往中有获得友爱、被人尊重的需要，等等。

需要是和人们的日常活动紧密联系在一起的。人们购买产品、接受服务，都是为了满足一定的需要。一种需要满足后，又会产生新的需要，因此人的需要绝不会有被满足和终结的时候。正是需要的无限发展性，决定了人类活动的长久性和永恒性。

二、消费者需要的含义

消费者需要是指消费者由于生理上和心理上的匮乏状态而感到紧张，即感到缺少什么，形成与周围环境之间的某种不平衡的心理，从而产生想获得它们的状态。

三、消费者需要的特征

消费者需要由于受多种主观和客观因素的影响而丰富多彩。但从整体上看，消费者的需要仍呈现出一些共同的特征，主要表现如下。

（一）消费者需要的多样性

这是消费者需要最基本的特征。首先表现为不同消费者的需要千差万别，由于消费者收入水平、文化程度、年龄、性格以及生活习惯的不同，会形成多种多样的爱好和兴趣，自然对商品和服务的需要也就丰富多彩，于是消费者不同的需要差异就表现为消费需要的多样性。其次就同一消费者而言，需要也是多方面的，例如对音乐、美术、体育比赛等不同的爱好，都体现了消费者需要的多样性。此外，消费需要的多样性还表现为同一消费者对某一特定消费对象同时兼有多方面的要求。消费者需要的多样性决定了市场的差异性，这正是企业进行市场细分和目标市场选择的基础。

(二) 消费者需要的对象性

消费者需要总是针对某种东西的需要，针对某种物质性物品的需要，因此每一种需要总有自己特定的对象。正如恩格斯所指出的："决不能避免这种情况，一切推动人去从事活动的东西，都要通过人的头脑，甚至吃喝也是由于通过头脑感觉到饥渴引起的，并且是同样通过头脑感觉到饱足而停止。"

(三) 消费者需要的客观性

消费者需要是客观存在的，马克思、恩格斯、列宁对此都有过大量论述。人们对消费者需要不能单纯地理解为人的欲望、追求、偏好等主观性的东西。这是因为：

(1) 需要是随生产力一同发展起来的，在生产的初级阶段需要比较少。随着社会经济的发展，社会分工的细化和生产的社会化，人们对产品的需要呈现出多样性。在生产不断扩大的条件下，需要也在不断扩大。特别是科学技术的不断发展，分工越来越细，新的工业部门不断出现以及新的消费品不断出现，人们的需要也在不断地扩大，消费者需要的内容不断扩大成为一个与生产体系相适应的消费者需要体系。反过来社会需要的内容越丰富，又会促进社会的进一步分工，促进新的工业部门的出现，使社会需要不断得到满足。所以说，需要并不是人们主观的东西，它是随着生产力一同发展起来的，因而具有一定的客观性。

(2) 需要具有社会性质。在不同生产力条件下，人们的消费需要也是不同的。资本主义的消费存在阶级差别，在社会主义条件下，生产的目的是满足人们日益增长的物质文化生活的需要。因此消费者需要具有社会的性质，具有社会的历史必然性，因而具有一定的客观性。

(3) 从经济学研究的角度出发，对消费者的需要进行具体分析。有些需要纯粹是个人脱离实际的心理活动，这当然是主观的。但是消费者处于社会生产关系之中，是有理智的，消费者需要的形成，一般来说要考虑到自身的客观条件。个人的生理特点和消费者在社会中所处地位的差别造成了消费者的需要、爱好、兴趣之间有所差别。从这个意义上说，消费者的某些需要也是具有一定客观性的。

(四) 消费者需要的发展性

人类的需要是永无止境的，不是一成不变的，随着社会经济的发展和人民生活水平的不断提高，消费者需要也将不断发展。消费者需要总的趋势是由低级向高级发展，由简单向复杂发展，由追求数量上的满足向追求质量上的充实发展。改革开放之前在我国市场上十分罕见的高档消费品，现在已经得到普及；过去完全由家庭承担的劳务，现在已部分转为由社会服务行业承担。人类的消费需要永远不会停留在某一水准上，这就是消费需要的发展性。

(五) 消费者需要的层次性

复杂多样的消费者需要是在一定的购买能力和其他条件下形成的，尽管人们的需求无穷无尽，但不可能同时都得到满足，每个人都要按照自身的客观条件，依据需要的轻重缓急，循序渐进地加以实现，这就形成了需要的层次性。一般来说，消费者需要总是由低层次向高层次逐渐延伸和发展。当低层次、最基本的生活需要，即生存的需要被满足后，就会产生高层次的社会需要，这就是消费需要的层次性。

(六) 消费者需要的周期性

一些消费者需要在获得满足后，在一定时间内不再产生，但随着时间的推移还会重新出现，并具有一定的周期性。消费需要的周期性主要是由人的生理机制运行引起的，并受到自然环境变化周期、商品生命周期和社会时代变化周期的影响。例如消费者随季节的变化而购买不同的时令商品。

(七) 消费者需要的可诱导性

消费者的需要是可以加以诱导、引导和调节的，即可以通过环境的改变或外部诱因的刺激、引导、诱发消费者需要发生变化和转移。企业可以通过卓有成效的市场营销活动，使无需要转变为有需要，潜在需要转变为现实需要，未来需要转变为近期的购买行为，从而使企业由被动适应，迎合消费者的需要，转化为积极地引导、激发和创造消费者需要。

(八) 消费者需要的互补性和互替性

消费者对某些商品的需要具有互补性的特点。例如购买皮鞋时可能附带购买鞋油，购买汽车时可能会附带购买汽车修理工具等，因此经营互补性的商品不仅便利了消费者，更能扩大商品的销售额。此外对某些商品的需要还具有互替性，即市场上某种商品的销售量减少而另一种在消费上可以代替的商品的销售量会随之增加。例如鸡鸭鱼肉的销售量不断增长，猪牛羊肉等肉类可能销售量相对减少。这就要求企业应及时把握消费者需要的变化趋势，有目的、有计划的根据消费需求变化规律供应商品，更好地满足消费者的需要。

四、消费者需要的分类

在企业市场营销活动中反映出来的消费者需要是错综复杂、瞬息万变的，为了更好地分析消费者需要，学者们从不同的角度对其进行了分类研究。

(一) 根据消费者需要的起源分类

根据消费者需要的起源，可以把消费者需要分为自然性需要和社会性需要。

1. 自然性需要

人类为了维持、延续生命而产生的对食物、衣服、住房及其他生活必需品的需要，这些需要主要是由机体内部生理的某种不平衡状态所引起，我们把这样的需要称之为自然性需要。自然性需要是人作为生物有机体与生俱来的，由消费者的生理特点所决定。

2. 社会性需要

社会性需要是人类所特有的一种需要形态，是指消费者受社会环境影响而产生的带有人类社会特点的需要。如为获得经济报酬而产生的劳动需要，为渴求获得别人的尊重与友谊而产生的社交需要等。这种需要是由消费者心理特点决定并在后天的社会生活中逐渐形成的，它对维系社会生活、推动社会进步有着重要的作用。

(二) 根据消费者需要的对象分类

根据消费者需要的对象，可以把消费者需要分为物质需要和精神需要。

1. 物质需要

物质需要指向物质产品，并以占有这些产品而获得满足。如对工作和劳动条件的需要，对日常生活必需品的需要，对住房和现代交通工具等以一定形态存在的实体商品的需要。物质需要是人类最基本、最直接的需要。

2. 精神需要

精神需要指向社会的精神产品。如对观赏一场精彩电影的需要，对聆听一首美妙乐曲的需要，对生活美好感受的需要以及阅读报纸杂志、观看电视节目、了解时事新闻的需要，等等，它是以占有某种精神产品从而满足消费者精神欲望的需要。精神需要的满足是不断提高人的素质、促进人类全面发展不可缺少的条件。

物质需要与精神需要有着密切的联系，某些商品的拥有，在满足人们物质需要的同时，精神上的某种需要也会得到满足。如宽敞的住房，不仅能使人们拥有了栖身之所，同时也在另一方面满足了自尊和获得别人尊重的需要。精神需要的满足离不开一定的物质产品，要想随时听到自己喜欢的歌曲，就需要拥有一套播放设备，如要获取最新的新闻报道就要阅读相关的报纸、杂志。

(三) 根据消费者需要的层次分类

美国著名心理学家亚伯拉罕·马斯洛在《动机与人格》一书中提出了需要层次理论，这个理论是迄今为止得到最广泛认可的人类需要理论。该理论把人类多种多样的需要划分为五个层次，生理需要、安全需要、爱与归属需要、尊重需要以及自我实现需要。关于这部分内容具体将在本章第四节中介绍。

(四) 根据消费者需要的形式分类

根据需要的形式，可以把消费者需要分为生存的需要、享受的需要和发展的需要。

1. 生存的需要

生存的需要包括对基本的物质生活资料、休息、健康、安全的需要，满足这类需要的目的是使消费者的生命存在得以维持和延续。

2. 享受的需要

享受的需要表现为要求吃好、穿好、住的舒适、用的奢华，有丰富的消遣娱乐生活，这些需要的满足可以使消费者在生理上和心理上获得最大限度的享受。

3. 发展的需要

发展的需要体现为要求学习文化知识，增进智力和体力，提高个人修养，掌握专门技能，在某一领域取得突出成就，等等。这类需要的满足可以使消费者的潜能得到充分的释放，人格得到高度的发展。

(五) 根据满足消费者需要的途径分类

根据满足消费者需要的途径不同，可以把消费者需要分为个人消费需要和公共消费需要。

1. 个人消费需要

个人消费需要主要是指通过按劳分配或其他方式得到的收入，以个人或家庭消费的形式实现的需要，它反映人们对消费资料和劳务的依赖关系。

2. 公共消费需要

公共消费需要是指主要通过分配社会消费基金或集体消费基金而实现的需要，如基础教育、卫生防疫、妇幼保健、公共交通及公共文化、体育、娱乐等。

(六) 根据消费者需要实现的程度分类

根据消费者需要实现的程度，可以把消费者需要分为现实需要和潜在需要。现实需要是指目前具有明确消费意识和足够支付能力的需要，而潜在需要是指未来即将出现的消费需要。

(七) 根据消费者的购买目的分类

根据消费者的购买目的进行分类，可以把消费者需要分为生产性消费需要和生活性消费需要。生产性消费需要是指生产者为了满足生产过程中物化劳动和活劳动消耗的需要，也称之为生产者需要。生活性消费需要是指消费者为了满足个人生活的各种物质产品和精神产品的需要，也称之为消费者需要。生活性消费者需要是最终的消费需要，是我们重点研究的内容。

第二节　消费者动机

一、消费者动机的概念

动机(Motivation)这一概念最初是由伍德沃斯(R. Woodworth)于 1918 年引入心理学的，他把动机视为决定行为的内在动力。一般认为动机是“引起个体活动，维持已引起的活动，并促使活动朝向某一目标进行的内在作用”，即动机就是引起、维持个体行为并导向一定目标的心理动力。

动机是在需要基础上产生的一种心理倾向，消费者的购买动机是其购买行为心理的重要组成部分，是由消费者的需要、兴趣等心理活动产生的购买行为的内在动力。一般来说，人们有什么样的需要就会产生相应的动机。因此动机的实质就是推动人们去从事某种活动、达到某种目的、指引活动满足一定需要的意图、愿望和信念。购买动机则是直接驱使消费者进行某种消费活动的内部驱动力，它反映了消费者在心理上、精神上和情感上的需要，是消费者为满足某些需要而采取购买行为的动力。

消费者的购买动机并不是无缘无故产生的，也不是凭消费者单方面的需求欲望，或由外界目标的刺激而形成的。它必须是消费者自身需要、欲望这一主观内部条件，与目标商品的刺激、诱因这一客观外部条件相结合而形成的。内部条件和外部条件缺少任何一方面，或者两方面不能很好地结合，都不能形成消费者的购买动机。由于消费者需要的多样性及客观环境因素刺激的复杂性，使得购买动机形成结构复杂的体系，所以动机与需要的研究往往是相互联系在一起的。

二、消费者动机的形成机制

我们所讲的动机一般是指消费者的购买动机，即为了满足一定的需要，引起消费者购买某种商品或服务的愿望和意念。购买动机是一种个体内在的、主动的力量，是个体基于需要而由各种刺激引起的心理活动。购买动机的产生要具备三个必不可少的条件，即需要、刺激条件、满足需要的对象和条件，具体形成机制如图 3-1 所示。

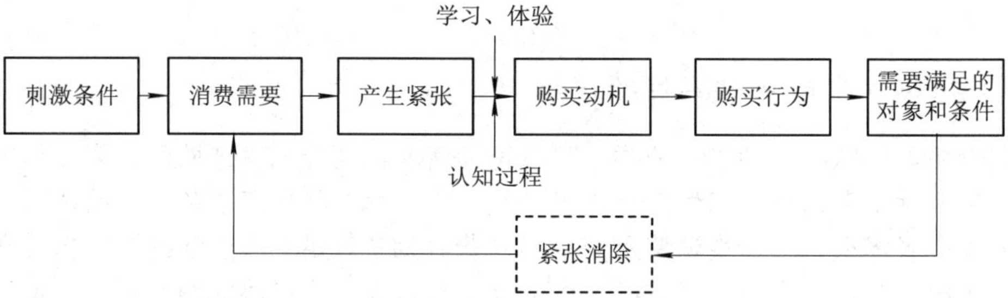

图 3-1　购买动机形成机制

需要是动机产生的基础。只有当个体感受到某种生理上或心理上的需要时，才会产生采取行动以使这种需要得以满足的动机，因此动机事实上可以看做是需要的具体化。

刺激条件是动机形成的必要条件。个体内在需要只是一种潜在的状态，只有当个体受到刺激时，这种内在需要才会被激活，从而内心产生不安和紧张并进一步转化为动力时，动机才会形成。

满足需要的对象和条件是动机形成的又一重要因素。需要产生后，必须有与之相适应的满足需要的对象和条件，才能形成动机。例如食物是人们生存的必然需要，但只有当人感受到饥饿感的刺激而产生生理上的紧张，并且发现市场上有食物供应时，才会产生购买食物充饥的强烈动机。

由图 3-1 可以看出，当个体受到来自外部或内部的刺激时，就会产生紧张感，同时引起需要。个体在学习、体验以及认知过程的帮助下会指向能够满足需要的具体目标，从而促使动机产生进而发生指向具体目标的行为。当个体获得需要对象之后，原有的紧张状态便会得到消除。当该需要得到满足后，新的需要又会重新产生，从而使个体的消费行为处于不断发展的过程中。

三、消费者动机的作用

动机在激励消费者的活动方面具有下列作用。

(一) 始发作用

动机是人们行为的根本动力，具有引发个体活动的作用，动机能够引起行为，驱使消费者产生某种行动。消费者的购买行为就是受其购买动机的驱使而进行的。

(二) 指向作用

动机维持行为指向特定的目标，使行为具有一定的方向性。个体消费者可以同时有多种动机，但这些动机中，有些目标一致，有些则相互冲突，在不能同时满足的情况下，它们之间就会发生竞争，竞争的结果，是某种最强烈的动机促使行为在一定的范围内，朝着特定的目标进行，即行为首先满足人们最强烈、最急迫的需要，当强度高的动机满足后，其他与之竞争的动机便由弱变强，成为接下来行为的决定性因素。

(三) 强化作用

由某种动机引发的行动结果对该行为的再生具有加强或减弱的作用。满足动机的结果能够保持和巩固行为，称为“正强化”，反之减弱和消退的行为称之为“负强化”。在商品经营中，良好的商业信誉和可靠的产品质量，往往会使消费者产生惠顾动机，强化光顾和购买行为，反之则会导致消费者的不满，从而拒绝再次购买。

(四) 维持作用

动机的实现往往要有一定的时间过程。在这个过程中，动机可以贯穿于某一具体行动的始终，不断激励消费者，直至动机实现。

(五) 中止作用

当某种动机得到满意的结果，如消费者在某方面的需要获得满足之后，便会中止有关的具体行动。但一般情况下，一个动机获得了满足，另一个动机又随之产生，继而进一步引发新的行为。

四、消费者动机的特征

在购买过程中，购买动机是消费者购买行为的直接驱动力，是为了满足消费者需要而驱使或引导消费者指向自己既定的购买目标去实施购买行为的一种内在驱动力。消费者购买动机的特征具体表现在以下几个方面。

(一) 动机的主动性

消费者对于引起动机刺激物的接受往往是自觉和主动的。动机的形成可能源于消费者本人内在的因素，如需要、消费兴趣或消费习惯等；也可能源于外部因素的激发，如广告宣传、购物场所的提示等。当消费者对于需要有了明确清楚的认知和强烈的满足欲望之后，就会非常主动地接受外部刺激，自觉地搜集与商品有关的信息，有选择地加以利用。

(二) 动机的组合性

消费者购买某一种或某一件商品时，可能出于一种动机，也有可能出于多种不同的动机，这种现象称之为动机的组合性，也就是说动机与消费行为之间并不完全是一一对应的关系。同样的动机可能导致不同的行为，而同样的行为也可以由不同的动机所引起。

(三) 动机的内隐性

消费者真实的动机并不能从外部直接观察到，而是隐藏在其内心深处。另外动机的内隐性还可能由于消费者对自己的真实动机缺乏明确的意识所致，即动机处于潜意识状态，消费者自己也没有很清晰的认识。

(四) 动机的主导性

动机是很复杂的，每个消费者都同时具有多种动机，不同的动机所处的地位和所起的作用又是不相同的。有些动机比较强烈而稳定，在动机体系中处于支配性地位，称为主导动机。有些动机则表现得微弱不稳定，在动机体系中处于依从性地位，称为劣势动机。主导动机具有较大的激活作用，并对行为起支配作用。在其他因素相同的情况下，当多种动机之间发生矛盾时，个人行为往往受到主导动机的支配。

(五) 动机的可转变性

可转变性是指消费者购买决策过程中，由于新的消费刺激出现而发生动机的转移，原来处于从属地位的劣势动机可能从潜在状态转入显现状态，上升为主导性动机。现实中消费者时常有改变预定计划，临时决定购买某种商品的行为现象，就是动机发生转变的结果。有时消费者之所以转变动机，是由于原有动机在实现过程中受到了阻碍。例如由于营业员恶劣的态度，使消费者的自尊心受到伤害，其购买商品的主导性动机被压制，从而诱发了维护个人自尊的动机，结果导致购买行为的终止。

(六) 动机的冲突性

当消费者同时具有两种及两种以上且它们共同发生作用的动机时，动机之间就会发生矛盾和冲突，这种矛盾和冲突可能是源于动机之间的指向相悖或相互抵触，也可能源于各种消费条件的限制。动机冲突的基本类型有双趋冲突、双避冲突和趋避冲突。

(七) 动机的模糊性

由于购买动机是复杂的、多层次的，也就是说在多种动机同时存在的情况下，很难辨认哪种是主导动机，有时连消费者本人也说不清楚。因为有些消费者的购买行为有时是在潜意识支配下进行的，很难判断消费者是出自哪类动机，有时几种动机都兼而有之，因此动机具有一定的模糊性。

(八) 动机的逆反性

消费者的购买动机并非都是顺向发展的，有时也会出现反向性发展，即出现逆反动机，这是消费者心态变动的反常现象。

五、消费者动机的类型

消费者的购买动机是复杂多样的，主要有生理性购买动机和心理性购买动机。生理性购买动机是指由先天的、生理的因素所引起的，为满足、维持、延续和发展生命等需要而产生的各种购买动机。心理性购买动机主要是指由后天的社会性或精神需要所引起的，为满足维持社会生活、进行社会生产和社会交际、在社会实践中实现自身价值等需要而产生的各种购买动机。但消费者现实的购买行为中，往往既有生理性的购买动机又有心理性的购买动机，它们往往相互交织在一起，不容易区分。但是就购买活动而言，消费者的购买动机往往十分具体，其表现形式复杂多样，与购买行为的联系也更为直接。因此对于企业经营者而言深入了解消费者的具体动机，对于把握消费者购买行为的内在规律和指导企业的营销实践活动具有更加现实的意义。消费者购买动机的具体表现形式主要有以下内容。

(一) 求实动机

求实动机是指消费者以追求商品或服务的使用价值为主导倾向的购买动机。在这种动机的支配下，消费者在选购商品时，特别重视商品的质量、功效，要求一分价钱一分货。相对而言，对商品的象征意义、所显示的“个性”、商品的造型与款式等不是特别地强调。比如在购买衣服的过程中，当所选衣服价格接近时，消费者宁愿选择布料质地较厚实的衣服，而对色彩、是否流行等给予较少的关注。

(二) 求名动机

求名动机是指消费者以追求名牌、高档商品，借以显示或提高自己的身份、地位而形成的购买动机。当前一些高收入阶层和大学生群体中，求名动机比较明显。求名动机形成的原因实际上是相当复杂的，购买名牌商品，除了有显示身份、地位和表现自我等作用外，还隐含着减少购买风险、简化决策程序和节省购买时间等方面的原因。

(三) 求廉动机

求廉动机是以注重商品价格的低廉，希望以较少的支出获得较多利益为特征的购买动机。出于这种动机的消费者，选购商品时会对商品的价格进行仔细的比较，在不同品牌，但质量、外观相似的同类商品中，会尽量选择价格较低的品种。求廉的心理固然与收入水平较低有关，但对于大多数消费者而言，以较少的价格获取较大的收益是一种普遍持有的持久动机。

(四) 求便动机

追求便利是现代消费者提高生活质量的重要内容，因此人们把购买目标锁定在可以减少家务劳动强度的各种商品上，如洗衣机、微波炉、洗碗机、方便食品、家庭服务等，以求最大限度地减轻家务劳动的负担。随着现代社会生活节奏的加快，消费者追求便利的动机也日益强烈。

(五) 求新动机

求新动机是以追求商品的新颖、奇特和时髦为主要目的的购买动机，具有这种动机的消费者往往富有想象力、喜欢创新、有强烈的好奇心。他们时常凭一时的兴趣，进行冲动性购买，他们往往是时装等各种潮流时尚商品的主要消费群体。他们在购买过程中，特别重视商品的款式是否新颖独特、符合时尚，对造型奇特、不为大众熟悉的新产品往往情有独钟，而不大注意商品是否实用和价格的高低。

延伸阅读 3-1

中国新一代的消费面相

中国的新一代，是跨世纪的一代。世界经济一体化使他们视野更加开阔；独生子女的优越地位，使他们消费超前。新一代之间对消费方式和文化认同异常相近，特别是对流行文化和名牌商品近乎疯狂的追求，不仅引起社会各界的广泛关注，更是被众多商业厂家视为最具潜力的消费群体。那么新一代有着怎么样的消费面相呢?

- 自我增值。考 GRE、托福，出国留学，自考等，产生的种种消费现象，即诱发学习经济、考试经济、出国梦。
- 热衷人际。大部分新一代是独生子女，没有兄弟姐妹之间的争吵和陪伴，只有父母不停地说教和无尽的爱，这使得他们更加渴望友谊以及同龄人之间的理解与交流。
- 个性 COOL 文化。我“酷”故我在，我闪我快乐，我另类我才独特……张扬自我、崇尚个性的新一代追逐彩妆文化，外表的酷；喜欢挑战极限，行为的酷。
- 情感寄托。情感空虚，容易寂寞，需要精神刺激、情感寄托是新一代普遍的特点，热衷于网恋、网聊、电子宠物、追星，等等。
- 示范效应、攀比效应。在这种“跟风”下，新一代中出现一种新的消费现象称为消费透支——“今天花明天的钱”已经成为新一代的消费理念。
- 时尚敏感。新一代向往 Yeah、野或流行，虚拟潮流，崇尚品牌。

(六) 求美动机

消费者对商品美学价值和艺术欣赏价值的要求较高时，往往会产生这种动机。他们特别重视商品的外观造型、色彩和艺术品位，希望通过购买格调高雅和具有审美价值的商品获得美的体验和享受。这类消费者同时注重商品对人体和环境的美化作用，以及对精神生活的陶冶作用。例如通过款式、色彩和谐的服装、服饰搭配来美化自我形象，选购具有艺术气息的家庭装饰用品来美化居住环境，以及对美容、美发服务的消费等都是求美动机的体现。

(七) 从众动机

从众动机有时又称为模仿，是指消费者在购买商品时自觉或不自觉地模仿他人的购买行为而形成的购买动机。这是一种以求得大众认可的购买动机，消费者在购买商品时以大众化为主，跟上潮流即可，人有我有，不求创新，也不要落后。有出于仰慕、钦羡和获得认同而产生的模仿，有因为惧怕风险、保守而产生的模仿，也有缺乏主见、随波逐流而产生的模仿。不管是出于哪种原因，这类消费者在购买时受购买环境和别人的经验、介绍、推荐的影响较大。一般而言普通消费者的模仿对象多是社会名流或是其所崇拜、仰慕的偶像。电视广告中经常出现某些歌星、影星、体育明星使用某种产品的画面或镜头，目的就是刺激受众的从众动机，促使其产生购买行为，从而促进产品的销售。

(八) 好癖动机

好癖动机是指消费者以满足个人特殊的兴趣爱好为主导倾向的购买动机。这种动机的实质就是为了满足消费者的某种嗜好、兴趣，具有这种动机的消费者大多出于生活习惯或个人癖好而购买某类商品。比如有些消费者喜欢养花、养鸟、摄影、集邮，有些则爱好收集古玩、古董、古书、古画，还有些喜欢喝酒、饮茶等。在这种动机支配下，消费者选择商品往往比较理智，比较挑剔，不轻易盲从。

(九) 习惯动机

消费者出于长期形成的消费习惯而购买商品，这是一种较为重要的购买动机。有的消费者对于某一种或几种品牌的商品保持稳定的消费习惯；有些消费者对于特定的商品类型保持稳定的消费习惯；还有的消费者对于具有某种特性、外形、色彩的商品保持特定的购买习惯，这些都是习惯动机的体现。

(十) 补偿性动机

补偿性动机，是由于有些消费动机不能转化为现实的消费行为，经过较长时间后当消费者具备了相应的条件才会出现的消费动机。这时的动机表现为一种补偿性，当正常的消费动机出现之后，部分动机以购买行为中不一定再去购买当时所需要的商品，而是有可能购买当前消费环境下所允许消费的商品得以补偿。

补偿性动机虽然较为普遍，但一直未受到研究人员的注意。比如年轻夫妇在生儿育女时，生活一般较为拮据，消费能力受到了较大的限制，许多消费动机被暂时性压抑。当人们步入中年、老年之后，工作比较稳定甚至已经退休，事业上的成就也较大，收入水平较高，也具备了一定的储蓄，许多原来年轻时没有实现的消费愿望在此时得以实现，人的精神面貌也因此而改变，此时的消费行为就体现出较强的补偿性。

(十一) 安全动机

消费者追求安全的动机主要有两种表现形式：一是为了人身与家庭财产的安全，消费者需要购买相应的商品以预防具有危害性的事情发生，比如消费者购买防卫性的用品、购买保险服务等。二是在使用商品或享受服务过程中，希望商品或服务的性能安全可靠，如电器商品的绝缘性较好，住房装饰材料不含有毒物质，汽车的安全性能有绝对保障等。

(十二) 健康动机

健康的身体状态，是保证人们幸福生活的基本条件。人人都有追求健康的动机，并因此会消费大量的有利于健康的商品。这些商品包括医药品、保健品和健身用品。医药品作为治疗疾病的一类商品，已经拥有非常巨大和严格的市场。保健品的市场不像医药品市场那么严格，消费者可以自由地购买到这些商品，并且使用起来也比较方便。健身用品市场的发展也越来越快，健身商品的品种日趋丰富和完善，这与消费者生活水平的提高有着直接的关系。

◈ 案例 3-1

中国绣花鞋畅销美国

近些年来，在美国西部的一些城市中，风行以中国绣花鞋作为生日礼物向女性长辈祝寿。第一次用它做生日礼物的是一位名叫约翰·考必克的美国青年医师，当时，他在中国旅行，出于好奇将绣花鞋带回国，分别在母亲60岁寿辰、姑母70岁寿辰、外婆80岁寿辰的时候，向每人献上一双精美、漂亮的中国绣花鞋作为祝寿的礼物。这三位长辈穿上“生日鞋”时都感到非常舒服和惬意，她们称赞约翰·考必克为她们送来的是“长寿鞋”“防老鞋”“防跌鞋”。

此事不胫而走，美国西部的人们纷纷仿效，争相购买，于是中国绣花鞋便神话般地成了当地市场的抢手货。绣花鞋上的花色图案更是千姿百态，各显异彩。

现在绣花鞋几乎可以献给每一位女性。一些很小的孩子也常常在长辈的教诲下，将绣花鞋献给年轻的女性长辈。有一位6岁的美国小女孩，在她17岁的未婚姑姑生日时，送给姑姑一双绣花鞋，上面绣有17朵色彩不同的花，绣花鞋的特殊意义，由此可见一斑。

(资料来源：作者根据相关资料整理而成。)

第三节　早期动机理论

一、本能说

达尔文的进化论从生物发展层面证明了人和动物是一个连续的体系。许多学者就把达尔文的生物进化观点引入到心理学领域，从而把人的动机也还原到一般动物的动机，提出了本能说，用本能说取代了过去的意志论和理智论。

本能说是解释人类行为最古老的学说之一。最初的本能说只不过是人们对所观察到的人类行为予以简单命名或贴上标签而已。如20世纪初美国心理学家麦克道尔(W. McDougall)提出人类具有觅食、性欲、恐惧、憎恶、好奇、好斗、自信等一系列本能。按照本能说的解释，人生来具有特定的、预先程序化的行为倾向，这种行为倾向纯属遗传因素所决定，无论是个人还是团体的行为，均源于本能倾向。换而言之，本能是一切思想和行为的基本源泉和动力。本能行为必须符合两个基本条件：首先，它不是通过学习而获得的；其次，凡是同一种属的个体，其行为表现模式完全相同。像蜜蜂将蜂巢筑成六角形、蝙蝠倒挂着睡觉、候鸟的定期迁徙，都属于本能行为。人类也有很多本能行为，如婴儿天生就有对母亲的特殊反应倾向、有对黑暗的恐惧感等。

本能说的价值在于，它能使针对这些行为特定的营销刺激更加有效。例如，在广告宣传中以母爱为诉求，可能很容易唤起成年人对某些儿童用品的好感，从而有助于这些产品的销售。然而相对于多样、复杂的人类行为，本能行为只是很小的一部分，而且许多被视为具有“人类天性”的行为也可以通过学习来加以改变。基于此，现在很少有学者坚持用人的天性或本能作为人类复杂行为背后的动因，但是我们不得不承认本能说在营销策略中还是有很大的应用价值的。

二、动因理论

为了克服本能说的局限性，20 世纪 20 年代出现了动因理论。该理论认为人也和动物一样由于受到外部刺激而做出行为，根据过去所获得的经验方法来反应，激励行为源自于有机体内部。本能行为是一种预先程序化的行为，某些定期迁徙的动物，即使是在不与其同类成员接触的情况下喂养大，仍然能够找到其出生地，换句话说在不经学习的条件下这些动物凭借本能就能找到回家的路线。与本能说不同的是，动因理论假定人和动物的行为均是受内部能量源的驱动，是经由学习而不是遗传所引起的。

伯科威茨(L. Berkowitz)在 1969 年出版的《社会心理学手册》中指出：“自从动因一词最初由伍德沃斯(R. Woodworth)于 1918 年引入心理学，动因一直是指促动个体采取行动的内部刺激，这种刺激源于个体的被剥夺感和与被剥夺感状态相伴随的机体内某些物质的过剩或匮乏。不管受剥夺的特定性质如何，机体会产生外表的兴奋，如在饥饿时会伴随胃的收缩，由此会推动个体采取行动，直至找到能满足机体内在需要的满足物，剥夺状态才会消除。”处在被剥夺状态或匮乏状态的个体必须去了解何种物体能满足其特定的内在需要，以及应当采取何种行动才能获得这些满足物。因此学习在动因理论中占有很重要的地位。

从伯科威茨的论述中，我们对动因可以这样理解，动因是由于个体生理或心理上的匮乏状态所引起并促使个体有所行动的促动力量。动因为个体消除匮乏感或满足其需要的各种行为活动提供能量，它总是与个体生理上或心理上的失衡状态相联系。动因减少所带来的奖赏效果会导致个体的学习行为，经由学习所积累的经验，会使个体对那些满足物和采用何种方式来消除其匮乏感有深刻的认识，并在此基础上形成习惯。所以动因理论认为动因为行为提供能量，而学习中建立的习惯决定着行为的方向。

美国学者赫尔(Hull)就动因理论提出了如下公式。

$$E = D \cdot H$$

式中，E 表示从事某种活动或行为的努力或执着程度，D 表示动因，H 表示习惯。

赫尔的公式表明消费者追求某种产品的努力程度将取决于消费者由于匮乏状态而产生的内在动因，以及由观察、学习或亲身经历所获得的关于这一产品的消费体验，如免费品尝，体验式营销等。赫尔特别强调建立在经验基础之上的习惯对行为的支配作用。他认为习惯是一种习得体验，如果过去的行为导致好的结果，消费者就有反复进行这种行为的倾向；过去的行为如果导致不好的结果，消费者则有回避这种行为的倾向。

三、诱因理论

动因理论是建立在体内平衡原理的基础之上的。当个体因物质和能量失衡产生内在需要的时候，动因促使消费者采取行动满足其需要，消除紧张。一旦某种行为能有效地消除紧张，该行为便被个体所习得，从而使个体在下一次面临同样紧张状态时，会产生类似的行为反应。然而动因理论也有一定的局限性，主要表现在两个方面：其一是在缺乏动因的情况下，有机体仍可能从事某种行为，这一点似乎是动因理论无法解释的。比如在并没有感到饥饿感的时候，仅仅闻到食物的香味，或听到电视里对美味的描述就可能导致消费的动机。其二是生活中大量的证据表明，生物有机体特别是人，有一种不懈追求外部刺激的倾向，诸如登山、探险、猎奇、攀岩等，这类现象也是动因理论无法解释的。迄今为止，针对上述动因理论无法解释的两个问题发展出了各式各样的理论，其中比较有代表性的是诱因理论和唤醒理论。

根据动因理论，剥夺感或匮乏感越强烈，个体寻求消除这种紧张状态的动机越强烈，因而活动水平也就越高，然而很少有实验对此提供支持。一项对老鼠的食物剥夺实验表明，在没有出现食物的情况下，有食物剥夺感和没有食物剥夺感的老鼠呈现出相同的活动水平，当出现食物时前者较后者有更加积极的反应。虽然该项研究的后一部分发现与动因理论相容，但是仍然没有回答为什么有机体在同样的匮乏状态下，会因为是否出现奖赏物或刺激而表现出不同的活动状态。比如为什么在实验室里会因为迷宫的另一端放有一块蛋糕而使老鼠的跑动速度加快。

持诱因论的学者采用两个概念来分析消费行为，第一个概念是感受-激励机制(SIM)和预期-激励机制(AIM)。

感受-激励机制用来解释个体对特定刺激的敏感性，以及由此对行为产生的激励作用或激励后果。如当闻到食物的香味或看到刚刚出炉的黄澄澄的面包时，消费者会顿生饥饿感。此时饥饿感可能并非源自一般的生理需要，而是由于另外的生理机制在起作用。这类特定的机制并不对个体产生驱动作用，而只是使个体对某些类型的刺激物特别敏感。波利(Powley)的研究表明，诸如分泌唾液、胃液、胰酶、胰岛素等引起饥饿感的预备反应，是由食物的感觉属性如外观、气味等所引发的，由此说明外部诱因可能对消费行为起到一种牵引的作用。

诱因论的第二个概念是预期-激励机制。预期-激励机制是指因对行为结果的预期而产生的行为激励后果。诱因论者认为个体关于行为奖赏的预期将直接影响其活动状态。如果行为预期的奖赏效果好，个体将处于更高的活动水平，反之将处于较低的活动水平。诱因论者的这一思想实际上隐含着个体受目标导引而且知悉行为后果这一基本假设。

诱因论与动因论主要的不同之处是，诱因论侧重从外部刺激物对行为的影响能力来分析行为动机，而动因论则主要从个体内部需要来寻求对行为和动机的解释。需要注意的是，诱因论并没有否定个体内在动机的地位与作用，而只是将关注点放在潜伏于个体身上的内在动机在多大程度上能够被特定的外在刺激物所激活的角度上。从这个意义上说诱因论并不是对动因论的排斥，而应把其视为对动因论一个有效的补充和发展。将侧重点放在外部刺激上，对市场营销有着重要的意义。营销人员是无力对消费者的原始动因或衍生动因予以控制的，然而却可以通过对刺激物的操纵，达到影响消费者行为的目的。比如生产企业可以通过对消费者测试决定产品应该具备哪些特征，以便更好地适应目标市场的需要，经营高档时装的零售企业可以通过各种方式创造一种气氛和环境，使消费者产生激动人心的预测等。总之营销人员可以通过营销变量的有效组合，引发消费者对购买产品的收益预期，从而促使消费者采取购买行为。

四、唤醒理论

按照传统的动因理论，消费者的行为旨在消除因匮乏而产生的紧张，但人类某些追求刺激的冒险行为，诸如登山、探险、攀岩、观看恐怖电影等，恰恰是为了唤起紧张而不是消除紧张，这类现象是动因理论无法解释的。为此，有些学者提出了唤醒理论，认为个体在身心两方面各自存在自动保持适度兴奋的内在倾向，缺少则寻求增加，过多则寻求减少。

所谓唤醒或激活是指个体的激活水平或活动水平，即个体是处于怎样的一种警醒或活动反应状态。人的兴奋或唤醒程度可以很高，也可以很低，从睡熟时的活动几乎停止到勃然大怒时的极度兴奋，中间还有许多兴奋程度不等的活动状态。刺激物的某些特性，如新奇性、变动性、模糊性、不连贯性、不确定性等均可以引起人们的兴奋感。根据唤醒理论，个体总是寻求保持一种适度的兴奋水平，既不过高也不过低，因此，总是偏好那些具有中度唤醒潜力的刺激物。一般而言，个体倾向于使兴奋水平处于小范围的起伏状态，追求那些具有中度不确定性、新奇性和复杂性的刺激物。

根据唤醒理论的观点，个体的兴奋水平与刺激物的模糊性之间存在一定的关系，如图3-2所示，在 Ox_1 区间段，刺激物的模糊性很低，消费者的兴奋水平呈现下降趋势，此时消费者对刺激物有某种乏味感，因而需求使购买趋于复杂的新的方式和途径，比如选择某个不知名的品牌或购买某种新产品。在 x_1x_2 区间段，刺激物的模糊性处于中等水平，此时消费者被激起从事诸如搜寻信息、对不同品牌进行比较的活动。在 x_2x_3 区间段，当兴奋水平达到很高的程度，刺激物的模糊性进一步提升时，只会招致兴奋水平的下降和购买、搜寻过程的中止。

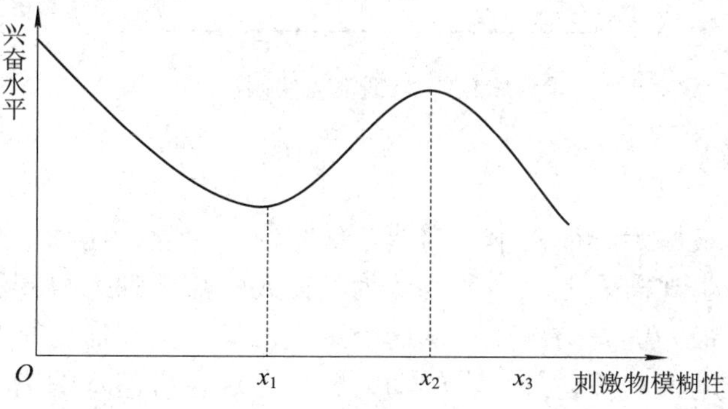

图3-2　刺激物的模糊性与兴奋水平之间的关系

唤醒理论可以解释很多市场营销与购买行为之间的关系。例如对某一品牌形成忠诚度的消费者在连续选择该品牌一段时间后，往往会由于对该品牌的“饱和感”而尝试选择新的品牌。但是如果后者没有特别的吸引力，该消费者又会恢复到选择原先的品牌。这种消费行为在食品、冷饮、洗涤用品、衣着鞋帽等商品上比较常见。又如唤醒理论可以很好地解释为什么消费者有时会大量搜寻信息，以降低购买的风险，从而使决策简单化。而在另外的情况下，则存在使购买决策复杂化的倾向。现在更多的企业发现在宣传企业产品时，隔一段时间对广告的版式、文案、图案等做一些变动，广告效果会更好，这实际上也是唤醒理论的运用。

第四节 现代动机理论

一、马斯洛需要层次理论

美国著名心理学家亚伯拉罕·马斯洛于1943年在《动机与人格》一书中提出了需要层次理论，这是迄今为止得到最广泛认可的人类需要理论。马斯洛认为人是有欲望的动物，为了满足不同层次的需要而产生了特定的动机。该理论认为人的需要由低到高可以分为五个层次，像金字塔一样归纳为五大类，即生理需要、安全需要、爱与归属的需要、自尊需要和自我实现的需要，如图3-3所示。

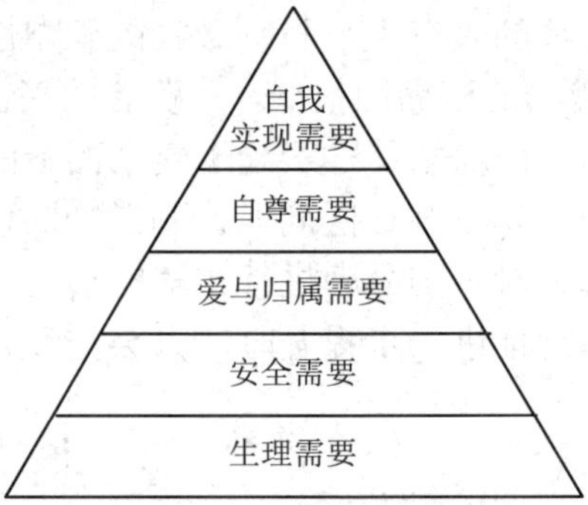

图3-3 马斯洛需要层次

(一) 生理需要

生理需要是人类最原始、最基本的需要，如吃饭、穿衣、住宅、医疗等，人们最基本的活动都集中在满足生理需要上。马斯洛认为，在人的需要都未得到满足之前，生理上的需要是压倒一切的、最为优先的需要。从这个意义上说，生理需要是强烈的、不可避免的最底层的需要，是推动人们行动最强大的动力。只有这些最基本的需要满足到维持生存所必需的程度后，其他的需要才能成为新的激励因素。对于一位处于极端饥饿的人来说，除了食物，没有别的兴趣，就是做梦也梦见食物，可以说此时只有充饥才是独一无二的需要。

(二) 安全需要

当人们的生理需要得到基本满足后，就会产生为避免生理及心理方面受到伤害而要求的保护和照顾，它包含对于安全感、稳定性、保护者(保护自己安全的人)、正常状况和摆脱恐惧焦虑的需要。现代社会中人们购买各种保险以及将钱存入银行等行为都表达了人们希望得到安全保障的需要。

(三) 爱与归属需要

爱与归属需要又称为社交需要，这是人类希望给予或接受他人的友谊、关怀爱护、得到某些社会团体的重视与容纳的需要。人都有一种归属于某一群体的情感，个人由家庭培育而进入社会，在接触团体过程中与其他成员建立感情，久而久之便隶属于该团体，因归属而扩大了个人从事社会活动的范围。广义上的爱体现在成员之间相互信任、深深理解和相互给予上，包括给予爱和接受爱。爱与归属需要促使人们致力于与他人感情的联络和建立社会关系，如朋友交往、参加某些团体或集会等。

(四) 自尊需要

自尊需要来源于外部即他人的尊重与自我的尊重。他人的尊重即以名誉、地位、威信或社会成就为基础，获得他人的敬重。自我的尊重即人们希望对自己的事物有一定的控制力，希望能独立生活而不依赖他人，以及不断增长知识与能力的需要。这类需要比前三种需要更进了一个层次，消费者选择名牌高档产品就是自尊需要的体现。

(五) 自我实现需要

自我实现需要位于需要层次的最高层，它包括希望个人自我潜能和才能得到最大限度地发挥，取得一定的成就，对社会有较大贡献甚至获得与众不同的成果，需要他人对自己的努力成果给予肯定，受到社会的承认等。这是一种创造性的需要，有自我实现需要的人，似乎一直在竭尽所能，使自己趋于完美。自我实现意味着充分的、活跃的、忘我的、全神贯注的体验生活。马斯洛认为满足自我实现需要所采取的途径是因人而异的，但是相同的是自我实现需要都是个体努力实现自己的潜力，使自己努力成为自己所期望的人物。

人都潜藏着这五种不同层次的需要，但在不同时期所表现出来的对各种需要的迫切程度是不同的。在这五个层次的需要中，前两者纯属基本的物质需要，满足这种需要必须消耗一定的生活资料。而后三种则是精神需要，但是这一类的需要同样要消耗一定的物质资料，而且是高等级的物质资料。马斯洛认为人的需要必须在低层次需要得到满足之后才会向更高层次的需要推进。

任何一种需要并不因为下一个高层次需要的发展而消失，各层次的需要相互依赖与重叠，高层次的需要得到发展后，低层次的需要依然存在，只是对行为的影响减轻而已。人的最高层次的需要即自我实现需要就是以最有效和最完整的方式来表现自我的潜力，只有这样个体才能获得高峰体验，所以从某种意义上讲更高层次的需要对个体而言具有更大的价值。

马斯洛需要层次理论中的许多观点在现实中无法通过实证加以证明，同时该理论将人的需要简单地看作是自然禀赋而忽视社会因素的影响，其科学性常常受到质疑。但是该理论的重要性在于它将消费者的需要分为几个大类，并且指出需要是由低到高发展及后者包含着前者，这些观点对现代营销的理论与实践有着重要的指导作用。

(1) 需要层次的划分为市场细分提供了重要的理论依据，消费者需要分为不同的层次，与之相联系的市场也可以被细分为不同的层次。例如整个汽车市场，根据满足消费者的不同需要，可以按照满足运输的需要、满足安全的需要、满足社交的需要、满足显示身份的需要等进行进一步的细分。

(2) 从消费者需要的多样性可以看出，消费者购买活动可能是出于多种需要与动机，这说明产品、服务与需要之间并不存在严格的一一对应关系。因此企业在产品的生产营销过程中，应该注意到一种产品能够满足人们多种需要的功能，在广告宣传中，也应当适当突出产品在各个层次上的吸引力。以微波炉为例，广告宣传中可以指出它能够满足消费者的生理需要，即可以方便地做出食物；也可以指出它能够满足消费者安全层次的需要，即比其他产品更为安全且不会烫手；也可以指出其能够满足消费者爱与归属的需要，比如展示用它能够做出款待朋友的宴席佳肴图片；此外还可以说明它能够提高身份地位以满足消费者自尊的需要，例如“高品质的生活，从某某品牌的微波炉开始”这样的广告语就很能打动人心。

(3) 需要层次理论指出需要是由低级向高级渐进层次发展的。一般只有低层次需要获得充分满足的情况下，高层次的需要才会被消费者逐渐去实现，因此企业在营销过程中，既要重视一般与基本需要相联系的产品的核心价值，同时也要注意到与高层次需要相联系的附加价值，但是绝对不能用产品的附加功能去排挤甚至取代其核心功能。

(4) 需要层次理论中低层次的需要往往是具体的物质需要，而越是高层次的需要，越难以确定满足这种需要的方式和途径。例如满足生理需要通常是有形的方式与物品，如渴了想喝水，冷了要穿衣等；但是如何满足自尊需要，消费者往往不能够形成十分明确的观念。这样越是满足高层次需要的产品，企业便越有更大的空间去创造产品的差异性并进行有效的宣传和引导。

此外该理论认为，没有一种需要是已经完全被满足了的，这为产品与广告定位提供了重要的依据。企业总是可以发现其竞争对手的产品所没有完全占领的位置，从而找准自己的定位，吸引消费者。例如通常高级轿车的定位都是进行社交及显示身份地位，但是有一则“奔驰”汽车的广告是这样写的：“当您妻子带着两个孩子在暴风雨的漆黑夜晚开车回家时，如果她驾驶的是‘奔驰’汽车，您尽可能放心。”这样安全需要和社交需要就被结合起来了，从而通过占领其他产品所没有占领的位置，对消费者造成一种强烈的吸引。

二、双因素理论

双因素理论是由美国心理学家弗雷德里克·赫茨伯格(Frederick Herzberg)于 1959 年提出来的。20 世纪 50 年代末期，赫茨伯格和他的同事们对匹兹堡附近一些工商业机构的约 200 位专业人士做了一次调查，调查主要是想了解影响人们对工作满意和不满意的因素，结果发现导致员工对工作满意的因素主要有成就、认可、工作本身的吸引力、责任和发展；导致员工对工作不满意的主要因素有企业政策与行政管理、监督、工资、人际关系及工作条件等。

赫茨伯格将导致员工对工作不满的因素称为保健因素，将导致员工对工作满意的因素称为激励因素。保健因素包括规章制度、工资水平、福利待遇、工作条件等，这些因素对人的行为不起激励作用，但是这些因素如果得不到保证，就会引起人们的不满，从而降低工作效率。激励因素包括晋升、提职、工作上的成就感、个人潜力的发挥等，这些因素能唤起人们的进取心，对人的行为起激励作用。该理论认为如果员工的保健因素得不到满足时，员工就会感到不满意，但是仅仅是保健因素得到满足，员工也不会真正感到满意，只有激励因素得到满足，员工才会真正感到满意。由此可见要提高员工的工作效率，仅仅提供保健因素是不够的，更重要的是提供激励因素。一个企业固然要为员工提供具有吸引力的工资福利待遇和生产、生活条件，但是如果这些待遇和条件采用平均分配的方法，不与个人的责任大小、工作业绩或成就挂钩，就只能起到一种保健的作用，起到一种减少牢骚和不满的作用，无法激励员工的上进心。

将赫茨伯格的双因素理论运用于对消费者购买动机的研究时，商品的基本功能(如质量、性能、价格等)或能为消费者提供的基本利益与价值，实际上可视为保健因素。这些基本的利益和价值如果不具备，就会使消费者感到不满。例如空调没有很好的制冷效果，就会使消费者产生强烈的不满情绪，甚至出现对企业的不利宣传、要求退货赔偿损失等对抗行为。但是使商品具备了某些基本利益和价值，也不一定能够保证消费者对其产生满意感。要使消费者对企业产品、服务形成忠诚感，还需要在基本利益和价值之外提供一定的附加价值，因为附加价值属于激励因素，对满足消费者的社会需要具有更为直接的意义。

此外还应当注意的是保健因素和激励因素的具体内容是随着时代、消费者动向以及商品生命周期的变化而变化的。例如电视机问世之初，能够看到黑白的图像已经算是很时尚了，因此当时黑白图像自然就成了激励因素，但是随着电视机的普及和电视机技术的不断发展，音效、外观、彩色、更高的清晰度等又成了激励因素。由此可见营销计划应当了解在各种特定条件下，商品的各种构成要素对消费者行为的影响及其变化，同时营销计划应随着现实条件的发展而不断发展，以适应新的形势。

三、显示性需要理论

美国学者麦克里兰(McClelland)提出的显示性需要理论侧重分析环境或社会学习对需要的影响，因此该理论又被称为习得性需要理论。马斯洛认为，尽管社会因素对个体如何满足其需要有着重要的作用，但就其本质而言，这些需要是个体与生俱来的，与此不同的是麦克里兰的理论特别强调需要从文化中的习得性，所以他的理论与学习、人格概念有着紧密的联系。麦克里兰特别关注以下三项需要，即成就需要、亲和需要、权力需要。

(1) 成就需要是指人们愿意承担责任、解决某个问题或完成某项任务的需要。具有高成就动机的人，一般设置中等程度的目标，并具有一定的冒险精神，而且更希望有行为绩效的反馈。例如具有高成就动机的购买代理商可能会花相当多的时间和精力设法降低购买品价格，而成就动机较低的代理商通常只是被动地接受商品出售方的标准报价。

(2) 亲和需要是指个体在社会情境中，与他人交往和亲近的需要。获得别人的关心，获得友谊、爱情，获得别人的支持、认可与合作，均可视为亲和需要。亲和需要很大程度上是经由学习形成的，个人目标实现遇到困难时，学习寻求帮助；遇到危险情境时，学习寻求保护；对事物不了解时，学习寻求指导。具有高亲和动机的人，关心人际关系的质量，友谊往往先于完成某项任务或取得某项成就。具有高亲和动机的消费者，往往比较注重同事、朋友对自己购买行为的评价，因此在购买决策过程中更容易受他人意见的影响。

(3) 权力需要是指个体希望获得权力、权威，具有试图强烈地影响他人或支配他人的倾向。麦克里兰发现，凡是对工作成就动机高的人均无成为领袖的欲望。换而言之，成就需要和权力需要是彼此不同的两种需要。研究发现，凡是对社会事务有浓厚兴趣的人，其行为背后均存在强烈的权力动机，权力动机有两种类型，即个人化权力动机和社会化权力动机，前者出于为己之目的，后者出于为人或为公之目的。麦克里兰认为，权力可以朝着两个方向发展，一个是负面方向，强调支配和服从；另一个是正面方向，强调劝说和激励。

麦克里兰显示性需要理论的一个主要假设是，上述三种需要均是个体在幼年时期、在人的社会化过程中习得的，被鼓励或获得正面激励的行为，较未被鼓励或未受到责备、惩罚的行为更易重复出现。因此显示性需要可归因于那些过去经常受到奖赏或鼓励的行为。由于不同个体的过去行为有着独特的奖惩经历，所以其促进未来行为的需要阈会具有自身的特点。

既然需要是习得的，同时又带有习得时所处背景的特征或影响，自然应当对需要习得时和需要被满足时的具体社会背景和情境予以分析。假设某个孩子在与兄弟姊妹交往中发展起了一种强烈的支配需要，那么企业在向该孩子推销产品时，无疑应考虑其家庭背景这一现实。然而，当孩子长大成人，尽管其权力需要仍然像儿童时代那样强烈，但此时过去的家庭背景对他现在的行为可能只有很小的影响，分析重点则应该放在他现时所处的环境上。

麦克里兰的显示性需要理论对市场营销活动具有重要的启示，具有高成就动机的男性消费者更多地购买诸如滑雪器具、游艇之类的室外运动产品，具有高成就动机的女性消费者较低成就动机的女性消费者更多地购买镇痛片、口腔清洗剂等产品。具有高成就动机的男性喜欢从专卖店购买服装，较少购买流行与新潮的服装，对豪华轿车则不以为意。成就动机居于中等水平的消费者中抽烟者的比例很高。另外女性高、低成就动机在某些产品的购买上存在着明显的差别。

第五节 购买动机的冲突与受挫

一、购买动机冲突

动机冲突是指在同一时间内出现的彼此不同或相互抵触的动机，因不能都获得满足而产生的矛盾心理。现实生活中，一个消费者常常同时具有多种购买动机，并且在许多场合这些动机同时起作用。在各种不同的动机支配下，有些动机的目标与方向是一致的，而有些则是相互矛盾的，因而动机之间的冲突是不可避免的。在消费者的各种购买动机冲突中，与市场营销活动关系最为密切的动机冲突主要有以下三种类型，双趋冲突、双避冲突和趋避冲突。

(一) 双趋冲突

双趋冲突，又称为趋向—趋向冲突，在这种动机冲突情况下，一个消费者面临着必须在两个或两个以上具有吸引力的可行性方案中进行选择，吸引力越是均等，冲突也就越激烈。例如消费者最近得到一笔钱，他既想用这笔钱买一台高级组合音响，又想买一套摄影器材，这两样东西都是他渴望已久的，而这笔钱又只够他买其中一件商品，此时这位消费者所面临的就是双趋动机冲突。面临这种动机冲突时消费者往往难以取舍，此时外界的影响对他们最终购买行为的决定具有重要作用，如朋友或家人的意见以及商业广告的影响等。现实中，消费者面临的这种动机冲突是大量和经常存在的，因为绝大多数消费者的收入、购买力在一定时期内是有限的，而想要购买的商品却又很多，此时解决这一矛盾的方法，一方面当然取决于消费者的主导动机，另一方面则主要取决于外界各种刺激的影响。在广告宣传中强化某一选择品的价值与利益，或通过降价、延期付款等方式使某一选择更具有吸引力，均是解除双趋冲突的有效方式。

(二) 双避冲突

双避冲突，又称为回避—回避冲突，在这种动机冲突情况下，消费者面临着两种不称心或者希望逃避的选择，但又必须选择其中一个时所发生的动机矛盾。这种情况在消费者实际购买活动中也时有发生。比如消费者一年前购买的一台电视机因故不能使用了，此时消费者既不愿意去维修，担心产生高昂的维修费用，也不愿意在这么短的时间里再花一大笔钱购买新的，这时他所面临的就是双避动机冲突。现在不少企业了解到消费者的这一心态，采取一些有效的促销手段来减轻消费者的双避冲突。比如企业可以通过向消费者提供分期付款的方式，来减轻消费者在购买上的经济压力，也可以采取以旧换新的方式吸引消费者再次购买。现在社会上推行的人寿保险也存在这一问题，消费者大都希望自己在遇到意外伤亡事故之时，家人能在经济上得到一定的补偿，但他们又不愿意把辛辛苦苦挣来的钱花费在这种保障上，觉得很不吉利。许多保险公司为了减轻人们的这一冲突，便推行一种既有人寿保险又带投资性质的保险单，把人寿保险购买时的注意力从死亡与费用两个消极点转移到投资与退休收入这两个积极点上，使得这种冲突的心理得以缓和。

(三) 趋避冲突

趋避冲突，又称为趋向—回避冲突，在这种动机冲突的情况下，消费者面临同时具有吸引力和排斥力的一个目标，需要做出选择时所产生的动机矛盾。具体表现为在获得某一产品的好处或利益的同时，又要求人们最好放弃对该种商品的购买或回避，许多消费者在他们的购买经历中曾经遇到过这种情况。比如所有吸烟的消费者大都十分清楚吸烟有害健康，但要让他们因为健康的原因戒烟又难以做到，因此吸烟就使他们处于既有积极又有消极后果的境地。又如一个消费者很想购买一台高档激光音响，但考虑到将来使用激光唱片的费用过高，担心自己负担过大，因而犹豫不决。经验丰富的营销人员在发现这种趋避动机迹象之后，常常会采取灵活多样的营销手段来消除消费者的这种心理，比如提供保修承诺、保证在一定时期内如果消费者发现市场上有以更低的价格出售的同类产品，商家就返回差价甚至给予奖励等。美国米勒酿酒公司针对一些顾客既爱喝啤酒，又担心摄入酒精后影响身体健康的心理，开发出不含酒精的啤酒，就是针对消费者趋避冲突动机的有效营销手段。

这三种类型的动机冲突在许多消费者的购买活动过程中都会出现，在动机冲突的情况下消费者容易发生决策后的不协调。很多市场营销者在了解消费者的这一心理后，都会采取积极的营销策略来解除消费者购买商品时的回避心理。动机冲突是购买活动过程中不可避免的现象，当消费者发生动机冲突的时候，营销者首先要在充分认识和理解各种动机特点的基础上，根据目标任务的要求，权衡利弊，做出决定，确定消费者的主导型动机。其次，在进行应对消费者购买动机冲突的决策过程中，必须做到当机立断，切忌思前想后、优柔寡断，贻误了消费者动机决策的最佳时机。最后，要按照动机的主次矛盾来准确预测消费者的购买行为倾向，正确解决好消费者的购买动机冲突，对消费者的购买活动进行有效引导，这样才能圆满地完成营销任务。

二、购买动机受挫及反应

(一) 购买动机受挫

购买动机受挫是指消费者在购买过程中，由于遭遇障碍或干扰，致使其需要不能获得满足时产生的一种情绪反应。动机受挫的原因多种多样，一般有以下几种。

1. 外界条件的限制和阻碍

消费者好不容易积攒了一笔钱准备添置一件高档耐用品，由于通货膨胀或商品提价的原因，不得不做出推迟购买的决定；消费者看中橱窗中的某一件衣服后，由于不能刷卡，身上又没有现金，于是急忙到附近的银行取钱，但发现银行已经下班或者 ATM 机发生了故障，结果等把钱凑齐再去商店时发现衣服已经被人买走。在上述情形下，消费者均会产生挫折感。

2. 判断发生偏差

一些消费者在出门逛商店之前，心想一定要买到某种合意的商品，但由于目标定得太高，转了一天，最后仍然没有买到合适的商品，疲惫、烦躁之余，难免产生挫折感。有时消费者费很大的力气买回一件商品，但使用后发现其性能或价值与原先预料的相距甚远，致使需求不能得到充分满足，此时消费者也有可能产生挫折感。

3. 消费者自身心理素质的缺陷

日常生活中每个人都难免会面临或遇到这样那样的困难和障碍，有些人具有较强的挫折容忍力，能够在挫折面前保持正常的行为和冷静的态度；而有些人则缺乏挫折容忍力，即使遭受轻微的打击，也有可能导致行为失常。在买不到合意的商品后，挫折容忍力较强的消费者可能采取豁达、乐观的态度，并通过与商家协商或据理力争等方式来维护自己的合法权益，或者在问题未获得圆满解决之前仍然能够客观、冷静地对待，通过自我调整，保持心理上的平衡。相反挫折容忍力较弱的消费者，在面临此情形时，可能采取过激的行为，甚至怨天尤人，整日处于一种烦躁不安和情绪大幅波动的状态。

消费和购买中的挫折是构成人生挫折的一个重要方面。从企业角度看，消除或减少消费者在这方面的挫折，实际上是要不断提高消费者对产品、服务、整个购买和消费过程的满意感。片面刺激消费者的期望，或者不能提供与消费者预期相一致的产品或服务，只会强化消费者的挫折感，从长远来看对企业是不利的。

(二) 购买动机受挫后的购买行为反应

消费者购买动机受挫后，与这种受挫相伴随的不满情绪总是要通过各种行为方式表现出来的。常见的购买动机受挫后的行为反应方式有攻击、退化、抑制和替代。

1. 攻击

攻击是指消费者对阻碍其动机实现的人和对象怀有敌意，并表示出强烈的不满。心理学家巴克尔在一项实验中给孩子们看一个放满玩具的房间，但是不允许孩子们进去。这些孩子们想玩玩具，可是得不到，只好站在外面看这些玩具，过了一会儿才让他们进去玩；但另外一些孩子，一开始就允许玩这些玩具。前一种受到挫折的孩子进屋后便把玩具摔在地上或扔向墙上，表现出很强的破坏性，而后一种没有受到挫折的孩子们却玩得很好，由此说明在动机受挫后，行为更容易带有攻击性。通常消费者在购买中受到挫折后，往往更容易与销售人员发生争吵，或者对企业的产品、商标进行语言上的攻击。现在有些企业设立消费者投诉部门或者投诉电话，一方面是为了处理消费者所遇到的各种问题；另一方面从消除、减少消费者由于动机冲突所引起的不满情绪角度来看也是有意义的。因为投诉部门、投诉电话，为部分消费者宣泄不满提供了渠道和场所，从而有助于减少消费者的攻击行为。

2. 退化

当消费者遭受多次挫折后，会出现一种比自己的年龄阶段要幼稚许多、像孩子般未开化的行为方式，这种以自己未成年时的成功经验来排除妨碍其动机实现的障碍物的行为称为退化或倒退。比如购买降价商品时，一些围在人堆外的消费者因无法目睹、触摸商品而造成动机受挫时，就会像小孩子一样推开他人使劲往里面挤，这就是一种退化行为。

3. 抑制

消费者把自己由于动机受挫而产生的不快和痛苦体验、烦闷等竭力排除在记忆之外，从而消除焦虑。例如消费者在购买到不合意的产品或经历了令人不快的购买体验之后，尽量不再提起，也不去思考这一事件，就是一种抑制行为。

4. 替代

当消费者在某一购买活动中遭受挫折时，他可能改变方向，或者以其他可能达到的成功活动来消除内心的不满感和紧张感。比如当看到邻居家因生活富有经常带小孩游览名山大川，而自家在经济上无力与之相比时，可能会在孩子的学业上投入更多的时间、精力，或者节衣缩食送孩子进各种学习班，力求使自家孩子在学业上超过邻居家的孩子，这就是一种典型的替代或补偿行为。

本章小结

需要是人们为了延续和发展生命，以一定的方式适应生存环境而对客观事物的要求和欲望。消费者需要是指消费者由于生理上和心理上的匮乏状态而感到紧张，继而产生想获得它们的要求和欲望。消费者需要是消费者购买行为的内在原因和根本动力。在现实生活中消费者需要是非常复杂的，可以从不同的角度进行分类。消费者需要具有多样性、对象性、客观性、发展性、层次性、周期性、年龄性、可诱导性以及互补性和互替性的特征。营销管理者应根据需要不同的特征从可能性和必要性两个方面决定满足需要的方式和程度。

动机是在需要的基础上产生的一种心理倾向，消费者的购买动机是指直接驱使消费者实行某项购买活动的内在推动力。人类的消费动机十分复杂，可以从不同的角度，不同的标准对之进行分类。本章主要介绍了本能说、动因理论、诱因理论、唤醒理论、马斯洛需要层次理论、双因素理论、显示性需要理论等动机理论，并详细介绍了其在市场营销活动中的具体应用。

当两个或者两个以上购买动机诱发力大致相等但方向相反时，就构成了动机冲突。动机冲突主要有双趋冲突、双避冲突和趋避冲突三种类型。当消费者在购买过程中遭遇障碍，使其需要不能获得满足时，就会发生动机受挫现象，购买动机受挫后，消费者常见的反应方式有攻击、退化、抑制和替代。

学习课件

练　习　题

一、单项选择题

1. 马斯洛需要层次理论不包括(　　)。
A. 生理需要　　B. 爱与归属需要
C. 自尊需要　　D. 自我防御需要

2. 根据美国人本主义心理学家马斯洛将人类需要按低级到高级的顺序分类，属于人类最高级需要的是(　　)。
A. 自尊需要　　B. 自我实现需要
C. 爱与归属需要　　D. 社交需要

3. 按照需要的起源，可以把消费者的需要分为(　　)。
A. 物质需要和精神需要　　B. 自然性需要和社会性需要
C. 现实需要和潜在需要　　D. 外在需要和内在需要

4. 好事达保险——“交托在手，放心无忧”，其广告效应满足了消费者的(　　)需要。
A. 生理需要　　B. 安全需要
C. 爱与归属需要　　D. 自我实现需要

5. 一切思想和行为的基本源泉与动力是指(　　)。
A. 意识　　B. 需求　　C. 需要　　D. 本能

6. 促使消费者认识需要的内部刺激或驱动力是(　　)。
A. 诱因　　B. 需求　　C. 动因　　D. 驱力

7. 某人在宴会上已经吃饱了，可他还要吃那些没有营养的食品，这种行为与以下(　　)因素有关。
A. 习惯强度　　B. 内驱力　　C. 精神动力　　D. 诱因

8. 消费者以追求商品或服务的使用价值为主导倾向的购买动机是(　　)。

A. 求便动机　B. 求廉动机　C. 从众动机　D. 求实动机

9. 下列属于早期动机理论的是(　　)。

A. 需要层次理论　B. 动因理论

C. 双因素理论　D. 显示性需要理论

10. 根据双因素理论，下列产品属性中属于保健因素的是(　　)。

A. 产品的基本功能　B. 产品的品牌

C. 产品的外观　D. 产品的包装

11. 根据麦克里兰的显示性需要理论，人们愿意承担责任、解决某个问题或完成某项任务的需要称之为(　　)。

A. 社会需要　B. 成就需要　C. 亲和需要　D. 求美需要

12. 鱼与熊掌不可兼得指的是(　　)。

A. 动机冲突　B. 双趋冲突　C. 双避冲突　D. 趋避冲突

13. 消费者有两个以上希望避免的目标，但又必须选择其中之一时面临的冲突是(　　)。

A. 双趋冲突　B. 双避冲突　C. 趋避冲突　D. 动机冲突

14. 消费者在购买某些高档商品时可能会出现对所选的商品爱不释手，但另一方面又嫌商品的价格过高，这体现了消费者在购买过程中的(　　)冲突。

A. 趋避冲突　B. 双趋冲突　C. 双避冲突　D. 单趋冲突

15. 消费者具有两种以上倾向选择的目标但只能从中选择其一时所面临的冲突是(　　)。

A. 双趋冲突　B. 双避冲突　C. 趋避冲突　D. 以上都不是

二、多项选择题

1. 消费者需要根据消费者需要的形式分类主要有(　　)。

A. 生存的需要　B. 生理的需要

C. 发展的需要　D. 社会的需要

E. 享受的需要

2. 消费者动机的作用包括(　　)。

A. 始发作用　B. 指向作用　C. 维持作用　D. 强化作用

E. 中止作用

3. 消费者动机的特征包括(　　)。

A. 动机的主动性　B. 动机的内隐性

C. 动机的冲突性　D. 动机的逆反性

E. 动机的模糊性

4. 现代动机理论包括(　　)。

A. 需要层次理论　B. 动因理论

C. 双因素理论　D. 显示性需要理论

E. 诱因理论

5. 消费者动机受挫后的反应方式主要有(　　)。

A. 攻击　　B. 退化　　C. 替代　　D. 抑制
E. 反抗

三、名词解释

1. 需要
2. 动机
3. 动因
4. 成就需要
5. 权利需要
6. 亲和需要
7. 双趋冲突
8. 双避冲突
9. 趋避冲突
10. 动机受挫

四、简答题

1. 简述消费者需要的特征。
2. 简述消费者动机的形成机制。
3. 简述消费者购买动机的具体类型。
4. 简述双因素理论的主要观点。
5. 购买动机的冲突主要有哪几种类型？试举一例加以说明。

五、论述题

1. 论述马斯洛需要层次理论的内容和营销启示。
2. 论述动因理论和诱因理论的基本观点。

六、应用实践题

1. 找出一则重点体现自我实现需要的广告和一则重点体现安全需要的广告，解释这两则广告是如何分别体现这两种需要以及企业为什么要迎合消费者的这两种需要。

2. 选择一个熟悉的卖场，观察消费者动机的受挫现象及其受挫后的行为反应，并且针对此现象提出相应的营销策略。

七、案例分析题

速溶咖啡

20世纪40年代，美国市场上出现了一种新产品——速溶咖啡。刚开始投放市场时，厂商们十分看好其前景。它与豆制咖啡相比，味道和营养成分没有什么两样，然而更能显示其特点的是饮用方便，不必像豆制咖啡那样花费时间去煮，也不必为刷洗咖啡器具而费力气，因此在广告中大力宣传其省时省力的优点。

但是市场销售的情况却与他们的预想相差甚远，购买者极少。厂家为此进行了市场调查，调查结果是很多消费者不喜欢它的味道，但显然这不是真正的原因。他们又通过间接调查法编制了两张不同的购货单，其内容如表3-1所示。

表 3-1　两张不同的购货单

购货单 1	购货单 2
(1) 1 听发酵粉 (2) 2 块面包，1 串胡萝卜 (3) 1 磅速溶咖啡 (4) 3/2 磅碎牛肉 (5) 2 听桃子	(1) 1 听发酵粉 (2) 2 块面包，1 串胡萝卜 (3) 1 磅新鲜咖啡 (4) 3/2 磅碎牛肉 (5) 2 听桃子

然后将两张购货单分别发给两组妇女，根据购货单所采购的内容，分别描绘出购买者的形象。调查结果显示两组妇女的形象完全不同，在购货单 1 组的妇女中，几乎 50%的人认为购买速溶咖啡的家庭主妇是懒惰的、生活无计划的人；12%的人说她们是挥霍浪费的女人，而另外一组所描绘的家庭主妇则被认为是勤俭、有经验的好主妇。

经过分析发现，在 20 世纪 40 年代，多数美国妇女受传统观念的影响，认为作为一名家庭主妇安排好家庭生活和从事各种家务劳动是一种天职,而逃避劳动则被看作是懒惰的,因此宁可放弃速溶咖啡也要给人一种勤俭持家的印象，这样在调查时多数妇女隐藏了其真实动机而推托不喜欢其味道。厂家经过分析找到了速溶咖啡被人拒绝的真正原因不在于它本身的质量，而是人们的动机。于是厂家对广告宣传和包装作了相应的改进，不再宣传省时省力的特点，而是着重宣传咖啡的美味、芳香等特点，在包装上也增强了它的密封性。经过改进，销路大增，风靡西方市场，也进入了世界市场。

由此可见，动机和消费行为之间存在着密切的联系。由于消费者的购买动机具有不易观察的内隐性，就需要深入了解掌握消费者的购买动机，以制定相应的营销策略。

思考：

1. 从速溶咖啡的案例分析消费者需要和动机之间存在什么样的关系？消费者购买动机和其具体的消费行为又有什么样的关系？

2. 研究深层次的消费者购买动机对营销活动有什么重要作用？

第四章　消费者的知觉过程

知识目标

了解感觉、知觉、注意的含义和特点；认识和了解感觉、知觉、注意的种类及对消费者行为的影响；理解消费者的知觉过程；掌握注意、知觉在消费者活动中运用的相关原理；掌握消费者认知质量的含义和形成过程。

能力目标

能充分运用消费者的知觉理论来分析营销活动中出现的一些现象；能依据消费者的知觉和注意的相关原理制订相应的营销策略；明晰不同产品消费者认知质量的形成差异，并据此制订相应的营销策略。

课程思政

通过本章的学习，学生应当认识到消费品往往与身份认同相关联。同时，通过对知觉偏差性的学习，学生应当注意到信息选择的真实性，养成批判性思维，学会辨别真伪，正确识别和拒绝虚假与误导性广告和宣传，避免相信和传播不实信息。在这个过程中，强调学生要注重客观真相，掌握正确的信息获取方法，防止陷入谣言、偏见和误区。最后，通过对感觉与知觉知识的学习，学生应当掌握个体从接受感官信息到形成认知的过程，自觉树立和践行社会主义核心价值观，加强思想道德修养，把正确的道德认知、自觉的道德养成、积极的道德实践紧密结合起来，积极倡导良好社会风气；同时，自觉弘扬爱国主义、集体主义精神，积极倡导社会公德、职业道德、家庭美德。学生还应当了解作为营销者要积极通过感官营销的方式，向公众传达符合社会主义核心价值观的企业文化，帮助公众树立正确的品牌认知。

案例导入

路易斯·切斯金的实验

20 世纪 30 年代，包装专家路易斯·切斯金(Louis Cheskin)做了一个有关产品包装的实验。他对同一产品设计了两种不同形式的包装，一种是印有圆形的包装，另一种是印有三角形的包装，然后让被试者选择自己喜欢的一种产品。结果 80%的被试者选择了印有圆形包装的产品。问其原因，大部分被试者回答说圆形包装比三角形包装给人的感觉是其产品质量更好。对此实验结果，路易斯·切斯金一开始半信半疑，但后来的几次实验也得到了相同的结果。所以，他得出了“包装会影响消费者对产品质量的认知”的结论。

(资料来源：作者根据相关资料整理而成。)

第一节　消费者感觉和知觉

感觉和知觉是认识活动的初级阶段，它们有时合称为“感知觉”。因为人的各种行为活动相互交织在一起，有时很难将这些行为活动一一区分开来。由于各种行为活动的相互联系、相互交织，即使感知觉这样的行为活动也有高级行为活动的参与，如记忆、想象、思维以及情绪和情感等活动都会参与到感知觉的过程中。

一、感觉

(一) 感觉的含义

感觉是指人脑对当前直接作用于感觉器官的客观事物的个别属性的反应。每一客观事物都有许多可以被人感觉到的属性。比如，一盘炒菜有气味、滋味、颜色、软硬、重量、大小、干湿等多方面的属性，当这盘炒菜摆在我们面前的时候，它的各种属性就分别作用于相应的感觉器官，并使人脑对这些个别属性发生反应，如眼睛看到颜色和外形，鼻子闻到气味，舌头尝到滋味、软硬等，这些都是指感觉。

(二) 感觉的特点

1. 反映直接接触的事物

感觉反映当前直接接触到的客观事物，而不是过去的或者间接的事物。记忆中再现的客观事物属性的映像和幻觉中各种类似于感觉的体验等都不是感觉。

2. 反映事物的个别属性

感觉反映客观事物的个别属性，而不是其整体。通过感觉，我们能够了解事物的声、形、色、味、质地等个别属性，但是不能将这些属性整合起来整体地反映客观事物。新生婴儿对客观世界的反映是最典型的感觉阶段，比如尿床了，婴儿的身体会感到难受，并通过哭闹来表达，但是婴儿并不知道是什么东西让他难受。对于成人而言，纯粹的感觉在实际生活中是很少见的，因为成人对所接触到的事物拥有较多的经验积累，形成了全面的、完整的认识，能够加以辨别和区分，这就超出了纯粹的感觉阶段。

3. 客观内容和主观形式的统一

感觉的对象和内容是客观的，不依人的意志而存在；感觉的形式和表现又是主观的，受到个体的个性、经验、知识及身体状况等主观因素的影响。感觉是以客观事物为源泉，以主观解释为方式和结果，是客观事物的主观映像。

(三) 感觉的作用

首先，感觉是人们认识事物的第一步。消费者心理活动的进行，要依靠感觉这样的基础行为活动提供信息来源，不管是搜集商品信息、购买前的决策，还是使用商品的过程中，都需要感觉这一行为活动来提供信息来源。消费者经过感觉之后，再进行其他的行为活动。

其次，只有通过消费者的感觉并与更高级的行为活动结合，才能实现商品的消费价值。美丽的色彩、美妙的音响、诱人的香味、动听的语言、鲜美可口的食物、轻柔触动皮肤而产生的舒适和愉悦等，都是基于感觉产生的，这正是商品使用价值实现的必要条件。

(四) 感觉的分类

根据刺激物的来源和感受器所处的位置，可以把感觉分为外部感觉和内部感觉两大类。

1. 外部感觉

外部感觉指接受外部刺激，反映外界事物的个别属性的感觉，包括视觉、听觉、味觉、嗅觉和肤觉等五大感觉。

(1) 视觉是依靠人的眼睛来实现的一种感觉，具体包括对固体形状的爱好，对形状的联想，对产品材料的联想，对流体质感的满意度，对商品透明度的满意度，对颜色的敏感度、满意度、颜色联想等。色彩感觉给人们以最丰富的感性世界，让我们感到世界的光彩美丽。

(2) 听觉是依靠耳朵等听觉器官来实现的一种感觉。在现实生活中，听觉获得的信息量可能不如视觉多，但其重要性与视觉是相当的。在商品消费过程中，听觉所起的作用也是十分重要的，音乐、影视、戏曲表演等艺术形式的享受，离不开人的听觉器官。因此听觉信息也是传递商品信息的重要渠道。感觉上的听觉是指人们对产品声响大小的喜好，对音质音色的喜好，对声响长度的喜好，对背景音响和主题音响的喜好，声响联想等。人们听到声音产生感觉，在此基础上能够初步形成对声音的印象。

◈ 案例 4-1

盲人的“面部视觉”

一个盲人走近墙壁时能在撞到墙壁之前就停下来，因为他能感觉到面前有一堵墙，而这种感觉是建立在一种触觉的基础上的，即他的脸受到了某种震动的作用。为此，人们把盲人这种对障碍物的感觉称为“面部视觉”。那么，盲人真的是靠“面部”来避开障碍物的吗？

1944 年，美国康奈大学的达伦巴史(K. M. Dallenbach)及其同事对盲人的“面部视觉”开展了一系列的实验验证工作。实验人员用毛呢面罩和帽子盖住盲人被试者的头部，露出盲人被试者的耳朵，往前走的盲人被试者仍能在碰到墙壁前停止。然后，研究人员除去盲人的面罩和帽子，而只把盲人的耳朵用毛呢包起来，在这种实验条件下，盲人被试者一个一个地撞上了墙壁。由此可见，“面部视觉”的解释是错误的，盲人是靠听觉线索避开障碍物的。

(资料来源：作者根据相关资料整理而成。)

(3) 味觉的感觉器官主要是舌头。味觉的主要类型有四类：酸、甜、苦、咸。其他的味觉类型是在这四大类的基础之上经过综合或复杂化而形成的。如辣的味道是在温觉、痛觉和部分咸感觉的基础之上综合形成的，酸辣的感觉又是在酸和辣的基础之上形成的复杂感觉。

(4) 参与嗅觉的主要器官是鼻子。嗅觉与味觉这两种感觉是紧密相关的。

(5) 肤觉是人的皮肤对于事物的感觉。皮肤是人体面积最大且较为复杂的一个感觉器官。人的皮肤层基本上都分布了相应的感觉系统，包括温觉、冷觉、触觉、痛觉等感觉类型。

2. 内部感觉

内部感觉指接受机体本身的刺激，反映机体的位置、运动和内部器官不同状态下的感觉，包括运动觉、平衡觉(也称位置觉)和机体觉，它们反映了身体位置、运动和内脏器官的状态及变化。

二、知觉

(一) 知觉的含义

知觉是指人脑对直接作用于感觉器官的客观事物的各个部分和属性的整体性反应。知觉总体来讲是一个过程，如图 4-1 所示。从其含义看知觉的影响因素主要有三类：一是知觉者本身的状况，如知觉者的知识、经验、定势等；二是知觉对象的状况，如知觉信息本身对知觉的形成有很大的影响；三是知觉对象的特点，如颜色、声音、气味和质感等。例如，消费者对“麦当劳”这一品牌的印象，一般来说，取决于知觉者自身对这类西式快餐的想法以及本身的生理特点，同时还取决于“麦当劳”的品牌定位、自身的产品和服务等。

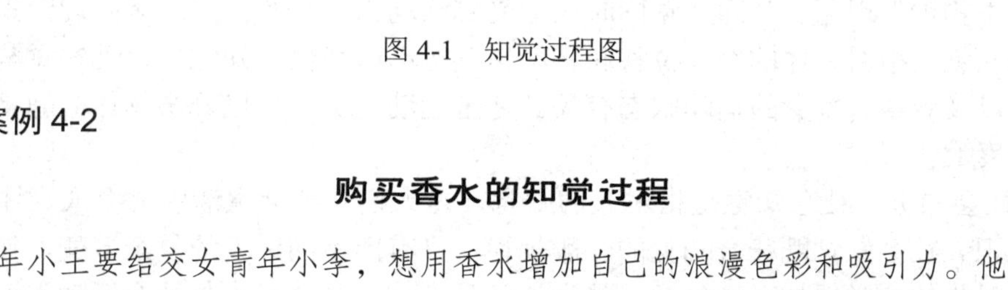

图 4-1　知觉过程图

◇ 案例 4-2

购买香水的知觉过程

男青年小王要结交女青年小李，想用香水增加自己的浪漫色彩和吸引力。他搜寻了一部分自己认为对小李有吸引力的香水样品。在选择过程中，他综合考虑了一些因素，如他所感受到的香水的形象、瓶子的设计和他所闻到的气味等，并将这些信息与自己的期望协调起来，当然这些期望会受到他自身文化背景和个性的影响。比如，他想表现自己是一个血气方刚的男子汉，对于女性化的品牌会产生反感。小王的知觉过程可以分解为以下几个阶段。首先，初步分类。在这个阶段，刺激物的基本特征被分离。小王认为古龙香水能够改善自己的形象，因此选择了古龙香水。其次，样品标准。在此阶段，分析刺激物特征以备选择归类。小王对不同的香水品牌有自己独特的分类方法，他根据瓶子的颜色、形状、香水的气味等标准来决定每种香水归于哪一类，如离奇夸张的欧式香水。再次，确认标准。在这一阶段，选择类别。小王认为××香水最适合他的“神秘”气质。最后，确认完成，即最终要对刺激物做出决策。小王认为他的决策是正确的，瓶子的颜色及其有趣的名字更强化了自己的这一判断。

(资料来源：作者根据相关资料整理而成。)

(二) 知觉的分类

根据不同的标准，知觉有不同的分类。

1. 根据在知觉中起主导作用的分析器的特征划分

根据在知觉中起主导作用的分析器的特征，可以把知觉分为视知觉、听知觉、味知觉、嗅知觉、触知觉和动知觉。观看一幅广告画，在用眼睛观察的同时，还伴随着眼肌的运动，但是以视分析器为主，因此属于视知觉。一般知觉都是对综合刺激的反应，往往有两种或多种分析器起主导作用。比如，观看电视中播放的广告，视和听同时起主导作用，称为视-听知觉。

2. 根据知觉对象的不同划分

根据知觉对象的不同，可以将知觉分为物体知觉和社会知觉。

(1) 物体知觉。物体知觉是指对物或事的知觉。根据知觉反映的事物特性，可将物体知觉分为空间知觉、时间知觉和运动知觉。

空间知觉是指对占有一定的空间位置的形状、大小、深度、方位、距离等空间特性的知觉。空间知觉包括形状知觉、大小知觉、深度知觉、距离知觉和方位知觉等。这些知觉都是由视、听、皮肤及运动分析器的协同活动来实现的。

时间知觉是指对客观事物的延续性和顺序性的知觉。时间本身是无始无终的，计量时间必须有某种客观现象作为参照物。常用的参照物有：自然界的周期性现象，如日出日落、月亮盈亏、四季变化、潮起潮落、日影移动等；人造的计时工具，如立竿见影、滴漏、点香、钟表等；有机体自身的节律性行为和生理过程也能起到自动定时器的功能，即医学上所说的“生物钟”现象。时间知觉同时还会受到活动内容和个人兴趣等心理因素的影响。

运动知觉是指对物体的空间位移和移动速度等运动特性的知觉。运动知觉与物体的距离、速度以及观察者本身的运动状态有关。通过运动知觉，可以分辨物体的静止和运动及其运动速度的快慢。

(2) 社会知觉。社会知觉是指对人的知觉，是人们对社会生活中的个人、团体及组织特性的认识。社会知觉既符合知觉的一般规律，又有所不同。人的复杂多变，使人们对人的知觉比对物的知觉更加微妙复杂。社会知觉是人们在社会行为与社会活动中逐渐产生、形成并发展的，对人们的社会行为有重要影响。社会知觉可以分为对他人的知觉、人际知觉、角色知觉和自我知觉。

对他人的知觉，即指对生活在一定社会环境中他人的心理状态和个性心理特征的知觉。我们要认识某个人，总是要在一定的社会环境中先接触到这个人的外显行为，注意其言语谈吐、表情动作、神色姿态、仪容风度等，形成一个初步印象；通过对其外显行为印象的推测和判断，来获得对其身份、兴趣、爱好、能力、气质、性格等方面的认识；随后通过交往，逐渐形成对该人正确、深刻、完整的认识。

人际知觉，即对人与人之间相互关系的认识，它是社会知觉中最核心的部分。人际知觉会影响其他的社会知觉，其他的社会知觉也会影响人际知觉和人际关系的协调。在现实生活中，错误地估计自己和他人，以及感情因素的介入，都可能造成人际知觉的偏差和人际关系的失调。“酒逢知己千杯少，话不投机半句多”指的就是这种情况。

角色知觉中的角色是指人在社会上所处的地位、从事的职业、承担的责任以及与此相关的一套行为模式，如营业员、顾客、商人、教师等。角色知觉主要包括两个方面：一是根据某人的行为判定他的职业，如教师、学生、艺术家等；二是对有关角色行为社会标准的认识，如教师这一角色，认为他的标准应该是谈吐文雅、学识渊博、仪表端庄等。

自我知觉，即主体对自己心理活动与心理特征的认识和判断。“人贵有自知之明”，自我知觉，正确地认识自己，可以激发人的自尊心、自信心、责任心，从而推动人的学习和事业的发展，自我知觉还可以增强个人的自我控制、自我调节的能力。

3. 根据人脑对直接作用于感觉器官的事物或现象的映像的清晰或客观程度划分

根据人脑对直接作用于感觉器官的事物或现象的映像的清晰或客观程度可将知觉分为精确知觉、模糊知觉、幻觉和错觉。

(1) 精确知觉是指符合客观实际的知觉，例如消费者对某羊绒大衣的知觉等。

(2) 模糊知觉是指对直接作用于人的感觉器官的事物不清晰、不精确的知觉。消费者对一件事情或产品的认识有时是模糊不清的，这种知觉就是模糊知觉。

(3) 幻觉是指在没有外界刺激的情况下出现的虚假知觉。例如，图 4-2 所示图片就会使人出现幻觉。

交叉“点”的颜色是白色还是黑色？　　交叉“点”的白色是否变得更亮？

图 4-2　视幻觉图片

(4) 错觉是人脑对客观事物错误的、歪曲的反应。也就是说，如果通过对客观事物的个别属性的综合分析所形成的整体反应是错误的，则称为错觉，即错误的知觉。视觉、味觉、听觉、嗅觉、触觉和运动觉等都能够出现错觉，如图形错觉、大小错觉、方位错觉等。错觉虽然是一种与客观事物不相符合的知觉，但是在产品设计、广告设计等方面被充分运用，可增加美感和满足感，提高营销效果。错觉是普遍存在的心理现象，只是因为我们每天掌握的信息中约有 80%～90%是通过视觉得来的，所以视错觉就变得很常见。例如，图 4-3 所示图片就会使人产生视错觉。

图 4-3 视错觉图片

常见的视错觉有以下几种：

① 长短错觉。两个相等长短的物体由于排列不同或者受到某种特殊突出的影响，会对人们形成不同的视觉效果。例如，当垂直线与水平线的长短相等时，人们往往觉得垂直线较长，如图 4-4 所示。

图 4-4 长短错觉图片

② 大小错觉。某一事物处于与其他事物的对比中时，人们对该事物的大小、高低、优劣等就会产生不同的视觉效果。例如：同样大小的圆圈，放在一堆大圆中就会显得小，而放在一堆小圆中就会显得大；同样大小的正方形，若放置位置不一样，也会使人们产生大小不一的视觉效果，如图 4-5 所示。

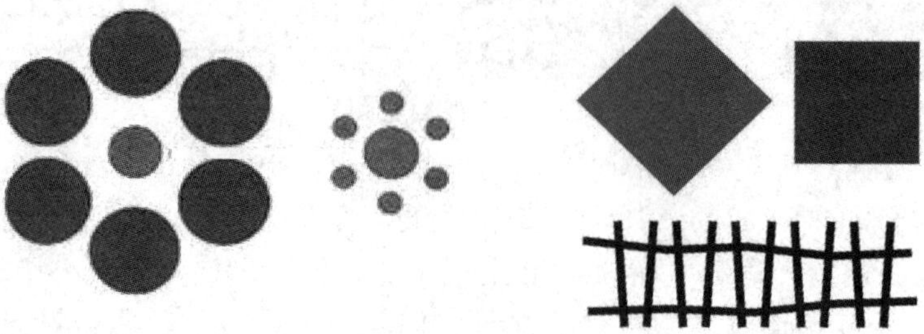

图 4-5 大小错觉图片

③ 图形错觉。同一图形由于受其他因素的影响，会使人们产生变异的视觉效果。例如：两条或两条以上的相等线段由于受其他线段的影响，会使人们产生不相等的视觉效果；圆由于受其他图形的影响，看起来不是正圆，如图 4-6 所示。

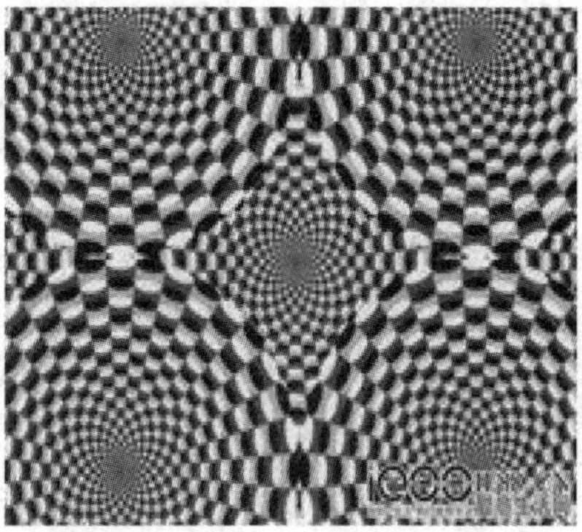

图 4-6　图形错觉图片

④ 颜色错觉。不同颜色的物体会给人以不同的重量、体积的视觉效果。如黑色、红色和橙色等深颜色给人以重且窄的感受，而白色、绿色和蓝色等浅颜色则给人以轻、宽且大的感受。

⑤ 运动错觉。运动物体与静止物体在某一环境同时作用于人的感觉器官时，会使人产生由静变动或由动变静的感觉。如火车刚启动时，人们可能感觉不到火车在动，而是感觉到车窗外的景物在向后退。

⑥ 时间错觉。在同一单位时间里，由于人们的态度、兴趣及情绪的不同，人们有时会觉得时光如梭，有时则会觉得度日如年。

◇ **案例 4-3**

《两小儿辩日》的故事

《列子·汤问》中记载了一个《两小儿辩日》的故事：一天，两个孩子热烈地争论着一个问题——为什么同样一个太阳，早晨看起来显得大而中午看起来显得小？一个孩子说："这是因为早晨的太阳离我们近，中午的太阳离我们远，根据近大远小的道理，所以早晨的太阳看起来要大些，中午的太阳看起来要小些。"另一个孩子反驳说："照你这样说，早晨的太阳离我们近，那我们就应该感到早晨更热些，中午的太阳离我们远，我们就应该感到中午更凉些，但事实却正好相反，我们往往感到早晨凉而中午热。"两个孩子谁也说服不了谁，于是就去请教孔子，但这位博学的大师也不明白这是怎么回事，最后只好不了了之。

延伸阅读 4-1

社会知觉偏差

消费者在感知事物的时候，还有一种特殊的社会意识，即社会知觉。人们在社会知觉中由于受到客观条件的限制而不能全面地看问题，往往会造成认知上的偏差，即社会认知方面的错觉。这种错觉主要包括如下几种：

(1) 首因效应。首因效应是指人与人第一次交往中给对方留下的印象，是在对方的头脑中形成并占据着主导地位的效应，即当人们第一次与某物或某人接触时会留下深刻的印象。个体在社会认知过程中，通过“第一印象”最先输入的信息对客体以后的认知将产生一定的影响。同样，消费者对品牌的评价、对商品的态度、对商品的感受等都与第一印象有着密切的关系，于是商家可以通过塑造良好的服务等建立第一印象，从而在消费者心中站稳脚跟。

(2) 近因效应。近因效应是指当人们识记一系列事物时对最近或末尾部分项目的记忆效果优于前面或者中间部分项目的现象。前后信息间隔时间越长，近因效应越明显，其原因在于前面的信息在近因中逐渐模糊，从而使近期信息在记忆中更为突出。

(3) 晕轮效应。晕轮效应又称“光环效应”，属于心理学范畴。晕轮效应是指人们对他人的认知判断首先是根据个人的好恶得出的，然后从这个判断推论出认知对象其他品质的现象。这容易产生“一好百好，一坏百坏”的认知偏差。消费者对品牌产品的评价也是如此，往往因为一点优劣推而广之。

(4) 投射效应。投射效应是指以己度人，认为自己具有某种特性，他人也一定会有与自己相同的特性，把自己的感情、意志、特性投射到他人身上并强加于人的一种认知障碍。即在人际认知过程中，人们常常假设他人与自己具有相同的属性、爱好和倾向等，常常认为别人理所当然知道自己心中的想法。利用此认知偏差，营业员可以打动消费者，劝导消费者购买产品，灵活地进行促销。

(5) 心理定势。心理定势是指人在认识特定对象时心理上的准备状态。也就是说，心理定势在对人产生认知之前，就已经将对方的某些特征先入为主地存在于自己的意识中，使知觉者在认识他人时不自主地处于一种有准备的心理状态。这种心理准备状态极大地影响着人们的心理和行为。

(6) 刻板印象。刻板印象指的是社会上对某类人或事物所持的共同的、笼统的、固定的看法和印象。这种印象不是一种个体印象，而是一种群体印象。例如，人们一般认为青年人有热情、敢创新而易冒进，老年人深沉稳重而倾向于保守等。

(7) 期望效应。期望效应也称为“皮格马利翁”效应。期望效应是指在生活中人们的真心期望常常会变成现实的现象。

◇ 案例 4-4

“皮格马利翁”效应

远古时候，塞浦路斯王子皮格马利翁喜爱雕塑。一天，他成功塑造了一个美女的形象，并且对其爱不释手，每天用深情的眼光观赏，看着看着，美女竟然活了。这是一则神话，但心理学家却从中得到了很大的启发。

1968 年，美国心理学家罗森塔尔和雅可布生来到一所小学，从一至六年级中各选 3 个班的学生进行了一项煞有介事的“发展实验”，并以赞美的口吻将有优异发展可能的学生名单通知相关老师。名单中的学生有些在老师意料之中，有些却不然，甚至是水平较差的学生。对此，罗森塔尔解释说：“请注意，我讲的是发展，而非现在的情况。”于是老师们从内心接受了这份名单。罗森塔尔叮咛老师不要外传名单，只限老师自己知道，否则会影响实验结果的可靠性。8 个月后，他们又来到这所学校，对 18 个班进行复试，结果他们所提供名单上的学生成绩有了显著进步，而且情感、性格更为开朗，求知欲望增强，敢于发表意见，与教师关系也特别融洽。

这到底是怎么一回事？原来这是罗森塔尔和雅可布生进行的一次期望心理实验。他们提供的名单纯粹是随机抽取的，根本没有考虑学生的知识水平和智力水平。他们通过“权威性的谎言”暗示老师，坚定老师对名单上学生的信心，调动了老师独特的情感。虽然老师始终把这些名单藏在心底，但掩饰不住的深情仍然通过眼神、笑貌、音调滋润着这些学生的心田。实际上老师扮演了皮格马利翁的角色，学生潜移默化地受到影响，他们变得更加自信、自爱、自尊、自强，变得更加幸福快乐，奋发向上的激流在他们的血管中荡漾。这个令人赞叹不已的实验，后来被誉为“皮格马利翁效应”或“罗森塔尔效应”。

(资料来源：作者根据相关资料整理而成。)

(三) 知觉的特点

知觉的基本特点反映了知觉的规律性，这些特点主要有知觉的整体性、知觉的选择性、知觉的恒常性和知觉的理解性四个方面。

1. 知觉的整体性

知觉的整体性也称为知觉的组织性，指知觉能够根据个体的知识经验将直接作用于感觉器官的客观事物的多种属性整合为同一整体，以便全面地、整体地把握该事物。有时刺激本身是零散的，而由此产生的知觉却是整体的。知觉不同于感觉，它是人脑对客观事物的各个部分和属性的整体性反应。知觉的整体性是超越部分刺激相加之和所产生的一个整体知觉经验，如图 4-7 所示。

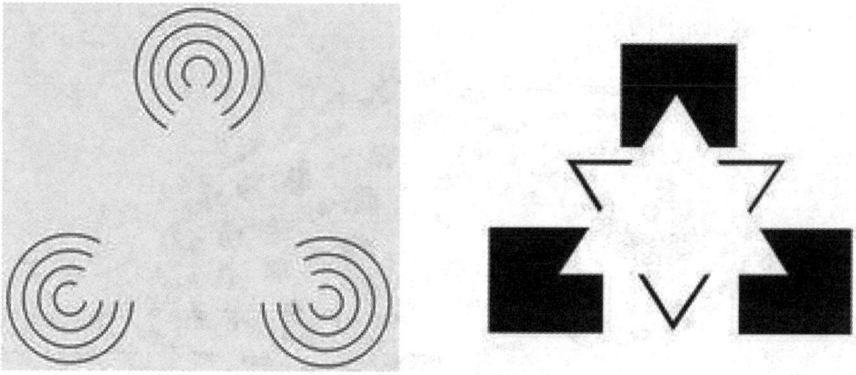

图 4-7　知觉的整体性图示

知觉如何进行整合，这与知觉对象的特征及其各个部分之间的结构成分有着密切的联系。心理学界的格式塔学派对知觉的整体性进行了研究，提出了知觉整体性定律，即格式塔学派定律。格式塔学派把知觉整体性归纳为以下定律：

(1) 接近律。接近律即空间位置相近或发生时间相近的客体往往容易被知觉为一个整体。如图 4-8 所示，图中的黑点是以行排列的还是以列排列的？

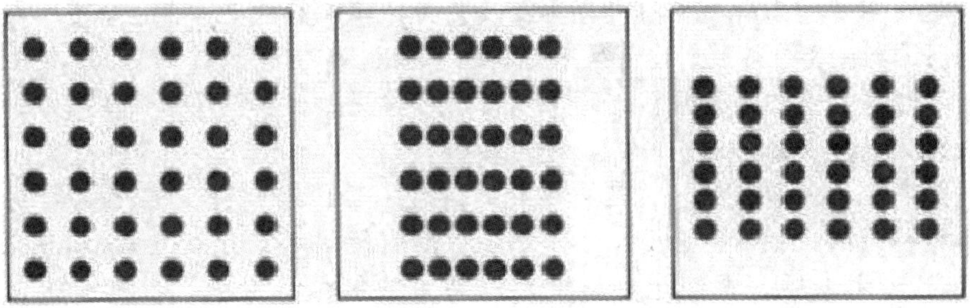

(a) (b) (c)

图 4-8 接近律图示

(2) 相似律。相似律是指物理属性相似的客体，例如形状、大小、颜色和亮度等方面的相似易于被知觉为一个整体。如图 4-9 所示，我们除了能看到黑方块，还能看到什么？

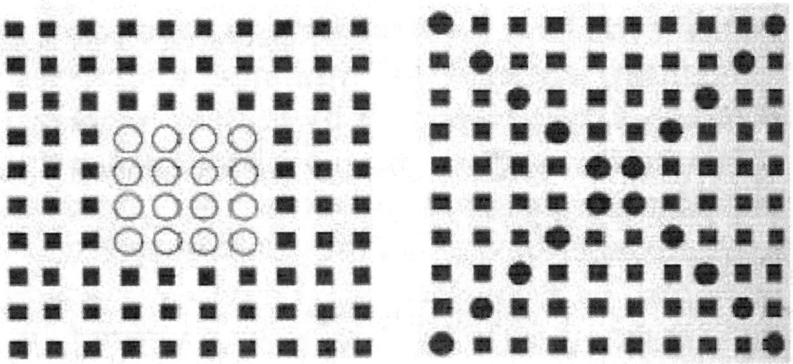

(a) (b)

图 4-9 相似律图示

(3) 连续律。连续律是指具有连续性或共同运动方向等特点的客体易于被知觉为同一整体。如图 4-10 所示，图中的图形是什么？

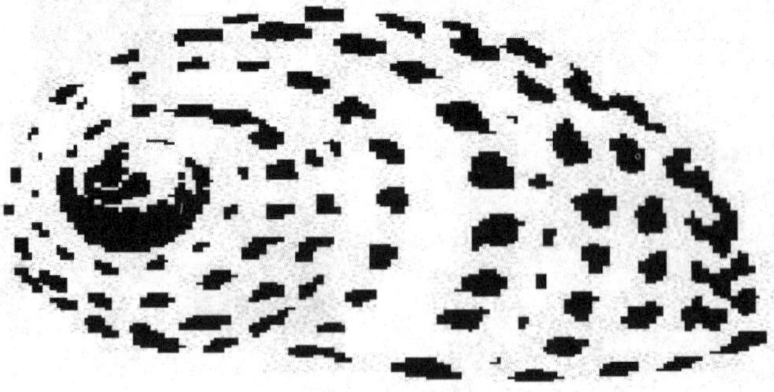

图 4-10 连续律图示

(4) 闭合律。闭合律是指客体提供的刺激是不完整的，而观察者运用自己的主观经验为之增加或减少某些要素，以便获得有意义的或符合逻辑的知觉经验。这种把不完整图形知觉为完整图形的知觉组织就是知觉的闭合性在视觉上的体现，由此产生的客观上不存在而主观上认为存在的图形轮廓称为主观轮廓。如图 4-11 所示，我们能看到什么额外的图形？

图 4-11　闭合律图示

2. 知觉的选择性

知觉的选择性是指知觉对外来刺激有选择地反应或组织加工的过程。知觉的选择性主要体现在知觉者对外在刺激的选择性注意、选择性解释和选择性记忆等方面。图 4-12 显示了因选择不同的知觉对象或知觉背景而产生的不同知觉效果，这是一个知觉对象和知觉背景相互转换的明显例证。

图 4-12　知觉的选择性图示

现代社会的消费者置身于商品信息的包围之中，随时都要接受各种刺激。但消费者并非对所有刺激都会做出反应，而是有所选择地进行信息加工处理。例如，走入商店，陈列的商品琳琅满目，在吵闹的酒吧、在拥挤的旅游景点，无数的信息冲击着我们；打开电视，无数个电视节目在吸引着我们。面对这一切，消费者总是能够有选择地关注部分景观、人或部分商品，这体现了知觉的选择性。

知觉具有选择性的原因在于以下两个方面：一是感觉阈限和人脑对信息加工能力的限制。人脑对信息加工的能力是有限的，消费者不可能在同一时间内对所有感觉到的信息都进行加工，只能对其中比较清晰的部分加以综合，形成知觉；二是消费者自身的需要、欲望、态度、偏好、价值观念、情绪及个性等对知觉选择也会产生直接的影响。凡是符合消费者需要的刺激物，往往会成为首先选择的知觉对象，而与需要无关的事物则经常被忽略，自然成了知觉背景。

3. 知觉的恒常性

知觉的恒常性是指影响知觉对象的外界条件在一定范围内发生改变时，知觉并不受到影响，仍然能够把握该事物相对稳定的特性，即保持对该事物的惯常认识。知觉的恒常性包括形状恒常性、大小恒常性、颜色亮度恒常性和方向恒常性等。

(1) 形状恒常性。形状恒常性是指因视角或位置的变化而导致客观物体的视觉形状变化时，人对客观物体的知觉形状仍然保持不变的一种知觉特性。例如，一扇门在全开、半开和关闭时所产生的视觉效果是不同的(如图 4-13 所示)，但人们对门的知觉印象却是保持不变的，仍然认为门是长方形的，这就是形状的恒常性。这是以生理为基础的视觉现象，对于心理知觉而言，门的形状是保持长方形不变的，这是因为人以往从不同角度中所获得的物体映像与触觉、视觉和运动觉之间建立了牢固的联系，即过去的经验起到了重要的作用。李白的诗句“横看成岭侧成峰”就是这个道理的体现。

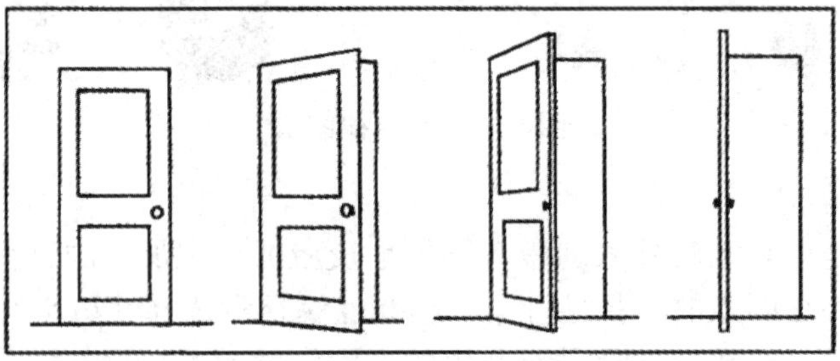

图 4-13 知觉的形状恒常性图示

(2) 大小恒常性。大小恒常性是指对于物体大小的知觉并不完全随着映射的改变而改变，而是趋于按照物体的实际大小来理解的一种知觉特性。例如，当一个人站在 2 米、4 米、10 米、20 米远的地方时，他在观察者视网膜上的视像大小也在变化，但是观察者仍然能够正确地判断他的身材大小，说明知觉已经考虑到了距离因素信息而按照他的实际大小来感知。又如，茫茫草原，近处有一只兔子，远处有一匹马，由于马的距离较远，马的知觉影像要小于近处的兔子，但是人们仍然说马要远远大于兔子，而不会认为马比兔子小。知觉的恒常性是由人的学习能力决定的。

(3) 颜色亮度恒常性。颜色亮度恒常性是指对客观物体固有的亮度和颜色的知觉不完全随着颜色感觉影像的变化而变化，而是倾向于保持不变的一种知觉特性。例如，根据色光混合原理，色光照射在物体表面，物体的色调会发生变化，但是人对物体表面颜色的知觉并不因此而改变。无论是白天还是晚上，是在明处还是在暗处，人们都会把红玫瑰知觉为红色。又如，人们在商店试衣服，虽然橱窗灯光五彩斑斓，但是顾客仍然努力试图恢复产品本身的颜色和亮度。

(4) 方向恒常性。方向恒常性是指人的身体部位或视像方向变化不会改变对知觉对象方向的相对稳定性的认识的一种知觉特性。在实际活动中，人的身体部位随时在改变姿态，或弯腰，或俯卧，或倾斜，在不同姿态下看到的事物也会不同，但是知觉仍然能够恢复本身特点、方向等，并与此相适应，即在不同姿势下人们看到的外界事物上下左右位置虽然发生了变化，但是人对其方位的判断是不变的。

知觉的恒常性特点有利于消费者排除干扰，保持对产品、品牌的认知。例如，传统商品、名牌产品或老字号店铺等已在消费者心目中具有一定恒常性的知觉，这也是消费者能够排除其他营销信息的干扰或诱惑而继续惠顾的重要原因之一。然而知觉的恒常性也成了消费者接受新产品的心理障碍，常常影响新产品的推广和渗透。

4. 知觉的理解性

知觉的理解性是指知觉以一定的知识经验为基础对所感知客观事物的有关属性进行

组织和加工处理，并用词语对知觉的对象加以解释、说明，并赋予其一定意义的过程，如图 4-14 所示。影响知觉理解性的主要因素包括个人的知识经验、言语指导、实践活动以及个人的兴趣爱好等。

这头大象有几条腿？

图 4-14　知觉的理解性图示

当消费者受到的刺激不明确或者刺激可表达多种含义时，就会产生刺激的不确定现象。此时消费者就会根据自己的理解去解释刺激的含义，并在这个过程中将自己的意愿投射进去。对于消费者因消费实践和知识经验的不同而形成对营销信息理解上的差异性，营销人员应正确地运用知觉的理解性来增强广告的效果，以加深目标消费者对企业产品和服务的知觉。尽管厂商会尽量避免广告含义模糊不清，但是模糊不清的广告有时也能够创造性地制造争议。

◇ **案例 4-5**

品牌识别与知觉

品牌是消费者心目中对企业的感知与印象，是企业信息作用于消费者，并在内心留下烙印的总和。实际上，品牌是一个心理印记，一个纯粹的心理概念。经营品牌就是经营消费者的心理世界，在消费者内心留下一个美好的心理印记。然而品牌蕴含着一定的心理能量，可产生心理驱动力，激发或控制消费者的消费心理，直接影响其购买行为。在消费者脑海中留下明确而深刻的品牌痕迹，形成清晰的认知，会对消费者心理和行为产生积极的影响，比如“耐克”为热爱运动的年轻人所钟爱，“麦当劳”成了儿童的欢乐天地，等等。这些品牌在竞争激烈的市场中独领风骚，改变着消费者的消费心理，左右着消费者的购买行为，使消费者对其情有独钟。

品牌在消费者心中由浅至深的心理印记为知名、认知、联想、美誉和忠诚五个层次。知名和认知是消费者对品牌信息的被动感知，是对客观信息的被动接受。联想是消费者主动对品牌信息进行加工，通过想象、推理等可产生正面或负面的心理。美誉和忠诚是消费者对品牌具有明显的好感和喜爱的表现。

(资料来源：作者根据相关资料整理而成。)

三、感觉与知觉的关系

有人把感觉和知觉的关系比喻成侦察员与司令部的关系，侦察员得到的信息报到司令部，司令部综合分析作出总体反应。由此可见，感觉是信息的传递者，知觉则是信息的接收者和解释者。两者的关系具体表现如下：

(1) 感觉是人脑对客观事物的某一部分或个别属性的反映；而知觉是对客观事物的各种属性按其相互联系加以整合，形成该事物完整映像的反映。例如，人们的不同感官分别对大米的颜色、香味、形状、口感等各个属性产生感觉，而知觉对感觉信息进行综合，加上经验的参与，就形成了大米的完整映像。人们把某一对象知觉为某一客体，除必须获得相关的感觉信息外，还要有过去经验和知识的参与。

(2) 感觉是凭感觉器官对环境中刺激的觉察，层次较低，是从生理历程到心理历程的开端；而知觉是对感觉所获得的信息作进一步的处理，层次较高，属心理历程。

(3) 感觉是知觉的基础；知觉在感觉的基础上产生，是感觉的有机组合，是对感觉信息整合后的反映，是把感觉信息转换成对事物的经验和知识的过程，它不会脱离感觉而孤立存在。

四、知觉在营销活动中的应用

(一) 知觉的选择性帮助消费者确定购买目标

消费者进入商店中，面对琳琅满目的商品，为什么会注意到一部分商品而对另一部分商品视而不见，这就是知觉的选择性在起作用。知觉的选择性特点可以运用于商业设计中，比如在柜台布置中，为了突出名贵商品的价值，可以将商品背景衬以特殊的包装，强化顾客对该商品的注意。

(二) 利用知觉的整体性与理解性进行广告制作

知觉的整体性特点表明，具有整体性形象的事物比局部的、支离破碎的事物更具有吸引力和艺术性。因此，在图画广告中，把着眼点放在与商品有关的整体上比单纯把注意力集中在商品上效果更为突出。例如，一幅宣传微型录放机的路牌图画广告，画面是一位姑娘，身着运动衫和牛仔裤，头戴耳机，腰间挎着小型录放机，骑着自行车，两旁绿叶清风，微笑前行。这幅画面说明录放机与消费者生活密切联系，可以减轻旅途疲劳，提高情趣，高雅不俗。这幅广告运用了知觉的理解性和整体性特点，比画一个录放机并配上死板的文字说明的效果要好得多。

(三) 利用错觉原理制订商品促销策略

商业企业在店堂装潢、橱窗设计、商品包装、商品陈列、器具使用等方面，适当地利用消费者发生的错觉，进行巧妙的艺术设计，往往能达到一定的心理效果。比如，有人曾做过这样一个实验：他请 30 位被试者喝咖啡，每人喝 4 杯，各杯浓度一样，只是 4 个杯子的颜色不同，分别为咖啡色、青色、黄色和红色。喝完咖啡后，要求被试者对咖啡的浓度做出各自的评判。结果有三分之二的被试者都说红色和咖啡色杯子中的咖啡太浓，青色杯子中的太淡，只有黄色杯子中的咖啡浓度适中。据此，销售商把咖啡店里的全部杯子换为黄色杯子，以便更好地发挥颜色视觉的运用。

(四) 利用错觉原理提高营业员的商品推荐艺术

由错觉原理可知，明亮度高的色彩(如红色、黄色)有扩张感，而明亮度低的色彩(如灰色、蓝色和绿色)则有收缩感，两极相反的物体放在一起会相互突出。营业员在向消费者推荐服装类商品时，应学会运用人们知觉中产生错觉的心理状态，合理、科学地推荐，提高服务艺术。例如，向身材较矮胖的顾客推荐深色、竖条纹的服装，劝说脸型大而圆的顾客不要穿圆领口的服装，脖子长的顾客不要穿鸡心领或V字领的服装等，这样可获得顾客的信任，并使其产生满意感。

第二节 消费者注意

一、注意的含义

由于认知能力的限制，在某一特定时点，消费者不可能同时注意和处理所有展示在其面前的信息，而只是部分地对某些信息予以注意。注意是指个体对接触于其感觉神经系统的刺激物做出进一步加工和处理，它实际上是对刺激物分配某种处理能力，是人的心理活动选择、指向和集中于一定对象的表现。注意这种现象是普遍存在的：在上班路上，会看到很多的风景，但你只会注意到其中的一部分；去商场购物，商店里陈列了琳琅满目的商品，你却经常被促销橱窗所吸引；上课的时候，每位同学都在认真地注视着老师，说明课堂授课引起学生们的注意，而有些同学却被外面的一声巨响所吸引，注意力发生了转移，但多数同学却不为所动，等等。由此可见，注意是一切心理活动的基础和前提，是伴随认识、情感、意志等心理过程的意识状态。

消费者对事物的认知、对产品的购买，都是从注意开始的，如果消费者没有注意到这件产品或这项服务，就不会有后续的购买行为。企业的营销活动或促销计划再好，消费者没有注意到，也是徒劳无功的。因此，引起消费者注意，是商家促销千方百计首先想要达到的效果。

二、注意的特点

(一) 注意的选择性

注意的选择性是指消费者在每一瞬间心理活动有选择地注意某个特定的对象。注意的选择性特点可以运用于商业场所的设计。比如，为了突出某一类商品的形象，吸引消费者对它的注意，可以利用消费者注意活动的心理特点，尽量隐去商品的背景布置，使商品的形象更加醒目。

(二) 注意的集中性

注意的集中性是指注意指向某一特定的对象时聚精会神的程度。例如，在购物场所更容易发生随身物品被盗的现象，因为有的消费者在购物时将注意力放在了选购的商品上，而对自己携带的物品没有注意，使小偷有可乘之机。

(三) 注意的表现性

注意的表现性是指内心注意状态在外部表现的程度。比如，当一种商品引起消费者注意时，消费者必然会表现出对该商品注意的心理活动，他的眼睛、面部表情以及手、脚等都是反映消费者内心注意状态的主要渠道。

(四) 注意的广度

注意的广度，即注意的范围，是指在瞬间内所能感知的物件的数值。心理学家通过研究发现：人们在瞬间(0.1 秒)的注意广度一般为 7 个单位；如果是数字或没有联系的外文字母，则可以注意到 6 个；如果是黑色圆点，一般可以注意到 8 或 9 个，这是人们在瞬间注意时的极限。影响注意广度的原因有客观原因和主观原因。

1. 客观原因

主要是指受注意对象自身的特点。实验研究发现，受注意对象之间的关联性和整体性越明显，注意的广度就越大。比如，颜色相同的字母比颜色不同的字母受注意数目要多些，空间位置相近的字母比杂乱无章分散的字母受注意数目要多些。

◇ 案例 4-6

蓝色巨人 IBM

1955 年美国国际商用机器公司董事长托马斯沃森认为，要跻身于世界大企业行列，就必须树立独特的“前卫、科技、智慧”的企业形象。为此，他请教了著名的设计师诺伊斯。在诺伊斯的指导下，IBM 实行了 CI 战略。沃森采用了兰德的设计，将公司全称 International Business Machines Corporation 简缩为“IBM”三个极具美感的标准字造型，在标准色的选用上，蓝色是大海和天空的颜色，高深、莫测、广阔，以此象征高科技的精密和追求无限的动力。CI 战略的实施使 IBM 的社会知名度和美誉度大增，市场占有率迅速扩大，从而树立起了“蓝色巨人”的高大形象，并成为世界首屈一指的大企业。

(资料来源：作者根据相关资料整理而成。)

2. 主观原因

主要是指个人知觉活动的任务和经验。知觉活动多，则注意广度小；知觉活动少，则注意广度大。知识经验丰富，则注意广度大，反之则小。比如，某消费者对产品陌生，阅读产品说明书就会较慢；如果对产品很熟悉，阅读说明书就会很快。

(五) 注意的持久性

注意的持久性是指在较长时间内把注意保持在某一对象或某一活动上。这有利于消费者对要认知的事物有更深刻的理解，有利于消费行为的定向。这种持久性会随刺激的强度和广度、色彩、重复、新奇等特征的变化而发生变化。因此，企业应使商品广告设计、商品陈列、商品包装等方面有意强化刺激，从而使商品、营销活动具有更加强烈的吸引力、号召力和推动力，提高消费者的注意效果，使消费者能较长时间维持较深刻的印象。另外，企业应时常策划一些与众不同的活动，以引起社会舆论和消费者的注意，提高企业知名度。

◈ 案例 4-7

出奇制胜的反常行动

台北的环亚大饭店，外观气派豪华，室内富丽堂皇，拥有千余套房间。该饭店老板郑绵绵是一个有头脑的企业家。在未取得营业执照之前，她让饭店特意提前营业，结果被罚款 36 万元。未正式营业就被重罚，此事成为台湾各新闻媒体争相报道与评论的热点，使未正式营业的环亚大饭店先轰动于世，人尽皆知。

不仅如此，饭店还推出了开价 1 万元和 50 万元的“套宴”，以及一天住宿 20 万元的“总统套房”。这种令人吃惊的价码，需要人们辛苦工作数年，才能享受一餐，投宿一晚。此举同样受到公众和报刊电台的关注，纷纷对此提出批评与非难。

然而，正是这些反常行动，引起了大众的瞩目，使社会各界人士都知道有个环亚大饭店。这比用几千万元做广告，效果不知好多少倍。结果环亚大饭店宾客盈门，世界各地的游客都来此投宿，饭店大赚其钱。

（资料来源：作者根据相关资料整理而成。）

（六）注意的转移性

注意的转移性是指消费者根据自身的需要，把注意主动从原目标转移到新目标上去。比如，消费者开始逛街，然后吃饭，再听音乐、看电影，这就是注意的转移。这种注意的转移性能让消费者在变化的环境中使自身行为有更好的适应能力。

商业企业应充分利用注意的转移性，通过多元化经营调节消费者在商场中的注意转移。传统的零售商业企业主要的功能是向消费者出售商品，综合性大型零售商业企业也只是满足消费者的吃、穿、用方面的消费需求。在这种情况下，消费者逛商场会觉得很疲劳，因为需要走路，需要长时间处于有意注意状态中。现代化的零售商业企业的功能已大为拓展，集购物、娱乐、休息、满足全方位消费需求于一身，使消费者的购物活动时而有意注意，时而无意注意，时而忙于采购，时而消遣娱乐。这种多元化经营有利于延长消费者在商场停留的时间，为商场创造更多的营销机会，同时也满足消费者的各方面需求，使消费者更好地进行心理调节，将到商场购物视为乐事。

三、注意的类型

根据产生和保持注意有无目的与意志努力的程度，消费者注意可分为无意注意、有意注意和有意后注意。

（一）无意注意

无意注意又称随意注意，是指事先没有明确的目的和目标，不由自主地产生的注意。无意注意并不是没有注意，而是不随意注意或被动注意。比如，消费者在商场本想购买甲商品，无意中看到乙商品，觉得不错，引起了对乙商品的注意，这就是无意注意。

引起无意注意的原因有两个方面。一方面是人受到外界的刺激所引起的行为反射，包括刺激物本身的特点，强烈、鲜明、新奇的活动和变化的刺激物。比如浓郁的香气、耀眼的灯光、色彩鲜明并富有动感的广告、造型新颖且色泽鲜艳的商品等都会给人以强烈的刺激，容易引起消费者的无意注意。另一方面是人自身的状态，包括消费者的需要、兴趣、情绪等主观因素的影响。一般来说，符合消费者需要和兴趣的事物容易成为无意注意的对象。此外，消费者潜在的欲望、消费者的精神状态，也是形成无意注意的重要条件。

(二) 有意注意

有意注意是指事先有自觉的目的，需要消费者做出一定意志努力的注意。比如，消费者在嘈杂的商场里专心选择想购买的商品。有意注意是一种高级注意形式，它不因知觉对象是否强烈、是否新异以及是否有趣而改变。在有意注意的情况下，消费者需要在意志的控制下，主动把注意力集中起来，使知觉活动集中指向消费对象。有意注意通常发生在需求欲望强烈、购买目标明确的场合。例如，急需某种商品的消费者会刻意去寻求、收集有关的商品信息，并在琳琅满目的商品中把注意力直接集中于期望购买到的商品上，这就属于有意注意。

有意注意受人的意识的自觉调节与支配。通过有意注意，消费者可以迅速地感知商品，准确分析并做出判断，从而提高购买的效率。比如，在消费活动中，消费者在选择某种商品的过程中，会有意识地、有目的地收集有关信息，了解有关情况，注意比较不同品牌商品之间的质量、性能、外观、价格等方面的差异，根据自己的实际需要和现有条件进行选择并决定是否购买。在这一过程中，可能会遇到很多困难，比如信息不足、商品供应不足、商品的质量难以了解等，在这种情况下，消费者只有以积极的态度、付出更大的努力才能达到目的。有意注意的产生和保持主要取决于购买目标的明确程度和需求欲望的强烈程度。

当然，无意注意与有意注意并不是截然分开的，它们互相联系并且在一定条件下可以互相转化，共同促进消费者行为活动的有效进行。

◇ 案例 4-8

贵州茅台震惊巴拿马世博会

1905 年，巴拿马举办世界博览会。我国的贵州茅台酒也参展其中。在博览会初始，由于包装较差，加上当时中国的国际地位较低，各国评酒专家对其貌不扬、装潢简陋的茅台酒不屑一顾，使得茅台酒虽然参展却没有列入评比行列。茅台酒商冥思苦想，急中生智，故意将一瓶茅台酒摔碎在地上，顿时香气四溢，举座皆惊，引来评酒专家纷纷品尝，并要求将此酒列入评比行列中，最终茅台酒从众多名酒中脱颖而出，一举获得金奖。从此，贵州茅台酒名气大振，成为世界名酒。

我国酒商的做法，就是通过强烈、鲜明、新奇的活动刺激，将人们的无意注意向有意注意转换，从而获得了成功。

(资料来源：作者根据相关资料整理而成。)

(三) 有意后注意

有意后注意是指事先有自觉的目的，但不需要消费者做出意志努力的注意。它是在消费者有意注意的基础上发展起来的，是消费者对某些有意义、有价值事物意识的指向和集中。人们开始有目的地从事某项不熟悉的活动时，需要一定的意志努力才能保持注意，这时的注意是有意注意。然后经过一段时间对活动熟悉后，不需要很大的意志努力就可以保持注意，这时的注意就是有意后注意。有意后注意是一种特殊的注意类型，在与自觉的、明确的目的相联系方面，类似于有意注意；而在不需要做出意志努力方面，则类似于无意注意。比如，人们在购买汽车后的最初时期，需要意志努力，适应新汽车的使用，但当熟悉和熟练后，则不再需要付出意志努力，就可以轻而易举地驾驶自己的汽车。时装表演或娱乐广告可能推动消费者从有意注意转入有意后注意状态。

上述三种注意类型往往并存于消费者心理活动过程之中，它们既互相联系又可以在一定条件下互相转化(如无意注意向有意注意转化，有意注意向有意后注意转化)，共同促进消费者心理活动的有效进行。例如，某消费者看电视时无意注意到低盐有利于健康的讲座，于是该消费者在平时有意注意到要吃低盐的食品，时间久了，这种对低盐食品的注意就成了有意后注意。

四、影响消费者注意的因素

影响消费者注意的因素有很多，这里主要介绍刺激物因素、个体因素和情境因素三类。

(一) 刺激物因素

刺激物因素是指刺激物本身的特征，如大小、强度、对比、颜色、位置等。由于刺激物因素是企业可以控制的，因此，在营销实践中它们常被用来吸引消费者的注意。

1. 大小

一般而言，大的刺激物较小的刺激物更容易引起注意。例如，一则全版面广告较半版面广告或四分之一版面广告更容易被注意到，文字广告中大字更容易被注意到。

2. 强度

外部刺激的强度越高，越容易被注意。比如，音量大的广告宣传比音量小的广告宣传更容易被注意。但要注意刺激强度不能超过消费者的感觉阈限，否则会适得其反。

3. 对比

相对于那些与背景融为一体的刺激物，人们倾向于更多地注意那些与背景形成明显反差的刺激物。这是因为后一情况下会造成人们认知上的冲突，从而启动和提高信息处理水平。这种对比原理目前在广告中被广泛运用。例如，一片彩色海报中的唯一一幅黑白海报会更引人注目，给人以新鲜的感觉。同样，强音和弱音、明亮和昏暗、大型和小型轮流出现，比单一出现更容易引起消费者的注意。

4. 颜色

颜色是引起消费者注意最有力的工具之一。通过对消费者眼球活动状况进行调查，结果显示彩色远比黑、白和灰色更刺激视觉神经，因而消费者对彩色的反应更为敏感。一项报纸广告的研究发现，彩色广告可比黑白广告的销售量增加 41%。另外，某些颜色比其他颜色往往更能引起人们的注意。比如每逢节日，各报报头套色，色彩夺目，使人顿觉眼前一亮，引起人们的注意。某些颜色如红色和黄色较其他颜色更加引人注目。环卫工人在工作时必须穿上红色或黄色的工作服，主要是因为这两种颜色引人注目，使开车的司机更容易发现他们，以避免意外的发生。

5. 活动程度

活动程度也称为运动。具有动感的刺激物比静止的刺激物更容易捕捉人们的视线。户外的广告设计充分利用了这一原理，广告牌的霓虹灯，闹市区的电子显示屏以及其他一些具有动感的广告都是为了吸引过往路人的注意。一项研究发现，在食品销售过程中，动态展示食品比静态展示食品增加近三倍的销售额。比如松下曾经在北京做的路牌彩电广告，用几千片电镀片构成的图案，随风闪动，极大地引起了消费者的兴趣和注意。

6. 位置

物体处于个体视线范围内的位置不同，其吸引注意的能力就会不一样。通常，处于视野正中的物体较处于边缘的物体更容易被注意。调查显示：从人的胸部到眼部是最能引起消费者注意的商品陈列位置，上边比下边、左边比右边更容易引起消费者的注意。如果将口香糖摆放在超市内偏僻的地方，其被购买的概率就会大大降低。因此，各厂商之间为了争取更有效的货架位置，经常展开激烈的争夺。而对于不能占满整页的广告而言，位于页面左上角的广告较其他位置更容易被注意到。

7. 重复

事物重复出现的次数越多，越容易被注意。插入频率，即在同一期杂志或同一天的报纸上刊载同一广告的数目，具有和广告版面大小相类似的影响。在一项研究中，多次插入使受众的回忆率提高了 20%，而在另一项研究中回忆率增加了 200%。在广告策略上，电视上反复播放的广告产品一般要比偶尔出现的广告产品销量大得多。

8. 隔离

隔离是指将某些特定刺激物与其他物体分离开，这同样有助于吸引消费者的注意力。报纸上整版印刷广告的效果不甚理想，是因为消费者的注意力被分散了。因此，报纸或其他印刷媒体往往在大的空间或空白的中央放置或描绘对象，就是运用了隔离原理来吸引消费者的注意力。同样，广播广告之前的片刻沉默，或电视广告画面的片刻消失，均是基于类似的原理。

9. 新颖性

新颖的事物容易被人们注意到，诸如新奇的服装、新款式包装的产品、与人们的预期大相径庭的宣传画面和内容，都有助于吸引消费者的注意。比如，旺旺果粒多就是因为其包装的特殊性而引起众多消费者的注意。再如，美国一家出售儿童电子琴的厂商在杂志上刊登了广告，画面是两个天真活泼的小孩在玩电子琴，标题是“一则糟糕的广告”，标题下的解释则是“因为你听不到美妙的旋律”，这则广告与平常人们所见到的广告有很大的不同，因此引起了人们的广泛注意。

10. 信息量

由于注意具有一定的广度，一次投放信息量的多少会影响消费者的注意程度。如果一次投放过多的信息给消费者，容易使其处于信息超载状态，也会滋长其对投放信息的厌倦感，从而降低信息处理水平。一项研究发现，随着收到的商品目录数的增加，消费者购买的商品数量也会增加；但到一定的阶段，随着商品目录数的进一步增加，消费者购买的商品数量反而减少，原因是此时发生了信息超载现象，在此状态下消费者停止阅读任何商品目录。消费者能够利用多少信息，并无统一规则可循。一般来说，企业营销人员应了解消费者需要哪些信息，并据此提供。重要信息应特别突出和强调，更详细、更具体的信息及处于次要地位的信息则可以通过表格和信息广告等形式提供给那些感兴趣的消费者。

◇ 案例 4-9

“没有东西”的旅馆

英国北爱尔兰有一家规模不大的乡间旅馆，条件比较简陋，没有高尔夫球场和健身房，没有电话、电灯，也没有停车场，旅馆的工作人员抓住其简陋的特点，在新颖别致上大做文章。他们在《泰晤士报》上刊登广告，称自己的特点就是“没有东西”，其广告词是这样写的：“请您来度假吧，这里没有高尔夫球场和健身房，您不必天天担心自己的健康出现问题；这里没有电话，不会有远方电话，不会有远方的人来打扰您；这里没有通车的公路，您也不必为交通拥挤而烦恼。在这里，您可以安静地、随心所欲地休息。”这则广告角度新颖、说法奇特，吸引了众多的好奇者，使这家乡间旅馆门庭若市。

(资料来源：作者根据相关资料整理而成。)

(二) 个体因素

个体因素是指消费者自身的特征，主要包括需要和动机、知识和经验、个性和适应性水平，其通常是企业营销人员不能直接控制的。当处于某种需要状态时，消费者对能够满足这种需要的刺激物会主动关注，如要出远门的人会主动搜集打折机票的信息，钓鱼爱好者更可能注意与渔具有关的信息，注重身材的女士对减肥信息可能处于一种注意状态，而瘦弱的人对这类信息往往没有兴趣或视而不见。因此当消费者的某种需要被激发时，与满足该需要相联系的刺激物会备受注意。另外，根据认知一致性理论，消费者倾向于保持一致的信念和态度，认知系统中的不一致将引发心理的不安和紧张，出于趋利避害的考虑，消费者更倾向于接纳那些与其态度相一致的信息。换句话说，当消费者对某种商品有好感时，与此相关的信息更容易被注意；反之，则会出现相反的结果。

1. 需要和动机

凡是能满足需要，符合动机的刺激物，往往会成为消费者注意的对象。而与人的需要和动机无关的刺激物则难以被人注意。比如：一个饥肠辘辘的人注意力会集中于摆在其面前的食品和有关食品的信息上，而对周围的其他刺激物视而不见；计划购房的消费者更可能注意与房子有关的广告；喜欢足球运动的消费者，对有关足球比赛的信息可能格外注意；热爱摄影的消费者对摄影器材或广告特别敏感；男孩对玩具商品特别是对机械玩具、电动玩具倍加注意。

2. 知识和经验

消费者已有的知识和经验对注意的选择性影响很大。比如同一台戏曲节目，外行人和内行人所注意的方面会有很大的差别。俗语“外行人看热闹(故事情节)，内行人看门道(唱腔、动作)”说的就是这个道理。

3. 个性

一般来讲，外向性格的人容易注意到较大的、表面的和动态的事物，而内向性格的人倾向于注意较小的细节并体察入微；乐观的人容易注意到事物积极性的一面，而悲伤的人容易注意到事物消极性的一面。

4. 适应性

对于一些熟悉、习惯的事物，人们往往习以为常，不再注意。比如，当你从宁静的郊区搬到喧闹的市区居住时，起初可能会不适应周围的噪声，但居住了一段时间后，慢慢地就适应了，对噪声不再那么敏感。企业的宣传广告即便很新颖，如果不断重复播放，时间一长，其宣传效果可能会下降。因此，企业既要设计新颖的广告，又要注意在内容和形式上不时进行变动，才能有助于长期吸引消费者的注意。

(三) 情境因素

情境因素是指那些在一定环境中特定刺激物以外的因素(如气温、在场人数、外界干扰等)和因环境而导致的暂时性个人特征(如饥饿、孤独、匆忙等)。一个十分紧张忙碌的人往往比一个空闲的人较少注意展露在其面前的刺激物，因此电梯里的广告更不容易被注意。当人们处于一种不安或不高兴的情境(如空气混浊、环境嘈杂、天气过于炎热或寒冷等)时，他只想尽快摆脱目前的情境，因而不太注意那些展露在他面前的信息。例如，当广告信息出现在电视或广播节目、报纸、杂志等具体情境中时，由于大众接近这些媒体的主要目的是欣赏这些节目或阅读报纸、印刷品中文章的具体内容，并不是为了观看广告，因此很多消费者往往会通过转换频道或将目光转移到他感兴趣的内容上而主动避开广告。

五、注意在营销活动中的应用

正确地运用和发挥注意的心理功能，可以使消费者从无意注意发展到有意注意，继而进一步激发消费者的需求。在各类轿车展中，与轿车搭配的都是美女车模，而当一辆轿车把美女车模换成健身教练时，消费者的注意效果往往会大相径庭。

一则广告成功的前提条件是能引起消费者的注意。凡是能引起消费者注意的因素，都可以在广告设计制作中加以适当利用。

(1) 各种节日、重大事件的发生都是吸引消费者注意的大好时机，企业营销人员应抓住时机。例如，2003 年就在中国的第一艘载人宇宙飞船安全降落，杨利伟成功返回地面的几小时内，在全国三十几个城市，印有“中国航天员专用牛奶”标志的蒙牛牛奶出现在全国各大超市、卖场。脑白金更是直接抓住春节的注意推出了“今年过节不收礼，收礼只收脑白金”的促销活动，通过概念营销直接吸引诱导消费者的注意。

(2) 利用多元化经营来调节消费者的注意转换，使消费者的购物活动时而有意注意，时而无意注意，时而忙于采购，时而消遣娱乐。这样既可以延长消费者在商场停留的时间，为企业创造更多的销售机会，还可以缓解消费者的疲劳。

(3) 由于注意的广度，消费者对多余的信息会视而不见，或将多余的信息处于潜意识注意状态，企业营销人员应防止因消费者的专注而出现的意外。例如，在参观展览时，人们的目光往往只关注展台风格、展位设计以及所展示的商品等，而不注意自己脚下有无状况。尽管展览多为临时设计，但参展商不能忽视每一个细节，以保证参观者的安全。

◇ 案例 4-10

"360"免费杀毒营销

"2010 年第三届时代营销盛典"世界第一大高尔夫球会——观澜湖高尔夫球会揭晓，360 公司凭借"免费杀毒"系列整合传播被评为年度十大营销事件之一。

刘仪伟拿着小喇叭夸张地高喊"360 永远免费"这段不到 30 秒的广告在中央电视台密集播出。在免费的大环境下，互联网的基础服务中还有最后一个收费的暴利产品——杀毒软件。360 大手笔推广免费杀毒软件这一营销创意不仅让 360 名声更盛，更让同行们不得不开始加入免费阵营。专家指出了"免费杀毒革命"引发的市场剧变："免费已经是大势所趋，这连 360 的那些做收费杀毒软件的竞争对手也如此认为，但能不能免费得了，却并不容易，商业模式毕竟不同。然而 360 这次央视广告营销，让收费厂商的生存空间再次压缩，不得已开始走上免费之路。但这一举动，却恰好证明了免费的正确，也成就了 360 市场领导者的地位。"

360 的"免费战"在市场上也大获全胜，原本每年 10 亿元以上的中国杀毒软件市场迅速冰消瓦解。360 也因此陷入了与瑞星、金山、卡巴斯基等收费杀毒软件阵营旷日持久的口水战中。此后，腾讯也乘机推出了类似的"电脑管家"，此举直接引发了轰动全国的"3Q 大战"。

(资料来源：作者根据相关资料整理而成。)

实践证明，在广告设计制作中巧妙地利用刺激物的大小、强度、颜色、隔离、对比及活动程度等都可以增强消费者的注意，诱发其消费需求，激发其购买行为。

第三节　消费者对产品质量的知觉

一、认知质量

质量是影响消费者购买行为的一个重要因素。对于购买前或购买时就能凭感官对产品品质做出大致判断的产品，产品本身的内在质量或客观质量往往会构成评价和选择的基础。对于在购买时无法凭客观指标对产品质量做出判断的产品，消费者可能更多地依据产品之外的一些其他线索对产品质量做出推断。然而无论是哪一种情况，消费者在评价产品质量时所采用的标准以及对各标准所赋予的权重与企业评价产品质量所采用的标准和权重可能并不一致，有时甚至出入很大。因此消费者对产品质量的认识，既和产品本身内在的特性与品质相联系，又受到很多主观因素的影响。我们把消费者对产品适用性和其他功能特性适合其使用目的的主观理解称为认知质量。认知质量以产品内在质量为基础，但又不与内在质量相等同。两种产品的内在质量可以完全一样，但消费者对它们的认知质量可能相差很大。

企业必须充分认识到，质量是消费者、环境和企业活动综合作用的结果，单纯从制造过程和设计过程入手，不把握消费者的需求与反应，是不可能提供消费者所认可和接受的质量的。

二、影响认知质量的因素

产品或服务是影响消费者购买决策的重要因素，不过消费者不一定能够以客观的标准来衡量产品的质量，真正影响消费者决策的往往是消费者对产品所形成的认知质量。一般而言，消费者会利用许多线索来判断产品的品质，这些线索有内在的，也有外在的。消费者经常使用的内在线索是产品本身的属性，包括颜色、口味、气味、外形等。例如消费者利用茶叶的香味和味道，甚至观察茶叶泡开后的茶叶状态来判定茶叶的好坏与品质。消费者经常使用的外在线索是产品本身以外的属性，包括价格、品牌、制造商、零售商、参照群体的评价、原产地等。例如有些消费者会利用产品来源国判定产品质量的好坏。外在线索方面，一个相当重要的线索是价格。消费者往往会认为价格与质量有某种关系，也就是价格愈高，质量愈好。不过对于那些拥有产品相关知识的消费者而言，价格对质量判定的影响较小；反之，对于缺乏产品相关知识的消费者而言，价格对质量判定的影响较大。

三、消费者认知质量的形成

消费者认知质量的形成主要依赖于以下两种线索。

(一) 以内在线索为基础

消费者可以根据产品的内在特性或内在线索来形成对产品质量的认知，或形成对产品质量的总体印象。产品的内在线索对不同的产品可能是不同的。一般而言，产品的特征，如外形、所用原料或材料等都可作为形成认知质量的内在线索。但消费者在实际形成对产品质量认知的过程中，则可能透过那些对决定内在质量只具有较小重要性的线索来评价产品质量。决定汽车内在质量最为重要的是汽车的发动机和操作系统，但消费者可能是以坐垫所用牛皮的柔软程度、车门把手的精细程度等较为次要的产品特征作为质量认知的线索。鲍勒和尼尔逊的研究表明，在食品领域，消费者对产品质量的认知与产品属性密切相关，口感和新鲜程度被认为是影响认知质量最重要的两个因素，但是该研究还发现，包装同样是构成影响消费者认知质量的重要因素。

(二) 以外在线索为基础

消费者也可以根据产品的外在线索，如价格、原产地、商标或企业声誉等形成对产品质量的整体认知。当购买低价产品且面临很大的质量风险时，消费者倾向用价格高低作为认知质量的线索。当购买低价产品且质量风险较小时，消费者不一定以价格高低作为质量好坏的评判标准。当购买风险比较高，消费者对所购买产品的商标不太熟悉时，消费者倾向于用价格作为质量判断的线索。同样，产品包装和商标熟悉程度也和价格一样，常常被消费者作为质量认知的依据。产品外在线索，尤其是保证条款方面的信息对消费者减少质量方面的认知风险也具有一定的影响。

实际上，消费者在选择产品和品牌时，一般都需要根据某些线索对产品质量形成整体印象。当产品本身的特征能够在较大程度上预示产品的内在质量时，消费者可能主要依据内在线索而不是外在线索来判断和评价产品的质量。比如对凭眼看手摸就能大体对质量好坏做出判断的商品，消费者通常是根据某些产品特征做出购买行为。当产品特征对产品质量的预示作用比较小，消费者对购买又缺乏信心时，消费者可能更多地依赖产品的外在线索，形成对产品质量的认知。消费者之所以在很多情况下根据外在线索评价质量高低，除产品内在线索有时不具有太大的指示作用外，购买风险的存在和消费者本身知识的局限与信息的不足也是两个很重要的原因。像大宗耐用品以及法律服务之类的产品，由于消费者在这方面的消费知识非常有限，加上这些产品、服务的风险比较高，所以在购买时，不得不借助于声誉，价格，服务人员的仪表、态度等外在线索来推断其质量。

本章小结

感觉是人脑对当前直接作用于感觉器官的客观事物的个别属性的反应。知觉则是人脑对直接作用于感觉器官的客观事物的各个部分和属性的整体性反应。外在刺激如果不能被消费者知觉或者不能完全被知觉，就不能引起消费者的注意，更不能引起预期的消费行为反应。引起消费者注意的因素很多，营销人员应该充分利用外在刺激，激发消费者的兴趣，引起消费者的注意，并进一步引导其消费行为。

消费者对产品质量的知觉主要依赖于两种线索：一是产品的内在线索或内在特性，如外形、颜色、原材料等；二是产品的外在线索，如价格、原产地、包装、品牌等。企业应明确目标消费者对自己产品的质量判断线索，制订具体的营销策略，以提高消费者对自己产品的认知质量。

学习课件

练习题

一、单项选择题

1. 人脑对当前直接作用于感觉器官的客观事物的个别属性的反应是(　　)。

A. 感觉　　B. 知觉　　C. 错觉　　D. 视觉

2. 人脑对直接作用于感觉器官的客观事物的各个部分和属性的整体性反应是(　　)。

A. 感觉　　B. 知觉　　C. 错觉　　D. 味觉

3. 以己度人，认为自己具有某种特性，他人也一定会有与自己相同的特性，把自己的感情、意志、特性投射到他人身上并强加于人的一种认知障碍是(　　)。

A. 投射效应　　B. 首效效应　　C. 晕轮效应　　D. 近因效应

4. 知觉对外来刺激有选择地反应或组织加工指的是知觉的(　　)特点。

A. 整体性　　B. 选择性　　C. 恒常性　　D. 理解性

5. 影响注意的因素中，通常(　　)是企业营销人员不能直接控制的因素。

A. 个体因素　　B. 刺激物因素　　C. 情境因素　　D. 社会因素

6. 那些在一定环境中特定刺激物以外的因素(如气温、在场人数、外界干扰等)和因环境而导致的暂时性个人特征(如饥饿、孤独、匆忙等)指的是(　　)。

A. 个体因素　　B. 刺激物因素　　C. 情境因素　　D. 个人因素

二、多项选择题

1. 下列选项中，属于感觉特点的有(　　)。

A. 反映直接接触的事物　　B. 反映间接接触的事物

C. 反映事物的个别属性　　D. 反映事物的全部属性

E. 客观内容和主观形式的统一

2. 外部感觉指接受外部刺激，反映外界事物个别属性的感觉，具体包括(　　)。

A. 视觉　　B. 听觉　　C. 味觉　　D. 嗅觉　　E. 肤觉

3. 下列选项中，属于社会知觉的是(　　)。

A. 人际知觉　　B. 对他人的知觉

C. 角色知觉　　D. 自我知觉

E. 对他人性格的知觉

4. 社会知觉偏差包括(　　)。

A. 主因效应　　B. 首因效应　　C. 近因效应　　D. 投射效应

E. 刻板效应

5. 知觉的特点具体包括(　　)。

A. 知觉的整体性　　B. 知觉的选择性

C. 知觉的恒常性　　D. 知觉的理解性

E. 知觉的错觉性

6. 知觉的恒常性具体包括(　　)。

A. 大小恒常性　　B. 规律恒常性

C. 形状恒常性　　D. 方向恒常性

E. 颜色亮度恒常性

三、名词解释

1. 感觉
2. 知觉
3. 错觉
4. 注意
5. 有意注意
6. 有意后注意

四、简答题

1. 简述感觉和知觉的联系与区别。
2. 简述感觉的特点。
3. 简述知觉的分类。
4. 简述知觉的特点。
5. 简述注意的特点。
6. 简述影响注意的因素。

五、论述题

1. 试述知觉在营销中的实际应用。
2. 试述注意在营销中的实际应用。

六、应用实践题

商场知觉是消费者对市场的位置、设计、产品分类和服务等因素的总体评价，其中每个方面都会使消费者对其购物产生整体知觉。利用所学知识，分组讨论，并根据实际现象，分析影响消费者商场知觉的因素。

七、案例分析题

修辞格和知觉

随着媒体选择的多样化，商家希望找到最能吸引消费者注意力的广告策略，而具体策略之一就是修辞格的使用。修辞格是指在图片或者文本中使用出人意料的巧妙偏差。例如押韵的手法，就像Bounty“quicker，picker，upper”的广告语。此外，还有比喻，如KIWI的“未擦亮的球鞋就像没扣上的衣服”或者Srixon高尔夫球的“洞中之火”。

修辞格出人意料的特征能吸引消费者注意广告的含义。一项关于8000多幅印刷广告的调查发现，各个标题里的修辞格增加了大约15%～42%的阅读率。显然，修辞格对吸引和保持消费者的注意有着巨大的效果。

修辞格也会影响消费者解释广告的方式。未擦亮的球鞋并不真的是没有扣上的衣服，然而未扣上的衣服相联系的含义——尴尬，丢脸，有损形象等，正是KIWI公司希望消费者产生的联想。而这种含义如果直白地表述出来，就不会有很好的说服效果。此外，修辞格中运用扭曲或巧妙的偏差会使受众对广告产生更大的好感。

营销人员在跨文化运用修辞格时应当倍加小心，因为修辞格的理解往往植根于特定的文化，而不一定适应于其他所有的文化。因此“未扣上的衣服”这样的比喻可能在土生土长的美国人中适用，却不一定为亚裔美国人所接受。同时营销人员也必须注意不能滥用修辞格，过度使用会激发消费者对广告人员动机的怀疑，从而产生抵触情绪。

(资料来源：作者根据相关资料整理而成。)

思考：

1. 从知觉过程的角度分析修辞格如何发挥作用。
2. 营销人员如何根据知觉的特点恰当地运用修辞格？

第五章　消费者的学习与记忆

知识目标

了解消费者学习的概念与特点，掌握消费者学习理论的基本内容，理解消费者的记忆和遗忘。理解经典条件反射理论和操作条件反射理论之间的区别，根据所学的操作条件反射理论掌握一定的强化与消费者行为塑造技巧。

能力目标

具备运用所学的几个典型的学习理论进行广告设计的能力。

课程思政

国际知名运动品牌耐克一句深入人心的广告语“想做就做”不仅传递了勇于突破自我、坚持不懈的运动精神，更是鼓励当代年轻人积极发挥自己的潜能，无论身处顺境还是逆境都能够坚定内心的信念，成就更出色的自己。一方面，耐克通过这种激励人心的信息传递塑造了品牌积极向上的形象；另一方面，耐克鼓励消费者通过学习发挥拼搏精神，活出更精彩的自己。2013 年 5 月 4 日习近平总书记在同各界优秀青年代表座谈时的讲话中指出：“青年人正处于学习的黄金时期，应该把学习作为首要任务，作为一种责任、一种精神追求、一种生活方式，树立梦想从学习开始，事业靠本领成就的观念让勤奋学习成为青春远航的动力，让增长本领成为青春搏击的能量”。习近平总书记鼓励广大青年要做社会主义核心价值观的坚定信仰者、积极传播者、模范践行者，向英雄学习、向前辈学习、向榜样学习。习近平总书记的重要论述对本章的学习内容有积极的启发和指导，消费者在学习的过程中不仅需要树立正确的价值观，更需要积极发挥强化与惩罚机制的作用，使自己在学习的道路上越走越远、越走越坚定。

案例导入

百事可乐广告：在熟悉中超乎你的想象

“看到电视上热播的那则广告，我开始喜欢罗纳尔迪尼奥。”Andy 是上海外语大学的一名女学生，并非球迷。她说的那则广告指的是 2006 年德国世界杯“百事 DADA 大狂欢”的广告片，即在德国啤酒节上，两个女孩给赢球的小罗梳着小辫子，小罗露出了羞涩的笑容。

怎样在汪洋恣肆的足球题材广告片中，让自己更出彩，让消费者更能牢记？百事可乐市场总监LEO蔡说，在大家都熟悉的人和事上寻找人们所不知道的。世界杯、小罗、小贝都是人们熟悉的，但人们没想到他们会在小镇上狂欢踢球，也极少看到小罗随和、羞涩的一面。

世界杯期间，铁杆球迷、大赛球迷，也许什么都算不上，但却很少有年轻人能回避足球所带来的兴奋、激情、欢乐的氛围。足球和音乐是全世界共通的元素，是定位年轻消费群体的百事所一贯坚持的营销元素，激情、欢乐是百事可乐一贯表达的品牌内涵。世界杯是一个特殊的时段，这就需要在这个特定的场合中去诠释演绎百事可乐所标榜的“激情、欢快”。

啤酒节、日耳曼民族服装、巴伐利亚山脉，这些德国元素，加上表现世界杯“进行时”的元素——百事球星家族中大红的小贝、小罗，组成了“百事DADA大狂欢”。消费者、观众、球迷在世界杯期间高度重合，这则广告对百事可乐品牌的完美演绎让人们在瞬间产生亲切的愉悦感。

世界杯“百事DADA大狂欢”意料之中，想象之外不同版本的故事将继续在绿茵场上演绎。这些故事当然是围绕着主角百事可乐展开的，主要的道具是足球场，演绎这些道具的继足球明星后将分别是音乐明星、网络明星等。

百事可乐广告在传播过程中强调消费群体的相关性与感受，一系列广告锁定的目标受众群是在写字楼上班的白领，所以在强调相关性的同时，融入普通年轻人工作时的感受，更能引起消费者深刻的共鸣。

(资料来源：作者根据相关资料整理而成。)

第一节　消费者学习概述

一、学习的含义

学习是指通过有意识或无意识的信息处理导致个体长期记忆和行为在内容或结构上发生改变的过程。学习是消费过程中不可缺少的环节，消费者的行为在很大程度上是后天习得的。学习可以理解为过去经验所导致的行为改变。通过学校、家庭、工作单位等社会组织以及文化与社会阶层提供各种学习体验，这些体验极大地影响着人们的生活方式和消费行为。消费者从产品购买和使用中掌握了品牌的特征，获悉了喜欢和不喜欢的品牌，这在很大程度上决定了以后的购买行为。简而言之，学习是个体获得知识和经验，并将其应用于日后相关的行为潜能或行为中的过程，其具体含义包括以下内容。

(一) 学习是因经验而生的

经验包括的范围极其广泛，如习惯、知识、技能及观念等，因经验而产生的学习大致可以分为两种类型：一种类型是经过有计划的练习或者训练而产生的学习，如通过培训而掌握开车的技能或者成为一流的厨师；另外一种类型是由偶然的生活经历而产生的学习，如看到电视中介绍的某种化妆方法而予以仿效。

(二) 学习会伴有行为或者行为潜能的改变

从个体行为的改变，即可判断出学习活动的存在。如果个体表现出诸如开车、游泳、打高尔夫等的新技能时，我们就可推知，学习已经发生了。但是在某些时候，个体通过学习获得的只是一些一般性的知识，如关于历史、文化、艺术及宗教等方面的知识，这类学习往往不会立即通过行为的变化而外显出来，但可能会影响个体的价值观及其将来对待某些事物的态度，即改变着人的行为潜能。

(三) 由学习所引起的行为或者行为潜能的变化都是相对持久的

无论是外显行为还是行为潜能，只有发生较为持久的改变才是学习。而由药物、疲劳以及疾病等因素引起的行为或行为潜能的改变是短暂的，因而不能视为学习。当然，由学习所获得的行为也并非是永久性的，这是因为遗忘是人类所共有的生理特点。至于由学习所引起的行为或者行为潜能的改变到底可以持久到什么程度，这要视学习的材料与练习的程度而定。一般来说，以身体活动为基础的技能学习，维持的时间相对较长。例如当人们学会骑自行车、游泳和滑冰等技能后，几乎可以终生不忘。但对于知识观念的学习，学习的内容有时会被遗忘或者被新的内容所替代，其保持的时间相对来说就要短一些。

二、学习的作用

人的语言、知识、技能、生活习惯、宗教信仰、价值观念，乃至情感、态度、个性无不受后天学习的影响。如果说动物主要受本能的驱使，其行为主要是一种本能行为，那么人的行为主要是一种习得行为。习得行为与本能行为的一个重要区别是，前者可以通过学习而加以改变。正因如此，习得行为比本能行为更灵活，它能使人类摆脱遗传基因的严格限制，使之能够更好地适应复杂多变的外界环境。因此，学习在人的行为塑造，在保持人类行为同外界环境的动态平衡上发挥着巨大的作用。从消费者行为角度看，学习主要有以下作用。

(一) 获得信息

消费者的购买决策是以获得有关购买商品或服务的知识和信息为前提的。信息获取本身就是一种学习，而怎样或通过哪些渠道获得信息，获得哪些方面的信息，均需要借助学习这一手段。在现代社会，消费者每天都要接受大量的信息，如有关新产品的信息、产品新使用方法的信息、他人使用产品的行为与体验的信息等。消费者主动或被动地接触到这些信息，而其中被消费者接受并能够影响消费者行为或行为潜能改变的可能只有一小部分，但正是这一小部分信息，使消费者的购买决策更富于理性。

(二) 促发联想

联想是指消费者由此事物而想到彼事物的心理过程。人们一提到夏天，可能就会联想到炎热；一提起教室，会联想到黑板、课桌等。联想有两种类型，一是刺激对象之间的联想，如由香烟联想到火柴、由钢笔联想到墨水等；二是行为与结果之间的联想，如由吸烟联想到疾病，由喝水联想到解渴等。联想在消费者行为中有着非常重要的作用，它既能促发消费者的购买行为，又能抑制或阻碍购买行为。很多企业在宣传其产品时，都试图通过语言、文字、画面促发消费者的积极联想，从而激起消费者的购买欲望。然而同样的刺激或暗示对于不同的人可能会激发不同的联想，其中一个重要的原因就是经验和学习。对于长期生活在海南岛的居民来说，冬天这一词汇所激起的联想与该词汇在我国北方居民中所激起的联想显然是有很大的差别。经由学习而产生的联想，经多次重复，久而久之便会形成习惯。如家里的牙膏快用完了，会自动地联想到离住宅不远的小店和某种品牌的牙膏。

(三) 影响消费者的态度和对购买的评价

消费者关于某种特定产品或服务的态度，也是经由学习逐步形成的。比如，一些过去对国外电器产品十分偏爱，对国产电器产品不屑一顾的消费者，在经过长期观察、比较和接触各种信息之后，也在逐渐改变着自己的态度，甚至成为国产品牌的忠诚消费者。消费者态度的转变正是建立在学习的基础之上的。消费者的学习还影响对产品或服务的评价。比如对于初次购买电脑的用户，评价和选择电脑时可能考虑比较多的是电脑的运行速度、内存、硬盘容量，而对其他配置可能相对考虑较少，而在使用一段时间后则会发现，这些被忽视的配置同样非常重要。换句话说，当消费者经过学习，具有更多的知识和经验后，他们对产品的评价和选择标准也将发生改变。

三、消费者学习的方法

消费者学习的方法主要有模仿法、试误法、发现法和对比法。

(一) 模仿法

人们对模仿的理解大多来自心理学家米勒和多拉德的研究，两位学者将这种学习模式称为效仿或效仿性行为。米勒和多拉德在对模仿行为进行研究后提出，可能被别人模仿的人共有四种：① 年龄层次或级别层次较高的人；② 社会地位较高的人；③ 聪明的人；④ 各领域的专家。模仿的情况大致有下列两种：① 模仿可以是有意的、主动的，也可以是无意的、被动的。② 模仿可以是重复的，也可以是主动的、有变化的。完全照搬的模仿称为机械地模仿；有所变化创新的模仿称创造性地模仿。

模仿行为在消费者购买活动中大量存在。例如在穿着方面，时装展示、表演在现代社会具有越来越大的影响，名人、明星的衣着打扮常常成为大众效仿的对象。因此一些厂商、经销商常会花重金请名人、明星做广告。

(二) 试误法

消费者在积累经验的过程中，总要经历一些错误的尝试，随着消费行为的不断反复，错误逐渐减少，成功逐渐增多。试误不一定需要亲身经历，从间接经验(别人的经验)中同样可以认识错误。消费中的错误经历，往往会导致消费的失败或消费的不满足感发生。因此企业的任务是尽量避免自己的产品、服务成为目标消费者消费失败的对象，企业应努力使自己的商品或服务与消费者的消费满足感密切相关。

(三) 发现法

发现法是指消费者在对消费过程各方面认识的基础上获得的，以及主动运用自己头脑所获得的一切知识。如某消费者在商店里对某种商品发生了兴趣之后，积极主动地收集有关信息或者当场询问售货员，从而获得对该商品的深入认识。一般购买价值较大的商品时，消费者会用这种方法进行学习，而对小商品、日常用品则大多用试误法完成学习。

(四) 对比法

对比是人们认识事物常用的一种方法。消费者在消费活动中的对比可以是消费对象、方式、时间、地点，甚至是消费观念等方面的对比。在每一次具体的对比选择过程中，决定比较结果的因素孤立地看可能是随机的，但是通过适当的消费需求调查分析，还是可以找到一定的统计规律的。消费对象的对比研究在消费者的消费行为活动中具有重要的意义，因为对比的结果直接决定着消费者的购买决策。因此在竞争激烈的市场上，如何使自己的产品、服务在消费者的对比中脱颖而出，成为其首选，是企业成功营销的一个重要方面。

四、学习强度的影响因素

学习强度(strength of learning)是指习得的行为或反应不被遗忘，能够持续的程度。企业总希望采用各种方式使消费者了解本企业产品的优势和特点，并使之铭记于心。影响消费者学习强度的因素主要有被学习事物的重要性、强化的水平或程度、刺激的重复水平、产品或商标的表象几个方面。

(一) 被学习事物的重要性

所学行为或事物对消费者越重要，消费者的学习就越有效率和效果，其持续时间也就越长。一般情况下，卷入度高的消费者会主动去获取相关信息，此时所获取的信息比低卷入情境下更为完整。同时卷入度越高，消费者学习时对强化、重复等因素的依赖程度就会减弱。当然在现实生活中，消费者面临的购买情境大多是低卷入度的，所以企业仍需采取有效的手段引起消费者对学习对象的注意和重视。

(二) 强化的水平或强度

在缺乏强化的情况下，学习尽管也会发生，但是强化对学习强度的影响是不容忽视的。强化是指能够增加某种反应在未来重复发生的可能性的任何事物。企业的营销人员试图告诉消费者产品所具有的特性，以及这些特性如何有助于满足消费者的某一或某几个目标。如果这种劝说是成功的，那么产品所能满足的需要对消费者来说就显得非常重要，消费者可能会尝试购买该产品。从产品能够实现消费者的目的这一意义来说，消费者获得了强化，以后再次购买该产品的频率将会增加。由此可以获得两点启示：首先，要使消费者重复购买本企业产品，产品必须能够成为消费者所追寻的目标；其次，为了引导消费者做出第一次购买，宣传或促销信息应当提供适当的允诺，以此作为强化，或者说以此使消费者的目标能得以实现。

（三）刺激的重复水平

重复既可以增加学习的强度，又可增加学习的速度。人们都有这样的体验，行为实践的次数越多或某则信息展露的时间越多，越有可能习得这一行为或掌握该则信息。当然，重复的影响作用是和信息的重要性以及所给予的强化紧密联系在一起的。如果广告的内容对消费者非常重要，或者广告伴随大量相关的强化刺激，即使该广告只有较少重复，其信息也可能很快为消费者所掌握。正是由于很多广告不涉及对消费者十分重要的信息，同时也不涉及有能引起消费者注意的强化，此时重复就显得非常有必要。

（四）产品或商标的表象

表象实际上是指曾经感知过的事物的形象，它是想象的基本材料。商标名、企业名或宣传口号等均可能与某种或某类形象相联系，这些词汇有的可能形象化程度较高，有的可能较低，一般而言，极具形象化的词汇更容易被消费者学习和记住。之所以如此，是因为这样的词汇能够在人们头脑中同时以语言和图像的形式进行编码和储存，而形象化较差的词汇则只能以语言的形式编码。正因为形象化能够极大地提高学习的速度和效率，因此商标的表象或形象对企业至关重要。图片或图像具有较高的表象功能，因此在广告宣传中适当运用图片或图像，较之单纯使用语言更有助于消费者的学习，因此在塑造企业形象的过程中，运用图片或图像是一种不容忽视的手段。

五、刺激的泛化

刺激的泛化是指消费者对某种特定刺激所作出的反应会扩大到其他相似刺激的反应中去。换句话说，当消费者在某一刺激处境中学到了某一反应后，一旦出现其他类似的刺激，他会作出同样的或类似的反应。比如，喜欢喝“茅台”酒的人可能对“茅台醇”也会产生一定的好感。

巴甫洛夫在实验中用 130 赫兹的铃声作为给狗进食的信号，多次重复之后，狗听到这个铃声就会流口水，即对这个刺激产生了条件反射；之后巴甫洛夫摇响 80 赫兹的铃声，狗也会流口水，即对这个有一定差别(声音的频率不同)但相类似的刺激做出了相同的反应，这就发生了刺激的泛化。消费者的反应也存在着刺激泛化的现象。刺激泛化是品牌延伸策略的依据，当然也是假冒产品之所以能够存在的心理基础。

刺激泛化原理在市场营销中有着广泛的运用：① 商标策略上的运用。比如，美国的柯达公司曾经在一些新产品上使用“Kodacolor”“Kodachrome”等商标就是试图运用刺激泛化原理建立起消费者对这些新产品的良好反应。② 包装策略上的运用。一些企业在某种产品获得成功之后，在新推出的产品上采用与成功产品类似的包装，以此使新产品更容易被消费者理解和接受，同样也是运用了刺激泛化的原理。③ 广告策略上的运用，如“塞外茅台，宁城老窖”“技术的现代，现代的技术”等都或多或少地运用了刺激泛化原理。

对于企业而言，刺激的泛化是一把“双刃剑”，一方面可以利用它将消费者长期以来所形成的对本企业或产品的一些好的情感和体验传递到新产品上去，缩短新产品跟消费者之间的距离，减少陌生感，以此促进消费者对新产品的接受和采用。另一方面关于企业或其产品的负面信息经由刺激的泛化，会对企业的营销活动产生严重的后果。比如三聚氰胺事件，让三鹿奶粉的生产企业从此销声匿迹。

六、刺激的辨别

刺激的辨别也称为刺激的分化，是指消费者通过学习，对相近但不相同的刺激做出不同反应的过程。刺激的辨别与刺激的泛化是具有紧密的内在联系的学习现象。有机体对新刺激的最初反应，通常是接近于该有机体对与该刺激最类似刺激所作的反应。只有这样一个泛化阶段以及随之而来的对有关线索的学习之后，有机体才会开始学会将新刺激与旧刺激相区分，并对新刺激予以独特的反应。比如对于初学英语者，英国口音和美国口音似乎十分接近，但当水平渐进，则会发现两者之间存在明显的区别。

新产品被消费者接受的过程一般先经过刺激的泛化，然后再进入刺激的辨别阶段。这是因为，消费者对新产品的第一反应就是弄清楚与该产品最相似的产品是什么。只有弄清楚这一问题之后，消费者才会将已知产品的某些特性赋予到新产品上，这就是对刺激的泛化。当然，新产品要想获得成功，仅仅停留在这一阶段还远远不够，还要使消费者感觉到新产品具有某些不同于已有产品的特性。正是由于这种独特性的存在，使得新产品和原来同属一类的其它产品相区分开来。

很多新产品的失败，相当程度上可归因于缺乏刺激的泛化，或归因于新产品缺乏一定的刺激的辨别。如果不能确认一种新产品应归类于哪类产品中，此时消费者就需要建立起关于该商标和它所属产品类别的全新概念，而这是一个令人望而生畏的任务。除非消费者对该产品具有特别的兴趣和强烈的了解动机，否则他会对该产品采取漠视态度，甚至抵制态度。

新产品在经过泛化阶段后，如不能顺利地进入被辨别的阶段，它注定也是不能获得成功的。很明显新产品如果不能提供其与竞争产品相比所具备的新特性的话，消费者也就不会有充足的理由选择该新产品。

正确地利用刺激泛化能够使企业以成名产品的品牌带动各类新产品的销售，加快产品进入市场的速度，减少广告宣传费用，但是这也给竞争者和各种假冒产品提供了可乘之机。比如，“娃哈哈”是著名的饮料品牌，类似“娃哈哈”的饮料就容易鱼目混珠。“长白山牌”人参蜂王浆投放市场取得成功以后，各种品牌的人参蜂王浆一哄而上，在相当长的时间内也取得了不错的业绩。在这种情况下，营销人员应当运用刺激辨别原理，促使消费者识别不同的产品，做出不同的反应。常用的营销手段是在广告中指出本企业产品与其他产品的差别，如功能差别、名称差别、图案差别、色彩差别、字体差别、款式差别、体积差别、触觉差别以及防伪标签的使用等。

◇ 案例 5-1

营销培育女性消费者的美国葡萄酒

在美国女性收入虽占不到家庭收入的一半，但影响着超过 80%的消费支出。每年高达

34000 亿美元的消费开支中，在汽车、服饰、理财和个人电脑方面女人要比男人有更大的决策权。因此在美国消费者市场上，女性占据较高的主导地位。

根据美国 MKF 市场调查公司的一项调查结果：在美国，女性占据了高端葡萄酒购买者的 60%。其中 2/3 的女性葡萄酒购买者经常购买超过 15 美元的葡萄酒，家中随时存放 12 瓶以上葡萄酒，或者愿意偶尔花 15 美元以上买一瓶葡萄酒在家里享用。

为了扩大葡萄酒的消费群体，美国一些富有创造力的餐馆和葡萄酒公司开展了一系列培育女性消费者的营销活动。针对女性的葡萄酒营销关键是在葡萄酒中寻找与大多数女性日常生活相关的信息。许多公司把葡萄酒营销集中在生活方式上，将葡萄酒定位于轻松氛围中享受的日常饮料。在印刷广告、葡萄酒包装、各种展示及信息传播上，许多富有创造性的想法成了接近女性消费者的有效工具，与其有关的主要营销手段如下。

- Fleming：营造具有优雅氛围的红酒屋与葡萄酒吧，营造出一种对女性极具吸引力的就餐环境。
- Freixenet：注重印刷广告，黑色的葡萄酒瓶子是消费者认知度最高的品牌之一。
- Fontana Candida：面向年轻女性，表现出新潮、时尚、高雅、有品位的品牌个性。
- Meridian：注重葡萄酒知识的普及，围绕女性发起一场葡萄酒购买方面的知识宣传。
- Trinchero：让消费者尤其是女性消费者参与到企业的营销活动里。
- Delicato：通过食品和生活方式的渠道，围绕家庭生活接近女性消费者。
- Ecco Domani：在时尚上做文章，将葡萄酒品牌推到城市女性的面前。
- Korbel：通过举办求婚比赛，吸引工作和社会生活中承担领导角色的女性。

(资料来源：作者根据相关资料整理而成。)

第二节　消费者学习理论

消费者的学习理论可以分为行为学派和认知学派两大学派。行为学派对消费者学习的研究主要着眼于刺激与反应之间的联结，将学习等同于刺激与反应之间关系的获得。认知学派对消费者学习的研究则是把学习看作问题的解决，强调学习所带来的心理状态(态度和渴求利益)的变化，紧密围绕复杂决策的框架展开，现将主要的消费者学习理论介绍如下。

一、经典性条件反射理论

广告的背景音乐会影响消费者的购买行为吗？根据经典性条件反射理论，消费者对广告背景音乐的态度确实会影响其购买选择。经典性条件反射理论是由俄国生理学家巴甫洛夫最初提出的一种学习理论。经典性条件反射理论是指一个刺激和另一个带有奖赏或惩罚的无条件刺激多次联结，可使个体学会在单独呈现该刺激时，也能引发类似无条件反应的一种条件反射。

(一) 基本原理

巴甫洛夫原先的研究兴趣是消化腺，并因此而获得诺贝尔奖。由于其在实验中发现，唾液分泌能够通过学习加以控制，便对这种心理影响大为好奇，转而研究心理学。他在狗的鄂部施行手术开口，使唾液能够流出而予以计量。狗吃食物时分泌唾液是天生的反应，在给食物前用铃声刺激，如此重复多次以后，铃声也能引起狗的唾液分泌，这时铃声便是条件刺激或中性刺激，铃声引起的唾液分泌是条件反应，而原先的食物(无条件刺激)引起的唾液分泌，则是无条件反应。

(二) 经典性条件反射过程

根据经典性条件反射理论来看，刺激和反应各分为两种，刺激具体可以分为无条件刺激(unconditioned stimulus，US)和条件刺激(conditioned stimulus，CS)，反应具体可以分为无条件反应(unconditioned response，UR)和条件反应(conditioned response，CR)。其中 US 和 UR 关系的建立是由本能所决定的，比如狗看到食物(US)就分泌唾液(UR)，人听轻快的音乐(US)就产生轻松愉快的感受(UR)。在经典性条件反射作用下，先出现与 US(食物)无关的中性刺激(铃声)，然后再给 US(食物)，并使两者共同作用一段时间(强化)，这样多次重复结合后，中性刺激(铃声)即 CS 单独作用，也会引起与 UR 相同的反应(分泌唾液)，此时就形成了条件反应。

1) 无条件反射

无条件反射也称为非条件反射，是指个体通过遗传得来的、生来就有的反射，是机体在种系发展过程中形成而遗传下来的反射。如冷空气引起皮肤毛孔收缩，异物进入呼吸道引起咳嗽，食物进入口腔引起唾液分泌，水烫引起缩手等。在无条件反射中，第一个反射可以成为第二个反射的刺激，而引起连锁反射。这种连锁反射在种系发展中一旦被固定遗传下来就成为机体的本能活动。因此，本能是比较复杂的无条件反射。

无条件反射活动的调节中枢在脊髓和脑干等低级中枢，由无条件刺激物引起的冲动是沿着先天的、固定的神经通路直接传导到传出神经并引起相应的应答活动，其特点是快速和不随意，这对机体适应环境有较大的生物学意义。动物试验表明，没有高级中枢神经的参与，无条件反射也可以完成，而人类在正常情况下无条件反射也受大脑皮质的调节。

无条件反射虽然有利于机体生命的维持和种族的延续，然而单凭无条件反射是不足以实现这个目的的。比如身体触到了灼热物体才知道躲避，野兽咬伤后才知道防御，这样个体是不能适应环境而得以生存的，因此还要有其他的反射才行。

2) 条件反射

条件反射是机体通过后天学习所形成的反射。比如被弓箭射过的鸟，听到弓弦声就会逃跑。如果每次喂狗时摇铃，狗以后听到铃声就会跑过来，并且会引起食物性反射，即分泌唾液。所有这些反射都不是先天具有的，而是个体在后天的生活过程中形成的。

3) 建立条件反射的基本条件

条件反射需在无条件反射基础上建立，是大脑皮层的不同部位间形成暂时神经联系的过程。建立的基本条件是，其一无条件反射的产生；其二无关刺激(中性刺激)和无条件刺激在时间上的耦合，这个过程称为强化。

首先，无条件反射的产生是大脑皮层无条件反射部位的活动。根据巴甫洛夫学说，一切无条件反射通过传入神经把兴奋传导到低级中枢导致感应器活动的同时，也传导到大脑皮层的相应部位，形成“无条件反射的皮层代表点”。比如进餐时食物的化学成分刺激味觉感应器产生兴奋传导到延髓，在延髓直接支配唾液腺分泌唾液的同时，兴奋也传导到大脑皮层的一定区域，形成食物性无条件反射代表点。

其次，无关刺激的强化造成大脑皮层相应部位的活动。无关刺激也称为中性刺激，是指与机体某部位的反射无关的刺激，或不能引起机体某部位反射的刺激。比如一般的人或动物听到铃声，并不会引起食欲和唾液分泌，铃声是与食物无关的刺激。然而当人或动物听到铃声时，传入神经会把这种信号或刺激传入大脑皮层的听觉区，使人感知这种声音的存在，但是这与引起食欲和支配口腔分泌唾液的大脑皮层区域无关。

最后，暂时神经联系的形成。如果在每次进餐的同时或稍前都摇铃，那么在大脑皮层上会出现两个兴奋灶，一是无条件反射代表点处于兴奋状态，二是铃声引起的听觉区相应部位的兴奋。两个兴奋灶由于神经过程的规律性运动就形成了联系，或者说两个兴奋灶形成暂时的功能上的接通，一个区域的兴奋会引起另一个区域的兴奋。这种神经联系形成以后，原先的无关刺激(如不能引起唾液分泌的铃声)就变成了条件刺激(如能够引起唾液分泌的铃声)。这种神经性联系不是一成不变的，而是依从于一定的条件而暂时存在，所以称为暂时神经联系，具体见图 5-1。因此经典性条件反射作用的过程是把由无条件刺激(US)引起的无条件反应变成为由条件刺激引起的条件反应的过程。

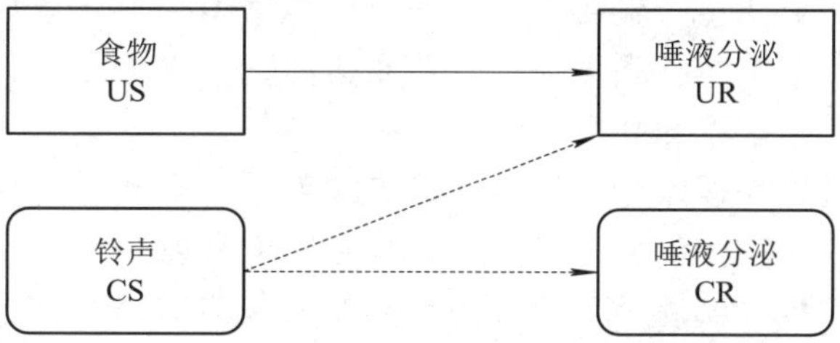

图 5-1 经典性条件反射过程

(三) 在营销中的应用

经典性条件反射理论已被广泛运用于市场营销实践中，这一学习过程可用图 5-2 来表示。

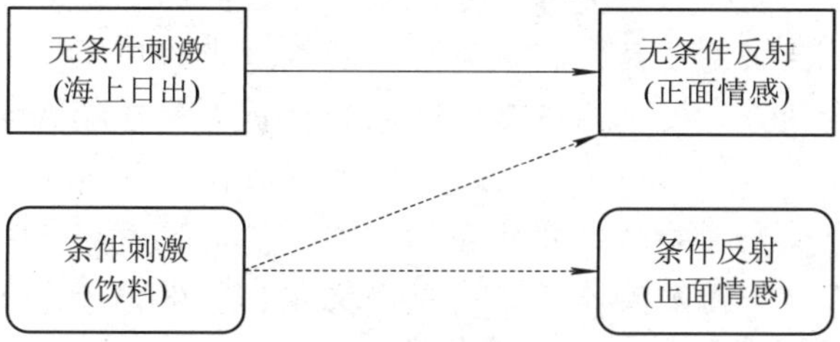

图 5-2 经典性条件反射下的消费者学习

在图 5-2 中，海上日出(无条件刺激)总是能够引起人们蓬勃向上、积极乐观的正面情感(无条件反射)，如果某品牌饮料(条件刺激)的广告背景是一幅海上日出的图景，而且二者经常同时出现，当展露于消费者面前一段时间后，该品牌饮料也能起到引发消费者蓬勃向上、积极乐观的正面情感(无条件反射)的作用；在令人兴奋的体育节目中持续宣传某种产品一段时间，该产品本身也能产生令人兴奋的效果；在礼品商店中播放祝福和友谊的歌曲能够引发消费者对朋友的良好感情，增加其购买的概率。

然而经典性条件反射经常在低参与状态下发生。在上述饮料的例子中，饮料广告是低参与信息，多数消费者并不在意。但是在多次听到或看到该广告之后，饮料与海上日出的联系就形成了，饮料也能引发消费者正面的情感。但是我们应当认识到，消费者通过这一过程学习到的并不是饮料的信息，而仅仅是一种情绪和情感的反应，广告引发消费者的反应如图 5-3 所示。如果这种情绪或情感的反应能够进一步引起消费者去学习了解相关产品本身的信息或引导消费者进一步去试用该产品，那么这种反射(广告)就是成功的。

图 5-3　广告引发消费者的反应

◇ 案例 5-2

美丽天使——欧莱雅

法国欧莱雅创立于 1907 年,现在它已从一个小型家庭企业跃居成为世界化妆品行业的领头羊。作为《财富》世界 500 强之一的欧莱雅集团，是世界上最大的化妆品公司，拥有巴黎欧莱雅、美宝莲、兰蔻等 500 多个优质品牌。

1997 年，欧莱雅进入中国市场，推出了巴黎欧莱雅、美宝莲、兰蔻、欧莱雅专业美发、薇姿、卡诗和赫莲娜等高科技创新、优质的化妆品。欧莱雅始终以“合理的价格、提供最新科技、最高品质的产品，以满足消费者的最终需求”为理念，被美国《商业周刊》称之为“美的联合国”。

欧莱雅探索民族文化多样性，注重树立不同品牌所特有的文化内涵与品牌特色。欧莱雅根据当地的人文特点，将其品牌注入了本土文化品位，同时融合了欧莱雅自身的异域情调，使世界各地的女性都能领略到世界第一化妆品品牌的独特魅力。

欧莱雅在上海设立了化妆品研究部，专门从事化妆品的公众测试与研究，开发完全适合中国人肤色、肤质及品味的产品，将多姿多彩的魅力带给中国女性，让东方女性也能领略到异国风情，极具亲和力。美宝莲唇膏、睫毛膏销量更是连续多年位居中国彩妆销售榜首，成为中国大众化妆品市场上最为知名、畅销的彩妆品之一。美宝莲进入日本后，根据日本女性的喜好，迅速改变睫毛膏等化妆品的配方，使其更适合日本女性的需要。

追求美是女人的天性，而欧莱雅正是将美的文化、艺术、理念融合在美的产品中，带给全世界的女性消费者。

欧莱雅依靠科技手段创造欧莱雅的独特品质，通过大众传媒树立高贵品质和超凡脱俗的品牌形象，使得欧莱雅品牌从外观形象到内在品质都具有独特魅力。欧莱雅选择国际明星担任形象代言人，从各个不同的角度来传递欧莱雅值得拥有的信念。欧莱雅通过赞助艺术、教育、历史、科学等一系列的活动，树立起具有高雅文化品位、美的使者的形象。

美丽天使——欧莱雅始终将消费者的价值观、审美观、品位等与化妆品紧密结合起来，使得欧莱雅的品牌特性很容易为女性消费者所喜爱，进而影响消费者的学习过程。

(资料来源：作者根据相关资料整理而成。)

二、操作性条件反射理论

(一) 基本原理

操作性条件反射理论是由美国著名心理学家斯金纳(Skinner)提出来的，该理论认为操作性条件反射是一个行为的结果改变这一行为发生频率的过程。斯金纳做了这样的试验，试验对象是一只已 12 小时没有进食的老鼠，饥饿是诱发其行为的刺激，将这只处于饥饿状态的老鼠置于一个叫斯金纳箱的装置中，箱内有一个伸出的杠杆，如果按压杠杆，就会自动掉下食物。老鼠在箱中可自由活动和做出各种潜在的行为反应，起初老鼠在箱内不安地乱跑，活动中偶尔触到了杠杆，结果有食物落到箱中的食物盘内。经过重复多次，每次触到杠杆，必有食物落入盘内，之后老鼠会主动触动杠杆以获取食物。食物作为触压杠杆这一反应的强化物，为刺激(饥饿)与反应(触动杠杆)之间的联结提供了条件。由于触压杠杆是获得奖赏即食物的一种手段或工具，因此这一类型的学习被称为操作性(或工具性)条件反射，如图 5-4 所示。

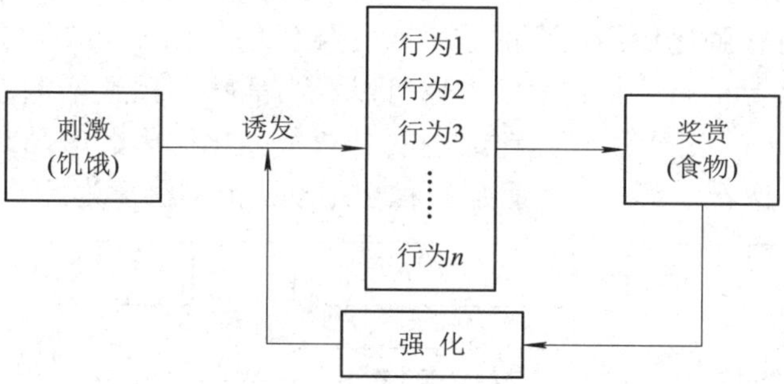

图 5-4　操作性条件反射原理（简单强化试验）

操作性条件反射理论的基本原理实际上比较简单，核心思想就是强化会加强刺激与反应之间的联结，学习是一种反应频率上的变化，而强化则是增加反应频率的手段。在实际消费生活中，如果消费者购买一件商品，并对使用后产生的结果感到满意或高兴，这样的消费体验使得他愿意再去购买这种商品。这样消费者购买行为的结果直接影响重复购买频率的变化。如果有满意的购买结果，重复购买的可能性就会很大；如果对购买结果感到不满意或不高兴，重复购买的可能性(频率)就会大大降低。

(二) 强化与惩罚

操作性行为(或反应)的结果有强化(reinforcement)和惩罚(punishment)两种。

1. 强化

强化是指某一行为结果的发生会增加这一行为今后发生概率的现象，能够增加某种反应在未来重复发生可能性的任何事物称为强化物。强化具体包括正强化、负强化和二次强化三种。

1) 正强化

正强化指的是个体在一定刺激下采取了某种行为，而这一行为的结果是肯定的，因此个体就获得了肯定性的结果，如图 5-5 所示，即消费者某一行为能带来愉快的结果，那么该行为将得到正强化。如产品的高品质、他人的表扬等均是消费者所期望的，会导致对行为的正强化作用。

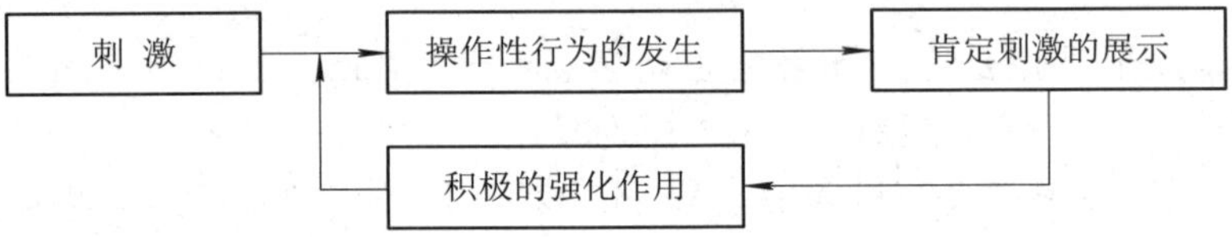

图 5-5 正强化原理

2) 负强化

负强化指的是个体因发生了某种行为或反应而产生了负面结果，为避免负面结果再次发生，而导致另一行为或反应发生的可能性增大，如图 5-6 所示。与正强化一样，负强化可以促进某种反应的发生。但是不同之处在于，正强化的结果是“获得愉快”，而负强化的结果是“结束不愉快”。如某一消费者原先一直喝××啤酒，由于经常出差，他尝遍了其他地区不同品牌的啤酒，发现都没有××啤酒好喝，于是更加坚定了今后喝××啤酒的信念。然而有一些产品既有正强化作用，同时也有负强化作用，比如可口的食品可以通过消除饥饿达到强化选择该食品的行为(负强化)，也可以经由美味和精致增加愉悦感达到强化选择该食品的行为(正强化)。对于那些纯粹或主要具有负强化作用的产品或服务，如看病、体检等，消费者可能不像看电影、买衣服那样积极主动，也不愿意为此花更多的时间和精力。

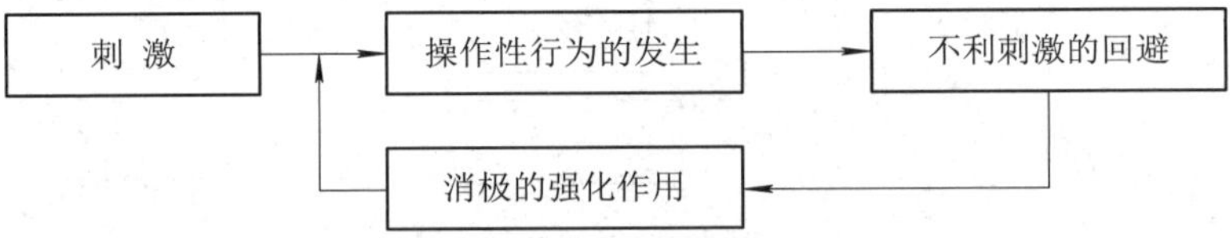

图 5-6 负强化原理

3) 二次强化

二次强化指的是积极刺激与不利刺激，一般是一次性的刺激，但有时中性刺激与一次性刺激相匹配，从而与一次性刺激一样起到强化作用，这种由中性刺激所带来的强化称为二次强化，如图 5-7 所示。比如消费者商场购物中，对所购买商品的折扣属于一次性刺激，最终付款的时候再进行总额上适当的折扣或者消费积分均属于中性刺激，其所起的强化作用就是二次强化。

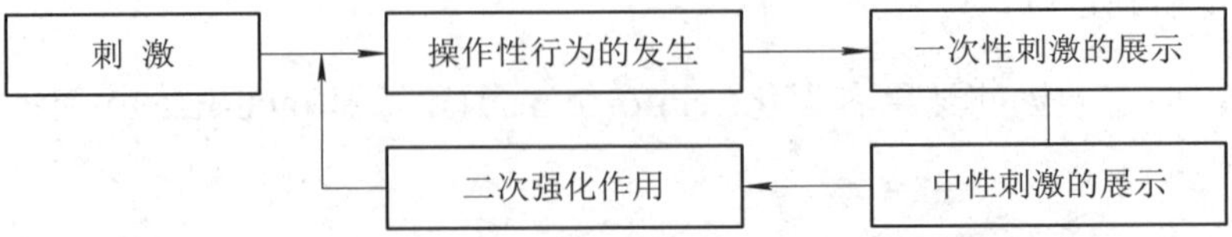

图 5-7 二次强化原理

2. 惩罚

惩罚指的是通过降低某种行为再次发生的可能性来控制这一行为的结果，如图 5-8 所示。父母在孩子不听话或者乱扔玩具时，会进行言语威胁或不给孩子所喜欢的食物，这就是利用了惩罚的手段。市场营销领域中偶尔也会用到惩罚，如在消费者不按说明使用产品而使产品受到损害时企业可能免除某些担保责任。

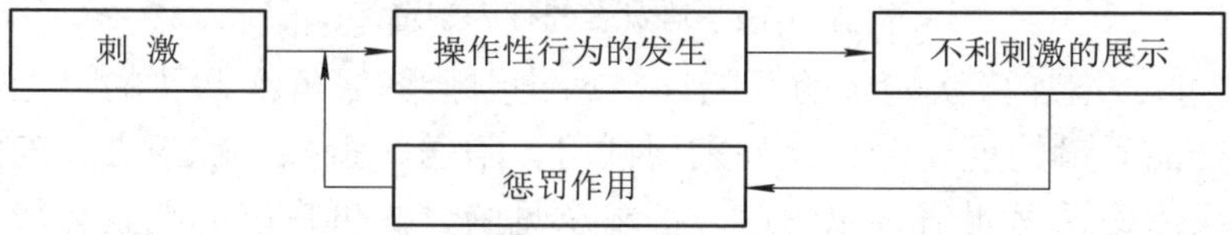

图 5-8　惩罚原理

(三) 强化物的安排

刺激与反应之间的学习，在很大程度上取决于对强化物的安排(reinforcement schedule)。金伯尔(Kimble)发现，如果给予连续强化，即在每次正确反应后就给予强化物，个体对正确反应的学习速度就会很快。但当强化物不再呈现或中止强化时，正确反应的消退速度也很快。相反如果强化是间断性的或部分的，即不是对所有正确反应而只是对部分反应予以强化时，虽然最初对正确反应的学习速度较慢，但强化物消失后，行为消退的速度也相对较慢。

强化物的安排对市场营销活动的启示是，给予顾客奖券、奖品或其他促销物品，在短期内就可以增加产品的销售，但当这些手段消失后，销售量可能会马上下降。因此企业要与顾客保持长期的交换关系，还需要采取一些间断性的强化手段。何时和如何采取间断的强化手段，就需要对顾客需求或购买动机进行深入的分析。

(四) 在营销中的应用

(1) 如果产品质量优异，确实能够满足消费者的需要，营销人员希望消费者产生的反应就是消费和了解产品，可以运用操作性条件反射理论诱使消费者产生预期的反应，然后对这种反应予以强化。例如某品牌啤酒在市中心的繁华地段免费向消费者发放啤酒，消费者试用后如果感到满意，随后购买的可能性就会增大，这种操作条件反射下的消费者学习如图 5-9 所示。

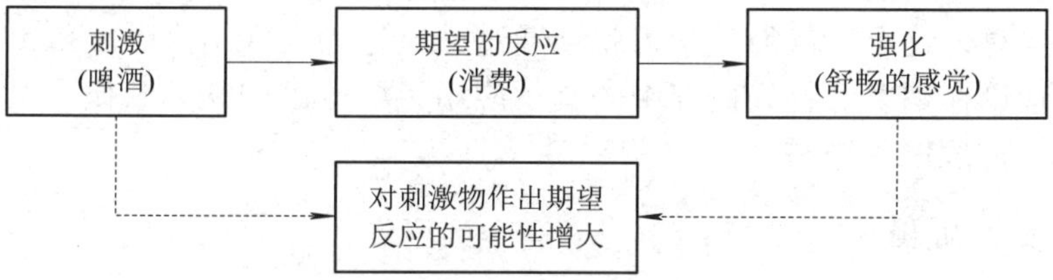

图 5-9　操作性条件反射下的消费者学习

(2) 操作性条件反射理论把消费者行为视为原先产品使用后满意感的函数，通过消费者实际使用产品产生的良好印象促进购买。营销策略的重点是在消费者没有购买产品时保证他能够试用产品，具体营销策略有赠送(低价值产品)、试用(高价值产品)、折扣、有奖销售等。一旦消费者试用产品后产生良好印象(强化)，就可能增加其以后购买的可能性。这种由部分反映到最终反应的过程称为“塑性”或“行为塑造”，如图 5-10 所示。

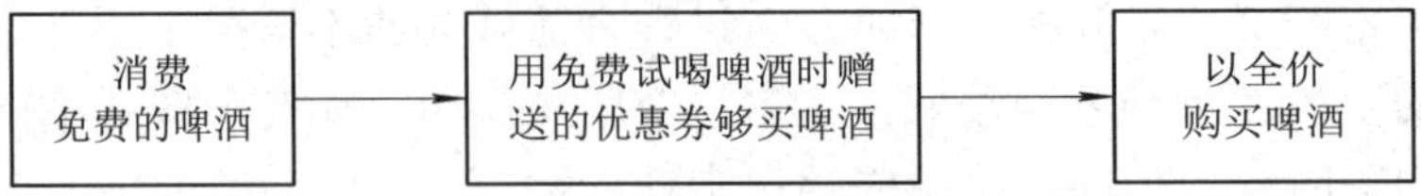

图 5-10 消费者的行为塑造

(3) 正强化能够增加再次购买的可能性，惩罚则会降低再次购买的可能性，这一点说明了企业保持产品质量的重要性。此外采用试用、赠送、折扣、优惠券、随购买而赠送小商品等，在购买后寄送感谢信、祝贺信、征求意见函，提供良好的购物环境，销售人员和服务人员良好的态度等都是有效的强化手段。

三、认知学习理论

认知学习理论形成于 20 世纪 50 年代，并在 60 时代之后得到迅速发展，进而形成了系统完整的理论体系。该理论强调诸如思维、联想、推理等心理活动在解决问题和适应环境中的作用，认知学习并不是在外界环境支配下被动地形成刺激与反应之间的联结，而是主动地在头脑中构造定型和形成认知结构。学习是一个新旧知识同化的过程，即学习主体在学习过程中将新信息归入到先前有关的认知结构中，或是在吸收了新信息后，使原有的认知结构发生某种改变，而认知结构又在很大程度上支配着人的预期和行为。

德国心理学家科勒(Kohler)通过观察黑猩猩在目的受阻的情景中的行为反应，发现黑猩猩在学习解决问题的同时，并不需要经过尝试的过程，而是通过观察发现情境中各种条件之间的关系，然后采取行动。科勒称黑猩猩此种类型的学习为顿悟。在科勒看来，顿悟是主体对目标和达到目标的手段之间关系的理解，顿悟学习不必靠练习和经验，只要个体理解到整个情境中各个部分之间的相互关系，顿悟就会自然发生。

美国心理学家托尔曼(Tolman)和霍齐克(Honzik)于 1930 年所做的关于潜伏学习的试验，对行为主义的强化学习原理做出了进一步的反驳。该实验发现在既无正面强化也无负面强化的条件下，学习仍可以采用潜伏的方式发生。现实生活中的很多现象都可以支持这一理论。例如在接触各种广告过程中，消费者可能并没有有意识地对广告内容予以学习，在其行为上也未表现出受其影响的迹象，但这并不能说明消费者没有获得关于该广告的某些信息。在消费者今后的行为中，也许有一天想要达成某种目的，消费者会突然从记忆中提取该广告的信息，这个时候潜伏学习就会通过外显行为表现出来。

认知学习理论在消费者行为研究中的具体应用主要可以归纳为映像式机械学习、替代式学习与模仿、推理三种形态。

(一) 映像式机械学习

映像式机械学习是指在没有条件作用的情况下学习在两个和多个概念之间建立联想。比如一则广告上写着：“瘦美”是腹部减肥器械。这个广告把“瘦美”这个新概念与已知概念“腹部减肥”联系起来。在这一过程中，没有无条件刺激，也没有直接的强化作为回报，许多低参与主体的学习就是映像式机械学习。一个简单信息无数次重复可以导致消费者一看到某种环境就联想到该信息，形成关于产品属性和特征的信念，一旦有了需要，就会受到这种信念的支配而购买产品。

(二) 替代式学习或模仿

替代式学习或模仿是指消费者通过观察他人的行为和结果来调整自己的行为，或者通过想象来预期行为的不同结果，而不是通过直接体验奖赏或惩罚来学习。替代式学习在低参与或高参与状态下都会发生。比如消费者想要购买一个时髦挎包的时候，是高参与状态，会主动地观察同事、行人、电影、电视和广告中人物的挎包款式，并加以模仿。消费者在不需要购买挎包的时候，是低参与状态，不一定主动观察别人的挎包，但是在日常生活中时时处处都能看到别人的挎包，别人所使用的那些产品，以及在特定情境下别人所作出的消费行为。消费者对这些情景可能并未在意，但是久而久之，会了解哪些挎包是时髦的，哪些产品和行为是适当的。

(三) 推理

推理是指个体对已有的信息和新信息进行重新构造和组合而进行创造性思考。推理是认知学习理论中最复杂的形式。推理是一种超出给定信息的理解，当消费者处于深层次的、精细的理解过程时，就会产生推理。比如消费者会因为某种家具颜色显深色而推理出其坚固耐用的特征。

推理有着重要的作用，消费者借此将有关产品的物理属性与抽象的功能属性或心理结果、价值结果联系起来，将可见的、具体的产品属性作为抽象属性、结果和价值的推理线索。在高度熟悉的环境中，这些推理也可能是在无意识之中自动作出的。比如消费者可能会根据洗衣粉的颜色推理其去污力，认为蓝色、白色的洗衣粉洗衣干净。消费者也可能根据商品的包装推理商品的质量和功效，认为用金色丝绒包裹、装在精致木盒中的白酒比简单瓶装的白酒味道更好，等等。

消费者记忆中现有的知识结构如果被激活，就会成为推理的基础。比如某消费者认为海尔电器是国产电器中质量最好的，当有人征询他对海尔空调与其他国产空调之间的看法时，他会推理海尔空调的质量更好。企业应当鼓励和利用消费者的推理。比如某某椰汁的广告是，某某椰汁敢承诺不含任何防腐剂和人工色素，意在暗示消费者形成某某椰汁有利于防止癌症、有利于健康长寿的推理。

四、观察学习理论

观察学习理论又称为社会学习理论，兴起于20世纪60年代，主要是由美国心理学家班图纳(Bandura)提出的，该理论一个最显著的特点是强调学习过程中社会条件的作用。古希腊的柏拉图或者亚里士多德等哲学家很早以前就提出通过观察别人来学习的看法。但是直到20世纪初才提出观察学习的具体理论体系，到20世纪60年代才开始比较深入地分析观察学习，从80年代开始市场营销或消费者行为学领域开始关注和利用观察学习理论。

不少著作将班图纳的观察学习理论归于认知学习理论之下，但从严格意义上讲，班图纳的思想既受认知心理学的影响，又受到行为主义心理学的影响，他本人并不能称为认知心理学家，基于此似乎可以将观察学习理论视为认知学习理论与行为主义学习理论的某种融合。

(一) 观察学习的特点

根据观察学习理论的观点，人的许多行为是通过观察学习而获得的。所谓观察学习(observational learning)是“经由对他人的行为及其强化性结果的观察，一个人获得某些新的反应，或使现有的行为反应得到矫正，同时在此过程中观察者并没有外显性的操作示范反应”。观察学习具有以下特点：① 观察学习并不必然具有外显的行为反应。② 观察学习并不依赖直接强化，在没有强化作用的情况下，观察学习同样可以发生。③ 观察学习不同于模仿。模仿是指学习者对榜样行为的简单复制，而观察学习则是从他人的行为及其结果中获得信息，它可能包含模仿，也可能不包含模仿。例如，两辆汽车行驶在公路上，前一辆车不小心撞上了路桩，后一辆车急忙转弯，以避免与前一辆车碰撞。在这个例子中，后一辆车的司机行为是观察学习的结果，但不涉及任何模仿的因素。

(二) 观察学习的优点

观察学习较之于其他类型的学习具有很多优点。① 通过对榜样行为的观察，可以避免试误学习情况下各种代价昂贵的错误。② 观察有时是学习很多新行为最好的甚至是唯一的手段。比如通过观察别人如何使用自动取款机，观察者很快就能够自行使用自动取款机。③ 观察学习可以缩短行为学习的时间。想象一下如果人们只有通过亲身经历才能学习，那要花多么漫长的时间才能学会使用各式各样的产品。④ 有些试误行为相当危险，如果通过试误学习，必将对学习者造成一定的伤害。

(三) 观察学习的过程

行为的学习可以在没有强化的条件下完成，而行为的表现则需要强化，同时观察者不仅受自己行为直接结果的影响，还受观察他人行为所获得的结果的影响(替代强化)，以及个体对自己的认知和评价所产生的强化(自我强化)的影响，这就是观察学习的理论基础。

1. 榜样或其示范行为出现

在观察学习的过程中，首先必须有榜样或示范行为的出现。所谓的榜样，并不一定是产品方面的专家，也不一定是名人(当然，名人可能效果更好)，只要是消费者能够尊重和认同的角色均可。

2. 消费者的注意过程

要使学习有效，消费者应对榜样或示范行为予以足够的注意，否则消费者就学不到多少东西。影响注意过程的因素很多，如示范活动的特点，示范行为的实用价值，榜样以及观察者的特点等。一般而言，越是熟悉的事物越具有影响力和吸引力，预期带有较大奖惩后果的示范更容易引起消费者的注意。所以企业所提供的示范行为必须有鲜明生动、引人注目的特点，并且其线索清晰、一目了然。

3. 消费者的保持过程

消费者的保持过程是模仿的前提，即个体必要的记忆过程。保持主要依靠意象编码和语言编码两种表征系统完成。如果消费者只注意观察他人的示范行为，而不能将其以意象编码或语言编码的形式保持下来，就很难以此来指导今后的消费行为。

4. 行为的再现过程

行为的再现过程是指个体把以符号形式编码的示范信息转换为适当行动的过程。虽然学习者可能能够有效地将示范行为以符号形式保存，并能从认知角度正确地演习示范行为，但在再造示范行为时，仍有可能发现偏差。以学习打网球为例，即使掌握了各种要领，并且能够在头脑中模拟出教练或某个网球运动员显示的姿势与方法，但实际上场时，仍可能只是大致接近被观察者的行为，只有经过大量实践以后，才会打得和被观察者一样好甚至超过作为榜样的被观察者。

5. 消费者的动机过程

经由注意、保持和再造过程之后，示范行为基本上为消费者所掌握，但个体不一定表现出其所学到的所有东西。只有产生了积极的诱因之后，如示范行为预期能导致有价值的结果，或经由观察所获得的行为能提高行为满意感，此时这些行为才会从潜伏状态转化为实际行动。例如给儿童呈现不同的示范行为时，儿童选择模仿那些能够带来奖赏的行为，而放弃那些不能获得奖赏或导致惩罚的行为。由此说明对习得反应的动机状态，在很大程度上影响这些反应或行为的表现倾向。

(四) 在营销中的应用

在企业市场营销活动中利用观察学习理论，可以提高市场营销效果，主要表现在以下方面。

1. 诱导消费者的反应

首先聘请代言人或榜样来说明产品肯定性的结果，演示产品的使用方法，引起潜在消费者的注意，使他们模仿代言人使用产品。同时也可以让消费者通过对别人行为的观察，熟悉产品的使用方法。这些措施都会影响消费者的重复购买行为或扩大口碑效果。

其次在购买过程的初期阶段，可以通过广告等来引起潜在消费者的注意。这时的注意程度受到诱导条件、消费者的特点、代言人的特点以及观察学习线索的影响。

2. 反应——助长效果

观察学习不仅应用于诱导新的消费者行为，改变消费者原来的行为，而且也应用于消费者学习行为的助长。通过对榜样的观察而产生的反应——助长(response-facilitation)效果就是把榜样行为作为辨别性刺激加以利用的效果。特别是当企业有必要重新确定产品形象时就可以运用这一原理。

3. 引发情感行为

消费者的情感行为不仅可以通过操作性条件作用来引起，还可以通过别人的观察来引导。替代的、情感的条件作用是在观察别人体验刺激与特定事件相关的肯定或否定情感效果时发生的。在直接条件作用下，学习者能直接体验到引起痛苦或快乐感的刺激，但在替代的条件作用下，别人体验刺激，而别人在情感上的表现则会引起消费者的注意。因此企业在实际营销活动中应充分发挥广告的情感诉求，以此提高广告的营销效果。

第三节　消费者记忆与遗忘

一、记忆的含义

记忆是指过去经验在人脑中的反映。凡是人们感知过的事物、体验过的情感以及练习过的动作，都能够以映像的形式保留在人的头脑中，在必要的时候又可把它们再现出来，这个过程就是记忆。记忆总是指向过去，它出现在感觉和知觉之后，是人脑对过去经历过的事物的反映。

记忆是一个复杂的心理过程，具体包括识记、保持、再认或回忆三个基本环节。识记是记忆的开端，是主体识别和记住事物，从而积累知识和经验的过程。保持是巩固已获得的知识和经验的过程。再认或回忆是主体从头脑中提取知识和经验的过程，凡经历过的事物再度出现时，能把它认出来称为再认；凡经历过的事物不在面前，能把它重新回想起来，则称为回忆或再现。从信息加工的观点看，记忆就是对输入信息进行编码、储存和提取的过程。其中，对信息的编码相当于识记过程，信息的存储相当于保持过程，信息的提取则相当于再认或回忆过程。记忆过程中的三个环节是相互联系和相互制约的，没有识记就谈不上对经验的保持，没有识记和保持，就不可能有对经历过的事物的再认或回忆。

虽然从理论上讲，消费者的记忆容量很大，对信息保持的识记也可以很长，但在现代市场条件下，消费者接触的信息实在太多，能够进入其记忆并被长期保持的实际上只有很小的一部分。正因为如此，企业才需要对消费者的记忆予以特别重视。一方面，要了解消费者的记忆机制，即信息是如何进入消费者的长时记忆，有哪些因素影响消费者的记忆，进入消费者记忆中的信息又是如何储存和提取的；另一方面，要了解已经进入消费者长时记忆的信息为什么和在什么条件下可能被遗忘，企业在防止或阻止消费者遗忘方面能否有所作为。

二、消费者记忆系统

消费者记忆系统是一个结构复杂的系统，主要介绍如下。

(一) 多重记忆结构模型

消费者的记忆系统不仅包括短时记忆和长时记忆，而且还包括感觉记忆，如图 5-11 所示。外部刺激信息首先进入感觉记忆系统，信息在感觉记忆系统保持的时间极其短暂，通常在 1 秒钟左右，其中一部分信息受到特别注意才被转移进入短时记忆系统，若信息给人的刺激极为强烈、深刻，也可能直接进入长时记忆系统，而那些没有受到注意的信息则很快衰退直至消失。短时记忆中的信息一部分来自感觉记忆，另一部分则取自长时记忆，短时记忆系统中信息保持时间一般不超过 1 分钟，受到干扰就会消失，短时记忆系统中的信息一部分经复述储存进入长时记忆系统，另一部分则被遗忘。长时记忆系统被认为是信息的永久储存场所。

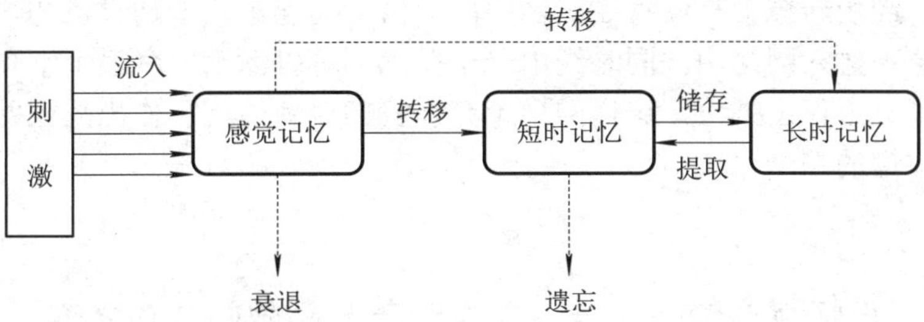

图 5-11　消费者多重记忆结构模型

(二) 感觉记忆系统

感觉记忆又称瞬时记忆，是指个体凭视、听、味、嗅等感觉器官，感应到刺激时所引起的短暂记忆，持续时间往往按几分之一秒计算。感觉记忆系统只留存在感官层面，如果不加注意，便会转瞬消失。乘车经过街道，对街道旁的店铺、标牌、广告和其他景物，除非有特别的注意，否则大多是即看即忘，此类现象就属于感觉记忆。感觉记忆按感觉信息原有形式储存，所反映的内容是外界刺激信息的简单复制，尚未经加工和处理，因此感觉记忆系统中的内容最接近原始的刺激。

(三) 短时记忆系统

短时记忆是指记忆信息保持的时间在 1 分钟以内的记忆。例如我们从电话簿上查一个电话号码，然后立刻就能根据记忆去拨号，但事过之后再问及这个号码是什么，就记不起来了，此类记忆就属于短时记忆。

感觉记忆系统中的信息如果被注意和处理，就会转移进入短时记忆，而且这些信息可以保持在一种随时被进一步处理的状态。也就是说，短时记忆中的信息可以自动而迅速地被提取，一旦需要对新输入的信息予以解释，长时记忆系统中的信息也可以被提取到短时记忆中来。实际上短时记忆是一种及时的信息处理状态，即从感觉记忆和长时记忆中获取的信息被带到一起同时处理。短时记忆中的信息经适当处理，一部分会转移到长时记忆系统，另一部分则会被遗忘。

(四) 长时记忆系统

长时记忆是指记忆信息保持在 1 分钟以上，直到数年乃至终生的记忆。人们日常生活中随时表现出来的动作、技能、语言、文字、态度、观念以至有组织、有系统的知识等均属于长时记忆。

长时记忆系统被认为是语意和视听信息的永久储存场所，各种事件、物体、处理规则、事物的属性、感觉方式、背景资料等均可储存在长时记忆中。与短时记忆相比，长时记忆的容量是相当大的，甚至被认为是无限的。不仅如此，长时记忆中的信息是以类似于网络结构的方式有组织地储存的。科林斯(A. M. Collins)和奎利恩(M. R. Quillian)于 1969 年提出了一个语言记忆的层次网络模型，其基本思想是将各种概念按一定层次组成一个网络，以此表明各种概念的属性及不同概念之间的相互联系。除了层次网络模型以外，还有集合论模型、特征比较模型、人的联想记忆模型等，这些模型实际上都可视为网络模型的变种。在网络模型中，经由新概念与储存在记忆中的旧概念的连接，或通过增加与已有概念的联结通道，新信息被融入网络中。同时经由一个概念，可以激活并联系上下左右各个相关的概念，并在此基础上作出推论，这样的推论允许我们对新的信息作出反应并验证新获信息是否与我们所知道的相一致。

◈ 案例 5-3

记忆点创造法——“农夫山泉”品牌的成功之道

在激烈的市场竞争中，每个企业都力图使自己的产品以及企业的整体形象广为人知、深入人心，并为此绞尽脑汁。但对消费者而言，面对如此众多的企业和产品，要记住其中的某一个并非易事，更别说印象深刻。

1999 年农夫山泉的广告开始出现在各类电视台，而且来势汹涌，再通过其所跟进的一系列营销大手笔，农夫山泉一举成为中国饮用水行业的后起之秀，到 2000 年便顺理成章地进入了三甲之列，实现了强势崛起。历来中国的饮用水市场就是竞争激烈、强手如云，农夫山泉能有如此卓越表现，堪称中国商业史上的经典。而这个经典的成就发轫于“农夫山泉有点甜”这句蕴含深意、韵味优美的广告语，其一经出现就打动了每一位媒体的受众，令其牢牢记住了农夫山泉。为何农夫山泉的广告语会有如此非同凡响的效果？原因正在于它极好地创造了一个记忆点，正是这个记忆点征服了大量的媒体受众，并使他们成了农夫山泉潜在的消费者。

(资料来源：作者根据相关资料整理而成。)

三、消费者记忆过程

消费者的记忆过程包括了复述、编码、储存和提取四个环节。

(一) 复述

个体在内心对进入短时记忆系统的信息或刺激进行默诵或作进一步加工努力，称为复述。复述具有两大功能，一是保持信息在短时记忆中被激活；二是将短时记忆系统中的信息转移到长时记忆系统中。

(二) 编码

虽然复述直接影响短时记忆系统中的信息转移进入长时记忆的可能性，对记忆具有重要的作用，但是同样不容忽视的是信息的编码。因为后者很大程度上决定着信息转换的时间，以及信息在记忆中的存放位置。在复述过程中，消费者可以简单地对刺激物重复默记，以此将刺激物与长期记忆中已经存在的信息建立联系。当消费者建立起了这种联系和对信息编码日益娴熟，存储速度就会加快。

(三) 储存

储存是指将已经编码的信息留存在记忆中，以备必要时供检索用。信息经编码加工之后，在头脑中储存，这种储存虽然是有秩序、分层次的，但不能理解为像存放在保险柜里的文件一样一成不变。随着时间的推移和经验的积累，储存在头脑中的信息在质和量上均会发生变化。从质的方面看，储存在记忆中的内容会比原来识记的内容更简略、更概括，一些不太重要的细节趋于消失，而主要内容及显著特征被保持。同时原识记内容中的某些特点会更加生动、突出甚至扭曲。

(四) 提取

提取是指将信息从长时记忆系统中抽取出来的过程。对于熟悉的事物，提取几乎是自动的和无意识的，比如当问及市面上有哪些品牌的电视机时，消费者可能会脱口而出，诸如“海尔”“创维”“夏普”等多种品牌。对于有些事物或情境，如去年的国庆假期你在干什么，恐怕很难立刻回忆起来，往往需要经过复杂的搜寻过程，甚至借助于各种外部线索和辅助工具，才能完成回忆任务。影响信息提取的因素有以下几个方面。

1. 提取的线索

如果消费者提取信息的线索直接与获得信息的情景有关，那么消费者就容易提取其信息。特别是消费者获得信息时所形成的心情与提取信息时的心情类似的时候，就容易提取其信息，这种提取信息的效果叫心情一致结果(mood-congruence-effect)。例如在广告内容中提示产品的包装，那么消费者在购买产品时根据广告中所提示的产品包装就容易辨别出其产品。

2. 刺激的熟悉感

一般情况下消费者对某一刺激越熟悉，就越容易回忆起其刺激。所以企业为使消费者熟悉自己企业的品牌，经常做广告。但消费者并不一定提取所有熟悉的信息，而只是处理其中的部分信息。例如把电视广告中的音像部分同时再用来做广播广告和报纸广告，这时消费者接触广播广告或报纸广告时并不是重新处理广告的信息，而是通常会以电视广告中的音像部分的形式来处理信息。

3. 刺激的突出性

刺激越突出就越会引起消费者的注意，因此刺激的突出性会影响信息的提取。某一刺激比周围的其他刺激显得更加突出(如刺激具有突出的颜色或更具动感等)的时候不仅更容易被记住，而且也更容易被提取。例如在百货商店有一位染紫色头发的女营业员销售化妆品，那么这一女营业员就会比其他营业员更加突出，给人的印象更深刻，因此也更容易被消费者记忆和提取。

4. 刺激的代表性

从一些研究结果来看消费者最喜欢的品牌，或者最能代表相关产品范畴的品牌在长时记忆系统中最容易被提取。消费者有把在产品范畴中最先进入市场的品牌当做代表性品牌的倾向。例如国内消费者把格力当作空调的代表品牌，把格兰仕当作微波炉的代表品牌。

四、消费者遗忘

(一) 遗忘的含义

遗忘是指不能再认和回忆识记过的内容，或者表现为错误的再认和回忆。从信息加工的角度看遗忘就是信息提取不出来，或提取时出现错误。

最早对遗忘现象进行试验研究的是德国心理学家艾宾浩斯(H·Ebbinghaus)。艾宾浩斯以自己为被试对象，以无意音节作为记忆材料，用时间节省法计算识记效果。艾宾浩斯曲线表明了遗忘变量与时间变量之间的关系，遗忘进程不是均衡的，在识记后最初一段时间遗忘很快，以后逐渐变缓，过了一段时间后几乎不再遗忘，可以说遗忘的发展历程是先快后慢，呈负加速型。

(二) 影响遗忘的因素

影响遗忘的因素，除了时间以外，识记材料对消费者的意义、识记材料的性质、识记材料的数量、识记材料的系列位置、学习的强度、学习时的情绪等均会对遗忘的进程产生影响。

1. 识记材料对消费者的意义

凡不能引起消费者兴趣，不符合消费者需要，或对消费者购买活动没有太多价值的材料或信息，往往遗忘得较快；反之则遗忘得较慢。同样是看有关计算机的宣传材料，对于准备购置计算机的消费者与不想购置的消费者而言，两者对所记信息的保持时间将会存在明显的差别。

2. 识记材料的性质

一般来说熟练的动作遗忘得最慢。贝尔(Bell)发现，一项技能在一年后只遗忘了 29%，而且稍加复习即能恢复，比如掌握了游泳的技能后，几乎不需要经常复习，几乎都不会再遗忘。同时有意义的材料较无意义的材料，形象、突出的材料较平淡、缺乏形象性的材料遗忘得慢。莱斯托夫效应(Restorff Effect)实际上从一个侧面反映了识记材料的独特性对记忆和遗忘的影响。所谓莱斯托夫效应，是指在一系列类似或具有同质性的学习项目中，最具有独特性的项目最易获得保持和被记住。对于广告主来说，要使广告内容被消费者记住，并长期保持，广告主题、情境、图像等应当具有独特性或显著性，否则广告内容可能很快被遗忘。广告中经常运用对比、新异性、新奇性、色彩变化、特殊规模等表现手法，目的就是为了突出宣传材料的显著性。

3. 识记材料的数量

识记材料数量越大，识记后遗忘得越多，有关实验表明识记 5 个材料的保持率为 100%，识记 10 个材料的保持率为 70%，识记 100 个材料的保持率为 25%。

4. 识记材料的系列位置

一般而言，系列性材料开始部分最容易记住，其次是末尾部分，中间偏后的内容则最容易遗忘。之所以如此，是因为前后学习材料相互干扰，前面学习的材料受后面学习材料的干扰，后面学习的材料受前面材料的干扰，中间材料受前面、后面两部分学习材料的干扰，所以更难记住，也更容易遗忘。

5. 学习的强度

一般来说学习强度越高，遗忘越少，过度学习达 150%时，记忆效果最佳，低于或超过这个限度，记忆的效果都将下降。所谓过度学习，是指一种学习材料在达到恰好能背诵时仍继续学习的状况。

6. 学习时的情绪

心情愉快时习得的材料，保持时间更长；而焦虑、紧张时所学习的内容则更易遗忘。美国学者斯鲁尔(T. Srull)通过将被试对象置于过去的某些经历中，激起三种情绪状态，即积极的情绪、消极的情绪和中性的情绪。然后向被试对象呈现一则关于“马自达”跑车的印刷广告，并要求被试对象在阅读该广告时形成对跑车的整体印象。48 小时后，这些被试对象被要求对这种跑车做出评价，结果发现阅读广告时处于积极情绪状态的被试对象对该跑车的评价最高，其次是处于中性情绪状态的被试对象，而处于消极情绪状态的被试对象对该跑车的评价最低。由此说明，信息获取时的情绪状态对信息如何编码具有直接的影响。戈德伯格(M. Goldberg)和戈恩(G. Gorn)所作的一项实验中，一些被试对象看喜剧类电视节目，另一些被试对象看悲剧类电视节目，两则电视节目中均插播同一内容的广告，结果发现，看喜剧节目的被试对象较看悲剧节目的被试对象能更多地回忆起广告的内容。对这一结果的解释是，积极的情绪状态，会使消费者从记忆中提取各类更为广泛和更加完整的知识，从而有助于对当前输入信息的编码。

(三) 遗忘的原因

有关遗忘的原因的学说主要有痕迹衰退说、干扰抑制说和压抑说。

1. 痕迹衰退说

痕迹衰退说认为，遗忘是指记忆痕迹得不到强化而逐渐减弱，以致最后消退。20 世纪 20 年代，完形心理学派的学者们最早提出了记忆痕迹的概念，他们认为学习时的神经活动，会在大脑中留下各种痕迹，即记忆痕迹。如果学习后一直保持练习，已有的记忆痕迹将得到强化，反之，如果学习后长期不进行练习，则记忆痕迹将随时间的流逝而衰退。痕迹衰退说强调的是生理机制对记忆痕迹的影响，这一解释虽然合乎一般常识，而且能说明很多遗忘现象，但并不符合所有事实。因为人的有些经历，即使是在几十年以后，仍然历历在目，并不随时间流逝而淡忘。

2. 干扰抑制说

干扰抑制说认为，遗忘是由于记忆材料之间的干扰产生的相互抑制，使所需要的材料不能提取。为这一学说提供有力支持证据的是前摄抑制和倒摄抑制。所谓前摄抑制，是指先学习的材料对后学习材料所产生的干扰作用。安德伍德(Undenwood)发现在学习生字表以前有过大量练习的人，24 小时后，对所学会的生字表只记住 25%，以前没有做这种练习的人，能记住同一生字表的 70%，由此说明前摄抑制的存在。所谓倒摄抑制，是指新学习的材料对原先学习材料的提取所产生的干扰与抑制作用。1990 年，德国学者穆勒(Muller)和皮尔泽克(Pilzecker)首先发现倒摄抑制。他们观察发现，被试对象在识记无意义音节之后，经过6分钟休息,可以回忆起50%的音节;如在间隔时间内从事其他活动,只能回忆起26%。

3. 压抑说

压抑说认为,遗忘既不是痕迹的消退造成的,也不是记忆材料之间的相互干扰造成的,而是人们对某些经验的压抑所造成的。压抑引起的遗忘是由某种动机所引起的,故此又称为动机性遗忘。这一理论出自弗洛伊德的精神分析说,弗洛伊德认为回忆痛苦经验将使人回到不愉快的过去,为避免痛苦感受在记忆中再现,人们常常对这些痛苦的感觉和经验加以抑制,使之不再出现在意识之中,久而久之引起遗忘。

五、在营销中的应用

消费者的记忆与消费者收集商品信息、做出购买决策有着十分密切的关系,消费者往往对所记住的商品产生较多的购买行为,因此企业想要更多地销售自己的商品,必须让消费者知道并记住自己的产品。企业在向消费者传达信息时,首先必须考虑的是消费者识记各种信息的记忆极限问题。在消费者的感觉记忆中,一般只有7～8个单位的信息,超过这个范围的信息则容易被遗忘。比如"钻石恒久远,一颗永流传""维维豆奶,欢乐开怀"等广告,语言简短、押韵上口,很容易被消费者记住。

从记忆的效果来看,消费者的记忆容易受到情绪与情感因素的影响。当消费者处于兴奋、激动、高兴的情绪时,对商品及有关信息会形成良好的记忆效果,而且记忆保持的时间也相对较长,消费者也愿意经常回忆这种愉快的体验。

同时要使消费者记忆保持较长的时间,重复是比较有效的手段。研究表明记忆保持和重复信息同时增加,特别是对广告来讲,重复就显得很有必要。当然必须指出的是重复的积极作用存在一个限度,超过了这个限度,重复反而会导致消费者产生厌恶的情感,不利于广告的传播效果。

本 章 小 结

本章首先介绍了学习的内涵,消费者的学习是指消费者在购买和使用商品的活动中,不断地获取知识、经验与技能,通过积累经验、掌握知识、不断提高自身能力、完善自身的购买行为过程。

对于消费者学习过程的理解可分为行为学派和认知学派,行为学派研究的是主体接触到刺激后所发生的反应变化,提出了条件反射理论,条件反射理论又可分为经典性条件反射理论和操作性条件反射理论两种。认知学派把学习看作问题的解决,强调学习所带来的心理状态的变化,紧密围绕着复杂决策的框架展开。认知学习有三种模式,即映像式机械学习、替代式学习和推理。

记忆是过去经验在人脑中的反映。凡是人们感知过的事物、体验过的情感以及练习过的动作,都可以以映象的形式保留在人的头脑中,在必要的时候又可把它们再现出来,这个过程就是记忆。记忆既不同于感觉,又不同于知觉。记忆总是指向过去,它出现在感觉、知觉之后,是人脑对过去经历过的事物的反映。记忆系统包括三部分,感觉记忆系统、短时记忆系统和长时记忆系统。

遗忘是对识记过的内容不能再认和回忆，或者表现为错误的再认和回忆。从信息加工的角度看，遗忘就是信息提取不出来，或提取出现错误。本章总结了影响遗忘的因素，探讨了遗忘的原因。对于遗忘的原因影响较大的有三种学说：痕迹衰退说、干扰抑制说和压抑说。

学习课件

练　习　题

一、单项选择题

1. 当发现同事家某种品牌的音响设备效果特别好，消费者可能在头脑中留下印象，在自己需购置音响设备时，不自觉地想到同事家的音响品牌，这属于学习方法中的(　　)。

A. 试误法　　B. 观察学习法　　C. 联想法　　D. 模仿法

2. 经典性条件反射理论的提出者是(　　)。

A. 巴甫洛夫　　B. 佩蒂　　C. 卡西奥普　　D. 斯金纳

3. 消费者在口渴的时候喝了一瓶“雪碧”，口渴感得到消除，当他下次再度感觉到口渴时，购买“雪碧”的概率就会增加，这属于学习强度的影响因素中的(　　)。

A. 被学习事物的重要性　　B. 强化的水平

C. 重复的水平　　D. 产品的表象

4. 在广告上运用的词语，如“塞外茅台，宁城老窖”，体现了消费者行为学中的(　　)原理？

A. 刺激的泛化　　B. 刺激的辨别

C. 刺激的强化　　D. 刺激的重复

5. 要使新产品最终走向成功，一般需要先经过刺激的泛化，然后再进入(　　)阶段。

A. 刺激的接收　　B. 刺激的强化

C. 刺激的辨别　　D. 刺激的重复

6. 我们提到“狗”这一概念，会马上想到它是一种动物，有4条腿，有毛，会摇尾巴，这是因为我们对狗有一种(　　)。

A. 感觉记忆　　B. 短时记忆　　C. 长时记忆　　D. 强化记忆

7. 乘车经过街道，对街道旁的店铺、标牌、广告和其他景物，除非有注意，否则大多是即看即忘，此类现象属于(　　)。

A. 感觉记忆　　B. 短时记忆　　C. 长时记忆　　D. 强化记忆

二、多项选择题

1. 学习的作用主要表现在(　　)。

A. 获得有关购买的信息 B. 影响消费者的注意过程
C. 促发联想 D. 影响消费者的态度和对购买的评价
E. 影响对产品质量的认知

2. 消费者学习理论包括( )。
A. 经典性条件反射理论 B. 操作性条件反射理论
C. 认知学习理论 D. 社会学习理论
E. 强化学习理论

3. 学习强度的影响因素主要有( )。
A. 被学习事物的重要性 B. 强化的水平
C. 重复的水平 D. 消费者介入程度
E. 产品的表象

4. 感觉记忆系统的特点有( )。
A. 具有鲜明的形象性 B. 感觉记忆中的信息保持时间极短
C. 记忆容量相对较大 D. 感觉记忆的痕迹很容易衰退
E. 能够提取储存的信息

5. 消费者记忆系统包括( )。
A. 短时记忆 B. 长时记忆 C. 强化记忆 D. 感觉记忆
E. 暂时记忆

6. 记忆过程的环节有( )。
A. 复述 B. 编码 C. 储存 D. 提取 E. 再现

7. 对于遗忘原因的解释，影响较大的有( )学说。
A. 痕迹衰退说 B. 自然衰退说
C. 干扰抑制说 D. 压抑说
E. 退化学说

三、名词解释

1. 学习
2. 负强化
3. 记忆
4. 刺激泛化
5. 刺激辨别
6. 干扰抑制说
7. 遗忘

四、简答题

1. 简述学习的作用。
2. 简述影响学习强度的因素。
3. 简述经典性条件反射下消费者的学习过程。
4. 简述观察学习的主要观点。
5. 简述刺激泛化原理和刺激辨别原理。

6. 简述遗忘的原因。

五、论述题

1. 论述操作性条件反射理论在营销中的应用。
2. 论述对消费者多重记忆结构模型的理解。

六、应用实践题

1. 选择一家超市，以某一产品类别为对象，看哪些产品品牌，品牌包装、产品陈列或展台设计能诱发你自然的好感，并运用经典条件反射理论进行解释。对那些不能引发你自然好感的产品，请分析其原因并提出建议。要求：以小组为单位，每一个小组确定以产品类别进行研究，提交研究报告。

2. 选择一家商场，收集该商场在节假日期间(如国庆节、五一劳动节、元旦节等)的促销活动措施，分析其积极强化的措施、使用的强化程度及所达到的效果。要求：以小组为单位，提交研究报告。

七、案例分析题

双鹤药业北京市场营销策划

北京双鹤药业股份有限公司(简称双鹤药业)由北京制药厂控股，是北京西药行业的龙头老大。以前，双鹤药业的产品主要是处方药，后来非处方药市场日益红火，为了大幅提高经济效益，双鹤药业大规模向非处方药进军，其产品维皇双宝就是一种非处方药，该产品市场投入近300万元，可回报却不到100万元，损失惨重。双鹤药业痛定思痛，静下心来认真总结经验教训，决定重新选择新的产品——双鹤VEC、果味VC上市。双鹤VEC、果味VC是双鹤药业的老产品，市场能否接纳，双鹤内部也存在很大争议，再加上也带维生素成分的维皇双宝刚刚失败，实在是“一朝被蛇咬，十年怕井绳”，大家都信心不足。另外，双鹤药业因为一直以处方药为主，医院销售虽然游刃有余，但药店市场运作却是一个生手，以上因素使双鹤药业处于一个进退两难的境地。

由于北京市场上祛斑养颜的化妆品、保健品太多，因此要将双鹤VEC凸现出来，本着“攻心为上，争谋为先”的原则，制定对消费者“半学半教”的整合营销战略。所谓“学”是学习消费者心理变化的规律，所谓“教”是教给消费者学习依据这些规律进行调整并接受的品牌观点(果味 VC 战略制定与此相同)。针对女性消费者急于祛斑又对市场各种祛斑化妆品、保健品持半信半疑的态度，据此打出“科学祛斑”这一根植于双鹤VEC药理的抽象概念，增加可信性；又对此外延解释“科学祛斑”是由“净化血液开始”的，完成了由抽象概念向具体事实的过渡，使这一品牌观点变得科学、具体、可信。由于这一品牌观点的确定，立即使双鹤VEC从众多的保健品、养颜护肤品中脱颖而出，使过去模糊不清的产品功能变得清晰直观、直达消费者心灵。

现在，市场上的商品基本上没有不做促销活动的，但这些促销活动无非是打折、买一赠一等手段，有的促销活动还有不少水分，对于成熟的消费者来说，这些促销活动起不了多大作用。《孙子兵法》曰：“凡战者，以正合，以奇胜。”战场上是这样，商场上也是如此，关键就是要出奇制胜。双鹤VEC的上市是在1998年初，正赶上临近春节，各商家纷纷利用这个大好时机大作促销活动，打折、优惠、赠送礼品等，让人眼花缭乱，但消费者对这些促销活动早已见怪不怪了。改革开放以来，人们的生活水平得到了极大提高，市场上各种商品应有尽有，人们再也不用排起长队购买某种紧俏商品了。不过1998年1月21日开始的双鹤VEC促销活动却破天荒地让人们排起了长队。在西单药店一大早就已有上千人的长队了，由于人太多、太拥挤，前门医药商店的大门玻璃都被挤碎了。在当代商城，双鹤VEC做促销的同时，世界名模辛迪·克劳馥也在为欧米茄手表作促销活动，由于两个场地距离很近，又同时排起两条长龙，场面蔚为壮观，甚至不少看名模的人加入购买双鹤VEC的行列中来。双鹤药业究竟用了什么绝招使这次双鹤VEC的促销活动产生了这么大的轰动效应呢?

这次促销活动策划方案的标题叫“一元起价，五天到位”，具体就是：市场价19.60元一盒的双鹤VEC，1月21日即促销的第一天卖1元一盒；第二天(22日)涨到5元一盒；第三天(23日)10元一盒；第四天(24日)15元一盒；第五天(25日)恢复到原价19.60元一盒。表面上看，好像与打折没什么区别，可实际上却与一般的打折有本质的不同。这次促销的关键就是抓住了消费者的心理，因为第一天买不到产品的人，第二天肯定会再来买，否则第三天价格还会涨，以此类推，所以在促销期内产生了极大的轰动。第一天，各药店在1小时内双鹤VEC全部被抢购一空，使许多排了很长时间队的人都空手而归。第二天，人们更早地赶来排队，这里面有不少是第一天没买着的，有刚听到消息赶来的，还有连续购买的，全部商品不到两小时又被卖光。第三天，《北京青年报》发了“双鹤一元，抢购一空”的新闻照片，充分表现了这次促销活动产生的巨大影响。接着《中国经营报》、北京电视台的点点工作室也纷纷报道了此次活动的盛况。5日促销下来，全市至少有15%的人知道了这次促销活动，知道了双鹤VEC。双鹤内部有人担心价格回位以后是否还会有人购买，然而实际情况是，促销活动过后，不出5天，市场上双鹤VEC全面脱销，双鹤药业根本没有时间去担心，当务之急是尽快组织生产。

这次策划的成功在于把握了消费者的心理，出奇制胜，让消费者产生了强烈的购买欲望。虽然是以低价位吸引消费者，但却做得与众不同，令人拍案叫绝，最终造成巨大的影响，引导消费者竞相购买双鹤VEC，成为市场上一道壮观的风景。

(资料来源：http://wenku.baidu.com/view/7bb7328b680203d8ce2f2457.html)

思考：

1. 分析双鹤VEC在促销过程中是如何运用操作性条件反射理论的。
2. 从这个案例中你得到了哪些启示？

第六章　消费者的态度

知识目标

了解态度的含义、特征和功能，掌握态度的具体构成，掌握消费者态度与购买行为之间的关系，理解有关态度形成和改变的基本理论以及消费者态度的具体测量。

能力目标

能根据消费者的态度层次制定相应的营销策略，具备运用所学的有关态度的理论来塑造和改变消费者态度的能力。

课程思政

20 世纪 80 年代，袁伟民率领中国女排在世界杯上首夺世界冠军，中国女排的黄金时代自此开启。中国女排在艰苦条件下无所畏惧、团结战斗、勇攀高峰的精彩表现，极大地激发了中国人的自豪、自尊和自信，广为传颂、家喻户晓的“女排精神”也自此诞生。团结协作、顽强拼搏的“女排精神”不仅得到了国务院、共青团中央、中华全国学生联合会的高度肯定，更是被许许多多奋斗中的青年人当作人生座右铭，并鼓舞着他们的士气和热情，极大地激励了国人在新征程上接续奋斗、自强不息。因为对“女排精神”的认可与推崇，由中国女排队员代言的品牌和产品也备受消费者的青睐。由此可见，消费者对产品的态度不仅表现在消费者认知和情感层面，更是表现在与态度相一致的行为倾向上。“女排精神”是一种内化后的态度、一种积极的核心价值观，“女排精神”契合时代需要，积极塑造了消费者“与有荣焉”的集体荣誉感，进而诱发了消费者对于产品的肯定态度。因此，消费者在构建产品态度时，比起产品本身应当更聚焦于产品的精神内涵与核心价值观。

案例导入

个人计算机是理性诉求还是感性诉求？

在个人计算机开始普及的十几年间，目标市场主要定位于高技术用户，即对计算机的硬件和软件都有所了解的用户，针对这部分用户的销售取得了不俗的业绩。如今，计算机已经进入了生命周期的成熟阶段，市场竞争激烈，计算机公司发现自己已经陷入了对消费者心智和精神的激烈争夺之中这就使得计算机公司争先恐后地与消费者建立感情纽带。IBM 的营销专家说，如今个人计算机的广告都已走错了方向，到处充斥着技术规格(我的机器比你快)以及价格的竞争，他声称 IBM 正在利用广告与消费者建立一种强大的、积极的联系。IBM 的竞争对手也是如此，康柏找到了一种简单的办法来提高电脑令人喜爱的程度。惠普为其 Pavilion 个人电脑发起了一场名为“真实生活创造简单”的促销活动。康柏通过一系列栩栩如生的商业广告宣传其机器的多样性，在一个电视广告镜头中，一位想要其学前班女儿刷牙的父亲向女儿许诺说将用康柏手提电脑为女儿阅读一段 CD-ROM 上的睡前故事。在另一个镜头中几位男性经理因为一场有可能使他们失去一大笔生意的交通阻塞而急得满头大汗，这时一个女雇员拿出她的手提电脑，在高速公路中心用汽车电话从容不迫地将他们的方案传真过去，经理们才如释重负。“我们不应使消费者因一大堆比特和字节而精神错乱，这一点至关重要。”康柏的广告主任说道，“我们将证明计算机会帮助他们将工作做得漂亮。”

在美国 9000 万个家庭中，计算机已经渗透至 1/3 的家庭。因此，计算机厂商将其广告安排在主要电视网的黄金时段播出。看起来，计算机厂商的目标似乎不再是让美国人因为计算机是高效率的技术奇迹而购买，而是使他们对计算机感到更为亲切，并对计算机本身和生产计算机的厂商感到模糊。

(资料来源：作者根据相关资料整理而成。)

第一节 消费者态度概述

一、消费者态度的含义

态度(Attitude)一词源于拉丁语的 aptus，后者含有“合适”“适应”的意思，到 18 世纪，它开始被用来指身体姿势，指人对其他事物身体上的倾向。18 世纪末生物学家达尔文(Charles Robert Darwin)在生物学意义上使用该词，并赋予它“在身体上表达情感”或“情感的外部表露”等意义。实际上即使到了 20 世纪，仍有很多学者主张将态度与趋近或回避某一事物的身体或生理倾向相联系。

在过去的半个世纪里，很多学者从不同角度对态度下过定义。最早从事态度测量理论研究的心理学家瑟斯顿(Thurstone)认为，态度是人们对待心理客体如人、物、观念等的肯定或否定的情感。赖茨曼(Wrightsman)则将态度定义为“对某种对象或某种关系的相对持久的积极或消极的情绪反应”。克雷奇(Krech)和克拉茨菲尔德(Crutchfield)把态度理解为“一种和个人所处环境有关的动机、情绪、知觉和认识过程所组成的持久结构”。弗里德曼(J. L. Freedman)等人在《社会心理学》一书中，将态度理解为一种带有认知成分、情感成分和行为倾向的持久系统。

综观学术界对态度所下的定义，大致有三种不同的看法。第一种看法认为，态度主要是情感的表现，或反映的是人们的一种好恶观，前面介绍的瑟斯顿以及赖茨曼对态度的定义就反映了这种观点。第二种看法认为，态度是情感和认知的统一。美国学者罗森伯格写道：“对于态度客体的情感反应，是以对客体进行评价所持的信念或知识为依据的，所以态度既有情感成分又有认知成分。”第三种看法则将态度视为由情感、认知和行为构成的综合体，克雷奇、弗里德曼等人对态度下的定义就反映了这种观点。

对人或事物的看法、评价的确可能带有很多的情感因素。比如当人们的需要由于某人或某物的阻碍而不能得到满足时，个体就会产生情绪，讨厌这种阻碍物，此时情感因素在态度形成过程中也许是起到了决定性的作用，但据此就认定态度单一地由情感成分构成则显得证据不足。以消费者对某个公司产生好感为例，这种好感很可能是建立在对该公司的产品卓越、能够为消费者带来额外利益的基础之上，也可能是建立在对该公司乐善好施、不断创新、造福社会的认识之上。从这个意义上讲，态度又总是与一定的认知成分相联系，同时消费者一旦对公司或其产品形成好感，他又可能产生要选择、购买该公司产品的行为倾向，所以将态度理解为由情感、认知和行为所构成的持久系统，可能更能反映态度的本质。基于此，我们将消费者态度定义为：消费者对某一事物或观念所持有的正面或反面的认识上的评价、情感上的感受和行为上的倾向。

态度作为一种内在的心理过程，不一定能直接观察到，但可以从个体的脸部表情、言谈举止和行为活动中作出推断。个体根据自己经验对特定事物在内心进行意义和价值的评估，或者凭直觉形成对某种事物的好恶感，这完全是一种内在的心理倾向。这种心理倾向可以以外显的形式表现出来，也可能深藏于个体的内心，从不表露，但是态度并非不可把握。态度总是涉及价值的判断，具有情感色彩，而人的情感或多或少总会通过一定的方式流露出来。因此在大多数情况下，通过观察个体的情绪流露，就能较为可靠地获得个体对人、对事、对物的态度。

消费者态度是消费者评价消费对象优劣的心理倾向，导致消费者喜欢或讨厌、接近或远离特定的产品和服务。消费者对产品或品牌的态度会直接影响其购买决策，在使用商品或服务中所获得的经验反过来又会直接影响消费者的态度，从而影响下一次的购买决策。

二、消费者态度的构成

（一）消费者态度的成分

消费者的态度是由认知、情感和行为倾向三种成分构成的复合系统，各个成分在态度系统中处于不同的层次地位，担负着不同的职能。态度的三种成分是相互区别、相互联系的，其中认知成分是态度形成的基础，情感成分是态度形成的核心，行为倾向成分是态度的外在显现，也是态度的最终体现。态度的三种成分密切联系、互相协调、相互影响、相互制约，形成一个完整的不可分割的有机整体，消费者态度成分见图 6-1，消费者态度构成成分的解释与举例如表 6-1 所示。

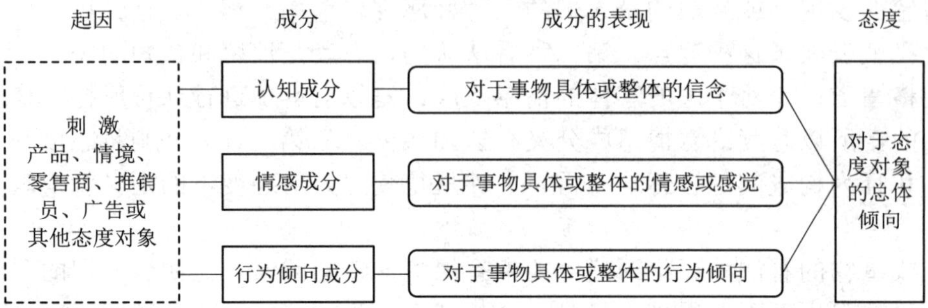

图 6-1 消费者态度的成分

表 6-1 消费者态度构成成分的解释与举例

构成成分	定 义	解 释	举 例
认知成分	知觉成分	这是个体对态度对象的意识、知识、信念和印象，是态度有意识思考的部分	个人对于一辆汽车的态度可能是由比较性信息组成的。例如宝马 3 系列比 5 系列具有更便宜的价格，或者宝马 5 系列具有更好的加速性能。这些都是形成态度的事实或信念
情感成分	评价成分	这些是情绪，以及喜欢或不喜欢的感觉，这种情绪与感觉并不总是以客观事实为基础	司机通常会与他们的第一辆汽车产生情感联系，他们会给汽车取名，并经常与汽车讲话
行为倾向成分	行为意图	这是我们试图对态度对象所要做的事情，是否去接近它，拒绝它，购买它等。它不是行为本身，而只是一种意图	如果消费者对一辆汽车形成了“我喜欢这辆车，它看起来好极了，而且油耗少”这样的态度，他就会形成“我要去贷款买一辆车”的意图。这种意图就是指行为意向

1. 认知成分

认知成分是指对人或事物的认识、理解与评价，包括感知、思维、看法和好坏的评价，以及赞成或反对的意见。认知成分是态度的基础，在消费方面表现为消费者对所要购买商品的相关特性，包括质量、外观、性能、功效、安全性、价格、品牌、包装等。消费者只有在对上述情况有所认知的基础上，才有可能形成对某类商品的具体态度，而认知是否正确，是否存在偏见或误解，将直接决定消费者态度的倾向性或方向性。因此保持客观准确的认知是端正消费者态度的前提。

◈ 案例 6-1

中国啤酒含有甲醛?

2005 年上半年，在中国消费者中盛传中国啤酒甲醛含量过高，已对人体健康构成一定的伤害。这一传言对中国啤酒生产商无疑是晴天霹雳，许多消费者对中国啤酒开始持否定态度，由喝啤酒改为喝黄酒、红酒，啤酒销量直线下降。中国产品质量监督总局出面辟谣，宣称中国啤酒甲醛含量合乎标准，中国啤酒生产厂商才逃过一劫。

(资料来源：作者根据相关资料整理而成。)

2. 情感成分

情感成分是指对人、对事所做出的情感判断。情感成分是态度的核心，并和人们的行为紧密相连。例如某人喜欢“格兰仕”牌微波炉，这种喜欢包含有积极的情感成分，积极的情感就会使其对“格兰仕”品牌微波炉产生肯定的态度和接近的倾向，如果条件具备，他就可能会买一台“格兰仕”牌微波炉。

3. 行为倾向成分

行为倾向成分是指个人对态度对象的肯定或否定的反应倾向，即行为的准备状态。在消费过程中它表现为消费者认为有关商品或服务的性价比合适，于是向亲朋好友宣传该商品或服务的优越性，并实际从事购买等活动。行为倾向是消费者态度的外在显示，同时也是态度的最终体现，只有通过行为倾向，态度才能成为具有完整功能的有机系统。此外行为倾向还是态度系统与外部环境进行交流和沟通的媒介，通过语言和非语言行为倾向，消费者可以向外界表明自己的态度，其他社会成员、群体、生产厂家及商品经营者也可以从行为倾向中充分了解消费者的真实态度。

◇ 案例 6-2

ThinkPad 新产品去掉 IBM 标志，试探消费者态度

联想于 2004 年 12 月收购 IBM 的 PC 业务，随后联想一直坚持双品牌策略。联想将主推 Lenovo 品牌，旗下将有 Lenovo 和 Think 两个品牌，前者主打消费者市场，后者注重商用市场。由于联想使用 IBM 的品牌有时间限制，因此联想必须逐渐改变 ThinkPad 的设计，脱离 IBM 的光环，树立新的品牌形象。

ThinkPad 凭借良好的设计和质量，被称为“笔记本中的大奔”，拥有许多忠实的用户。ThinkPad 自 1992 年推出以来一直保持黑色外形，如果联想轻易对产品进行大规模的改变，势必会影响用户的忠诚度。

ThinkPad 很早前已经更换了包装箱，在笔记本屏幕的右下角打上了 Lenovo 标志，但是目前没有正式发布消息。目前，刚刚出货的 ThinkPadX60 系列笔记本电脑已经将右下角的 IBM 标志去掉，并对原来的 ThinkPad 标志进行重新设计。去掉 IBM 标志的产品只有 X60，其他新产品尚未换标。联想此举只是试探性地测试用户对去掉 IBM 标志后对 ThinkPad 的接受程度。

(资料来源：作者根据相关资料整理而成。)

一般情况下，态度的三个成分作用方向是互相协调一致的，消费者态度表现为三者的统一，但是在特殊的情境中，上述三种成分也有可能发生背离，呈反向作用，以致消费者的态度呈现矛盾的状态。例如某消费者根据自己所掌握的信息，预先判断某种品牌的轿车有很大的降价空间，如果再等等就可以买到质量好、价格低的车。但由于对此款轿车具有强烈的好感，加上亲朋好友一个接一个都买了该车，因而促成其“明知故买”的购买行为。又如对某品牌的家庭影院，消费者认为有必要且愿意购买，但在行动上却因某种原因一再拖

延。由此可见在态度的三个成分中，任何一项成分发生背离，都会导致消费者态度的失调和作用的不完整，特别是其中的情感成分和行为倾向成分对完整态度的形成具有特殊的作用。

(二) 消费者态度的层次

1. 高度参与层次

消费者参与，是指消费者对某一商品或服务关心或感兴趣的程度，即某事物对消费者的重要程度。消费者在高度参与时，会通过积极地搜寻信息的过程来发展品牌信念，并且在此基础上评价品牌，形成明确的品牌态度，作出相应的购买决策，也就是说消费者首先有想法，然后产生感觉，最后才付诸行动。

2. 低度参与层次

消费者在低度参与时，不会积极地搜寻和处理信息，也没有强烈的品牌偏好，而是根据被动接受的或有限的信息作出购买决策，产生购买行为，品牌评价可能在随后才发生并且很微弱，或者根本没有发生，即购买了产品却没有形成品牌态度(品牌评价)，也就是说消费者行动在先，然后产生感觉，最后才形成想法。

3. 经验学习层次

经验学习层次也称情绪性层次，是指消费者并未事先了解品牌的属性和利益，而是根据自己的情感、想象对商品或服务作出整体评价，并据此采取购买行动，随后才形成对该品牌属性和利益的认识，也就是说消费者先有感觉，然后产生行动，最后再思考。

4. 行为学习层次

行为学习层次是指因为环境上或情绪上的因素促使消费者在未形成情感与信念之前，就先采取了行动。因此在行为学习层次中，行为最先出现，接着根据行为形成信念，最后才是情感。

◈ 案例6-3

宏 基 电 脑

宏基电脑目前是全球第二大个人电脑制造商，在欧美市场表现抢眼，但在中国大陆市场却停滞不前，一个重要原因就是忽视了东西方的消费差异。

欧美市场的消费者不把个人电脑购买视为大宗支出，选定一个预估价格区间后就去沃尔玛、家乐福、百思买等大卖场购买自己认可的品牌，无需太多评估，也无需制造商或经销商给予过多的引导。但是中国消费者把个人电脑购买视为大宗支出，购买之前不仅会详细评估各品牌电脑的配置、外观、价格等各项指标，而且也非常关注电脑品牌声誉、经销商和销售人员信誉以及专业性，大众口碑和“意见领袖”的观点等影响因素。平均每个消费者会访问电脑城3～6次才会作出购买决策。

宏基以往没有重视研究中国大陆市场，沿袭了欧美市场的营销策略，甚至把销往欧美市场的产品直接拿到中国大陆市场销售。要改变这种局面，就必须在充分研究中国大陆消费者的消费习惯的基础上改善营销组合策略。

(资料来源：作者根据相关资料整理而成。)

三、消费者态度的特征

消费者的态度作为消费者一种复杂的、复合型的心理活动具有以下特性。

(一) 态度的社会性和时代性

消费者对某类商品或服务的态度并非与生俱来，而是在长期的社会实践中通过不断学习、不断总结经验，逐步积累而成的，离开社会实践特别是消费实践活动，离开与其他社会成员、参照群体、组织的互动，以及离开将社会信息内化的过程，就无法形成一定的态度。因此消费者的态度必然带有明显的社会性和时代特点。

(二) 态度的等级性

等级性是指态度的不同程度，即对态度对象肯定或否定的程度。一般来讲越是强烈的态度就越难改变，当然肯定或否定是对态度两个极端的表达，在这两个极端之间存在着一个态度等级。在对消费者进行市场调研与预测时，我们经常使用一定的方法和指标来表示这个中间的态度等级。

(三) 态度的稳定性

态度的形成需要相当长的一段时间，一旦形成，某种态度就趋于相对稳定的状态，如对某种品牌的偏爱，对某家老字号商店的信任等。态度的稳定性使消费者的一些购买行为呈现出一定的规律性和习惯性，从而有助于某些购买决策的常规化、程序化。比如某消费者在商场购买产品后感觉很好，从而形成了对这家商场的肯定态度，以后当他再想购物时，很可能还会选择这家商场，这也就是人们常说的回头客。回头客的多少既反映出商场服务质量的高低与产品本身是否物有所值，也反映出客人态度的稳定与否。

◇ 案例 6-4

限塑令让消费者态度矛盾

2008 年 6 月 1 日起所有超市、商场、集贸市场等商品零售场所一律不得免费提供塑料购物袋。在数万人参加的门户网站关于使用塑料袋的调查中，有超过一半的被调查者表示愿意为环境保护尽力。但也有人表示少了塑料袋，可能确实不方便。

(资料来源：作者根据相关资料整理而成。)

(四) 态度的价值性

在消费活动中，消费者之所以对某种商品或服务持有这样或那样的态度，主要取决于该商品或服务对消费者自身具有的价值大小，如地位(显示社会价值)、欢乐(情感价值)、强壮身体(使用价值)等。凡价值大的商品或服务，消费者就持积极的态度倾向；价值小的商品或服务，或无价值的商品或服务，则持消极的态度倾向，因此在一定意义上价值就成了决定消费者态度的本质特性。但是商品或服务对人的价值大小，是受人的需要、兴趣、爱好、性格、信念、理想等因素制约的，人们的价值观念不同，对同一商品或服务可能形成不同的态度。商品或服务的价值一般而言有六种，理论的价值、实用的价值、美的价值、社会的价值、权利的价值和宗教的价值。

(五) 态度的对象性

态度必须指向一定的对象，若没有对象，就谈不上什么态度。态度是针对某一对象而产生的，具有主体和客体的相对关系，人们做任何事情，都会形成某种态度，在谈到某一态度时，自然就提出了态度的对象。例如对某个商店的印象如何，对产品的价格有何感受，对服务员有什么看法等，没有对象的态度是不存在的。

(六) 态度的内隐性

态度是一种内在结构，一个人究竟具有什么样的态度，我们只能根据他的外显行为加以推测。例如一个员工在业余时间里总是抱着各种专业书在看，那么我们就可以从他的行为中来推测，他对学习可能抱有积极的态度。

(七) 态度的调整性

态度的一个重要特点就是它具有一定的调整功能，所谓调整是指消费者在社会奖惩或亲朋意见及榜样示范作用下改变自己态度的情况，在消费活动中最常见的就是人们根据他人或社会的奖惩来调整或改变其原先的态度。例如某人准备购买高档消费品，当其同事或朋友表达了不同的看法，或看到其他消费者投诉了该产品后，他就很可能改变原先的态度，取消这次购买活动。

四、消费者态度的功能

购买行为是指消费者从产生购买动机，形成购买意图，进而采取购买行为的一个连续过程，其中购买意图是导致实际购买行为，并最终完成购买过程的关键，而明确的购买意图来自对商品或服务的坚定信念和积极态度。凡是对某商品的品牌、质量、外观和服务等抱有好感或偏好，持肯定、赞赏态度的消费者，在产生购买需要时，必定首先将意念集中于该商品，继而导向该商品的实际购买。从这个意义上讲，形成态度能够满足或有助于满足消费需要，或者说态度本身具有一定的功能。虽然在学术界已经发展起了关于态度功能的理论，但其中影响比较大的是卡茨(D.Katz)的观点。卡茨认为态度有四种基本功能，即适应功能、自我防御功能、认知功能和表现功能。在这里我们结合消费者的态度，对这四个功能进行介绍。

(一) 适应功能

适应功能又称为实利功能或功利功能，是指态度能使人更好地适应环境和趋利避害。人是社会性动物，他人和社会群体对人的生存、发展具有重要的作用。个体只有形成适应的态度，才能从某些重要的人物或群体那里获得赞同、奖赏或与其打成一片，例如销售人员在向顾客推销产品时如对顾客的购买行为表示赞美，进而使顾客形成正面的态度和好感，销售可能会比较容易，而且消费者在下次遇到这些产品或服务时，也会做出一致的反应，从而节省在购买决策上的时间和精力。

(二) 自我防御功能

自我防御功能是指当消费者的个别行为与所属群体的行为相左，或与社会通行的价值标准发生冲突时，消费者可以通过坚持固有态度以保持个体的现有人格，或者适当调整和改变态度，求得与外部环境的协调，从而减少紧张，保持心理上的平衡，同时增强对挫折的容忍力与抗争力，例如在消费过程中，我们经常可以看到一些收入水平并不高的消费者有时也购买一些高级美容化妆品、抗衰老保健品或者对这种行为持积极的态度，实际上也是出于自我防御的目的,有意无意地防御由于身体衰老或自感容貌平平所滋生的不安心理。

(三) 认知功能

认知功能是指消费者形成某种态度，更有利于对事物的认知和理解。事实上，态度可以作为帮助消费者理解商品或服务、广告、销售促进等的一种标准或参照物。消费者在已经形成态度倾向性的支配下，可以决定是趋利还是避害。通过这种方式，可以使外部环境简单化，从而使消费者集中精力关注那些更为重要的事件。另外态度的认知功能也有助于部分地解释品牌忠诚的影响。对某一品牌形成好感和忠诚，能够减少信息搜集的时间，简化消费决策程序，并使消费者的行为趋于稳定。

(四) 表现功能

表现功能是指通过态度可以表现出消费者的性格、志趣、文化修养，特别是自己的核心价值观念，同时反映消费者可能选择的决策方案和即将采取的购买行动，即形成某种态度，能够向别人表达自己的核心价值观念。在 20 世纪 70 年代末 80 年代初，我国对外开放的大门刚刚开启的时候，一些年轻人以穿花格子衬衣和喇叭裤为时尚，而很多中老年人对这种装束颇有微词，这实际上反映了两代人在接受外来文化上的不同价值观念。现在很多人光顾快餐店，或者在周末带上全家到经济实惠的餐馆就餐，而不是像从前那样在自家厨房忙前忙后，对这种现象的不同态度，应当说折射出或表达了人们在休闲和时间上的不同价值观。

总之，态度具有不同的功能，而且同一个态度对象起作用的功能可能也会不同，最终会影响人们对该态度对象的整体评价。由此可见，了解态度的相关功能，可以帮助我们解释为什么有些态度很难改变，为什么不同的消费者对同一事物或品牌会有不同的态度。

五、消费者态度与行为之间的关系

(一) 消费者态度对购买行为的影响

很多学者认为，消费者一般是先形成关于产品的某些信念或对产品形成某种态度，然后受信念和态度的影响，再决定是否购买该产品。现在很多人认为，购买行为并不必然受信念或态度的直接支配，在有些情况下，消费者可能是受环境或情境的影响，如在朋友的压力下、在促销的引诱下，先采取购买行动，然后再形成关于产品或服务的态度。总之，消费者态度与购买行为之间并不必然是一种指示和被指示的关系。

20 世纪 30 年代，美国社会心理学家拉皮尔(R. T. Lapiere)做过一项著名的实验。拉皮尔偕同一对年轻的中国留学生夫妇在美国西海岸旅游，住宿了 66 家旅社，在 184 家餐馆用餐，并受到很好的接待。由于当时美国普遍存在着对黑人和亚洲人的歧视，拉皮尔的此次旅行使他颇感意外。6 个月后，他将上述光顾过的餐馆、旅店作为实验组，将未光顾过的一些餐馆、旅店作为控制组，分别向他们寄送内容类似的调查问卷，以了解他们是否愿意接待华人顾客，结果在光顾过的 250 家餐馆、旅馆中收回了 128 份答卷，其中回答不愿意接待的有 118 家，占总数的 93.4%，而且这一结果与对照组的结果没有显著差别。由此说明，行为与态度之间的关系并不像人们通常想象的那么简单。

虽然如此，但态度与行为之间确实存在着密切的联系。在西方的政府选举中，民意测验往往成为某个政党候选人能否当选的有效预示器，而且民意测验日与选举日越接近，民意测验的预示效果越准确。所以通过对态度的测量，了解个体的内心想法，在不少情况下对预示行为具有一定的价值。一般而言，消费者态度对购买行为的影响主要有三方面。

1. 态度影响消费者对产品、品牌的判断与评价

哈斯托夫和坎特里尔将普林斯顿大学和达特茅斯大学两所校队足球赛录像分别放给两校学生看，结果普林斯顿大学的学生发现达特茅斯球队犯规次数比裁判实际判处的多两倍，达特茅斯大学的学生则恰好相反，更多地指出普林斯顿球队犯规而未遭处罚的次数。显然，这是两校学生出于维护各自学校荣誉的立场和期望本校球队获胜的积极态度造成认识判断上的偏差，这种现象在消费者选择、购买商品时也经常出现。比如现在一些国产电器的品质并不比国外产品差，但一些消费者长期形成了进口电器产品特别是日本生产的电器产品质量最好的信念和态度，由此在一部分消费者中形成了宁愿多花钱选择进口产品的崇洋倾向。

2. 态度影响消费者的学习兴趣和学习效果

琼斯等人做过一项实验，他们选择对“白人和黑人分校学习”有不同态度的两组大学生作为被实验者，第一组为反对分校者，第二组人为赞成分校者。两组被试者被要求分别阅读 11 篇关于“反对黑人与白人分校学习”的文章，然后要求被试者将所阅读的文章内容尽量完整地写出来，结果发现与读者态度一致的材料，易被吸收、存储和提取，而与读者态度不一致的材料，则更容易被忽视、曲解。显然态度在学习过程中起着过滤器的作用。同样消费者在接触各种来源的商品信息时也会因对企业、商品的不同态度，产生先入为主的见解，从而影响他们对这些信息的注意和理解。

3. 态度通过影响消费者的购买意向，进而影响其购买行为

佩里(M.Perry)曾研究过可否根据消费者对商品的态度来预测购买意图与购买行为的问题。他研究发现，态度与消费者购买意图存在直接联系，即抱有最善意态度的被试者怀有明确的购买意图，抱有最恶意态度的被试者完全没有购买意图，漠不关心的消费者则对将来是否购买持观望和不确定状态，由此得出的结论是意图是态度的直接函数，即态度在很大程度上预测意图。费希本和阿杰恩认为，消费者是否对某一对象采取特定的行为，不能根据他对这一对象的态度来预测，因为特定的行动是由采取行动的人的意图所决定的。因此要预测消费者的行为，必须了解消费者的意图，而消费者态度只不过是决定其意图的因素之一。

(二) 态度与购买行为不一致的影响因素

消费者态度一般要通过购买意向来影响消费者的购买行为，然而态度与行为之间在很多情况下并不一致。造成不一致的原因除了主观规范、意外事件以外，还有很多其他的因素。

1. 购买动机

即使消费者对某一企业或某一商品持有积极的态度和好感，但如果缺乏购买动机，消费者也不一定会采取购买行动。比如一些消费者可能对 IBM 生产的计算机怀有好感，认为 IBM 计算机品质超群，但这些消费者可能并没有意识到自己需要拥有一台 IBM 计算机，由此造成态度与行为之间的不一致。

2. 购买能力

消费者可能对某种产品特别推崇，但由于经济能力的限制，只能选择价格低一些的同类其他品牌的产品。很多消费者对奔驰汽车评价很高，但真正作购买决定时，可能选择的是其他品牌的汽车，原因就在于奔驰的高品质同时也意味着消费者需支付更高的价格。

3. 态度的强度

态度有强弱之分，我们对自己的亲人、朋友所形成的态度远比对不太熟悉的人态度更为强烈，强的态度比弱的态度对行为有更大的预示作用，当行为和态度出现不一致时，很多情况下往往是由于持有的态度不够强烈。

那些有助于增加态度强度的因素，同时也能增加态度对行为的预示性，这样的因素有很多：① 个体拥有的关于态度对象的信息和知识。考根和伍德的研究发现，对环境保护了解最多的人，其环境友善行为和其对环境保护的态度之间一致性也最高。② 态度的形成是否基于直接体验。如果是由于道听途说形成的态度，态度和行为之间的一致性相对会比较弱。③ 态度对象对个人是否重要。那些涉及个体价值观、个人重大利益的态度，通常不容易改变，同时也显示出更大的行为与态度之间的一致性。④ 态度是否经由深入思考而形成，是否在公开场合表达过，那些在多种场合表达过的态度，更容易从记忆里提取出来，对行为的影响会更大。

4. 情境因素

节假日、时间的缺乏、生病等都可能导致购买态度与购买行为的不一致。当时间比较宽裕时，消费者可以按照自己的偏好和态度选择某种品牌的产品，但当时间非常紧张，比如要赶飞机，要很快离开某个城市时，消费者实际选择的商品与他对该商品的态度就不一定有太多的内在联系。

5. 测量上的问题

行为与态度之间的不一致，有时可能是由于对态度的测量存在误差。比如只测量了消费者对某种商品的态度，而没有测量消费者对同类其他竞争商品的态度，只测量了家庭中某一成员的态度，而没有测量家庭其他成员的态度，或者离开了具体情境进行测量，而没有测量态度所涉及的其他方面等，都有可能导致态度与购买行为之间的不一致。

6. 态度测量与行为之间的延滞性

态度测量与行为之间总存在一定的时间间隔。在此时间内，新产品的出现，竞争品新促销手段的运用，以及很多其他的因素都可能引起消费者态度的变化，进而影响其购买意向与购买行为，时间间隔越长，态度与行为之间的偏差或不一致就会越大。

7. 个人因素

研究发现，喜欢思考的人其态度和行为之间呈现更大的一致性，原因是其态度的形成伴随更多的认知和信息的处理。同样更多受内心想法支配的人，其态度和行为一致性更高，相反更多关注他人看法的人，常常迁就环境和更多受到外部因素的影响，其行为和态度的一致性相对就比较低。

第二节 消费者态度形成过程理论

一、学习论

学习论，又称为条件作用论，主张这一理论的最突出的代表是耶鲁大学的霍夫兰德(C.Hovland)，霍夫兰德认为人的态度同人的其他习惯一样，是后天习得的。人们在获得信息和事实的同时，也认识到与这些事实相联系的情感与价值。儿童认识了猫这一动物，通过观察，他发现猫能和家人友好相处，并且具有很多好的品性，于是他学会了对猫形成好感，即通过学习获得了对猫的肯定性情绪与态度。

人的态度主要是通过联想、强化和模仿三种学习方式而逐步获得和发展的。联想是两个或多个观念之间构成联结通道，由一个观念可以引起另一个观念的活动表现。用斯塔茨的话来说，态度的形成是一个中性概念与一个带有积极或消极社会含义的概念重复匹配的结果。例如，学生一词只表明在学校中接受教育的人，是一个中性概念，假若它多次与偏激一词发生联结，就会导致“学生是偏激的”偏见。如果在电影、小说和现实生活中多次接触、经历学生的“偏激”言行，前述联结就会异常牢固，并发展为对学生所持的一种态度。同样，若消费者经常接触有关企业的正面宣传或报道，接触来自各方面对企业的赞誉，他就会在这些正面信息与企业的产品、服务之间形成联结，从而导致对企业及其产品形成积极和肯定的态度。

强化对态度的形成同样具有重要作用。如果消费者购买某个品牌的产品后，产生一种满意的感觉，或者从中获得了“物有所值”的体验，那么他的这一行为就会得到强化。在下一次购买中，他更有可能重复选择该品牌。强化也可以是来自家人、朋友和其他相关群体的赞许，如果购买的产品受到他人的称赞，消费者的满意感会得到强化，由此也会促使他对产品形成积极的情感与态度。强化有正面的强化，也有负面的强化。有时消费者同时受到正、负两方向的强化，此时强化对态度的形成和发展所起的作用取决于两种强化的相对强度。正面强化如果在力度上超过负面强化，那么将有助于消费者对企业或产品形成积极的态度，反之将会产生相反的结果。

态度还可以通过模仿而学习到，模仿是一种重要的学习方式，人们在学习过程中会自觉或不自觉地运用这一方式。模仿一般是对榜样的模仿，如果榜样是强有力的、重要的或亲近的人物，模仿发挥的作用就会更大。儿童在早期，其行为和态度大多来自对父母亲的模仿，但随后的模仿对象可能来自社会上的各种人物，如老师、同辈好友、英雄人物、名人等。人不仅模仿榜样所持态度的外部特征，如言谈、举止，而且也吸取榜样所持态度的内涵，如思想、情感、价值观念等。在一个对物质财富持有自私态度的家庭里，儿童可能内化这种态度，在与伙伴玩耍时拒绝共享玩具或食物，即使父母告诉他这样做不对时也不会改变其待人的方式。在消费中，消费者会通过对名人和重要参照群体的模仿，形成与后者相一致的对人、对事和对生活的态度，并通过其消费方式与活动表现出来。第一汽车制造厂推出的新式“红旗”轿车，一度在市场上销售看旺，或许能从一个侧面反映出普通民众出于模仿欲望而对这种过去的首长用车所产生的特殊情感与态度。

态度的形成和变化一般要经历三个阶段：① 顺从，即在社会影响下，个人仅仅在外显行为上表现得与别人相一致，而对于为什么要如此行为并没有多少深刻的认识，也没有太多的情感成分。此时个体对行为的态度主要受奖惩原则的支配，一旦外部强化或刺激因素消失，行为也可能会中止，因此这种态度是表面的、暂时的和易变的。② 认同，是指由于喜欢某人、某群体或某件事，乐于与其保持一致或采取与其相同的表现。这种态度带有较多的情绪与情感成分，虽然不一定以深刻的认识作为基础，但较顺从阶段的态度更为深刻，也更为积极主动。③ 内化，即个体把情感认同的东西与自己持有的信念、价值观等联系起来，使之融为一体，对情感、态度给予理智上的支持。此时个体态度以认知性成分占主导，同时附有强烈的情感成分，因而比较持久和不易改变。上述三阶段，从某种意义上可以看作是学习过程中个体态度所处的三种层次或水平，对理解个体如何经由学习形成其态度是颇有启发的。

学习论对态度的形成和改变主要强调两个方面。第一个方面表现为信息的学习和情感的转移，其主要表现为：① 信息的学习，其基本逻辑是如果个体学习了一则信息，改变就可能接踵而至。这一看似显然的论点，实际上有一定的片面性。记住信息本身，对态度改变所起的作用并不像想象的那么大。研究表明信息的记忆和态度改变之间只有中等程度的联系。虽然记住信息中的基本立场很重要，但态度的改变并不要求记住信息所传递的具体细节，这也意味着，单纯地以消费者记住了多少广告信息来衡量广告效果，是偏颇和片面的。② 情感的转移，当消费者把对某个对象的好感转移到企业所推广的产品时，对后者的态度会更加正面，这一点得到了很多研究的证实。企业在营销实践中大量的通过运用受众喜欢的明星、漂亮的模特或令人神往的景物来增加消费者对其产品的好感，实际上也是运用这一原理。研究同时也发现情感转移效应在消费者对所宣传的产品不太熟悉的情况下更为有效。

二、诱因论

诱因论是从趋近因素和回避因素的冲突来看态度问题，即将态度的形成看作是在权衡利弊之后做出抉择的过程。消费者对于一种产品或服务既有一些趋近的理由，也有一些回避的理由。比如这种产品与众不同，能够体现自己的个性，使用时可能会招来同事、朋友的羡慕，产生令人兴奋的感觉，与此同时这种产品的品质不一定有保证、价格比较贵、自己的父母或家里的其他成员并不喜欢这种产品。前者会使消费者对购买这种产品产生积极的态度，后者则会使之产生消极的态度。按照诱因论，消费者的最终态度是由趋近和回避两种因素的相对强度来决定的，如果前者在强度上超过后者，则会形成总体上的积极态度，反之则会形成消极态度。

诱因论和学习论的共同点是两者都认为态度是由肯定因素和否定因素的相对强度关系所决定的。不同之处在于诱因论强调个体不是被动接受条件的环境反应论者，而是主动、积极对诱因冲突进行周密计算然后做出选择的决策者。而学习理论的主要观点，无论是概念之间联想的形成、社会对态度的强化，还是个体对他人态度的模仿，均将人置于一种被动适应的情境。

诱因论把态度的形成看成是理性的、主动决策的过程，这和学习论相比是一种进步，但是把态度视为是追求个人得失而进行周密思考和计算的结果，似乎并不完全符合事实。不少研究表明，态度一旦形成，即使当时诱发态度形成时的诱因已被遗忘，人们的原有态度仍然倾向于保持不变。对人、对事的情感成分比认知成分往往更为持久和更加有力。同样品质、同样价格的产品，仅仅由于原产地的不同，人们的评价会有令人惊讶的差别；为了购买到出自家乡的产品或很久以前所喜爱的产品，消费者愿意付出更多的时间和金钱。这些事实说明，个体的态度形成是一个复杂的过程，不一定总是依据理性的原则进行。

三、认知相符论

认知相符论又称认知一致论是当代西方学者解释态度形成与变化的一项重要理论，该理论的基本观点是人的信念或态度如果与其持有的其他观点、行为发生矛盾，就会存在一种内在的力量推动其进行自我调整，以达到或恢复认知上的相符和一致。认知相符论有三种主要的变式，即平衡理论、认知—情感相符理论和认知失调理论。

(一) 平衡理论

1958 年心理学家海德(F. Heider)提出了改变态度的平衡理论，又被称为“P-O-X 理论”，P 与 O 各代表一个人，X 是态度对象。平衡理论假定 P-O-X 之间的平衡状态是稳定的，排斥外界的影响，不平衡状态是不稳定的，并会使个人产生心理上的紧张。这种紧张只有当他们之间的关系发生改变，恢复平衡状态时才会消除。综合而言，海德的平衡理论考虑的是个体会在自己的认知架构内，组合彼此间对人和对物的态度。

海德认为，人类普遍有一种平衡、和谐的需要。一旦人们在认识上产生了不平衡和不和谐，就会在心理上产生紧张、焦虑，从而促使他们的认知结构向平衡和和谐的方向转化。显然人们喜欢完美的平衡关系，而不喜欢不平衡的关系。

平衡理论可以用图 6-2 具体加以说明。图中 P 代表某个消费者，O 代表与该消费者相关的某个人，如该消费者所崇拜或讨厌的某个明星，或者是该消费者的某个朋友或家庭成员；X 代表态度对象，如某种产品、某个事物，P 或 O 会对它采取某种态度。

在图 6-2 中 1、2、3、4 四种情况下，P、O、X 三者处于一种平衡状态，现以 1 为例说明。P 和 O 对 X 都持有肯定的态度(用“+”来表示正关系)，而且 P 和 O 彼此之间也存在着正面积极的态度，因此 P 以及整个系统处于一种平衡状态。与此不同的是 5、6、7 和 8 四种情况下，平衡状态被打破了。现以 6 为例具体加以说明，P 对 O 有一种否定的态度(用“−”来表示负关系)，而 O 又对 X 持有正面的态度，此时 P 如果不能改变对 O 的态度，就只能由原来的喜欢 X 转变为不喜欢 X，否则就会有不舒服、不平衡的感觉。判断三角关系是平衡的，还是不平衡的，其根据为平衡的结构必须三角形三边符号相乘为正；不平衡的结构必须三角形三边符号相乘为负。

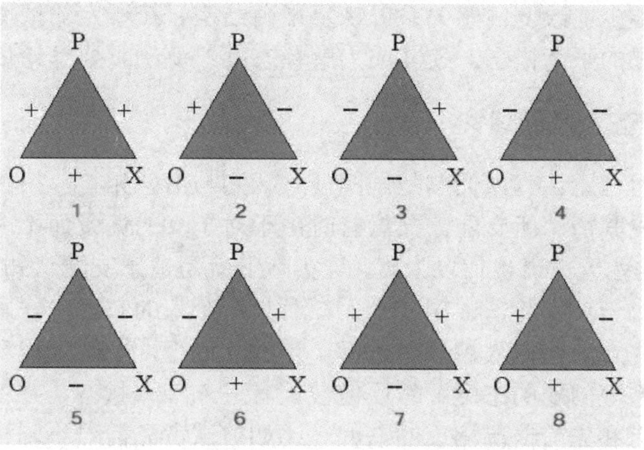

图 6-2 认知平衡与不平衡状态示意图

现举例说明这种三角关系。今有消费者 P(女青年)，消费者 O(男青年，为 P 的男朋友)，态度对象 X(男青年 O 自愿当清洁工)。对此，可能存在三种情况：

(1) P 对 O 与 X 皆持赞成态度，这是一种平衡状态；

(2) P 对 O 与 X 皆持不赞成态度，这也是一种平衡状态；

(3) P 对 O 持赞成态度，对 X 持不赞成态度，这就造成了不平衡状态。

在第三种不平衡的情况下，P 想要达到平衡的解决方法有：

(1) P 改变对 O 的看法，认为 O 太老实，有点傻劲；

(2) P 改变对 X 的看法，认为 X(去当清洁工)也是工作的需要，职业不分贵贱；

(3) P 劝说 O，不要去做清洁工。

由此可见，不平衡状态会导致认知结构中的各种变化，所以态度可以凭借这种不平衡的关系而形成和发生改变。

在认知不平衡的情况下，消费者 P 可以有多种方式恢复到平衡状态：

(1) 改变对相关影响人员的态度。如 O 是 P 的家人，前者对后者所交的朋友持反对的立场，此时 P 可能离家出走或中断与家人的关系，从而达到心理上的平衡状态。

(2) 对相关影响人员进行劝说，使之转变立场。如对家人进行说服，说明自己所交的朋友在兴趣、志向等各方面意气相投，能取长补短。

(3) 将三角关系中的某两个因素转变为无关联。如认为自己的兄弟姐妹现在都已成家立业，有着各自所关心的事情，他们对自己交朋友之事不过是简单发表一些看法而已，并不是真的很在意。

(4) 对三角关系中某两个因素之间的关系作出重新的归因或解释。如设想家人之所以反对自己与朋友之间的交往，主要是朋友的父母与自己家人有些芥蒂，而对朋友的父母，自己也没有太多的好感。

海德平衡理论的缺点是过于简单，只表示出关系的方向，却没有说明这种关系的程度。奥斯古德和坦南鲍姆(P. Tannenbaum)后来在扩展的海德平衡理论中，提出了一致性理论，其理论的主要特点是既注意了态度的方向，也注意了不同方向态度的强度，以一致性理论为基础的预测比那些依据平衡理论所作出的预测更加数量化。

平衡理论最大的用处在于其使人们可以用“最小努力原则”来预计不平衡所产生的效应，使个体尽可能少地改变情感关系以恢复平衡结构。在一定的情境中，该理论能以简练的语言来描述认知的平衡概念，使其成为解释态度改变的重要理论依据。

(二) 认知—情感相符理论

认知—情感相符理论认为人们总是试图使其认知与情感相符，换言之，人们的信念或认识在相当程度上受其情感所支配。父母有时由于对子女的偏爱而不能很好地识别子女的缺点，甚至对子女的弥天大谎也信以为真，这实际上就是情感支配认知与信念的典型例子。罗森伯格曾经进行过一项实验，证明一个人在对另一个人的态度中，感情的改变能引起随后认知的改变。他先对一些白人被试者进行了全面的调查，了解他们对待黑人、种族平等以及白人与黑人关系等问题的态度。然后使被试者进入催眠状态，并告诉被试者，他们对黑人进入其社区已有和先前情况相反的态度。比如被试者先前对不同种族合居一个社区持反对态度，现在则告知他对合居有好感；相反对先前持支持态度的被试者，则告诉他现在对黑、白人种合居很反感，也就是说在催眠中被试者原来关于黑、白人种合居的感情被改变，这种感情的改变完全是靠催眠诱导做出的，而不是由于增加任何新的认识或改变旧的认识。最后被试者从催眠状态中唤醒，并要求他们表达对黑人和种族合居问题的态度。结果发现催眠状态下诱发的感情改变，在被试者关于种族合居的认识方面带来了许多显著的反向变化。例如原来反对合居的被试者，开始相信合居对于消除种族不平等和维持种族之间关系的和谐是必需的。之所以出现认知上的这种改变，原因是感情的变化使得原先认知与新的感情不相符，减少认知与情感不相符的压力导致了个体认知上的变化。

(三) 认知失调理论

认知失调理论最先由费斯廷格(L. Festinger)于 1957 年提出，是认知相符理论中最具代表性的理论，其思想基础源于格式塔派心理学，是 20 世纪 50～60 年代在西方社会心理学研究领域中最有影响的理论之一，该理论认为任何人都有许多认知因素，如关于自我、自己的行为以及环境方面的信念、看法等。这些认知因素之间存在三种情况：① 相互一致和协调；② 相互冲突和不协调；③ 相互无关。当两个认知因素处于第二种情况，即相互冲突和不协调时，消费者就会不由自主地驱使自己去减少这种矛盾和冲突，力求恢复和保持认知因素之间的相对平衡和一致。所谓认知失调是指由于做了一项与态度不一致的行为而引发的不舒服的感觉，比如你本来想帮助你的朋友，实际上却帮了倒忙。费斯廷格认为，在一般情况下人们的态度与行为是一致的，比如你和喜欢的人一起郊游或你不理睬与你有过节的另一个人。但有时候态度与行为也会出现不一致的情况，如尽管你很不喜欢你的上司夸夸其谈，但为了怕他报复你而恭维他。在态度与行为产生不一致的时候，常常会引起个体的心理紧张，为了克服这种由认知失调引起的紧张，人们需要采取多种多样的方法，以减少自己的认知失调感。以戒烟为例，你很想戒掉烟瘾，但当你的好朋友给你香烟的时候你又抽了一支烟，这时候你戒烟的态度和你抽烟的行为产生了矛盾，引起了认知失调。

消除认知不一致或认知失调的途径很多，主要有：① 改变其中的一个认知，使之与自己持有的其他认识相一致。比如认识到“吸烟有害健康”，而自己又有吸烟嗜好，此时可把前者改为“有许多吸烟的人身体仍很健康”，这样两个认知之间便协调一致了。② 改变行为，使行为与其他认知相一致。比如由吸烟到戒烟。③ 在不改变原来两个认知因素的条件下，增加新的认知，如插入“抽烟可以提高工作效率，个人安危是次要的”等辩解性理由，减轻不协调压力。

为了证明认知失调和缺乏充足辩解理由时能引起态度的改变，费斯廷格等人于 1959 年曾做过一个实验。该实验邀请一些大学生作为被试者，并将其分成三个小组：控制组、高奖赏组、低奖赏组，实验中，所有被试者被要求做一个小时单调乏味的工作。除控制组外，其他被试者被要求在完成实验后对门口的一位女性研究助理撒谎，说这项工作非常有趣、令人愉快。作为撒谎的报答，高奖赏组每人给 20 美元的奖励，低奖赏组只给 1 美元奖励。最后，所有被试者被要求在一个 10 级等级量表上表明他们到底在多大程度上真正喜爱这项工作。结果发现，高奖赏组和控制组的被试者大多认为这项工作枯燥无味，不大喜欢，这两组平均得分值都比较低，且无明显差异。而低奖赏组则认为此项工作是有趣的、愉快的，其态度平均得分值比较高。

研究者认为，控制组没有被要求撒谎，内心无认知冲突，能表达其真实的认知与态度。两个奖赏组中的被试者都出现了认知失调，高奖赏组被试者由于高奖励这一外力的影响，就会在两个认知之间插入一个辩解性理由，如“得到一笔可观的奖赏，撒个小谎是值得的”，于是不仅维持对工作十分单调的认知和不喜欢的态度，而且对自己的撒谎行为也心安理得。而低奖赏组的被试者，由于找不到充足的外在理由为其撒谎行为辩解，只能从内部寻找理由对自己的行为予以支持，因而朝着“说的不是谎言”和觉得“工作是有趣”的方向变化，即改变了对工作的认知与态度。

第三节　消费者态度的改变

消费者态度的改变包括两层含义，一是指态度强度的改变，二是指态度方向的改变。消费者由原来有点喜欢某种商品到现在非常喜欢该种商品，这涉及态度强度的变化；由原来不喜欢某种商品到现在喜欢该种商品，则涉及态度方向的变化。强度的变化存在着引起方向性改变的可能，而方向性改变中又包含着强度的变化，因此两者是彼此关联和相互影响的。消费者态度的改变，一般是在某一信息或意见的影响下发生的，从企业角度来看这种影响又总是伴随着宣传、说服和劝导。因此态度改变的过程其实也就是劝说或说服的过程，可以采用相应的策略对消费者的态度进行改变。

一、消费者态度的影响来源

（一）社会环境

个体离不开特定的社会环境，个体形成任何态度都会自觉不自觉地受到社会大环境的影响，这种影响主要是通过社会规范、准则和要求的制约发生作用的。此外社会上主流价值观的宣传和教育、各种思潮和观念的冲击、风俗习惯的潜移默化等都会影响特定态度的形成。

(二) 家庭影响

在个体最初态度的形成过程中，家庭中父母的影响极为重要。对态度形成的这种影响与家庭的生活方式有关，如果家庭是民主、平等的，则个体容易形成良好的与人相处的态度，会善于运用平等的方式与人相处、用民主的方式解决问题。对态度形成的这种影响也与家庭成员的人际关系有关，人际关系和谐的家庭则成员情感融洽，成员互相影响也就较大，并容易形成趋同的态度。

(三) 同伴影响

随着年龄的增长，在家庭及父母的影响逐渐减弱的同时，同伴对个体态度形成的影响逐渐增强，这与青少年倾向于把同伴作为重要参照有关。青春期以后，个体开始经常把自己所持的观点与周围同伴的态度、观点相比较，并以同伴的观点为依据来调整自己原有态度，力求使自己的态度与同伴保持一致。

(四) 群体影响

群体总是通过特定的规范和准则来约束其成员、维护其统一，并维持其具体的运行，因此个体在形成特定态度的过程中必然受其所属群体规范和准则的影响，其影响大小则与群体的凝聚力和吸引力有关，群体的凝聚力和吸引力越强，对个体的影响也就越大。

(五) 大众传媒影响

报刊、图书、电影、广播、电视、网络等大众传媒是当今社会中人们获取信息的主要途径，也是人们沟通信息、分享观念、交流感情的重要载体。任何大众传媒每时每刻都在向受众传输着特定的社会规范、文化传统和价值标准，这些都会对个体态度的形成产生影响。

二、改变态度的构成成分

改变态度的构成成分是指通过使态度的某一成分特别突出，从而来调整消费者的态度。消费者对同一商品的喜爱，可能是基于不同的理由，因此可以通过改变态度的构成成分来改变消费者的态度。例如帅奇手表借由新奇和有创意的外形设计，而将对手表由原先以计时为主的认知转变成以传达个人风格和收藏价值为主的认知。因此调整了过去消费者对手表的看法和态度，同时也吸引了那些喜欢价值表现功能的消费者。营销人员通常希望通过改变态度一个或几个成分来影响消费者的行为，使态度的三个构成成分趋于一致(见图6-3)，这也意味着态度某个成分的变化将导致其他成分的相应变化。

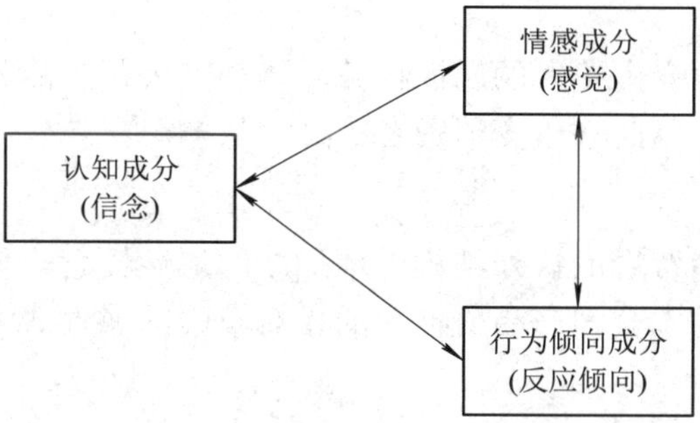

图 6-3 态度构成成分的一致性

◇ 案例 6-5

在中国卖手机是卖时尚

手机在国际市场上的功用是通讯，开始的产品都是黑的方块形，而在中国，手机是时尚产品，是炫耀型的商品。摩托罗拉曾确定的中国手机 4 个细分市场，就是中国人购买手机的 4 种原因(科技追求型、时间管理型、形象追求型和个人交往型)。又如诺基亚把在欧洲一款销售冠军的手机，非常自信地搬到中国市场，结果销售业绩并不好，因为那款手机的主要卖点是电池寿命长，而其外形并没有吸引中国消费者。跨国手机品牌没有想到，解码中国手机市场最重要的关键词是中国的消费者把手机看成是时尚产品。对手机的追求，中国人是“中看”，欧洲人、加拿大人和美国人是“中用”。西方人下班以后不用手机，不在别人面前使用手机，而中国的情况恰恰相反，你朋友买了一款新的手机，一定会向你炫耀，中国的手机变成社交型的、炫耀型的产品，变成追求款式的东西。中国消费者心目中，手机“中看”是非常重要的。中国的厂商，利用外来的技术，利用组装的工艺只是改变时尚的面孔迎合消费者，以巧补弱取得成功。2003 年洋品牌手机反过来跟着中国时尚的风标走。西门子鸭蛋形的一款手机 SL55，在北京销售非常好。西门子是德国人的品牌，德国人一下子把严谨的、质量一丝不苟的德国制造改得这么时尚，改得这么快，就是因为他们知道在中国市场非改不可。西门子公司中国总裁说，我在中国市场上做手机，以 10 年的时间为代价学到一句话：在中国卖手机是卖时尚。

(资料来源：作者根据相关资料整理而成。)

(一) 改变认知成分

改变认知成分是改变态度的一个常用而有效的方法，改变认知成分的具体策略如下。

1. 改变信念

改变信念是指改变消费者对品牌或商品的一个或多个属性的信念，具体方法是提供有力的事实或描述。例如夸克燕麦试图转变消费者对它的信念，因为调查中得到的消费者意见是“大米饼吃起来像泡沫塑料或硬纸板”。为了吸引对其持消极态度的消费者，企业开展了宣传活动，通过展示一个带有宽口的泡沫塑料杯，同时一行醒目的标题“如果这就是你心目中的大米饼的话，现在就可以品尝”，以此达到转变消费者态度的目的。

2. 改变属性权数

营销人员可以设法改变消费者的属性权数，强调本公司产品相对较强的属性是此类产品消费者最看重的属性，以此来改变消费者的品牌认知。

3. 增加新属性

增加新属性是指在消费者的认知结构中增加新的属性概念，使消费者原先没有认识到的或者是没有特别重视的本公司产品所拥有的相对较强的属性成为影响消费者产品认知的重要属性。

4. 改变理想点

改变理想点是指在既不改变消费者的属性权数，也不增加新属性的条件下改变消费者对属性理想标准的认识。

◇ 案例 6-6

放心奔腾

中国第一汽车集团公司简称“中国一汽”或“一汽”，总部位于吉林省长春市，1953年奠基兴建，1958年生产出享有盛誉的“红旗”轿车，目前已经成为国内最大的汽车企业集团之一。

“奔腾”是中国一汽自主研发的中高档国产轿车品牌，在用户中得到了极佳口碑，问世后销量不断攀升，创造了业界传奇。传奇的背后，是中国一汽集团“用户至上”的理念与强大的科技研发能力。

一汽奔腾研发之初就确定了“安全”的理念，提出了“放心奔腾”的口号。研制过程中，进行了各种侧碰、正碰、后撞、侧翻、极限静压等安全性能测试。投放市场后，开展了“放心奔腾·冰雪体验”的体验营销。2010年5月，奔腾B50成功完成了C-NCAP碰撞试验，赢得了良好口碑，甚至有“中国沃尔沃”“都市装甲车”之美称。在国产轿车屡遭国人诟病的环境下，奔腾品牌所体现的经营理念、质量意识和高效的营销手段给营销界提供了良好的素材。

(资料来源：作者根据相关资料整理而成。)

(二) 改变情感成分

现在企业越来越倾向于在不直接影响消费者信念或行为的前提下引起他们对产品的好感，营销人员通常可以使用三种方法直接增强消费者对产品的正面信念。

1. 经典性条件反射

企业将消费者所喜爱的某种刺激与品牌名称放在一起展示，多次反复就会将该刺激产生的正面情感转移到品牌上。例如将某个画面或是某段音乐与品牌名称或产品同时播放，经过一段时间，与该画面或音乐相联系的正面情感就会转移到品牌或产品上。上海太平洋百货徐汇店在早期选择香港草蜢乐队红极一时的歌曲《宝贝对不起》作为自己的“迎宾曲”，经过几周的音乐“轰炸”，几乎每一位去过太平洋百货徐汇店的消费者，无论何时何地，只要一听到该音乐，马上就会联想到该商店。

2. 激发对广告本身的情感

消费者如果喜爱一则广告，也能导致对该广告产品的正面情感，进而提高购买行为发生的可能，激发其有意识的决策过程。例如消费者以前评价“美乐高品质生活”是以“瓶装啤酒香槟”为主题的一种供社会精英享用的啤酒，而莫里斯成功地实现了向一个更具感情色彩为主题的转变，就是在互动社会情景中的蓝领饮酒者，在不涉及具体属性的同时，消费者朝着一种更具享乐性的方向发展。而那些引起负面情感，如害怕、恐惧、悲伤等的广告也能强化态度的改变。例如一则呼吁行车驾驶安全的公益广告，包含了许多惨不忍睹的画面，但同样能够达到一定的效果。

3. 增加消费者对品牌的接触

大量的品牌接触也能增加消费者对品牌的好感。一般而言对于消费者低参与度的产品，可以通过广告的反复播放来提高消费者的喜爱程度，而不必改变消费者最初的认知结构。

(三) 改变行为倾向成分

购买行为可以先于认知和情感的发展，也可以与认知和情感相对立的形式发生。例如一名消费者可能不喜欢奶茶的味道，可是当朋友邀请他来一杯时，为了表示礼貌，他没有拒绝。品尝过后，这位消费者可能觉得口味不错，从而改变了以前的认知。在改变消费者的认知或情感之前改变其行为的主要途径是运用操作性条件反射理论。营销人员的关键任务是促使消费者使用或购买本企业产品并确保产品的优异质量和功能，使消费者感到购买该产品是值得的。吸引消费者试用和购买产品的常用技巧有优惠券、免费试用、购物现场的展示、搭售以及降价销售，等等。以习惯性购买行为为例，其主要营销策略有以下几类。

1. 利用价格与销售促进吸引消费者试用

如果产品本身与同类其他品牌产品相比难以找出独特的优点来吸引消费者的兴趣，就只能依靠合理的价格与优惠、展销、示范、赠送、有奖销售的手段来吸引消费者试用。一旦消费者了解和熟悉了产品，就能经常购买最终形成一定的购买习惯。

2. 利用大量重复性广告加深消费者印象

在低介入程度和品牌差异较小的情况下，消费者并不会主动去搜集品牌的相关信息，更不会去评价品牌，只是被动地接受包括广告在内的各种途径所传播的信息，并根据这些信息所造成的对不同品牌熟悉程度与否来决定最终的选择。因此企业可以利用大量广告使消费者被动地接受广告信息而增加对品牌的熟悉程度。为提高效果，广告信息应简短有力且不断重复，只强调几个重要论点，突出视觉符号与视觉形象。

3. 增加购买介入程度和品牌差异

在习惯性购买行为中，消费者只购买自己熟悉的品牌而较少考虑品牌转换，如果竞争者通过技术进步和产品更新将低介入程度的产品转换为高介入程度并扩大与同类产品的差距，将促使消费者改变原先的习惯性购买行为，并在价格和档次上与同类竞争产品拉开差距。

◇ 案例 6-7

男士洗发水

洗发水市场竞争激烈，目标市场也不断细分，由去屑护发到滋养头皮、中药固发、黑发、防脱发等，各品牌都在寻求一个好的切入点，然而去屑洗发水还是占据了半壁江山。在去屑洗发水中，宝洁公司的海飞丝早已深入人心，占据了80%的市场，其他品牌分享剩下的20%的市场。

联合利华公司经过市场研究发现，消费者购买洗发水的主要目的还是去屑，有60%以上的消费者对所购买的去屑洗发水并不满意，同时目前洗发水行业“重女轻男”现象成风。联合利华决定开发令消费者满意的去屑洗发水以及男士专用的去屑洗发水。经过10年潜心研究，推出一款新产品——清扬，其定位是专业去屑，分为男款和女款，中国联合利华公司聘请了一批各界明星作为形象代言人，着重宣传男用和女用清扬洗发水的去屑效果。娱乐界明星徐熙媛在清扬广告中用傲慢的口气说道：“如果有人一次又一次对你撒谎，你要做的就是立刻甩了他！”虽然没有指明对手，但是让人联想到是否暗指宝洁公司的去屑名牌海飞丝。联合利华声称男性的头发比女性更加脆弱，更加需要防护，携手世界足球先生罗纳尔多推出男士系列升级产品，树立男性健康洗发新观念，引起公众对男性头发健康的普遍关注。

(资料来源：作者根据相关资料整理而成。)

三、改变消费者态度的说服模式

霍夫兰德(C. I. Hovland)和詹尼斯(I. L. Janis)于1959年提出了一个关于态度改变的说服模式，这一模式虽然是关于态度改变的一般模式，但对理解和分析消费者态度改变具有重要的借鉴与启发意义。

霍夫兰德认为，任何态度的改变都涉及一个人原有的态度和外部刺激存在着彼此不同的看法，由于两者存在差异，由此会导致个体内心冲突和心理上的不协调，为了恢复心理上的平衡，个体要么是接受外来刺激，即改变自己原有的态度，要么采取各种办法抵制外来刺激，以维持自己原有的态度。

态度改变的说服模式将态度改变的过程分为四个相互联系的系统，如图6-4所示。

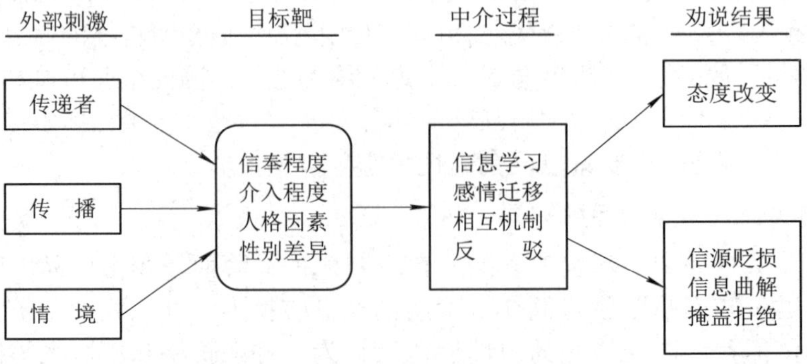

图6-4 消费者态度改变的说服模式

第一个部分是外部刺激。这个部分包括三个要素，即传递者或信息源、传播与情境。传递者是指持有某种见解并力图使别人接受这种见解的个人或组织。如发布某种劝导信息的企业或广告公司，劝说消费者接受某种新产品的推销人员，都属于传递者的范畴。传播则是指以何种方式和什么样的内容安排将一种观点或见解传递给信息的接收者或目标靶。信息内容和传递方式是否合理，对能否有效地将信息传达给目标靶并使之发生态度改变具有十分重要的影响。情境是指对传播活动和信息接收者有附带影响的周围环境，如信息接收者对劝说信息是否预先有所了解，信息传递时是否有其他干扰因素等。

第二个部分是目标靶。即信息接收者或企业试图说服的对象，说服对象对信息的接收并不是被动的，他们对于企业或信息传递者的说服有时容易接受，有时则采取抵制态度，这在很大程度上取决于说服对象的主观条件。比如某人在多种场合公开表示过不喜欢某种产品，要改变他的这一态度，难度就比较大，因为那样将意味着他对自己的否定。

第三个部分是中介过程。这一部分是指说服对象在外部劝说和内部因素交互作用下态度发生变化的心理机制，具体包括信息学习、感情迁移、相互机制、反驳等方面。

第四个部分是劝说结果。劝说结果有两种：其一改变原有态度，接受信息传递者的劝说；其二对劝说予以抵制，维持原有态度。从劝说方的角度看，第一种结果当然最为理想，但在很多情况下，劝说可能并未达到理想目标，而是出现第二种情况。在此情况下，信息接收者或目标靶可能采用各种方式对外部刺激加以抵制，以维持自己的原有态度。常见的方法有：

(1) 贬损信源，比如认为信息发送者存有私利和偏见，其信誉很低，以此降低劝说信息的价值。

(2) 曲解信息，如对传递的信息断章取义，或者故意夸大某一论点使其变得荒唐而不可信。

(3) 掩盖拒绝，即采用断然拒绝或美化自己真实态度的方法抵御外部的劝说和影响。

(一) 传递者对消费者态度改变的影响

说服过程中，传递者或信息源一直被认为是十分重要的影响因素。如果消费者认为传递者信誉度高，值得信赖，那么说服的目的更容易达到。一般来说，影响说服效果的信息源特征主要有四个，即传递者的权威性、可靠性、外表的吸引力和受众对传递者的喜爱程度。

1. 传递者的权威性

传递者的权威性是指传递者在相关领域或问题上的学识、经验和资历。对一种新药的评价如果是出自一位名医之口，显然会较普通人的评价更具有说服力。在报刊、电台上，经常请有关专家、学者宣布某项消息或信息，目的就是为了增加信息的可信度和影响力。经常看到一些电影演员、相声演员或体育明星为某种产品作广告，并宣传、介绍这些产品的独特功效，在其他影响层面，这样做或许确有效果，但在权威性方面，是否同样有效呢？一般认为，在比较接近的领域，权威的迁移影响是可能的，但在完全悬殊和相去很远的领域，这种影响会很小。

2. 传递者的可靠性

传递者的可靠性是指传递者在信息传递过程中能否做到公正、客观和不存私利与偏见。再有名的医学权威，如果是在为自己开创的公司作宣传，人们对其评价的可信度就会存在质疑。很多消费者之所以对推销员的说辞不以为信，原因恰恰就在于消费者认为推销员在宣传中难以做到客观、公正。

3. 传递者外表的吸引力

传递者外表的吸引力是指传递者是否具有一些引人喜爱的外部特征。传递者的外表很有魅力，能吸引人注意和引起好感，自然会增强说服效果。很多商业广告用美女帅哥作为打动消费者的手段，就运用了这一原理。

邱肯(S. Chaiken)的研究发现，在改变人们的信念方面，外表富有魅力的传递者更容易获得成功，此外人们更倾向于对外表有吸引力的传递者形成好的印象。例如研究发现，男女大学生普遍将有外表魅力的人想象成更加敏感、热忱、谦虚和幸福。

在广告研究领域，一些研究人员调查了广告模特外表魅力对消费者的影响。大部分研究表明，越是外表有吸引力的模特所宣传的产品，越能获得消费者的好评和积极反应。有一项研究先给被试者看一些动物园工作人员活动的录像片段，一些片段里动物饲养员非常具有外表吸引力；另一些片段里的饲养员则相貌平常。然后被试者被要求对录像片段中的主人公发表自己的看法和印象，并回答是否愿意协助动物园作一些义务性的工作。结果显示，当录像片段的主人公更富有外表魅力时，人们更乐意为动物园慷慨解囊和提供其他义务性服务。

研究人员同时也发现，传递者外表魅力不一定能单独发挥作用，而可能受制于一些其他因素。在一项实验中，具有高外表吸引力和低外表吸引力的人分别为两种产品，即咖啡和香水作广告。结果显示，当产品是香水时，具有高吸引力的传递者能引发更多的购买意向；相反，当产品是咖啡时，不太具有吸引力的传递者能产生更好的影响效果。由此表明，利用外表漂亮的模特作广告，并不是对任何产品都适合。

4. 受众对传递者的喜爱程度

受众对传递者的喜爱程度是指受众或消费者对传递者的正面或负面情感。消费者对传递者的喜爱程度可能部分基于传递者的外表魅力，但更多的可能是基于其他的因素，如举止、谈吐、幽默感等。喜爱之所以会引起态度的改变，是因为人具有模仿自己喜爱对象的倾向，较容易接受喜爱对象的观点，受其情趣的影响，并学习他的行为方式。

喜爱程度和相似性有着密切关系，人们一般更喜欢和自己相似的人接触和相处，从而也更容易受其影响。布罗克(T. Brock)曾于20世纪60年代做过一个有趣的实验，他让一些化妆品柜台的售货员劝说消费者购买一种化妆品，有些售货员有专长但与消费者无相似身份，另一些充作与消费者有相似身份但无专长。结果发现，没有专长但与消费者有相似性的劝说者比有专长而与消费者无相似性的劝说者对消费者的劝说更为有效。

(二) 传播对消费者态度改变的影响

1. 传递者发出的态度信息与消费者原有态度的差异

一般而言，传递者发出的态度信息和消费者原来态度之间的差异越大，信息传递所引起的不协调感就会越强，消费者面临的改变态度的压力也就越大。然而，在较大的差异和较大的压力之下，能否引起较大的态度改变则要看两个因素的相互作用：一个因素是前面说的差异或差距，另一个因素是信息源的可信度。差距太大时，信息接收者不一定以改变态度来消除不协调的压力，而可能以怀疑信息源的可信度或贬低信息源来求得不协调感的缓解。多项研究发现，中等差异引起的态度变化最大，当差异度超过中等差异之后再进一步增大，态度改变则会越来越困难。

波奇纳(S. Bocher)和英斯柯(C. A. Insko)于 1966 年作了一项关于“差异、信息源与态度改变之间关系”的研究。该研究邀请一名高可信度的学者和一名低可信度的教会工作人员发表关于人们每天所需睡眠时数的意见，每一被试者或从高可信度的信息源或从低可信度的信息源得到一种信息，如每天需睡足 8 个小时、7 个小时、5 个小时等。由于大多数被试者原先认为每天睡 8 小时最为合适，因此，不同被试者所获得的差异或差距可能是不同的，随后，被试者被要求回答到底每天睡几小时最合适。统计分析结果表明，中等水平的差距比高水平的差距更能引起较多的态度改变。同时，传达者可信度越高，能够引起的差异度的极限改变量也越大，高可信度传递者引起的极限改变量为 7，也就是说，当他提倡每天仅睡 1 个小时即可时，仍有人相信；而低可信度传递者引起的极限改变量为 5，即他提倡睡 3 个小时，仍有人相信，但低于此数则无人相信。图 6-5 描述了波奇纳和英斯柯研究中差异、信息源和态度改变的关系。

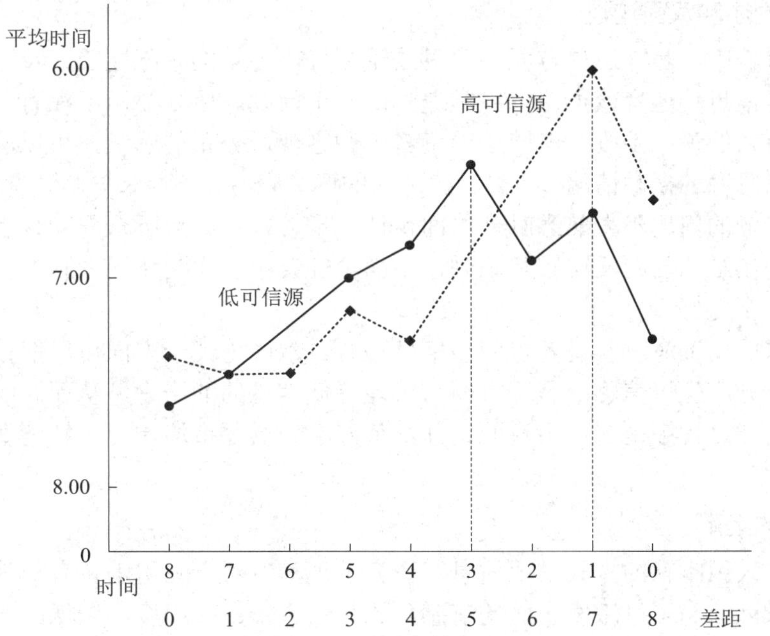

图 6-5　差距、信息源和态度改变的关系

2. 恐惧的唤起

恐惧的唤起是广告宣传中常常运用的一种说服手段。头皮屑带来的烦恼、蛀牙所带来的严重后果、脚气患者的不安表情，无不是运用恐惧诉求来劝说消费者。在过去三十多年里，对于恐惧诉求有效性的看法，经历了相当大的变化。早期一个关于恐惧唤起的研究试图运用恐惧诉求劝说消费者更频繁地刷牙。研究中，一组高中学生目睹牙龈溃疡的可怕镜头，并被告知牙龈感染会导致心脏、肾脏等多种器官损坏的严重后果；其他组的被试者则

看到的是一些没有如此令人恐惧或根本没有恐惧感的场面，结果显示，高恐惧组的被试者更少有行为的改变。此结果使不少学者得出恐惧诉求在劝说中没有什么效果的结论。现实生活中，一些过于恐惧的广告，如用耸人听闻的文字或恐怖的图片时，消费者会同时启动“心理防御机制”，对劝说信息不加理会，甚至在极端的情况下采用“更频繁地抽烟”的方式来应付内心的恐惧。

然而近些年来，恐惧唤起在改变消费者态度方面越来越多地被视为是有效的。人寿保险公司、防盗器具生产商、汽车制造商日益增多地运用恐惧唤起来吸引消费者对其产品的兴趣。为了使恐惧唤起的运用更为有效，研究人员发现，传播内容应注意以下几个方面：① 对如何减少恐惧给出具体明确的指导。② 指出根据指导行事是解决恐惧的有效途径。③ 对有威胁感和易受恐吓的受众避免传递高恐惧内容的信息。④ 对低自尊者和自卑感很强的受众避免传递高恐惧信息。

正如很多研究人员所指出的，如果对上述各方面给予充分重视，高恐惧信息较陈述或事实性信息将产生更好的劝说效果。之所以如此，关键原因是恐惧唤起更易于激发情绪性反应，由此会使消费者更多地集中精力应付问题，并在此基础上学会如何对威胁作出反应。

3. 单面论述和双面论述

在说服过程中，是陈述单方面的意见或论据好，还是同时陈述正、反两方面的意见与论据好，这是信息传递者或说服方经常遇到的一个问题。研究显示，在有些情况下，双面论述是一种有效的说服手段，能够给消费者一种客观、公正的感觉，可以降低或减少消费者对信息和信息源的抵触情绪。霍夫兰德等人的研究表明，当听众与劝说者的观点一致时，或听众对所接触的问题不太熟悉时，单面论证效果较好；如果听众与劝说者观点不一致，而且听众对所接触的问题又比较熟悉时，单面论证会被看作是传递者存在偏见，此时采用双面论证效果会更好。

在运用双面论证时，劝说者也应该格外小心，双面论证一方面可以取信于人，使受众对信息和信息源产生可信感；另一方面它可能降低信息的冲击力，从而影响传播效果。因此，企业在传播过程中是否运用双面论证，最好事先通过市场调查了解消费者的反应之后再作决定。

4. 幽默的运用

很多广告采用幽默的方式呈现信息。研究发现幽默对于吸引消费者对信息进行处理，非常有效，幽默信息可以激发正面的情感，比较适合于介入程度比较低的产品宣传。

要使幽默信息有效，需注意以下几点：① 幽默应与广告所传递的产品或品牌利益联系起来，否则广告尽管可能引起注意，但受众不知道广告最后到底传递了什么信息。② 幽默应集中于产品而不是使用者。用夸张、滑稽、可笑的方式描述产品使用者，可能导致受众的反驳和反感，降低劝说效果。如果实在不好将幽默对象放在产品上，也应将其放在产品的非使用者身上。美国有一则脚气粉广告，就很好地体现了这一点：一位渔夫坐在小舢板上悠然自得地钓鱼，双脚放在水里，鱼竿还没有扬起，水面已是白花花的死鱼一片。很明显，是他的“脚气”杀伤力太大导致周围的鱼死亡了。③ 运用幽默信息时，最好有几种不同的表现形式,因为幽默广告在最初吸引消费者的注意后,如果反复播放会产生“疲劳”

效应，最终可能产生适得其反的效果。

传递幽默信息时，用电视或广播媒体效果更好，因为这两类媒体表现形式更为丰富。研究也发现，幽默信息在某些消费人群中更容易引起共鸣，如在年轻、受过良好教育的男性人群和对品牌已经具有好感的消费者中，幽默广告效果更为显著。另外，幽默似乎是世界范围通用的“武器”，只不过在西方国家幽默更多与地位平等的个体相联系，而在东方国家似乎更多强调群体行为和不平等的地位关系，还有就是幽默广告更多地使用在“快乐型”产品上。

5. 论点的质量或强度

信息传播中，有些论点强而有力，有些则显得说服力较弱。比如说某产品获得国家市场监督管理总局颁发的优质称号，就比说该产品获得地方性协会的优质证书更有说服力。

通常强的论点比弱的论点会产生更多的态度转变，但也并不总是如此。强的论点以令人信服的方式体现了关于产品或服务的最好属性或主要优势，它对消费者的影响是以消费者有动机和能力对信息内容进行加工为前提的。当消费者对传播的信息介入程度很高时，在已经很强的论点上再加入相对较弱的论点，反而会削弱信息的整体说服力。然而在实际生活中，消费者很多情况下并不会对信息进行深入思考，此时信息中的论点数量可能比质量更为重要。从这个意义上来讲，论点的质量或强度并非必然是决定信息说服力大小的关键因素。

在消费者缺乏信息处理动机或者不能很好地处理信息的情况下，如论点的数量、长度等边缘性信息，可能反而会对态度的改变产生重要影响。研究发现，对于产品知识较缺乏的消费者，较长的信息比较短的信息能够引发更多的态度转变；而对产品知识了解比较多的消费者，论点的强度和质量比信息的长短对态度转变的影响力更大。

(三) 情境对消费者态度改变的影响

说服过程不是在说服方和被说服方之间孤立进行的，而是在一定的情境下进行的。这些情境因素对于说服能否达到预期效果有着重要的影响，对消费者态度改变有影响的情境因素主要表现如下。

1. 预先警告

如果某一消费者在接触说服信息前，对劝说企图有所了解，他有可能发展起反驳的论点，从而增强抵御劝说的能力。弗里德曼(J. L. Freed-man)和西尔斯(D. O. Sears)于 1965 年做过一项关于警告、分心对传播影响的抵制的研究。研究人员在一场报告开始前 10 分钟告诉一部分青少年被试者，他们将去听一个关于为什么不许青少年开车的报告，而另一些孩子则在报告开始时才听到这一主题。结果得到预先警告的一组被试者受报告影响的程度比未受到预先警告的被试者要小得多。

预先警告并不总是对信息接收者起抵制说服的作用。研究表明，如果一个人不十分信服他原来的观点，预先警告会起到相反的作用，即能促进态度的转变。此外，预先警告对没有个人利益介入的消费者，能促使其态度转变；对于有较深利益牵连的消费者，能阻扰其态度的改变。

2. 分心

分心是指由于内外干扰而分散注意力或使注意力不能集中的现象。在劝说过程中，若情境中存在“噪音”致使受众分心，就会影响劝说的效果。若引起分心的“噪音”太大，使目标靶听不到信息，则劝说等于没有发生。比如广告节目中，若背景部分太吸引人，由此反而会淹没主旨，影响受众对广告主题内容的记忆。研究也发现，如果情境中有某些“噪音”适当地分散受众的注意力，不让受众集中精力去思考和组织反驳理由，劝说效果会更好。所以分心对态度转变的影响，实际上应视分心程度而定，适当的分心有助于态度的改变，过度的分心则会降低劝说效果，从而阻碍态度改变。

3. 重复

重复对消费者态度的变化也会产生重要的影响。双因素理论认为，当消费者接受重复性信息时，两种不同的心理过程将同时发生作用。一方面，信息的重复会引起不确定性的减少和增加对刺激物的了解，从而带来积极的和正面的反应。另一方面，随着重复增加，厌倦和腻烦也随之增长。在某一点上，重复所引起的厌倦将超过它所带来的正面影响，从而引起消费者的反感。所以为了避免或减少受众的厌倦感，企业在做广告时，最好是在不改变主题的条件下对广告的表现形式不时作一些适当的变动。

4. 预防注射

通俗地讲预防注射是指消费者已有的信念和观点是否与相反的信念和观点做过交锋，消费者是否曾经构筑过对相反论点的防御机制。一个人已形成的态度和看法若从未与相反的意见有过接触和交锋，就易于被别人说服而发生改变。相反，如果他的观点、看法曾经受过抨击，他在应付这种抨击中建立了一定的防御机制，如找到了更多的反驳理由，那么在以后他便会有能力抵制更加严重的抨击。

麦克盖尔(W. J. McGuire)和他的同事于 1961 年做了一项关于预防注射与态度改变的研究。研究者先帮助被试者形成一种在社会上很少受到攻击的信念，如“饭后刷牙是好事”。然后将被试者分为三组：第一组接触了更多的支持论点，如阅读卫生部门提供的饭后刷牙如何有助于防止牙病和相关疾病的研究报告；第二组给予预防注射，即提供一些相反的论点，对“饭后刷牙”给予轻微攻击；第三组是控制组，既未给予预防注射，也未接触有关支持论点。接着，对所有被试者进行一次强烈的说服性攻击，然后再测查三组被试者原有看法的改变情况。结果发现，第一组的态度改变量为 5.87，第二组即预防注射组的态度改变量为 2.94，而第三组即控制组态度改变量为 6.64，这说明预防注射对抵制外部说服具有重要的作用。

(四) 目标靶的特征

说服过程离不开说服对象，即目标靶。无论是推销员推销产品，还是企业运用大众媒体进行宣传，针对的是特定的受众或特定的目标消费者。在同样的说服条件下，有些消费者容易被说服，有些消费者较难或根本无法被说服。因此，研究说服过程或消费者态度改变的过程，除了要研究信息源、传播本身和情境因素之外，另一个不容忽视的内容就是目标靶的特征，目标靶的特征主要表现如下。

1. 信奉程度或承诺

如果消费者对某种信念信奉程度很高，如在多种场合表明自己的立场与态度，或者根据这一信念采取了行动，此时，要改变消费者的态度将是相当困难的。相反，如果消费者对某种信念的信奉程度还不是特别强烈，而且也没有在公开场合表明过自己的立场，此时说服消费者改变其原有态度，相对会容易一些。

换而言之，劝说信息对消费者的影响很大程度上与消费者的信奉程度或承诺有关，很多因素会影响消费者对态度客体的承诺：

(1) 消费者的承诺会随是否采取了行动而得到强化。例如如果消费者购买了某一牌子的汽车，那么他认为该车质量不错的信念会比他没有购买该车时要强。

(2) 消费者的承诺也会随他在公开场合表明其立场与态度而强化。如果某人告诉其朋友“女孩抽烟是不雅行为”，那么他对“女孩抽烟”的态度会比只是私下有此想法而没有公开表达时，更难以改变。

(3) 如果消费者的信念是基于直接体验而形成，或是自由选择的结果，消费者承诺也更持久和强烈。

一般来说，对原有信念和态度的承诺会降低劝说信息的影响。原因在于此时态度的改变涉及更多的“放弃”，更多的“痛苦”，正因为这样，消费者更可能采用其他方式来应对其所面临的说服压力。

2. 介入程度

消费者对某一购买商品或关于某种想法的介入程度越深，他的信念和态度可能就越坚定，相反如果介入程度比较低，可能更容易被说服。介入程度可分为个人相关性和反应性介入两类。

所谓个人相关性是指购买商品或所涉及的事件是否与信息接收方个人相关，并且在多大程度上相关。比如你的学费从下学期开始要上涨50%，该事件与你个人的相关性就很高；相反如果你的学费上涨是在你毕业后才发生，则该事件与你个人相关程度就大大降低了。在个人相关性高的情况下，消费者更可能认真研究信息的内容和细节，因此论点的强弱会直接影响消费者的态度和判断。个人相关性较低时，消费者处理信息的动机减弱，可能更多地依赖如传递者的专长、论点的数量或长度等边缘线索来形成态度。

反应性介入是指个体态度或反应会受到社会或他人的赞赏或反对，由此使问题或事件变得重要。如果说个人相关性主要是由于事件或问题与个人关系密切，从而引起个体关注的话，那么反应性介入更多涉及个体是否在意别人的反应和评价。一项研究发现，只有当个体相关性高，同时反应性介入程度弱时，强的论点才会较弱的论点更有说服力；而在反应性介入程度很高的情况下，被试者专注于自己的表现，论据的强度则反而被忽视。

在购买个人电脑时，消费者可能要投入较多的时间、精力，从多个方面搜寻信息，然后形成哪些功能、哪些配置比较重要的态度。这些态度一经形成，可能相当牢固，要使之改变比较困难。而在低介入的购买情形下，比如购买饮料，消费者在没有遇到原来熟悉的品牌时，可能就会随便选择售货员所推荐的品牌。

3. 人格因素

人格因素包括自尊、智力、性别差异等。研究发现，低自尊者较高自尊者更容易被说服，因为前者不太重视自己的看法，遇到压力时很容易放弃自己的意见。与此相反，高自尊者往往很看重自己的观点与态度，在遇到他人的说服或攻击时，常常会将其视为对自身价值的挑战，所以不会轻易放弃自己的观点。

调查表明，总体而言高智商者和低智商者在被说服的难易程度上没有显著差异，但高智商者较少受不合逻辑的论点的影响，低智商者则较少受复杂论证的影响，因此智力和说服仍是有关系的，而且这种关系并不像人们想象的那样简单。

4. 性别差异

伊格利(A. H. Eagly)和卡莱(L. L. Carli)在回顾了有关这方面的大量实证研究后指出，从实验结果看，男性与女性在谁更容易被说服的问题上不存在明显的差异。差异主要集中在双方各自擅长的领域，如在西方社会中，从事金融、管理等工作的大多是男性，在与此有关的一些问题上男性可能更不容易被说服。但在家务和孩子抚养上，女性较为自信，因此对这方面有关的问题，可能较男性更难被说服。

第四节 消费者态度的测量

态度无法直接被观察到，但可以通过人的语言、行为以及对外界的反应等间接地进行测量，因此态度是可以测量的。在社会心理学中常用的态度测量方法是态度量表、问卷等。在设计态度测量方法时首先必须明确态度对象，态度对象可以是比较具体的，也可以是比较抽象的，但必须能与其他概念相区分。

然而确切地判断消费者态度绝非易事，了解消费者态度，不仅要花较长时间，而且也需要一定的方法与技巧。研究态度的学者们一直致力于发展、完善态度测量的方法与技术，以便更好地把握人们态度的指向与强度。下面介绍的几种态度测量方法，虽然可能并不十分理想，还有待改进和完善，但在实际中已得到了较为广泛的运用。了解这些方法，对于进一步改进这些方法和在此基础上创建新的态度测量方法是颇有益处的，例如通过测量消费者对整体品牌的喜好或情感，可以相当准确地预测该消费者对这一品牌的购买和使用情况。

一、瑟斯顿等距量表法

瑟斯顿(L. L. Thurstone)和契夫(F. J. Chave)在 1929 年出版的《观点的确定》一书中，提出了态度测量的等距量表法。这一方法的具体测定程序比较复杂，下面仅将这一测定方法的基本思想进行简要介绍：

(1) 通过对消费者的初步访谈和文献分析，尽可能多地搜集人们对某一态度对象的各种意见。这些意见一般由一个个陈述语句来表述，其中，既有善意的意见，也有恶意的意见；既有肯定的意见，也有否定的意见。比如制定消费者对某种鲜花的态度量表时，可以包括“该种鲜花很美”“香气很浓郁”“这种鲜花使我想起春天”“葬礼上有这种鲜花会使人感到更加肃穆和悲哀”等，这样的陈述意见可多达 100 余条。

(2) 将上述陈述意见归类，将其分为七、九或十一组，具体归类可邀请若干评判人员完成，评判者审视这些意见，看是否体现了对于态度对象的肯定或否定的态度。然后，根据自己的判断，把这些意见分为A、B、C、D、E、F、G七个组，以A表示极端肯定，B、C表示中度肯定，D表示中立陈述，E、F表示中度否定，G表示极度否定。分类任务完成以后，可以根据每种意见分类的分布情况，计算出该种意见的量表值。表6-2是由彼得森(R. C. Peterson)编制的瑟斯顿“战争态度量表”中的部分陈述意见及其量表分值，该量表是采用11组分类得出来的。

表6-2　战争态度量表部分项目及其分值

题序	项　目	分值
1	在某些情况下，为了维护正义，战争是必要的	7.5
4	战争是没有道理的	0.2
6	战争通常是维护国家荣誉的唯一手段	8.7
9	战争徒劳无功，甚至导致自我毁灭	1.4
14	国际纠纷不应以战争方式解决	3.7
18	无战争即无进步	10.1

(资料来源：作者根据相关资料整理而成。)

(3) 由评判人员对各陈述意见作进一步的筛选，形成二十条左右意义明确的陈述，并使之沿着由极端否定到极端肯定的连续系统分布。

(4) 要求被试者对这20条左右陈述意见或其中的一部分进行判断，赞成某一陈述意见者在该意见下打“√”；不赞成时，在该意见下打“×”。由于每一陈述意见已被赋予一个量表值，这样，通过计算应答者同意项数的平均量表值或这些项数的中项分值，就可得出被试者在这一问题上的态度分数。在彼得森战争态度量表测试中，被试者平均得分越高，表明他越赞成或拥护进行战争。

运用瑟斯顿量表测试消费者态度，要求被试者积极、诚实、合作，否则调查结果会出现偏差。同时它需要许多审视者对数目众多的陈述意见进行选择，并分别计算每一陈述意见的量表分值，这是一项极为费时、费力的工作，对陈述项目的分类标准又难以把握，因此极大地限制了这一方法在实际中的运用，其大部分内容已被新发展起来的态度测量技术所代替。

二、李克特量表法

李克特量表法，又称为总和等级评定法，是由李克特(R. Likert)于1932年提出来的。李克特量表在提出和确定陈述句的要求方面与瑟斯顿量表类似，但不像其要求把所陈述意见在一个分为7、9和11级的连续系统上进行均衡分类，而是只采用肯定或否定两种陈述，并要求参加态度测试的被试者对各项陈述意见表明赞同或不赞同的程度。实际上，李克特量表是将瑟斯特量表中的专家或评判人员分类转变为被试者的自我分类，由被试者在一个1～5分度或1～7分度的等级量表上自我报告对陈述意见的赞同程度。

李克特量表由一组句子所构成，这组句子是从围绕所要测量的问题搜集到的众多句子中，采用项目分析方法筛选出的辨别力较强的句子组成。根据被调查者对这组句子各项的回答，使用总和计分方式，以判明其态度的强弱。它的特点有：① 主要应用于测量态度意向等主观指标。② 它由一组陈述语及其等级分答案组成。③ 答案一般分成五个等级或七个等级，分别记以 1、2、3、4、5 或者 1、2、3、4、5、6、7，且具有排序功能。④ 判断回答者态度强弱的依据是他在所有陈述语上的得分总和。

对于某陈述意见，被试者可以在一个五分度量表或者七分度量表上表明他赞同的程度，如图 6-6，就是态度调查中采用的五分度或七分度李克特态度量表。量表上取的分值越低，表明对陈述意见赞同的程度越低；反之则越高。当然也可以规定量表值越低，赞同程度越高，这种规定完全是因人而异的。由于每一态度范畴可以从多个方面予以度量，即可以由被试者对多个陈述意见的赞同或反对程度予以刻画，所以在实际测量中，应对被试者在各陈述意见上的量值加以汇总，以获得该被试者在此态度范畴上的综合得分，并以此反映他的总体态度。

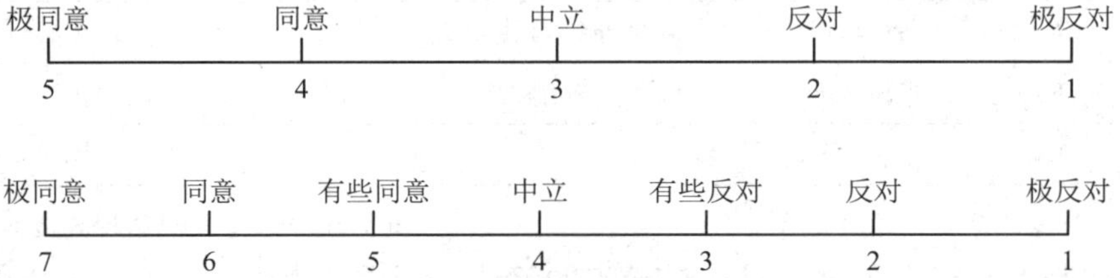

图 6-6　李克特态度量表

在运用李克特量表测量消费者态度时，经常遇到的一个问题是，如何确定所使用的陈述语句是合适的，即这些语句确实具有刻画或反映消费者某一方面态度的潜力或能力。对于这一问题，确实没有十全十美的解决办法。但在实际运用中，可以通过计算在某一项目或陈述意见上得分居前 25%的被试者的平均得分和在该项目上得分居末 25%的被试者的平均得分，并对这两部分被试者的平均得分进行比较，以平均得分的差异作为决定该陈述意见是否合适、是否应该保留或删掉的判断指标。如果前述两部分被试者在某一项目上平均得分的差异越大，表明该项目越能深刻刻画人们在某一方面的态度，因而适合于作为量表项目；否则说明对消费者态度的刻画能力较低，不宜选作量表项目。

李克特量表因操作简便，是目前应用最为广泛的态度测量方法之一。与瑟斯顿量表相比，李克特量表的工作量只是前者的几分之一到几十分之一，而用李克特量表所测得的结果与用瑟斯顿量表所得的结果相关度达 0.80，由此不难解释李克特量表受到普遍欢迎的原因。尽管如此，这一量表也不是没有局限性。由于采用态度等级的自我报告法，再加上它自身存在一种将问题简化处理的倾向，运用李克特量表测量较复杂的态度问题时，效果并不十分理想。此外，同瑟斯顿量表一样，李克特量表依据直接询问被试者对态度客体的评价来赋予分值，在一些敏感问题上，被试者可能会存在顾虑而加以掩饰，由此可能会影响最终的测试效果。

三、语意差别量表法

语意差别量表，又称为语意分析量表，是由奥斯古德(C. E. Osgood)等人于 1957 年提出来的一种态度测量方法。语意差别量表包含了一系列反映研究对象不同属性的相反形容词，受访者通过指出在连续序列中的定位来反映对每个属性的印象。

在社会学、社会心理学和心理学研究中，语意差别量表被广泛用于文化的比较研究，个人及群体间差异的比较研究，以及人们对周围环境或事物的态度、看法的研究等。该量表的基本思想是，对态度的测量应从多个角度并采用间接的方法进行，而直截了当地询问人们对某一主题或邻近问题的看法与态度，结果不一定可靠。人们对某一主题的态度，可以通过分析主题概念的语意，确定一些相应的关联词，然后再根据被试者对这些关联词的反应来加以确定。例如，如果想了解一个人对他父亲的态度，此时，你不必直接询问他对自己父亲的感觉，因为这样询问的话，不一定能了解他的真实态度。你可以提出“父亲”这个词，要求被试者按语意差别量表中的各个评定项目画圈，由此即可推断出被试者对自己父亲的态度。语意差别量表包括三个不同的态度测量维度，即情感或评价维度、力度维度和活动维度，每一个维度都由几对反义形容词或两极形容词予以刻画。语意差别量表能够度量不同特性在被试者心目中的差别，通过累加各种特性所收集的分数可以得出该项目的总分数。

表 6-3 是奥斯古德等人提出的语意差别测量项目。在对不同的事物或主题进行态度测量时，用以刻画表中各维度的具体项目可以作相应的调整，以便使量表能更贴切地反映所测主题的要求。具体测定消费者态度时，先给被试者提出一个关于态度对象的关键词，然后要求被试者按自己的想法在两极形容词间的 7 个数字上圈选一个数字，各系列分值的总和即代表被试者对所测事物的总的态度。得分越高，表示被试者对所测事物越具有积极和肯定的态度，相反则表明被试者对所测事物持有消极和否定的态度。

表 6-3　语意差别测量项目

评价量表	好	7	6	5	4	3	2	1	坏
	美	7	6	5	4	3	2	1	丑
	聪明	7	6	5	4	3	2	1	愚蠢
力度量表	大	7	6	5	4	3	2	1	小
	强	7	6	5	4	3	2	1	弱
	重	7	6	5	4	3	2	1	轻
活动量表	快	7	6	5	4	3	2	1	慢
	积极	7	6	5	4	3	2	1	消极
	敏锐	7	6	5	4	3	2	1	迟钝

下面以消费者对 A、B 两个花店的评价来进一步说明语意差别量表的具体运用。图 6-7 绘出了 100 位消费者对 A、B 两家花店评价结果的平均值。从图中可以看出，花店 A 位置较好，布置较新潮，选择余地较大，但价格昂贵，服务态度不是很好。而花店 B 服务态度较好，价格也较适中，但所处位置不是十分理想，选择余地较小，并有较为保守的形象。

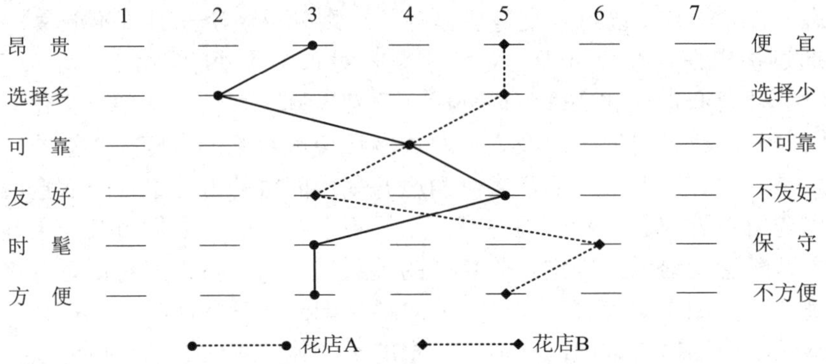

图 6-7 消费者对花店态度的语意差别量度

语意差别量表构造比较简单，适用范围广泛，几乎可以用来测量消费者对任何事物的态度。局限性是这种态度测量方法并未摆脱被试者自我报告的方式，而且量表中各评价项目的确定仍带有一定的主观性。

四、多重性态度模型

多重性态度模型是消费者态度研究中有一定影响的理论模型之一，其主要内容如下。

(一) 期望值模型

期望值模型，又称为客体态度模型，因为是马丁·费希本(Martin Fishbein)提出的，所以又称为费希本模型。它是一个测量或预测消费者态度多重属性的模型，这一模型在消费者行为和市场营销研究领域受到广泛关注。该模型认为，消费者对商品的态度是基于消费者显意识中对商品多重属性的认知。由于商品的属性多种多样，在购买商品之前，消费者只对该商品多重属性中的一部分属性比较了解，即商品的这些属性在消费者的头脑中处于显意识的位置，只有这些显意识才影响消费者对该商品的态度，并最终影响消费者对于该商品的购买行为。

期望值模型可由公式表示如下：

$$A_O = \sum_{i=1}^{n} B_i E_i$$

式中：A_O为消费者对于受测试产品的态度；B_i为消费者相信商品具有属性 i 的程度(其属性既包括功能上的，又包括心理上的)；E_i为消费者对商品属性 i 的评价值；n 为重要属性的个数。

期望值模型指出消费者对于一个给定产品的态度是该产品具有各显著属性的程度 B_i 与属性评价值 E_i 的乘积之和。

延伸阅读 6-1

期望值模型的应用实例

我们以测试消费者三种品牌手机的偏好为例，具体说明期望值模型的应用。

(1) 找出测试产品的显著属性。最常用的方法是询问消费者，在他们评价各品牌手机时比较看重哪些属性，哪些最经常提到或者被高度关注的属性被挑选出来作为显著属性。

假定下列四个属性被挑选出来：

- 多功能；
- 价格是否低于 2000 元；
- 质量、性能是否优异；
- 外观大方、稳重。

(2) 测试 B_i 和 E_i 的值。B_i 表示消费者认为某一品牌手机具有某属性的程度，B_i 在五分度或七分度量表中选择，从“很可能”到“很不可能”依次选择。例如：

甲品牌手机的价格低于 2000 元是：

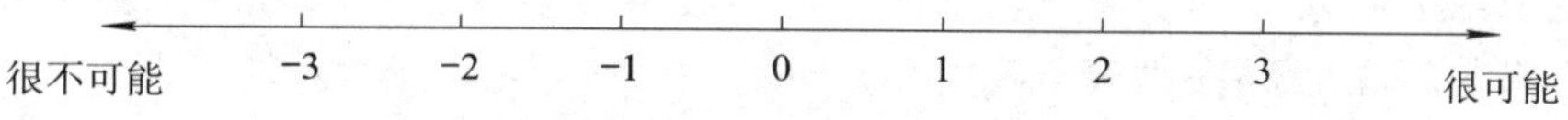

E_i 表示消费者对属性的评价。例如：

以低于 2000 元的价格买手机：

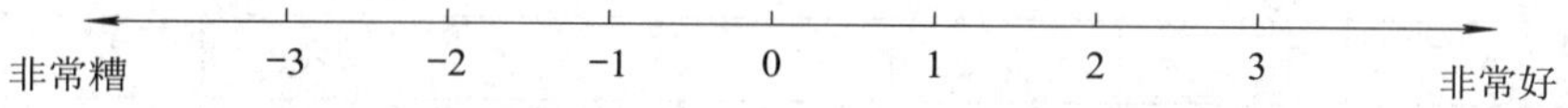

用这种方法依次调查消费者对每种属性的 E 值以及每种品牌每一显著属性的 B 值。

假定向一位公司职员进行品牌调查，所获数据如表 6-4 所示。

表 6-4　某品牌调查所得 E 值和 B 值

属　性	评价值 (E_i)	品牌属性程度(B_i)		
		品牌甲	品牌乙	品牌丙
多功能	+2	+2	+1	−1
价格低于 2000 元	−1	−3	−1	+3
质量、性能优异	+3	+3	+1	−1
外观大方、稳重	+3	+2	+3	+1
总值 $\sum B_i E_i$		+22	+15	−5

总分计算过程如下：先将每个品牌的 B 值和 E 值相乘，各乘积之和即为该品牌的态度值。如品牌甲的态度值：$A_O = 2 \times 2 + (-1) \times (-3) + 3 \times 3 + 3 \times 2 = 22$，如此同样可以得出乙、丙两个品牌的态度值。品牌甲的得分最高，可知其为这位公司职员最为偏爱的品牌，因为它具有比较符合期望的属性。

总的来说，营销人员希望消费者认为他们的品牌：拥有期望属性，也就是说 E 与 B 的值正负一致；没有不理想的属性，也就是说当 E_i 是负值时，B_i 也应是负值。在营销实践中，营销人员往往以此确定宣传的目标。

(二) 理想点模型

理想点模型的独特之处在于提供了消费者心目中理想品牌的信息和消费者对现有品牌的看法。理想点模型可由公式表示如下：

$$A_b=\sum_{i=1}^{n}|I_i-X_i|W_i$$

式中：A_b为消费者对某品牌的态度；W_i为消费者认为属性 i 的重要性；I_i为消费者心目中属性 i 的理想值；X_i为消费者认为某种品牌属性 i 的实际值；n 为属性数目。

延伸阅读 6-2

理想点模型的应用实例

下面以一个实例来具体说明理想点模型的实际运用。

假设某个细分市场的消费者认为，健怡可乐在 4 个属性上的表现水平(用×表示)和消费者期望的理想值(用I表示)，如表 6-5 所示。

表 6-5 健怡可乐 4 个属性的表现

	(1)	(2)	(3)	(4)	(5)	(6)	(7)	
价格低			I	×				价格高
口味甜		I				×		口味苦
地位高			I		×			地位低
热量低	I×							热量高

可见，该细分市场的消费者认为(用×表示)健怡可乐的价格适中，口味很苦，地位多少有一点低，热量极低。而他们期望的理想值(用I表示)是价格更低一点，口味很甜，地位多少要高些，热量也极低。

由于这 4 个属性对消费者的重要性不一样，因此该市场的消费者对各属性赋予不同的权重。衡量权重的一种通常方法是 100 点法“常数和量表”。下表显示的重要性权重反映了软饮料 4 个方面属性的相对重要程度。卡路里含量被认为是最重要的属性，口味的重要性其次，价格最不重要。

表 6-6 软饮料属性的权重分布

属 性	重要性程度得分
价格	10
口味	30
地位	20
热量	40
总计	100

由以上信息，我们可以计算出该细分市场对健怡可乐的态度指数 $A_{健怡可乐}$ 为

$$\begin{aligned}A_{健怡可乐}&=|3-4|\times10+|2-6|\times30+|3-5|\times20+|1-1|\times40\\&=1\times10+4\times30+2\times20+0\times40\\&=170\end{aligned}$$

该方法先算出消费者对健怡可乐各属性的理想值与评价值的绝对差值，各差值乘以该属性的权重，便可得到态度指数值。实例中得到的态度指数值为 170，这说明消费者态度

好还是不好呢？态度指数值是一种相对测度指标，要评价它，必须将该指数与其他产品或品牌的态度指数进行比较。当然我们知道，如果健怡可乐被认为是一种理想的软饮料，则消费者对它的各属性的评价值就应该与理想值相等，从而使态度指数值等于 0。因此态度指数越接近于0，说明所持态度越好，消费者对该产品评价也就越高。

(三) 多重性态度模型的主要用途和意义

期望值模型和理想点模型都是多重性态度分析模型，它们都包括了对消费者态度两个方向性的调查，期望值模型计算出来的态度，既包含了消费者对品牌属性的相信程度，又包含了消费者对品牌属性重要性的评价；而理想点模型计算出来的态度，既包含了消费者对品牌实际品质与理想品质差异的认知，又包含了消费者对这种差异重要性的评价。因此，这两种模型都能全面反映消费者对某种品牌商品的真正态度。

多重性态度模型用途在于综合诊断功能。它帮助营销人员洞察消费者进行各种选择的深层原因，鉴别出消费者对企业产品或服务的概念误区和竞争性产品的威胁方向。多重性态度模型还可用于检测、比较不同广告的效果，如果一个新产品有两套广告方案，就可以用此模型检测。把被试者分为两组，分别向他们实施一种广告方案，然后测试两组人员的产品态度值。由于所受广告刺激不同，两组人员对产品的印象、感觉和属性评价就会出现差异，由此产生产品态度差异。营销人员可据此对广告方案作出选择或修改调整。

多重性态度分析模型的重要意义还在于它可用于新产品的开发。如果发现市场上现在的商品销售量下降并缺乏理想品牌时，就意味着向市场引进新的、接近理想品牌产品的机会就出现了。

五、行为反应测量法

行为反应测量是指观察和测量被试者对于有关事物的实际行为反应，以此作为态度测量的客观指标。常用的行为反应测量法主要有距离测量法、生理反应测量法和任务完成法，对三种方法主要介绍如下。

(一) 距离测量法

这一方法是通过观察人与人之间交往时的身体接近程度和亲切表现来研究人的态度。如果某人与另一个人交往时，保持较远的距离，目光较少接触，而且身躯后倾，则表明他对后者持一种否定的态度，相反情况下则表明对后者持有肯定的态度。

人对事物尤其是人对人的态度除了可以从前面所说的这种物理距离反映出来以外，也可以通过人与物、人与人之间的心理距离反映出来。博葛达斯(E. S. Bogardus)编制的“社会距离测量表”就是根据人与人之间的心理距离制定的，如表 6-4 所示。它虽然最初是为分析种族之间的隔阂和距离而设计的，但对测定人与人之间的亲疏关系同样是适用的。表 6-7 中的分值是表示心理距离的远近，被试者在量表上做出挑选后，如果得分值越大，表示社会距离越大，在种族问题上越怀有偏见；反之则表示社会距离越小，没有或较少有种族偏见。

表 6-7　社会距离测量表

陈述句	分　值
可以结亲	1
可以作为朋友	2
可以作为邻居	3
可以在同一行业共事	4
只能作为国民共处	5
只能作为外国移民	6
应被驱逐处境	7

(二) 生理反应测量法

生理反应测量法即通过测定瞳孔的扩张、心律速度、血压变化、皮电反应等确定人的态度。例如测量消费者对某则广告的态度时，可以在他看了该则广告后立即对其做心律变动或皮电反应测试。当然，心理反应测量也存在一定的局限性，首先它只能探测极端反应；其次它对所测态度的类型不一定能辨别清楚，如恐惧和愤怒的生理反应几乎相同，难以区分。

(三) 任务完成法

任务完成法是指让被试者去完成某项任务，通过观察完成质量来确定被试者对这件事的态度。根据琼斯的研究，态度对学习具有过滤作用，因此如果让被试者阅读几种不同倾向的材料并要求尽可能地予以回忆的话，被试者一般会对与自己态度相吻合的材料记得更多、更好。所以若被试者对带有某一倾向的材料比另外的材料记得更多、更好，则表明被试者更倾向于这种态度。当然，对材料记忆的好坏还涉及材料的难度、排列顺序等其他因素，在运用任务完成法探测消费者态度时，应设法对这些因素予以控制。

本 章 小 结

消费者态度是指消费者对某一事物或观念所持有的正面或反面的认识上的评价、情感上的感受和行为上的倾向，具体是由认知、情感和行为倾向三种成分构成的复合系统。

态度作为消费者的一种复杂的、复合型的心理活动，具有社会性、等级性、稳定性、价值性、对象性、内隐性和调整性的特征，同时还具有自我防御功能、适应功能、认知功能、表现功能等四大功能。态度与购买行为之间不一致的影响因素很多，包括购买动机、购买能力、态度强度、情境因素、测度上的问题、态度测量与行为之间的延滞性，个人因素等多个方面。

关于消费者态度形成过程理论，主要介绍了学习论、诱因论、认知相符论。学习论认为人的态度同人的其他习惯一样是后天习得的。人通过联想、强化和模仿三种学习方式逐步发展和形成对事、对物的态度。诱因论则将态度的形成看成是在权衡利弊之后作出抉择的过程。认知相符论或认知一致论认为人的信念和态度如果与其他观点和自身行为发生矛盾，就会存在一种内在力量推动其进行自我调整，以达到或恢复认知上的相符和一致。

消费者的态度并非不可改变，本章从改变消费者态度的构成成分和霍夫兰德、詹尼斯所提出的改变消费者态度的说服模式两个视角出发对态度改变的具体策略进行介绍。改变态度的构成成分从认知成分、情感成分和行为倾向成分三个方面提出具体的策略。霍夫兰德和詹尼斯改变态度的说服模式则从外部刺激、目标靶特性、中介过程和劝说结果四个方面分析了态度改变的过程，其在企业的营销传播活动过程中具有重要的运用价值。

消费者态度的测量方法很多，本章主要介绍了瑟斯顿等距量表法、李克特量表法、语意差别量表法、多重性态度模型、行为反应测量法等具体态度测量的方法，这些方法虽在实际中得到了较为广泛的运用，但各自也都有其不足与局限，需要进一步改进和完善。

学习课件

练　习　题

一、单项选择题

1. 对人或事物的认识、理解与评价，包括感知、思维、看法和好坏的评价，以及赞成或反对的意见，这指的是态度的(　　)成分。

A. 认知成分　　B. 情感成分　　C. 感知成分　　D. 行为成分

2. 那些在公众场合使用的惹人注目或引人注意的产品(如服装、汽车)经常与态度的(　　)功能联系在一起。

A. 适应功能　　B. 表现功能

C. 自我防御功能　　D. 认知功能

3. 消费者先有感觉，然后产生行动，最后再思考，这是消费者态度层次中的(　　)。

A. 高度参与层次　　B. 低度参与层次

C. 经验学习层次　　D. 行为学习层次

4. 从趋近因素和回避因素的冲突来看态度问题，即将态度的形成看作是在权衡利弊之后做出抉择的过程，这是(　　)态度理论的观点。

A. 学习论　　B. 诱因论　　C. 平衡理论　　D. 认知失调论

5. 消费者态度的说服模式第三部分是(　　)。

A. 态度的改变　　B. 外部刺激　　C. 中介过程　　D. 目标靶

6. 下列选项中，不属于目标靶特性的是(　　)。

A. 人格因素　　B. 重复　　C. 性别差异　　D. 介入程度

二、多项选择题

1. 消费者态度的基本功能包括(　　)。

A. 适应功能　　B. 自我防御功能

C. 认知功能　　D. 表现功能
E. 自知功能

2. 购买行为与态度不一致的影响因素包括(　　)。
A. 购买动机　　B. 购买能力　　C. 情境因素　　D. 个人因素
E. 测度上的问题

3. 改变消费者态度的说服模式中情境因素具体包括(　　)。
A. 分心　　B. 预防注射　　C. 预先警告　　D. 重复
E. 介入程度

4. 消费者态度的特征包括(　　)。
A. 稳定性　　B. 价值性　　C. 对象性　　D. 内隐性
E. 调整性

5. 影响态度说服效果的外部刺激因素具体包括(　　)。
A. 传递者　　B. 传播的内容与方式
C. 目标靶的特性　　D. 情境因素
E. 中介过程

6. 态度理论包括(　　)。
A. 学习论　　B. 诱因论　　C. 平衡理论　　D. 唤醒理论
E. 认知失调论

三、名词解释

1. 态度
2. 学习论
3. 诱因论
4. 适应功能
5. 预防注射
6. 分心

四、简答题

1. 简述态度的含义与功能。
2. 简述态度的构成要素与特征。
3. 简述消费者态度与购买行为之间的关系。
4. 简述消费者态度的影响因素。
5. 简述传递者与消费者态度改变之间的关系。
6. 简述目标靶的特征。

五、论述题

1. 论述海德的平衡理论的主要观点。
2. 论述改变消费者态度的说服模式的主要内容。

六、应用实践题

1. 实地访问一些消费者群体，运用语意差别量表法测量他们对两个熟悉的大型商场的态度，根据调查结果，对这两家商场作出评价并提出具体的改进建议。

2. 测量某个消费者对牙膏(或洗发水)的实际态度，然后具体运用改变态度的说服模式解释造成这一态度的原因。

七、案例分析题

欧莱雅男士护肤品的中国营销策略

作为十几年前法国欧莱雅进入中国后招聘的首批本土员工之一，陆晓明对中国的化妆品市场了如指掌。这位欧莱雅(中国)有限公司副总裁不仅是行业的先驱，也是一位身体力行的先行者——为了吸引优秀人才，他曾经在大学招聘会上往自己身上大喷香水。

“化妆品和男人永远都不矛盾。”他说，“现在我们要吸引的不仅仅是女大学生，还包括13亿中国人中的另一半。”他说的“另一半”，指的是中国的男性消费者群体。

作为全球最大的化妆品集团，欧莱雅目前在中国化妆品市场的排位次于日化巨无霸宝洁。欧莱雅希望，中国男性消费者能成为其后来居上的源动力。

2001年，欧莱雅集团旗下的碧欧泉男士产品首先进入中国，这也是国际高档护肤品中第一个涉足中国的男士品牌。经过6年的市场推广，欧碧泉男士产品在中国已经拥有了忠实的消费群，连续三年占据2/3的高档市场份额。

以金城武代言的欧碧泉系列为起点，欧莱雅开始了针对男士市场的全面进攻，吴彦祖推荐给年轻人让他们气色更好、价格又便宜的巴黎欧莱雅；皮尔斯·布鲁斯南更是让大家吃了一惊，他告诉你，老男人的皮肤同样也有产品能够护理；2008年2月28日，欧莱雅旗下另一款男士专业健康护肤系列——薇姿品牌男士护肤品正式登陆中国，带来了专业的皮肤医学护理方法和含VICHY温泉水的专业产品。

“我们要从消费档次、年龄、产品领域等多方位来覆盖中国男士护肤品市场。”欧莱雅有限公司总裁盖保罗说。

据了解，薇姿1988年就率先进入了全球男性护肤品市场，而此次全新升级的薇姿男士系列，是第一款为中国男士健康护肤打造的医学护肤品。

盖保罗说，在进军男士护肤品市场前，欧莱雅已经做过详尽的市场调查，内容涉及了男士的年龄、经济状况、职业、所在城市、对保养皮肤及护肤品的认知程度等。

根据有关统计，中国化妆品销量总额已接近400亿元，年增长速度在9%以上，但男性护肤品市场还基本是一片空白。而据海外媒体报道，最近20年来全球男士化妆品销售一直稳步上升，目前约占化妆品市场的10%，总额约7亿元。

“尽管大部分中国男士对护肤品的了解还停留在较为初级的阶段，接受程度和观念比较滞后。但调查也显示中国越来越多的精英男士对护肤品还是存在需求的。”巴黎欧莱雅品牌总经理张耀东说，“他们注重皮肤，不再满足使用女士护肤品来保护自己的皮肤，也需要有适合自己的产品。”

到目前为止，欧莱雅旗下的碧欧泉、巴黎欧莱雅、兰蔻、薇姿等绝大部分品牌都在中国推出了男士护肤品系列，兰蔻拉夫劳伦、阿玛尼男士香水品牌等通过百货商店、大卖场、药房、超市等不同渠道，以不同价格来满足男士们的消费需求。

“从发展的角度看，我们觉得男士护肤品市场是正在兴起、快速发展并且潜力巨大的市场。”盖保罗认为欧莱雅多品牌齐头并进的战略并非权宜之计，他解释说，“如同我们整体的品牌策略一样，我们希望以多元化的品牌来满足消费者多元化的需求。”

和女士产品一样，巴黎欧莱雅主攻中端人群，除价格“低调”、产品按消费者年龄划分外，它大多在商场专柜和超市中出现，让销售渠道变得更加有亲和力；薇姿品牌则贯穿了其一贯风格——只有药房出售；而碧欧泉和兰蔻则占据了高端市场专柜中的领导地位。

“多元化的品牌以不同的销售渠道和不同的价格水平，满足消费者多元化的需求。”盖保罗介绍说，“尽管目前没有统一的官方数据，但根据市场的反馈和我们的统计来看，整体上我们的品牌在中高档男士护肤品市场处于引领者的地位，上述品牌中男士产品占销售的比率在不断提升，分别在5%～20%不等。”

从目前看，欧莱雅要在这个市场实现自己的远大目标，还有很多开创性的工作要做，尤其是对中国男性潜在消费者的教育和培养。想象一下，一位中年男士走进药房，不是买药，而是站在薇姿柜台前为自己挑选护肤品，这多少有些荒诞，记者在北京一些药店的薇姿专柜发现，即使是在热闹的周末，前来柜台咨询的消费者也是门可罗雀，上前询问的人也多是女性，样品上布满了灰尘，同样的情况也出现在一些商场的巴黎欧莱雅男性护肤品的柜台上。

对今天的中国男性来说，最可能使用的还是“天天见”的“大宝”等基础护肤品。但与一般消费者的视角不同，专注于准确营销的2007年中国十大咨询师齐渊博认为，欧莱雅男士护肤品无论从营销模式、产品种类、市场细分上，都给中国的男士护肤品市场带入了一股春天的气息。

“欧莱雅看重中国男性化妆品市场，不仅在于它容量巨大，更重要的是没有领袖品牌，而这就是一个难逢的机会。”齐渊博对《商务周刊》说。

在他看来，大宝可以说是男士护肤品的鼻祖，但和国内其他进入男士市场的品牌一样，都重蹈女士市场的覆辙，概念和渠道都在重复。比如郁美净、隆力奇等都是走低端及三线以下市场、季节性销售的路线。从这个意义上看，在没有广告攻势的前提下，中国男士护肤市场已经不小，只是太过松散，呈现季节性、低端、没有领袖品牌、影响力差的特点，没有影响到国内的精英群体。

中国男士护肤品市场发展缓慢，与传统观念有着密不可分的关系。而且男性相对女性更为理性，不会对不熟悉的东西轻易下决定。

对此，张耀东表示，专业分析后得出的结论是，抓住男性商务人群，可能就是一条有效的路径。“仅仅是为了护肤，男士市场是很难被撬动的，通俗地说，也就是没有让男士们掏腰包的诱惑力。”但在他们看来，男人心中也有希望自己模仿的样子，“那就是成功、儒雅的商业领袖，他们是超越一般人思维的，是有权利和人格魅力的，对自己也有更高的要求，绝不允许脸色疲倦”。

“只有商务人群先行，整个男性群体才能被整体带动。”他说。

通过广告投放和市场营销带动市场，通常是最简单、最行之有效的解决方法。两年前，吴彦祖为巴黎欧莱雅品牌代言的广告就大规模出现在电视和北京地铁站台广告板上。欧莱雅还希望让护肤品更加符合男士的生活和购物习惯。针对男士更偏爱直接快速的咨询方式，碧欧泉今年在柜台上安装男士皮肤自我诊断仪，通过电脑触摸屏配合专业的诊断软件，让男士能够在适意的环境下自我检视皮肤状况，当然，这种探索是否克服男士在柜台前羞涩的心理障碍还有待观察。

目前，资生堂“俊士”、雅诗兰黛集团的“倩碧”男士系列以及兰芝、欧珀莱等国际品牌也都已进入中国。“我们很高兴看到其他品牌的加入，这样大家一起可以更快地将男士护肤产品市场这个蛋糕做大。市场大了，作为男士高档护肤产品市场份额领先的欧莱雅碧欧泉，也一定将取得更傲人的销售业绩。”盖保罗说，“有挑战，才能不断进步。”

虽然绝大多数中国男性消费者的护肤理念目前还没有什么进步，但碧欧泉已经决定再往前走一步，今年将引入一款“功能型”产品——它会让男士肌肤瞬间变成古铜色。

齐渊博认为，男性消费者的消费模式和女性有很大不同，而欧莱雅现在的全面开花，在很大程度上是想先行一步取得先发优势，从而引领市场。“男性消费者很少被促销吸引，但一旦形成消费习惯，其品牌的忠诚度比女性要高得多。”他认为，谁能首先找到一个适合中国市场的途径，谁就将成为未来男士市场中的领袖品牌。

(资料来源：作者根据相关资料整理而成。)

思考：

1. 分析我国男性消费者对男性化妆品的态度。
2. 根据多属性模型来探讨欧莱雅如何强化男性消费者对其品牌的友好态度。
3. 请分析明星代言是如何改变消费者态度的。

第七章　消费者个性心理

知识目标

了解消费者个性的含义及特点，领会消费者个性的内部结构；掌握气质的含义和特征，理解消费者气质与消费行为之间的内在联系；掌握性格的含义和特征，理解消费者性格与消费行为之间的内在联系；了解能力的含义和类型，掌握能力与消费行为之间的内在联系；了解消费者自我概念的含义、构成和作用，理解自我概念对消费行为的影响。

能力目标

掌握气质、性格、能力、自我概念等个性心理，明确这些个性心理与消费行为之间的内在联系；能具体运用上述个性心理，分析消费者的消费行为表现，并预测消费者的未来消费行为倾向。

课程思政

党的二十大报告明确指出，推动绿色发展，促进人与自然和谐共生，积极稳妥推进碳达峰碳中和，以习近平同志为核心的党中央始终致力于解决资源环境约束的突出问题，推进新时代生态文明建设，推动绿色经济发展。作为个人消费者，需要在时代大背景的依托下，认识不合理消费行为和习惯导致的环境恶化，在消费过程中做到勤俭节约和绿色消费。消费者在注重发展个性的同时，也要注重文明和品位化，科学和理性化。

案例导入

宝马公司系列产品的定位

不同消费者有着不同的个性，不同个性的消费者对产品有着不同的需求。有些消费者甚至把产品品牌当作自我个性的延伸。企业创建品牌的关键是要了解消费者的个性——他们的自尊、希望、追求、动机和行动。宝马公司在创建品牌时，正是充分地了解、分析了不同消费者的个性及其需求。宝马公司以消费心理学的数据为基础，确定了三大细分市场，分别向其提供3、5、7系列车型。

宝马3系列是宝马中最便宜的系列。据分析，这一车型的买主具有以下特点：年轻白领，具有高收入潜力和积极的生活方式，是独立的思想者，攀比心理不强，希望拥有一个能表现自我的品牌。根据购买者的这种个性，创建品牌个性和价值时，宝马公司对宝马 3 系列的定位是年轻、动感、快乐和运动性。

宝马 5 系列针对的客户具有以下特点：年龄在 30 岁以上，居中层或中层以上的管理职位，喜欢挑战，观念超前，倾向于一个既能提供良好性能和驾驶体验，又能体现豪华设计特点的品牌。因此该系列的定位是创新、专业和有个性。

宝马 7 系列针对的客户具有以下特点：男性，居高级经理或以上职位，是本行业中的成功人士，具有独特性。因此该系列的定位是高档、独立和自主。

(资料来源：作者根据相关资料整理而成。)

第一节　消费者个性及个性理论

个性是在个体生理素质的基础上经由外界环境的作用而逐步形成的。个性的形成既受遗传和生理因素的影响，又与后天的社会环境尤其是童年时的经验有直接的关系。

一、消费者个性的含义

个性，心理学中称为人格(Personality)，最初是指演员所戴的面具，其后是指演员和他所扮演的角色。心理学家引申其含义，把个体在人生舞台上扮演角色的外在行为和心理特质都称为个性。关于个性的定义，迄今仍是众说纷纭，这里我们采用施契夫曼和卡奴克对个性所下的定义：个性是指决定和折射个体如何对环境做出反应的内在心理特征。内在心理特征包括使某一个体与其他个体相区别的具体品性、特质、行为方式等多个方面。因此，个性是个综合性概念，它包括气质、性格、能力和兴趣等多种心理特征。

从心理学的角度看，个性是先天生理因素与后天因素共同作用的结果。人的个性是在先天生理因素的基础上，并在一定社会历史条件下，通过参与社会实践活动而形成和发展起来的。先天生理因素具有人的感觉器官、运动器官、神经系统等生物属性，是一切心理活动产生的物质基础，是形成个性差异的重要原因之一。

二、消费者个性的特征

个性作为反映个体基本精神面貌的本质心理特征，具有整体性、稳定性、可塑性、独特性、社会性等基本特征。

(一) 整体性

个性反映了人整个心理面貌，是一种有机组织的整合性。每个人的个性倾向性和各种个性心理特征是相互渗透、相互影响的，从而构成一个多层次的、统一的整体结构。如果其中一些特征发生变化，其他特征亦将相应变化。

(二) 稳定性

个性反映了一个人比较稳定的心理倾向和心理特征，它具有稳定性和经常性。因此，个人在行为中偶然表现出来的心理倾向和心理特征不能表达其个性，比如一个理智型的消费者，偶尔表现出冲动的购买行为，不能据此认为他就是冲动型的消费者。俗话说“江山易改，本性难移”形象地说明了个性的稳定性。

(三) 可塑性

个性虽然有稳定性的特点，但这是相对而言的，并非完全不可改变。人的个性是在主客观条件相互作用的过程中形成和发展的，自然也会在这个过程中发生变化。一般来讲，儿童的个性较不稳定，受环境影响较大；成人的个性较稳定，但也会受环境的影响。生活中的一些重大事件，如小孩出生、亲人去世、离婚、下岗等都可能导致个性的改变。

(四) 独特性

个性是在遗传、环境、成熟等诸多因素影响下形成和发展起来的，这些因素及其相互关系不可能完全相同。正如俗语所说：“人心不同，各如其面”，每个人的个性都有其独特的个性倾向和个性心理特征，世界上很难找到个性完全相同的两个人。

(五) 社会性

个性具有与遗传有关的先天性，即生物性的一面，但也具有与环境有关的后天性，即社会性的一面。一个婴儿生下来并不具有社会性，社会性是依附在生物体上不断形成和发展起来的，个性就是生物性和社会性的统一。因此，离开了社会环境，个体就无法形成正常的心理，更谈不上个性的发展。从这个意义上说，社会性在个性形成过程中起着更重要的作用，对个性的形成、发展和转变具有决定意义。

三、个性理论

(一) 弗洛伊德精神分析理论

奥地利著名临床心理学家、精神病学家西格蒙德·弗洛伊德(Sigmund Freud)创建的精神分析理论，开创了现代心理学中个性研究的先河。弗洛伊德认为人的大脑就像一个大部分功能都隐藏在海平面以下的冰山，即把人的心理机制视为由意识、前意识和潜意识 3 个系统所构成。潜意识是弗洛伊德论述最多的部分，他认为潜意识是心理的深层基础和人类活动的内驱力，它决定着人的全部有意识的生活，对人的行为产生重要影响。根据这一理论，个性的结构由本我、自我和超我三个部分组成，个性就是在这三部分之间的冲突中产生的，而且在发展过程中会受到所经历的紧张、挫折或者爱情的影响。他认为，人格结构中的 3 个部分相互交织，形成一个有机的整体，但它们各行其责，分别代表着人格的某一方面。

1. 本我

本我是个性中最基本的系统，包含着各种原始的、与生俱来的本能和冲动，是心理能量的储存所，代表着生物性的内心世界，完全无视客观存在的外部世界，寻求直接的满足，即遵循唯乐原则。本我处于人格结构中的最底层，是人格结构中最原始、最隐秘、最模糊而不可及的部分。本我靠遗传本能源源不断地提供能量，不与外界发生直接的交流，是个体获得经验之前就已存在的内部世界，是构成人的生命力的内在核心。本我不受任何理性和逻辑准则的约束，也不具有任何价值、伦理、社会和道德的因素，它的唯一机能是躲避痛苦，寻求快乐。实际上本我所反映的是人的原始欲望和冲动，是个体生物性的一面。

2. 自我

自我是在适应现实环境中形成的，是意识控制的化身，知晓外界的实情，衡量使本能和冲动获得满足的可能性，在符合社会要求的条件下追求快感，所以奉行的是现实原则。简而言之，自我既是一个执行者，又是本我和超我的调停者。本我凭借冲动性行为和想象、幻想、幻觉、做梦等途径予以实现，消除紧张，但这样做并不能真正满足人的需求与欲望。想象、幻觉、做梦并不能代替现实，冲动会导致外界的惩罚，反而增加紧张和痛苦的程度。人只有靠适应和支配外界环境，才能满足自己的需要与欲望。人与环境的交往要求形成一个新的心理系统，即自我。自我是在本我基础上分化和发展起来的，是幼年时期通过父母的训练和与外界交往的过程中逐步形成的。它是人格结构中的行政管理机构，是本我与外界环境相连接的中介。它一方面要立足于本我，反映本我的要求，实现本我的意图，但另一方面又不能赤裸裸地反映这些意图与要求，而要正视现实条件，考虑社会需要，把本我的冲动纳入社会认可和条件许可的范围之内。总之，自我的主要机能是自我保存和趋利避害，它不断地告诫本我，要求本我为了人的长远快乐而忍受暂时的紧张和痛苦。

3. 超我

超我是内化了的社会规范和道德律令，即良心，负责检视个体以社会所能接受的方式满足需要，代表着理想而非现实，追求完美而非快乐。所以，超我是个性中最道德的部分，处于个性的最高层。按照“至善原则”活动，既要指导“自我”，又要限制“本我”。超我是人格结构中专管道德的司法部门，是人在儿童时代对父母道德行为的认同，对社会典范的仿效，是在接受传统文化、价值观念、社会理想的过程中逐步形成的。超我以“自我理想”和“良心”为尺度，提示人们该做什么，不该做什么，劝人戒恶从善，主动压抑自我的原始冲动，观察、评判自我，并通过精神性和生理性手段奖赏与惩罚自我。超我继承文化历史传统，按照社会伦理规范和价值标准行事，为一切本能的冲动设置最后的、最严密的障碍，避免任何危及社会和他人的过失行为，控制和引导自我从善向美，把人培养成为遵纪守法的社会成员。超我是社会化的产物，反映了人的社会性的一面。

(二) 荣格个性类型说

荣格的人格理论是建立在其动态的、流动的、复杂的心灵观基础之上的。荣格把人格的总体称为“心灵”，认为心灵包含一切有意识的思想、情感和行为。心灵既是一个复杂多变的整体，又是一个层次分明、互相作用的人格结构。荣格观点的核心是强调集体意识，集体意识是一个从过去先辈那里继承而来的记忆库，它不同程度地影响人们的行为倾向性和行为本身。比如荣格指出很多人怕黑是因为他们的遥远祖先们有足够的理由证明应该有这种恐惧(神话、小说、梦话中体现)。

荣格的心理学内容广泛，与消费行为分析尤为密切的是其个性类型说。根据这一学说，人格结构由很多两极相对的内动力所形成，如感觉对直觉、思维对情感、外倾对内倾等。具体到一个人身上，这些彼此相对的个性倾向常常是失衡的或者有所偏向的。比如有的人更多地凭直觉、情感做出决策，而有些人则更多地凭理智和逻辑做出决定。将前述两极相对的个性倾向每每两组配对，可以组成很多彼此不同的组合，如外倾感觉型、内倾思维型、直觉思维型等。表 7-1 列出了荣格个性类型说中的部分个性类型及特点。分析这些个性类型，有助于市场营销者了解每种类型的个性在行为上的特点，从而据此制订更加有效的营销策略来满足消费者的需要。

表 7-1 荣格个性类型说中的部分个性类型及特点

个性类型	个 性 特 点
感觉思维型	决策富有理性； 观点既有逻辑性，又有事实依据； 决策时遵循“客观性导向”； 突出经济方面的考虑，对价格非常敏感； 花大量精力搜集与决策有关的信息； 风险规避者； 实用主义、关心个人的动机； 决策中的短期视野
感觉情感型	实证观点； 被个人价值观而不是被逻辑所驱动； 决策时会考虑别人的想法； 与他人共担风险； 实用主义、关心地位； 决策中的短期视野
直觉思维型	视野开阔； 决策时依据想象，同时运用逻辑； 决策时想象很多的选择方案； 内省性地权衡各种选择方案； 乐于承担风险； 决策时采用长期视野
直觉情感型	视野开阔； 想象很多的选择方案； 非常在意别人的观点； 决策时遵循“主观性导向”； 价格敏感性低； 喜欢冒险； 决策时采用无限时间观

假如有四个人，分别属于表 7-1 中所示的个性类型。如果他们均面临购买某些股票的决策问题，那么在行为上会有什么不同呢？感觉思维型和感觉情感型消费者均会认真研究有关上市公司的财务报表、财务绩效，以获取相关事实和数据，然而后者较前者更有可能将他人的推荐纳入决策范围，更有可能使用提供全面服务而不是部分服务的经纪人。直觉思维型和直觉情感型消费者均凭直觉做出决定，均倚重自己的想象，但后者的决策会更多地反映他人的意见和评论，如在某个聚会上听到的消息，某个股评专家的观点，等等。

(三) 新弗洛伊德个性理论

弗洛伊德的理论对于消费者动机的解读有重大的影响。虽然弗洛伊德启发人们认识到行为的原因可能潜藏于表面现象之下，但并不是所有弗洛伊德学派的学生或门徒都完全同意弗洛伊德的观点，他们认为比起未得到解决的个性冲突，个人如何处理自身与他人的关系可能更有力地影响了个人的个性。这些理论统称为新弗洛伊德个性理论。

新弗洛伊德个性理论认为个性的形成和发展与社会关系密不可分，即认为消费者的个性并不是由本能的欲望所形成的，而是由围绕消费者的文化、社会以及自身等因素所形成的，并强调行为合理性的一面。最具有代表性的新弗洛伊德主义者之一是卡伦·霍妮。她认为精神上的不安是决定行为的主要因素，她把个性分为顺从型、攻击型、孤僻型三种。

1. 顺从型

顺从型个性的特点是“朝向他人”，即在社会生活中无论遇到什么人，首先想到的是“他会喜欢我吗？”，接受社会规范，关心他人的期望，喜欢合作，信任他人，避免人际冲突，看重感情。这些需要可能使顺从型个性的人过分担忧，过分敏感，以致怕受批评，愿意受他人支配。

2. 攻击型

攻击型个性的特点是“对抗他人”，即在社会生活中无论遇到什么人，首先想到的是“我能胜过他吗？”，难以循规蹈矩，违逆他人的期望，偏好竞争，不怕发生争吵和冲突，崇尚权力、地位和荣誉。攻击型个性的人会通过自己的开朗行为寻求他人的赞赏，有时会显示出一定的“领袖素质”。

3. 孤僻型

孤僻型个性的特点是“疏离他人”，即在社会生活中无论遇到什么人，首先想到的是“他会干扰我吗？”，厌恶社交，自我克制，忽视他人的期望，喜欢独立，怀疑他人，漠不关心社会冲突，崇尚孤独，尽力做到自己在情感、行为上与他人不同。孤僻型个性的人不寻找责任或义务，也不试图给他人留下印象。

(四) 特质理论

前面介绍的各种理论主要依靠定性方法，特质理论则强调根据具体的心理特征来测定人的个性，它是一种实证和定量分析取向的个性理论。特质理论认为，人的个性是由诸多特质构成的，特质使个体以相对一贯的方式对刺激做出反应。特质理论并不是把个性分为绝对的类型，而是认为存在一些特质维度，每个人在这些特质上存在不同的表现。比如，慷慨是一种特质，每个人都不同程度地具备这种特质。人的个性之所以有差异，原因在于不同的人在各种特质上有不同的表现。

特质理论侧重于根据特定的心理特征，即特质来测量个性。特质表明一个人区别于他人的、任何独特的、相对持久的特征。例如，消费者一般都有社交性、攻击性、孤独性等特质，但每个人具备这些特质的程度不同。特质理论包括三个重要假设。第一，特质具有共通性，人们之间的差异在于特质绝对量的大小。第二，不管所面对的情境或环境是什么，这些特质都是相当稳定的，同时对其行为的影响具有普遍性，也就是说可以根据特质预测很多行为。第三，可以通过衡量行为指标推测出特质的内涵。下面介绍与消费者行为相关的几种主要的特质理论。

1. 卡特尔的特质论

卡特尔(Cattell)的特质论是个性特质理论的典型代表。卡特尔认为，在构成个性的特质中，有的是人皆有之，有的则是个人独有的，有的是遗传决定的，有的则受环境的影响。人的个性特质可以分成两种类型：一是表面特质；二是根源特质。表面特质是在每个具体的行为中体现出来的个性特点；根源特质则反映一个人的总体个性，它是根据表面特质推理设定的。卡特尔经过多年的测试、遴选，找出了反映个性的 16 个根源特质，如表 7-2 所示。卡特尔据此编制了 16 种人格因素问卷，又称卡特尔量表。

表 7-2　卡特尔反映个性的 16 种根源特质

根源特质	低分特质	高分特质	根源特质	低分特质	高分特质
开朗性	缄默、孤独	乐群、外向	怀疑性	信赖、随和	怀疑、刚愎
聪慧性	迟钝、学识浅薄	智慧、富有才识	幻想性	现实、合乎成规	幻想、放荡不羁
稳定性	情绪激动	情绪稳定	机敏性	坦白直率、天真	精明能干、世故
支配性	谦虚、顺从	好强、固执	忧虑性	安详沉着、有自信心	忧虑抑郁、烦恼多端
兴奋性	严肃、谨慎	轻松、兴奋	实验性	保守、服膺传统	自由、批评激进
有恒性	权宜、敷衍	有恒、负责	独立性	依赖、随群附体	自主、当机立断
勇敢性	畏缩、胆怯	冒险、敢为	自律性	矛盾冲突、不明大体	知彼知己、自律严谨
敏感性	理智、注重实际	敏感、感情用事	紧张性	心平气和	紧张、困扰

2. 爱德华个人爱好测试表

爱德华个人爱好测试表(Edwards Personal Preference Schedule，EPPS)是相对于卡特尔量表的另一种个性测试体系，其包括 15 种人类需要：成就需要、顺从需要、秩序需要、表现需要、自主需要、亲和需要、内省需要、求助需要、支配需要、谦卑需要、慈善需要、变化需要、耐久需要、攻击需要、异性恋需要。早期消费者行为研究中的性格研究就是使用 EPPS 来确定不同消费者细分市场的品牌偏好的。

3. 艾森克的个性三因素模型

艾森克(Eysenck)依据因素分析方法提出了个性的三因素模型。这三个因素是：外倾性，表现为内、外倾的差异；神经质，表现为情绪稳定性的差异；精神质，表现为孤独、冷酷、敌视、怪异等偏向于负面的个性特征。艾森克依据这一模型编制了艾森克个性问卷。

4. 五因素特质理论

20 世纪 80 年代以来，个性研究者们在个性描述模式上达成了比较一致的共识，提出了个性五因素模式。这五种个性特质分别是：

(1) 情绪稳定性——焦虑、敌对、压抑、自我意识、冲动、脆弱。

(2) 外向性——热情、社交、果断、活跃、冒险、乐观。

(3) 开放性——想象、审美、情感丰富、求异、智能。

(4) 随和性——信任、直率、利他、依从、谦虚、移情。

(5) 谨慎性——胜任、调理、尽职、成就、自律、谨慎。

5. 奥尔波特的人格特质理论

1937 年奥尔波特(Allport)首次提出了人格特质理论。他把人格特质分为三类：首要特质、中心特质和次要特质。首要特质是一个人最典型、最具概括性的特质；中心特质是构成个体独特性的几个重要特质，每个人身上有 5～10 个中心特质；次要特质是个体不太重要的特质，往往只有在特殊情境下才表现出来。

在消费者行为研究领域，一些学者试图测定某些与企业营销活动密切相关的个性特质，如消费者的创新性，对人际影响的敏感性等。一般认为这类研究对于理解消费者如何作出选择、是否消费某一类产品有很大的帮助，而对于预测消费者具体选择何种品牌的产品则帮助不大。例如，某种个性可能更多地对消费者是否购买空调而不是购买何种品牌的空调具有一定的预示作用。

第二节　消费者气质

一、气质的含义

气质是消费者典型的个性心理特征之一，对消费者的购买行为起着重要的影响作用。心理学中所说的气质和日常人们所说的气质含义并不完全一样。日常所说的气质，常常指一个人的风格、风度或某种职业上所具有的非凡特点。而心理学上所讲的气质是个人心理活动稳定的动力特征，即一个人在心理活动和行为方式上所表现出来的强度、速度、稳定性和灵活性等动态方面的心理特点。

心理活动的动力特征包括五个方面：① 心理过程的速度(如知觉快慢、思维是否灵活、对事物注意时间的长短)；② 心理过程的强度(如情绪的强弱、意志努力的程度、耐受力的大小)；③ 心理活动的指向性(如是倾向于外部事物，从外界获得新的印象，还是倾向于内部，经常体验自己的情绪，分析自己的思想和印象)；④ 心理过程的稳定性(如情绪的稳定性、注意力集中时间的长短)；⑤ 心理过程的灵活性(如兴奋与抑制转换的快慢、注意转换的难易等)。个体间气质的不同就表现在这些心理活动动力特征的差异上。

气质作为个体典型的心理动力特征，是在先天生理素质的基础上通过生活实践等后天条件影响所形成的。由于先天遗传因素不同及后天生活环境的差异，不同个体之间在气质类型上存在着多种差异，这种差异会直接影响个体的心理和行为，从而使每个人的行为表现出独特的风格和特点。如有些人热情活泼、善于交际、表情丰富、行动敏捷，而另一些人则比较冷漠、不善言谈、行动迟缓。这种气质的差异和影响同样存在于消费者及其消费活动中。对于同一种商品，不同气质类型的消费者会采取甚至完全不同的购买行为。某种气质类型的人往往在各种不同内容、不同动机的行为活动中，都会显示出同样性质的动力特征，即一个人的气质特点不依活动内容为转移，往往表现出一个人生来就具有的自然心理特征。比如，一个人若具有安静、迟缓的气质特征，那么他在学习、体育比赛、购物等各种活动中都会表现出来。

◈ 案例 7-1

一名研究生的择业观

张某是湖南某大学工商管理专业的一名研究生，毕业时有两家用人单位对她亮了“绿灯”。一是江苏某技校欲聘请她教书，二是湖南某工商局欲聘请她为办公室秘书。她再三思考后，觉得自己的气质不适合做文秘工作，而比较适合搞研究及从事教学工作。因为从个性上讲，她有一种纯情和天真的气质，适合与学生打交道。于是她在别人不理解的眼光中毅然到技校执掌教鞭。幸运的是，她在工作中感到非常的顺心、舒心。她肯定了自己按照气质类型选择职业的正确性。因此，我们每个人都应该在了解自己的气质类型后，有针对性地选择合适自己的职业。

(资料来源：作者根据相关资料整理而成。)

二、气质类型

气质是人所具有的心理特征之一。正如千人有千面，人的气质也会有不同的类型，从古至今有许多人提出过不同的分类观点，下面主要介绍阴阳五行说、体液说、血型说和高级神经活动类型说。

(一) 阴阳五行说

我国古代思想家孔子从类似气质的角度把人分为“中行者”“狂者”“狷者”三类。他认为“狂者”一类的人对客观事物的态度是积极的、进取的，他们“志大言大”，言行比较强烈表现于外；“狷者”一类的人比较拘谨，因而就“有所谨畏不为”；“中行者”一类的人则介于两者之间，即所谓“依中庸而行”的人。

我国春秋战国时期的医学中，曾经根据阴阳五行说，把人某些心理上的个别差异与生理解剖特点联系起来，按照阴阳的强弱，分为太阴、少阴、太阳、少阳、阴阳等五种类型，每种类型各自具有不同的体质形态和气质特点。又根据五行法则把人分为金型、木型、水型、火型和土型，每种“型”也各有不同的肤色、体形和气质特点。金型人性情急躁刚强、办事严肃认真、果断利索；木型人勤劳本分、多虑沉静；水型人无所畏惧、不够廉洁；火型人性格多虑、态度诚朴；土型人内心安定、助人为乐、为人忠厚。

(二) 体液说

公元前 5 世纪，古希腊著名医生希波克拉特提出气质学说(体液说)。他认为人体内有黄胆液、血液、黏液和黑胆液四种体液。他根据这四种体液在体内的不同比例，把人的气质分为胆汁质、多血质、黏液质和抑郁质四种类型。这一分类后来被苏联的心理学家巴甫洛夫所证实。

1. 胆汁质

胆汁质的人体内黄胆液占优势，这种人的特点是直率、热情、精力旺盛、情绪易于冲动、心境变化剧烈、脾气暴躁。

2. 多血质

多血质的人体内血液占优势，这种人的特点是活泼、好动、敏感、反应迅速、喜欢与人交往、注意力容易转移、兴趣广泛但不持久、情绪变化快。

3. 黏液质

黏液质的人体内黏液占优势，这种人的特点是安静、稳重、反应缓慢、沉默寡言、善于克制忍耐、情绪不易外露、注意力稳定、惰性较强。

4. 抑郁质

抑郁质的人体内黑胆液占优势，这种人的特点是孤僻、行动迟缓、情绪体验深刻、善于细心觉察别人不易觉察的事物和人际关系、敏感多疑。

(三) 血型说

气质的血型说是由日本学者古川竹二于 1927 年最先提出的，后经西冈一义等人加以发展。该学说提出以后，得到了广泛传播。目前，一些日本和西方学者仍在进行所谓的“血型气质判断”。这种学说认为血型和气质有着密切的关系，血型有 A 型、B 型、AB 型和 O 型，相应的气质也就有这些类型(见表 7-3)，可以根据人的血型判断人的气质，甚至预测爱情和事业。然而学术界普遍认为，凭人的血型来判断人的气质类型缺乏有力的科学依据，也有不少人根据自己的实际体验认为血型说并不可靠，因此血型说理论并没有得到学术界的普遍认可。

表 7-3 血型与气质之间的关系

血 型	气 质	心理特征
A 型	积极保守	性情温和、老实稳妥、多疑虑、怕羞、顺从、常常懊丧追悔、依靠他人、独居少社交、感情易于冲动
B 型	积极进取	感觉灵敏、不怕羞、不易受事物感动、长于社交、多言、好管闲事
AB 型	A 型为主，含有 B 型的分子	外表是 B 型、内里是 A 型
O 型	积极进取	志向坚强、好胜霸道、不听指挥、爱支使别人、有胆识、不愿吃亏

(四) 高级神经活动类型说

苏联心理学家巴甫洛夫利用条件反射法揭示高级神经活动的规律性和神经作用过程的基本特征，对气质做了科学的阐述。他发现在心理的生理机制中占有重要地位的大脑两半球皮层和皮层下部分的高级神经活动可以分为两个过程：兴奋和抑制。这两个过程具有三大基本特征：强度、平衡性和灵活性。所谓强度，是指大脑皮层细胞经受强烈刺激或持久工作的能力。平衡性是指兴奋过程的强度和抑制过程的强度之间是否相当。灵活性则是指对刺激的反应速度和兴奋过程与抑制过程相互替代、转换的速度。巴甫洛夫根据上述三种特性的相互结合提出了高级神经活动类型的概念，指出气质就是高级神经活动类型的特点在动物和人的行为中的表现，并据此划分出高级神经活动的四种类型。

1. 活泼型(即强度大、平衡、灵活型)

活泼型的人一般表现为情绪兴奋性高，活泼好动，富于表现力和感染力。这类人对外界事物较为敏感，容易随环境的变化而转变，精力分散，兴趣广泛，联系面广，反应性和倾向性都较为明显。

2. 安静型(即强度大、平衡、不灵活型)

安静型的人一般表现为情绪比较稳定，沉着冷静，善于忍耐。这类人对外界事物反应缓慢，心理状态极少通过外表表现出来，耐性和内倾性都比较明显。

3. 兴奋型(即强度大、不平衡型)

兴奋型的人一般表现为情绪反应快而强烈，控制能力较差。这类人对外界事物反应速度快，但不够灵活，脾气倔强，精力旺盛，不易消沉，比较外向。

4. 抑制型(即强度小、不平衡、非灵活型)

抑制型的人一般表现为主观体验深刻，对外界事物的反应速度慢而不灵活。这类人遇事敏感多心，言行谨小慎微，易于激动和消沉，感受性和内倾性都较为明显。

巴甫洛夫的结论是在生理解剖实验的基础上得出的，后来经过他人的实验研究得到了验证，因而具有较强的科学依据。它所描述的四种气质类型与传统的体液说有较高的对应关系，见表 7-4。因此人们通常把二者结合起来，以体液说作为气质的基本形式，而以巴甫洛夫的高级神经活动类型说作为气质类型的生理学基础。

表 7-4　体液类型和高级神经活动类型对照表

高级神经活动特点和类型				气质类型
强度	平衡性	灵活性	特性组合的类型	
强	不平衡(兴奋占优势)	—	兴奋型	胆汁质
	平衡	灵活性高	活泼型	多血质
		灵活性低	安静型	黏液质
弱	不平衡(抑制占优势)	—	抑制型	抑郁质

实际生活中，纯属某种气质类型的人并不多。在判断某个人的气质时，主要是观察、

测定构成他的气质类型的各种心理特征，从人活动的积极性、行为的均衡性和适应环境的灵活性等方面去发现人的基本气质。

延伸阅读 7-1

气质测量问卷

本问卷共60小题，可大致确定人的气质类型。如果题目的描述与自己情况“很符合”，则记2分；“较符合”的记1分；“一般”的记0分(即符合又不符合)；“较不符合”的记−1分；“很不符合”的记−2分。

1. 做事力求稳妥，一般不做无把握的事。
2. 遇到可气的事情就怒不可遏，心里藏不住话。
3. 宁可一个人做事也不愿与很多人一起。
4. 到一个新环境中能很快适应。
5. 厌恶强烈的刺激。
6. 和人争吵时，总是先发制人，喜欢挑衅。
7. 喜欢安静的环境。
8. 善于和人交往。
9. 羡慕那种善于克制自己感情的人。
10. 生活有规律，很少违反作息制度。
11. 在多数情况下情绪很乐观。
12. 碰到陌生人觉得很拘谨。
13. 遇到令人气愤的事，能很快地自我克制。
14. 做事总是有很旺盛的精力。
15. 举棋不定，优柔寡断。
16. 在人群中很自在。
17. 情绪高昂时，觉得做什么都有趣；情绪低落时，又觉得做什么都没意思。
18. 当注意力集中于某事时，别的事很难使自己分心。
19. 理解问题比别人快。
20. 在危险的情况下有一种极度恐惧感。
21. 对学习、工作怀有很高的热情。
22. 能够长时间地做枯燥无味单调的事情。
23. 只有在感兴趣时才会干劲十足。
24. 一点小事就能引起情绪波动。
25. 讨厌做琐碎细致的工作。
26. 与人交往不卑不亢。
27. 喜欢热闹。

28. 喜欢看感情细腻、描述人物内心活动的文艺作品。
29. 工作或学习时间长了，常会感到厌倦。
30. 不喜欢长时间讨论思索，更愿意实际动手尝试。
31. 喜欢侃侃而谈，不愿窃窃私语。
32. 给人闷闷不乐的印象。
33. 理解问题比别人慢。
34. 只需短暂休息就能恢复精神，重新投入工作学习中。
35. 心里有话不愿说出来。
36. 认准一个目标就希望尽快实现，不达目标誓不罢休。
37. 学习、工作同样一段时间，常比别人更感疲倦。
38. 做事莽撞，不计后果。
39. 在别人讲授新知识、技术时，常希望讲得慢一点。
40. 能够很快忘记不愉快的事情。
41. 完成一件事比别人花费更多时间。
42. 喜欢大运动量的体育活动。
43. 不能很快地把注意力从一件事情转移到另一件事情上去。
44. 总希望把问题尽快解决。
45. 倾向于遵守陈规，而不是冒险。
46. 能够同时注意几件事情。
47. 烦恼时别人很难帮得上忙。
48. 爱看情节起伏、激动人心的小说。
49. 对工作认真严谨，始终如一。
50. 和周围人的关系总是不协调。
51. 喜欢做熟悉的工作。
52. 希望做变化大、花样多的工作。
53. 小时候会背的诗歌，现在仍然记得很清楚。
54. 常被认为“出口伤人，不会说话”，可自己不这样认为。
55. 在体育活动中，常因反应慢而落后。
56. 反应敏捷，头脑机智。
57. 喜欢有条有理地工作。
58. 兴奋的事常使我失眠。
59. 接受新概念慢一些，但一旦理解了就很难忘记。
60. 假如工作枯燥无味，马上就会情绪低落。

计分方法及说明：按题号将每题得分填入表 7-5 的“得分”栏中，计算每种气质类型的总得分。如果某项得分超过 20 分，则为此类气质典型型；如果得分为 10～20 分，则为普通型；如果各项得分均在 10 分上下，则得分最高的就表示你倾向于该气质。

表 7-5　气质测试得分表

胆汁质		多血质		黏液质		抑郁质	
题号	得分	题号	得分	题号	得分	题号	得分
2		4		1		3	
6		8		7		5	
9		11		10		12	
14		16		13		15	
17		19		18		20	
21		23		22		24	
27		25		26		28	
31		29		30		32	
36		34		33		35	
38		40		39		37	
42		44		43		41	
48		46		45		47	
50		52		49		51	
54		56		55		53	
58		60		57		59	
总分		总分		总分		总分	

三、气质与消费者购买行为

(一) 不同气质类型的消费行为表现

不同的消费者有着各自不同的气质类型，这使得他们的消费行为表现出特有的活动方式和表达方法。消费者的气质特点在其消费行为中主要反映在他们购买商品前的决策速度、购买时的行为特点和情绪的反应强度、购买后使用商品时的感受和体验等方面。不同气质类型的消费者在消费行为中的具体表现如下。

1. 胆汁质消费者的消费行为——冲动型

胆汁质的消费者在购买过程中反应迅速，一旦感到某种需要，购买动机就会很快形成，而且表现比较强烈。他们决策过程短，情绪易于冲动，满意与否的情绪反应强烈并表现明显；喜欢购买新颖奇特、标新立异的商品；购买目标一经决定就会立即购买，不愿花太多时间进行比较和思考，而事后又往往后悔不迭。在购买过程中，如果遇到礼貌热情的接待便会迅速成交，如果营业人员态度欠佳或使消费者等候时间过长，则容易引发他们的急躁情绪乃至发生冲突。所以，接待这类消费者时，要眼明手快、及时应答，并辅以柔和的语言与目标，使消费者的购买情绪达到最佳状态。

2. 多血质消费者的消费行为——随机型

多血质的消费者在购买过程中善于表达自己的愿望，表情丰富，反应灵敏，有较多的商品信息来源。他们决策过程迅速，但有时也会由于缺乏深思熟虑而做出轻率的选择，容易见异思迁。他们善于交际，乐于向营业员咨询、攀谈所要购买的商品，甚至言及其他事情。因此，接待这类消费者时，应主动介绍、与之交谈，要不厌其烦地有问必答，尽量帮助他们缩短购买商品的时间，当好他们的参谋。

3. 黏液质消费者的消费行为——理智型

黏液质的消费者在购买过程中对商品刺激反应缓慢，喜欢与否不露声色，沉着冷静，决策过程较长，情绪稳定，善于控制自己。自信心较强，不易受广告宣传、商品包装及他人意见的干扰影响，喜欢通过自己的观察、比较做出购买决定，对自己喜爱和熟悉的商品会产生重复的购买行为。因此，接待这类消费者时，要有耐心，避免过多的语言和过分的热情，以免引起消费者的反感。

4. 抑郁质消费者的消费行为——敏感型

抑郁质的消费者在购买过程中对外界刺激反应迟钝，不善于表达个人的购买欲望和要求。他们情绪变化缓慢，观察商品仔细认真，而且体验深刻，往往能发现商品的细微之处；购买行为拘谨，不愿与他人沟通，对营业员的推荐介绍心怀戒备，甚至买后还会怀疑是否会上当受骗。因此，接待这类消费者时，要注意态度和蔼、耐心，对他们可做些有关商品的介绍以消除其疑虑、促成交易，同时对他们的反复应予以理解。

以上是四种气质类型消费者的消费行为的典型表现，但是由于消费者所受环境因素的影响，现实生活中绝对属于某种气质类型的人并不多，大多数人是以某一种气质类型为主，兼有其他气质特征的混合型。作为市场营销者，应学会根据消费者在购买活动中的行为表现，发现和识别消费者在气质方面的特点，有针对性地进行营销服务，这样可以更好地满足消费者的需求，保证市场营销的有效性。同时需要指出的是，一个人的气质并无好坏之分，但对消费行为的影响却有积极和消极之分。因此，了解一个人的气质，有助于根据消费者的各种购买行为发现和识别其气质方面的特点，注意利用其积极的方面，而控制其消极的方面。

(二) 不同消费行为表现的气质类型

消费者不同的气质类型会直接影响和反映到他们的消费行为中，使之显现出不同的甚至截然不同的行为方式、风格和特点。概括起来，大致有如下几种对应的表现形式。

1. 主动型和被动型

在购买现场，不同气质的消费者其行为主动与否具有明显的差异。多血质和胆汁质的消费者通常主动与售货员进行接触，积极提出问题并寻求咨询，有时还会主动征询其他在场顾客的意见，表现十分活跃。而黏液质和抑郁质的消费者则比较消极被动，通常要由售货员主动进行询问，而不会首先提出问题，因而不太容易沟通。

2. 理智型和冲动型

在购买过程中，消费者的气质差异对购买行为方式具有显著影响。黏液质的消费者比较冷静慎重，能够对各种商品的内在质量加以细致地选择比较，通过理智分析做出购买决定，同时善于控制自己的感情，不易受广告宣传、外观包装及他人意见的影响。而胆汁质的消费者容易感情冲动，经常凭借个人兴趣、偏好以及商品外观的好感选择商品，而不过多考虑商品的性能与实用性，他们喜欢追求新产品，容易受广告宣传及购买环境的影响。

3. 果断型和犹豫型

在做出购买决策和实施购买行为时，气质的不同会直接影响消费者的决策速度与购买速度。多血质和胆汁质的消费者心直口快，言谈举止比较匆忙，一旦见到自己满意的商品，往往会果断地做出购买决定，并迅速实施购买行为，而不愿花费太多的时间去比较选择。抑郁质和黏液质的消费者在挑选商品时则显得优柔寡断，十分谨慎，动作比较缓慢，挑选的时间也较长，在决定购买后容易发生反复。

4. 敏感型和粗放型

在购后体验方面，消费者的气质不同，体验程度也会具有明显的差异。黏液质和抑郁质的消费者在消费体验方面比较深刻，他们对购买和使用商品的心理感受十分敏感，并直接影响到心境及情绪，在遇到不满意的商品或遭到不良服务时，经常做出强烈的反应。相对而言，胆汁质和多血质的消费者在消费体验方面不太敏感，他们不过分注重和强调自己的心理感受，对于购买和使用商品的满意程度不十分苛求，表现出一定的容忍度。

第三节　消费者性格

一、性格的含义

性格(Character)一词原意为印记、记号、标示，主要用来表示事物的特性。在现代心理学中，性格是指个体对现实稳固的态度以及与之相适应的习惯化了的行为方式。性格是个性心理特征中最鲜明、最重要的方面，它通过人对事物的倾向性态度、意志、活动、言语、外貌等方面表现出来，是个性心理特征最重要的表现。人在现实生活中表现出的一贯性的态度倾向和行为方式，如勤奋、懒惰、诚实、虚伪、慷慨、吝啬、谦虚、骄傲、勇敢、懦弱等，这些都反映出个体自身的性格特点。

(一) 性格与气质的区别

1. 两者形成的客观基础条件不同

气质的形成直接取决于人的高级神经活动类型，具有自然性质；性格不同于气质，性格不是生来就有的，而是在个人生理素质的基础上，在长期的社会实践活动中逐步形成的。性格是在家庭、集体、社会的影响下，在和周围环境相互作用的过程中，通过个人的认识、情感和意志活动，逐渐形成的态度体系。性格形成的生理基础有高级神经活动类型的影响，但主要受社会环境、教育背景等后天因素的影响，具有社会性质。

2. 两者的稳定程度不同

气质具有先天性，受遗传因素的影响，虽然也会受到外界环境的影响，但其变化极为缓慢，具有较强的稳定性。性格主要是后天形成的，是在个体与外界环境的相互作用中逐渐形成和发展的，虽然也具有稳定性，但与气质相比较更容易改变，具有较强的可塑性。

3. 两者的社会评价不同

气质反映的是人在情绪和行为活动中的动力性特征，具有某种气质类型的人在不同的活动中会以同样的方式表现出来。因此，气质不受活动内容的影响，也不具有社会评价意义，无好坏之分。性格反映的是人的社会特征，是对客观事物的态度和行为方式，常与他人发生一定的社会关系，产生一定的影响，或有益于社会和他人，或有害于社会和他人。因此，性格具有社会评价意义，有好坏之分。

(二) 性格与气质的联系

(1) 气质可以按照每种类型的动力特征影响性格的表现方式，从而使性格带有一种独特的色彩。例如，同样是对人友善的性格，胆汁质类型的人表现为热情豪爽，多血质类型的人表现为亲切关怀，黏液质类型的人表现为诚恳，而抑郁质类型的人表现为温柔。

(2) 气质可以影响性格形成和发展的速度。例如，对于勇敢性格的形成，胆汁质类型的人比较自然和容易，而抑郁质类型的人往往需要经过长时间的努力和锻炼。

(3) 性格可以制约气质的表现，也可以影响气质的改变。例如，顽强坚定的性格能克制气质的某些消极方面，使积极方面得到充分发展。如果一个意志坚强、认真负责的营业员属于胆汁质气质类型，那么她在接待顾客时，会经常告诫和要求自己不可急躁冲动，要保持热情和耐心，动作快而不乱，使顾客得到满意的服务。

二、性格的特征

性格是一种十分复杂的心理，包含多方面的特征。消费者的性格正是通过不同方面的特征表现出来的，并通过各种基本特征的有机结合，形成独具特色的性格统一体。性格的基本特征包括以下四个方面。

(一) 性格的态度特征

性格的态度特征表现为个人对接待客观事物和现实的态度的倾向性特点，指人在处理各种社会关系方面的特征。这种特征主要体现在以下几个方面：

(1) 对社会、集体、他人的态度差异，如热情或冷淡、大公无私或自私自利、富于同情心或冷漠无情、诚实或虚伪等特征。

(2) 对事业、工作、劳动、学习和生活的态度差异，如耐心细致或粗心大意、乐于创新或墨守成规、勤劳或懒惰、节俭朴素或奢侈浮华、努力进取或松懈退却等特征。

(3) 对自己的态度差异，如谦虚或骄傲、自信或自卑、严于律己或放任自流等特征。

(4) 对物品、金钱的态度特征，如淡薄或享乐等特征。

(二) 性格的意志特征

性格的意志特征是指在意志的作用下，表现出来的对自己行为自觉调节的方式和水平方面的特征。这种特征主要体现在以下几个方面：

(1) 行为目标明确程度的特征，如做事是有计划性的还是盲目性的，是积极主动的还是消极被动的。

(2) 对自己的行为自觉控制水平的特征，如是主动控制还是一时冲动，是自制力强还是放任自流。

(3) 在紧急或困难的条件下表现出来的意志特征，如是沉着镇定还是惊慌失措，是果断顽强还是犹豫不决。

(4) 对待长期工作的意志特征，如是严谨还是马虎，是坚毅还是半途而废等。

(三) 性格的情绪特征

性格的情绪特征是指人在情绪活动中的强度、稳定、持续性和心境主导性方面的特征，即表现个人受情绪影响或控制情绪程度的特点。这种特征主要体现在以下几个方面：

(1) 情绪反应的程度，如对同一件事情，有的人反应强烈、体验深刻，有的人则反应较弱、体验肤浅。

(2) 情绪的稳定性，有的人稳重并善于自控，有的人则极易冲动。

(3) 情绪的持久性，如有些人情绪持续的时间长，留下的印象深刻，而有些人情绪持续时间短，几乎不留痕迹。

(四) 性格的认知特征

性格的认知特征是指人对事物认识心理过程中所表现出来的个体差异的性格特征，它一般表现在感知、记忆、思维方式和想象力四个方面。例如：在感知方面，是主动观察型还是被动感知型；在思维方式方面，是具体罗列型还是抽象概括型；在想象力方面，是丰富型还是贫乏型；等等。

以上几个方面的性格特征相互联系，构成一个统一的整体。每个人不但有不同的性格特征，而且这些特征的结构也不尽相同，从而使同一性格特征在不同的人身上表现出一定的差异性。人们的个性特征差异是极其丰富的，很难找出两个性格特征和结构完全相同的人，这反映到消费者的消费行为上就构成了千差万别的消费性格。

三、性格理论

曾经有许多心理学家尝试从不同角度对人的性格类型进行划分，这些理论和分类方法对研究消费者的性格类型具有重要的指导意义和借鉴作用。其中有较大影响的理论主要有以下几种。

(一) 机能类型说

机能类型说是英国的贝恩(A. Bain)和法国的里博(T. Ribot)提出的性格分类法。这种学说主张根据理智、情绪、意志等三种心理机能在性格结构中所占的优势地位来确定性格类型。其中：理智占优势的性格称为理智型，这种性格的人善于冷静地、理智地思考和推理，用理智来衡量事物，行为举止多受理智的支配和影响，理智型的特点是情绪体验不深刻、不丰富、言语举止不易受情绪的影响。情绪占优势的性格称为情绪型，这种性格的人不善于进行理性思考，言行易受情绪支配，处理问题喜欢感情用事，情绪型的特点是情绪体验深刻、丰富，言行举止易受情绪的影响。意志占优势的性格称为意志型，这种性格的人在各种活动中都具有明确的目标，行为积极主动，意志比较坚定，较少受其他因素干扰，意志型的特点是行动具有明确目标，表现为主动、积极、果断。

(二) 向性说

向性说是瑞士心理学家荣格(C. G. Jung)提出来的性格分类方法，是按个体心理活动倾向于外部或倾向于内部来确定性格类型，并据此把性格分为内倾、外倾两类。外倾型人的心理活动倾向于外部世界，注意和兴趣较集中于外界事物，比较开朗、活泼、直爽，善于交际；内倾型人的心理活动倾向于内部世界，注意和兴趣较集中在内心世界，表现沉静、富于想象，比较孤僻。但是在现实生活中大多数人的性格均属于中间型。

(三) 独立-顺从说

独立-顺从说是奥地利心理学家阿德勒(A. Adler)提出的。他从精神分析观点出发，把人的性格分成了优越型和自卑型两种。以后的一些心理学家在阿德勒的基础上提出了按照个体独立性程度来划分的方法，即把人的性格分为独立型和顺从型两种。独立型的人善于独立地发现问题和解决问题，遇事沉着冷静、有主见，不易受外界环境影响，能独立发挥自己的力量，喜欢把自己的意志强加于人。顺从型的人独立性差，易受暗示，没有主见，自己行为易受他人所左右，在紧急困难情况下表现得惊慌失措。

(四) 价值倾向说

美国心理学家阿波特根据人的价值观念倾向，将性格划分为以下六种类型：

(1) 理论型。这种性格的人求知欲旺盛，乐于钻研，擅长于观察、分析和推理，自制力强，对于情绪有较强的控制力。

(2) 经济型。这种性格的人倾向于务实，从实际出发，注重物质利益和经济效益。

(3) 艺术型。这种性格的人重视事物的审美价值，善于审视和享受各种美好的事物，以美学和艺术价值作为衡量标准。

(4) 社会型。这种性格的人具有较强的社会责任感，以爱护、关心他人作为自己的职责，为人善良随和、宽容大度、乐于交际。

(5) 政治型。这种性格的人对于权力有较大兴趣，十分自信，习惯自我肯定，也有的人表现出自负、专横。

(6) 宗教型。这是指那些重视命运和超自然力量的人，一般有稳定甚至坚定的信仰，逃避现实，自愿克服比较低级的欲望，乐于沉思和自我否定。

(五) 五分法说

根据国际上采用的性格分类，典型性格类型一般有以下五类：

(1) A 型，这种性格的人情绪不稳定，社会适应性差，急躁。

(2) B 型，这种性格的人情绪和社会适应性较均衡，主观能动性稍差，交际能力弱，智力正常，体力、精力、能力、毅力为中等水平。

(3) C 型，这种性格的人情绪稳定，社会适应性强，常处于被动状态。

(4) D 型，这种性格的人情绪稳定，社会适应性平均，和周围人关系好，有组织领导能力，积极主动。

(5) E 型，这种性格的人有独立爱好兴趣，情绪不稳定，社会适应性差或一般化，善于独立思考、钻研，不善于交际。

(六) 九分法说

近年来，性格九分法作为一种新的分类方法，在国际上引起重视并逐渐流行开来。这种分类把性格分为九种类型：

(1) 完美主义型。其特征表现为谨慎、理智、苛求、刻板。

(2) 施予者型。其特征表现为有同情心、感情外露，但可能具有侵略性，爱发号施令。

(3) 演员型。其特征表现为竞争性强、能力强、有进取心、性情急躁，为自己的形象所困扰。

(4) 浪漫型。其特征表现为有创造性、气质忧郁、热衷于不现实的事情。

(5) 观察者型。其特征表现为情绪冷淡、超然于众人之外、不动声色、行动秘密、聪明。

(6) 质疑者型。其特征表现为怀疑成性、忠诚、胆怯、总是注意着危险的信号。

(7) 享乐主义型。其特征表现为热衷享受、乐天、孩子气、不愿承担义务。

(8) 老板型。其特征表现为独裁、好斗、有保护欲、爱负责任、喜欢战胜别人。

(9) 调停者型。其特征表现为有耐心、沉稳、擅于安慰人，但可能因安于享受而对现实不闻不问。

从上述理论介绍可以看出，由于不同学者在划分性格类型时的研究角度和所持的依据各不相同，因而得出的结论也各不相同。这就说明性格作为主要在社会实践中形成并随环境变化而变化的个性心理特征，具有极其复杂多样的特质构成与表征，单纯以少数因素加以分类是难以涵盖其全部类型的。同理，由于消费活动与其他社会活动相比更复杂、多变，因此，消费者的性格类型更难以做出统一界定，而只能结合具体的消费实践加以研究和划分。

◇ 案例 7-2

机械天才影响世人生活，极端性格造成父子裂痕

T 型车的发明者亨利·福特从小就表现出了对机械的迷恋。上小学时，他曾在学校墙边制作了个“涡轮机”，结果发生爆炸把院墙都烧了。十几岁时，亨利开始帮同学修表。1891 年，他加入了爱迪生照明公司，这使他有幸结识了伟大的发明家爱迪生。在他的汽车研制之路上，爱迪生始终给他以激励，后来他们俩成了至交。

1903 年 6 月 16 日，福特汽车公司正式成立。1908 年，福特公司生产出世界上第一辆属于普通老百姓的汽车——T 型车，这也标志着世界汽车工业革命的开始。T 型车没有一点为舒适和美观附加的装置，其最初售价为每辆 850 美元，而当时其他的汽车要卖到 4000 多美元。

T 型车在市场上大获全胜，但亨利并未裹足不前。1913 年福特公司开发出世界上第一条流水线，每分钟生产一辆 T 型车。1914 年 T 型车已占领美国汽车市场半壁江山。福特公司对美国社会的影响也从汽车业扩展到商业、服务业和基础设施建设方面。亨利建立了汽车经销商体系，在他的努力下，加油站也如雨后春笋般冒出来，他还大力游说政府修公路，使美国有了全球第一的州际高速公路。

同时，福特公司宣布向工人支付8小时5美元的最低工资。而当时工人一般工作9小时，工资只有2.34美元。亨利坚持提高工人福利，后来甚至把日工资涨到10美元，这使得美国工人的生活发生了很大的变化。

但是，后来情况发生了变化。福特公司建立之初有十几个小投资者，后来亨利利用收购等办法逐步将公司的大权控制在自己手中。大权独揽的机制让亨利走向了独裁的家族统治。他坚持只生产T型车，颜色也只有黑色。他拒绝任何改变，甚至将手下工程师改进的汽车砸烂。而此时，通用汽车公司依靠精心设计的多种车型蚕食了福特公司的市场。亨利只得一次次以降价应对，直到毫无利润可言。这时候的亨利也变得很难相处，他的表现欲越来越强——公司对外发布的新闻稿中只能提到他的名字，他顽固地反对工会，把机关枪架到工厂里，甚至在仓库里囤积催泪弹，随时准备对付罢工的工人。

亨利原本有个美满的家庭，但他说一不二的性格，让幸福离他越来越远。福特夫妇俩只有艾德塞尔一个孩子，福特夫妇对儿子疼爱有加。艾德塞尔聪明、安静、善良。上学时，他每天都给父亲写信。放学的路上，也总要在父亲的公司停一下，帮父亲干点什么。然而，父子俩的亲密关系随着亨利越来越保守固执和艾德塞尔的结婚开始恶化。婚后，艾德塞尔违背了“要跟父母住一辈子”的承诺，跟妻子搬了出去。从此，亨利对儿子的爱好总是嗤之以鼻或设法阻拦。艾德塞尔费尽心思开发出的新车型，也被亨利放上了销毁废品的传送带。

1943年，艾德塞尔因胃癌离开了人世，他的妻子把艾德塞尔的遗体安葬在底特律，而不是迪尔伯恩老家，以此作为对亨利的无声抗议。葬礼上，80岁的亨利站着一动不动，只有眼泪不停地往下流。

四、消费者性格与消费行为

在消费行为中，消费者的性格特点决定了他们各自消费行为的态度和行为方式。这往往表现在他们对消费活动的态度和习惯化的购买行为方式以及个体活动的独立性程度上，从而构成千姿百态的消费行为。从不同的角度，消费者性格可以划分为不同的类型，体现出不同的消费行为。

（一）从消费态度角度划分

1. 节俭型

节俭型消费者的消费态度表现为勤俭、节约、实用。他们重视消费计划，在选购商品时，注重从各种渠道收集商品信息，受外界宣传的影响较小，不太注重商品的名声，常按照自己的购物经验来购买，更多考虑商品的内在质量和实际效用。

2. 保守型

保守型消费者的消费态度表现为比较严谨。他们一般比较内向、固执，习惯于传统的消费方式，对新产品、新观念接受较慢，有时甚至很困难，而且常带有怀疑及抵制的态度，喜欢选购传统的或已有多次使用经验的商品。

3. 顺应型

顺应型消费者的消费态度比较随和，消费观念属于大众型，随时尚的变化而变化。他们容易受同事、邻居、朋友等社会群体因素的影响，也较容易接受广告与其他促销手段的宣传，容易接受售货员的诱导和推荐。

4. 自由型

自由型消费者的消费态度比较随便，其生活方式自由。他们在选购商品时，选购标准呈多样化，比较注重商品的外观，能接受售货员的推荐和介绍，但并不会依赖售货员的意见和建议，有较好的购买技巧。

(二) 从购买方式角度划分

1. 习惯型

习惯型消费者往往根据以往的消费和使用经验来采取购买行为。他们一旦对某种品牌的产品熟悉并产生偏爱后，便会经常重复购买，不易改变自己的观点和行为。

2. 慎重型

慎重型消费者大都较稳重，遇事冷静、客观，情绪不易外露。选购商品时，他们常根据自己的实际需要和购物经验做出购买决定，受外界影响小，不易冲动，具有较强的自控能力。他们在购物之前往往会广泛收集有关信息，经过慎重考虑、比较和选择之后才会做出购买行为。

3. 挑剔型

挑剔型消费者大都具有一定的商品知识和购买经验，在选购商品时主观性强，较少征询他人意见。他们选购商品时极为细心，有时甚至很苛刻，对售货员的推荐介绍有相当敏感的戒备心理。

4. 被动型

被动型消费者大多缺乏商品知识和购买经验，对商品品牌、款式等没有固定的偏好，选购商品时缺乏自信和主见，希望得到别人的意见和帮助。因此，售货员的宣传和推荐往往会对这类消费者的购买行为产生较大的影响。

5. 冲动型

冲动型消费者的情绪特征非常明显，对外部刺激的反应非常敏感。他们在选购商品时以直观感觉为主，易受广告宣传、产品包装等因素的影响，并喜欢追求新产品和时尚商品，对商品价格、功能考虑不多，常凭个人的一时冲动做出购买行为。

(三) 从市场营销角度划分

1. 外向友善型

外向友善型消费者是商品的口头传播者，他们热情、外向、善于交际、话多。很多资料表明，口头信息是影响消费者行为的重要因素之一。他们对于感兴趣的或购后评价好的商品，总是自觉不自觉地充当着这一商品的义务宣传员。当然如果他们对商品不满意，他会劝说别人不要上当，此时他们的一句话能抵得上一连串的广告。具有这些性格特征的消费者，喜欢给别人出主意、提意见，帮助他人选购商品。这主要是因为他们口传的信息是在没有个人企图的情况下发表的独立见解，能帮助他人分析商品的优缺点和购买的利弊。他们的评价和意见常常是根据自己的切身体验提出的，这大大增强了信息的可信程度，因而人们比较相信来自这些人的商品信息。

2. 勇敢冒险型

勇敢冒险型消费者性格开朗，思想解放，容易接受新鲜事物，愿意尝试新产品，因此他们是新产品购买和使用的先行者和“活广告”。

3. 时尚导向型

时尚导向型消费者注重时尚潮流，对时尚有极高的追求，他们的意向和行为倾向往往成为其他消费者的表率，因此通过他们可以扩大商品在整个市场的影响力。

第四节 消费者能力

能力总是和人们参与一定的活动联系在一起的，离开了具体活动就不能表现出人的能力。消费者的能力是通过消费活动表现出来的，因此研究消费者的能力结构及其对消费者行为的影响具有重要的现实意义。

一、能力的含义

所谓能力，是指人们顺利地完成某种活动所必须具备的，并且能直接影响活动效率的个性心理特征。实践中，要成功地完成一项活动，往往需要具备多种综合能力，具体包括观察能力、记忆能力、想象能力、思维能力、注意力，以及听觉能力、运算能力、鉴别能力和组织能力等。这些不同种类的能力彼此联系、相互促进、共同发挥作用。当然，不同的活动需具备不同的能力结构，同时所需的能力强度也不尽相同。例如，在进行购买活动时，一般商品的购买只要求消费者具备注意力、记忆能力、思维能力、比较能力和决策能力，而购买特殊商品时还需加上鉴别能力和检验能力等。

对能力的理解要注意两点：

(1) 能力是顺利完成某项活动的主观条件。消费者只有具备良好的观察能力、记忆能力和思维能力等，才能保证购买活动的顺利进行。

(2) 能力总是与人的活动相联系，并直接影响人的活动效率。人的能力总是存在于人的具体活动之中，并通过活动表现出来，同时也只能从活动的效率和效果中看出其能力的大小和强弱。

能力的形成和发展与许多因素相关。研究表明，人的能力发展与遗传因素有关。但遗传因素仅是能力形成和发展的自然基础，只是提供了心理发展的可能性，要转化为现实性还需要环境因素的配合。环境对人的能力形成与发展起着重要的作用，因而许多学者强调早期教育的重要性。同时，人的社会实践是能力发展的关键因素。人在改造客观世界的实践活动中逐渐形成和发展了各种能力。此外，人的心理因素与能力发展也有着密切的联系。许多研究表明，远大的理想、浓厚的兴趣以及顽强的意志等，都可以极大地促进一个人能力的发展。

二、能力的类型与差异

(一) 能力的类型

依据不同的分类标准，能力可以划分为不同的类型。

1. 依据作用方式的不同分类

依据作用方式的不同，能力可以分为一般能力和特殊能力。一般能力是指消费者顺利完成各种活动所必须具备的基本能力，如观察能力、记忆能力、思维能力、想象能力和注意力等。具备一般能力是从事各种活动的前提条件。特殊能力是指消费者顺利完成某些特殊活动所必须具备的能力，如创造力、鉴赏能力、组织领导能力等，这些能力是从事音乐、绘画、领导等特殊或专业活动所必不可少的。特殊能力往往是指某些人具有而其他人所不具备的能力。

2. 依据在能力结构中所处地位的不同分类

依据在能力结构中所处地位的不同，能力可以分为优势能力和非优势能力。优势能力是指在能力结构中处于主导地位、表现最为突出的能力。非优势能力是指处于从属地位、表现比较微弱的能力。优势能力与非优势能力在每个人身上以不同的强弱程度而同时存在。任何人都不可能是全才，但只要具备某一方面的优势能力同样可以获得成功。

3. 依据创造性程度的不同分类

依据创造性程度的不同，能力可以分为再造性能力和创造性能力。具有再造性能力的人，能迅速掌握所学的知识，并善于按照所提供的模式进行活动。具有创造性能力的人，善于创新，能超出现成式样进行发挥和创造。

(二) 能力的差异

由于受到环境、教育、社会实践等众多因素的影响，人与人之间在能力上存在着个别差异，正是这些差异决定了人们的行为活动具有不同的效率和效果。具体而言，能力的差异主要表现在以下几个方面。

1. 能力类型的差异

能力类型的差异是指人的能力在类别上以及在同类中的不同能力之间的差别。例如，有些人的一般能力较强，而特殊能力较弱；有些人的认知能力较强，而操作能力较弱。在同类的认知能力中，有些人的观察能力、知觉能力较强，而记忆能力或想象能力较弱。人能力类型的差异虽然是客观存在的，但这并不表明一种类型的能力优于另一种类型的能力，因为在任何类型能力的基础上，各种能力都可以得到相应的发展。每个人都可以根据自身的特点，发展与之相适应的各种能力，以适应各种社会实践活动的需要。

2. 能力水平的差异

能力水平的差异是指不同的人之间在同种能力的发展水平上存在高低的差别。如果在相同条件下一个人从事某项活动的顺利程度和取得的成绩高于其他人，那么在一定程度上表明他的能力比其他人强。研究发现，就一般能力来看，在全世界人口中，智力水平基本呈正态分布，即智力极低或智力极高的人很少，绝大多数的人属于中等智力。表 7-6 是美国心理学家推孟(L. M. Terman)抽取 2904 个年龄在 2～18 岁的人进行测验得出的智商情况。可以看出，表两端的百分数都很小，而中间部分很大。

表 7-6 智力水平等级划分表

智 商	等 级	人口比例/%
139 以上	非常优秀	1
120～139	优秀	11
110～119	中上	18
90～109	中智	46
80～89	中下	15
70～79	及格	6
70 以下	低智	3

3. 能力表现时间的差异

能力表现时间的差异是指不同人之间在同种能力的发展上表现出时间早晚的差别。对于某种能力，有的人表现早一些，而有的人表现较晚；有的人是“人才早熟”，而有的人是“大器晚成”。消费者能力表现的早晚主要与后天消费实践的多少以及接受专门训练的程度有关。

◇ 案例 7-3

能力表现早晚的差异

根据历史记载，我国许多名人在幼年时期就才华显露：李白“五岁读六甲，十岁观百家”；杜甫“七龄思即壮，开口咏《凤凰》”；明末爱国诗人夏完淳 5 岁知五经，9 岁擅辞赋古文。近年来，全国各地更是涌现出一些称成小画家、小音乐家、小文学家等的早慧儿童。自 1978 年以来，中国科技大学已招收多期少年班大学生，他们都是十四五岁就上了大学。

事实上，大器晚成的人在古今中外也不乏其例：姜子牙辅佐周武王，72 岁才任宰相；著名画家齐白石 40 岁才表现出绘画才能；人类学家摩尔根发表基因遗传理论时已 60 岁；苏联学者伊·古谢娃 40 岁才学文化，后跟儿子一起毕业于农业大学，73 岁完成博士论文。

一般说来，科学家做出贡献大都在中年。专家们认为，中年人年富力强，精力充沛，既有丰富的知识和经验，又有较强的抽象思维能力和记忆能力，较少保守，易于革新，勇于创造，中年是成才的好时机。有人对 301 位诺贝尔奖获得者做了统计，结果表明，30～35 岁是人的智力最佳年龄区。301 位中有 75%的人获诺贝尔奖时年龄处于这个最佳年龄区。

(资料来源：作者根据相关资料整理而成。)

三、消费者能力的构成

现代市场经济条件下，随着各种资源要素、物质产品、精神产品、劳务的商品化以及生活水平的不断提高，消费者从事消费活动的内容和领域迅速扩展，其深度和广度超过以往任何时代，日常生活资料不再是唯一的消费对象，人们开始更多地购买和消费娱乐、健身、美容、旅游等服务产品。购买商品的目的也不仅仅是满足物质生活需要，而是追求心理的、精神的、社会的多方面需要的满足。这一状况要求现代消费者必须具备多方面的能力和技能，以适应消费活动复杂化和多样化的要求。消费能力和技能是消费者为实现预期消费目标而必须具备的手段，也是消费者追求和达到满意消费效果的前提条件。在消费过程中，只有综合运用和不断提高相应的能力与技能，消费者才能在复杂多变的市场环境中保持高度的自主性与行为的自由度，并以较少的支出获取更大的消费效用，通过有限的消费活动最大限度地满足多方面的消费需要。消费者的能力由以下几个方面构成。

(一) 基本能力

消费者从事各种消费活动所需要的基本能力包括对商品的感知、辨别能力，对信息的综合分析、比较评价能力，购买过程中的选择、决策能力，以及记忆能力、想象能力等，这些基本能力是消费者实施消费活动的必备条件。基本能力的高低强弱会直接造成消费行为方式和效果的差异。

1. 感知能力

感知能力是消费者对商品的外部特征和外部联系加以直接反映的能力。感知能力是消费行为的先导，通过它消费者可以了解商品的外观、色彩、气味、轻重以及所呈现的整体风格，从而形成对商品的初步印象，为消费者进一步对商品做出分析判断提供依据。消费者感知能力的差异主要表现在速度、准确度和敏锐度方面。感知能力的强弱会影响消费者对消费刺激的反应程度。感知能力强的消费者能够对商品的微小变化和同类商品之间的细微差别清晰辨认；而感知能力弱的消费者可能忽略或难以区分细微的变化。

2. 分析评价能力

分析评价能力是指消费者对接收到的各种商品信息进行整理加工、综合分析、比较评价，进而对商品的优劣好坏做出准确判断的能力。从信息论的角度考察，消费活动实质上是消费者不断接收市场环境输入的商品信息，进行加工处理，然后加以输出的信息运动过程。这一过程的中间环节即加工处理信息，就是对商品信息进行细致分析和客观评价，去粗取精、去伪存真，进而做出正确的判断。显然，经过分析评价的信息才是有用的信息，建立在评价分析基础之上的决策行为才是理性的、成熟的行为，而分析评价能力的强弱主要取决于消费者的思维能力和思维方式。

有的消费者思维独立性、灵活性和抽象概括力很强，能够根据已有信息对传播源的可信度、他人行为以及消费时尚、企业促销手段的性质、商品的真伪优劣等做出客观的分析，在此基础上形成对商品的全面认识。有的消费者则缺乏综合分析能力，难以从众多信息中择取有用信息，不能迅速做出清晰、准确的评价判断。消费者的分析判断能力还与个人的知识经验有关。例如，普通顾客购买电冰箱时只能根据一般经验对外观、颜色、造型、规格等表层信息做出浅显的分析评价，而懂得制冷知识的消费者可以通过观察冷凝器、蒸发器、压缩机等的性能指标和工作状况来评价冰箱的质量和先进性，进而做出深刻的、准确的评价与判断。

3. 选择决策能力

选择决策能力是消费者在充分选择和比较商品的基础上，及时果断地做出购买决定的能力。在购买过程中，决策是购买意图转化为购买行为的关键环节，也是消费者感知和分析评价商品信息结果的最终体现。通过建立在理性认识基础上的果断决策，消费者的消费活动才能由潜在状态进入现实状态，购买行为也才能真正付诸实现。因此，决策能力是消费者能力构成中一个十分重要的方面。消费者的决策能力直接受到个人性格和气质的影响。由于性格特点和气质类型的不同，有的消费者在购买过程中大胆果断、决断力强、决策过程迅速，而有的消费者优柔寡断、易受他人态度或意见左右、反复不定。决策能力还与对商品的认识程度、使用经验和购买习惯有关。消费者对商品的特性越熟悉、使用经验越丰富、习惯性购买驱动越强、决策过程越迅速，决策能力便会相应加强，反之决策能力就会减弱。

(二) 特殊能力

特殊能力主要是指消费者购买和使用某些专业性商品所应具备的能力，它通常表现为以专业知识为基础的消费技能。倘若不具备特殊能力而购买某些专业性商品，则很难取得满意的消费效果，甚至无法发挥应有的使用效能。

在现实生活中，有些消费者盲目攀比或追从潮流，如不通音律而去购买钢琴，不懂计算机知识而买来电脑，不掌握驾驶技术而购买轿车等，结果都因缺乏专业技能而陷入尴尬境地。由于特殊能力是针对某一类或某一种特定商品消费而言的，而商品的种类成千上万，因此消费者的特殊能力也有多种多样的表现形式。有的人精通电脑，有的人擅长摄影，有的人熟悉汽车专业知识，有的人掌握了专项运动技巧，有的人能够分辨音响效果的细微缺陷，有的人则对古玩字画具有极高的鉴赏力等，无论具备何种特殊能力，都有助于消费者取得最佳消费效用。

(三) 对自身权益的保护能力

1. 消费者权益的特点

保护自身权益是现代消费者必须具备的又一重要能力。消费者的权益又称消费者的权利，是指消费者在购买、使用商品或接受服务时依法享有的权利。其特点是：

(1) 消费者权益是消费者专属享有的权利。

(2) 消费者权益是消费者实施行动的具体表现。

(3) 消费者权益是法律基于消费者的弱者地位而特别赋予的法定权利。

(4) 消费者权益是因消费者特殊的地位而享有的特定权利。

2. 消费者保护自身权益的途径

合法权益是消费者从事正常活动、获取合理效用的基本保证。然而，这一权益的实现并不是一个自然的过程，尤其在我国市场经济尚未完全成熟的环境中，由于法制不健全，市场秩序不规范，侵犯消费者权益的事例常有发生。为了保护消费者的权益不受侵害，除依靠政策法令、社会舆论、消费者组织的约束监督外，在客观上还要求消费者自身不断提高自我保护的能力：

(1) 树立消费者权益意识，明确合法权益的内容和要求。

依据《中华人民共和国消费者权益保护法》的规定，消费者享有以下九项基本权利。

① 安全权，即消费者在购买、使用商品和接受服务时享有的人身、财产安全不受损害的权利。

② 知情权，即消费者享有知悉其购买、使用的商品或者接受的服务的真实情况的权利。

③ 自主选择权，即消费者享有自主选择商品或者服务的权利。

④ 公平交易权，即消费者享有公平交易的权利。

⑤ 求偿权，即消费者因购买、使用商品或者接受服务时受到人身、财产损害的，享有依法获得赔偿的权利。

⑥ 结社权，即消费者享有依法成立维护自身合法权益的社会组织的权利。

⑦ 获得有关知识权，即消费者享有获得有关消费和消费者权益保护方面知识的权利。

⑧ 人格尊严和民族风俗习惯受尊重权，即消费者在购买、使用商品和接受服务时，享有人格尊严、民族风俗习惯得到尊重的权利，享有个人信息依法得到保护的权利。

⑨ 监督权，即消费者享有对商品和服务以及保护消费者权益工作进行监督的权利。

(2) 善于运用各种有效手段来保护自己的合法权益。

当自身权益受到损害时，消费者应当具备自我保护的能力。消费者要善于运用舆论、民间的、行政的、法律的多种途径和手段，通过与产品生产者和销售者交涉，诉诸新闻媒介，向消费者协会等民间组织投诉，向政府有关部门反映情况，提请仲裁机构直至向法院提起诉讼等多种方式，寻求有效保护，挽回利益损失(包括物质损失和精神损失)，从而有理、有力地维护自己的正当权益和尊严。

四、消费者的能力与消费行为

消费者的能力与消费行为直接相关，其能力差异必然使消费者在购买和使用商品的过程中表现出不同的行为特点，具体可分为以下几种类型。

(一) 成熟型

成熟型消费者通常具有较全面的能力构成。他们对所需要的商品不但非常了解，而且有长期的购买和使用经验，对商品的性能、质量、价格、市场行情、生产情况等方面的信息极为熟悉。因此在购买过程中，他们通常注重从整体角度综合评价商品的各项性能，能够正确辨认商品质量的优劣。这类消费者由于具有丰富的商品知识和购买经验，加之有明确的购买目标和具体要求，所以在购买现场往往表现得比较自信、坚定、自主性较高，能够按照自己的意志独立做出决策，并较少受外界环境及他人意见的影响。

(二) 一般型

一般型消费者的能力构成和水平处于中等状态。他们通常具备一些商品方面的知识，但仅掌握有限的商品信息，缺乏相应的消费经验，主要通过广告宣传、他人介绍等途径来了解商品。在购买之前，他们一般只有一个笼统的目标，缺乏对商品的具体要求，因而很难对商品的内在质量、性能、适用条件等提出明确的意见。限于能力水平，这类消费者在购买过程中往往更乐于听取销售人员的介绍和厂商的宣传，并主动向销售人员或其他消费者进行咨询，以求更全面地搜集信息。由于商品知识不足，他们会显现出缺乏自信，需要在广泛征询他人意见的基础上做出决策，因而容易受外界环境的影响。

(三) 缺乏型

缺乏型消费者的能力构成和水平均处于缺乏和低下状态。他们不但不了解有关商品的知识和信息，而且不具备任何购买经验。他们在购买之前往往没有明确的购买目标，仅有一些朦胧的意识和想法；在选购过程中，对商品的了解仅建立在直觉观察和表面认识的基础上，缺乏把握商品本质特征及其内在联系的能力，因而难以做出正确的比较选择；在做出决策时，经常犹豫不决、不得要领，极易受环境影响和他人意见的左右，其购买行为常常带有较大的随意性和盲目性。显然，这种能力状况对于提高消费效果是极为不利的。但这种状况通常仅存在于对某类不熟悉商品或新产品的消费中，以及不甚具备独立生活能力的老年人等消费者中。

总的来讲，无论何种能力都是相对的，一个消费者可能在某一方面或某一类商品的消费中表现为成熟型，而对于另一类商品的消费又表现为一般型。此外，随着生活经验的积累以及个人有意识的自我培养，消费者的能力水平也会不断提高。

第五节　消费者自我概念

一、自我概念

(一) 自我概念的含义

心理学领域，有两个高度不同的概念都被译成自我。一个概念原文为 self，被译成自我，是指个人的反身意识和自我意识。西方绝大多数心理学家关于自我的讨论，从詹姆斯到米德，从罗杰斯到格根，都是在这一意义上进行的。我国心理学家对自我的理解，也与 self 的内涵相对应，都是在个人反身意识的意义上理解自我的概念。另一个同样被译为自我的概念原文为 ego，它是弗洛伊德精神分析理论的核心概念之一，是指从本我分化出来的，知道个体适应现实环境所必须遵循的现实原则的个性部分。自我概念，又称自我形象，是指个体对自己的能力、气质、性格等个性特征的感知、态度和自我评价，换言之，即自己如何看待自己。

现实中，每个人内心深处都持有关于自我形象的概念，这一概念以潜在的、稳定的形式参与到行为活动中，对人们的行为产生极为深刻的影响，同样自我概念也渗透到消费者的消费活动中。对消费者的自我概念进行探讨，有助于从更深层次上研究个性对消费行为的影响。

自我概念是个人在社会化过程中，通过与他人交往以及与环境发生联系，对自己的行为进行反观自照而形成的。其主要受以下四个方面因素的影响：

(1) 通过自我评价来判断自己的行为是否符合社会所接受的标准，并以此形成自我概念。例如，把有的行为归入社会可接受的范畴，把有的行为归入社会不可接受的范畴。人们对自己的行为进行反复不断的观察、归类和验证，就形成了有关的自我概念。

(2) 通过他人对自己的评价来进行自我反应评价，从而形成自我概念。他人评价对自我评价的影响程度取决于评价者自身的特点和评价的内容。通常评价者的权威性越大，与自我评价的一致性越高，对自我概念形成的影响程度也就越大。

(3) 通过与他人的比较来观察自己而形成和改变自我概念。人们对自己的自我评价还受到与他人比较的影响，比较的结果相同或不同，超过或逊于他人，都会在一定程度上改变人们的自我评价，并驱动他们采取措施来修正自我形象。

(4) 通过从外界环境获得有利信息来促进和发展自我概念。个体受趋利避害心理驱使，往往希望从外界环境中寻找符合自己意愿的信息，而忽视与自己意愿相反的信息，以此来验证自己的自我评价是合理、正确的，这一现象证明了人们经常从自己喜欢的方面来看待评价自己。

(二) 自我概念的构成

历史上曾认为个体拥有单一的自我概念，消费者通过购买产品或服务以满足单一的自我概念。然而，事实是把消费者的自我概念看成多元化的观点更加符合实际情况。这种观念的转变意味着消费者在不同场合，与不同的人在一起时，其行为会呈现出一定的差异性。例如，一个人在学校时，或是在工作时，或是跟朋友一起出游时，其所表现出来的行为就会有所不同。

从本质上说，消费者希望通过对所购买产品品牌的选择来展示自己——他们会偏爱可以加强自我概念的产品，回避那些与自我概念的特点不一致的产品。研究发现，77%的女性和64%的男性认为自己所使用的产品品牌反映了自己的个性。由此说明自我概念实际上是在综合自己、他人或社会评价的基础上形成和发展起来的。这包括五个基本构成要素：实际的自我概念——消费者实际上如何看待自己；理想的自我概念——消费者希望如何看待自己；社会的自我概念——消费者感到别人如何看待自己；理想的社会自我概念——消费者希望别人如何看待自己；期待的自我概念——消费者期待在将来如何看待自己，这是介于实际的自我与理想的自我之间的一种形式。由于期待的自我概念折射出个体改变自我的现实机会，所以对市场营销人员来讲，期待的自我可能比理想的自我和现实的自我更有价值。同时，自我概念构成要素的多样性还意味着消费者可能会选择不同的自我概念来指导自身在不同情境下的态度和行为。

(三) 延伸的自我概念

消费者的自我概念和他们的所有物之间有着密切的关系，具体来说，就是消费者的所有物能够加强或延伸消费者的自我概念。例如，得到一双最新款或限量版的耐克运动鞋会延伸或丰富一个消费者的自我概念。这个消费者会因此觉得自己更加吸引人，更加时尚。

同样如果一个女孩手镯被偷了，而这手镯是她父母送给她的生日礼物，她可能会感觉好像迷失了自己一样，后悔不已。事实上丢了宝贵的东西，她会感到痛苦，会有许多情绪反应，如挫折感、失控以及被冒犯的感觉，甚至失去了某种神秘力量的保护。这些例子说明贵重物品可以左右人的情绪，而且还被看成是消费者自我概念的延伸。

事实上消费者的所有物可以通过很多方式来延伸消费者的自我概念如通过使用某产品来完成某些工作(如使用电脑来完成工作)等。

二、自我概念的作用

(一) 保持自我看法的一致性

保持自我看法的一致性，即自我引导作用的发挥。个体常常需要按照保持自我看法一致性的方式行动，而自我概念在引导一致行为方面发挥着重要的作用。自我概念积极的人，成就动机和工作业绩明显优于自我概念消极的人。显然，通过保持内在一致性的机制，自我概念实际上起着引导个人行为的作用。相关研究表明，如果理想的自我、实际的自我和自我形象不一致，个体就会感到紧张和焦虑。从这个意义上看，消费者的消费行为实际上会受到自我形象的引导，因此企业可以通过塑造其产品或品牌的形象，使其与消费者的自我概念保持一致，这对其拓展市场、吸引消费者有着重要的意义。

(二) 经验解释系统作用

经验解释系统作用，即自我解释作用的发挥。一定的经验对于个体具有怎样的意义，是由个人的自我概念所决定的，每一种经验对于特定个体的意义也是不同的。不同的消费者可能会获得完全相同的经验，但他们对于这种经验的解释却很可能大相径庭。

(三) 自我期望作用

自我期望作用，即自我概念能够决定人的期望。由于自我概念能引发与其性质相一致的或得到自我支持的期望，并使人们倾向于运用可以导致这种期望得以实现的行为方式，因而自我概念具有预言自我实现的作用。一般而言，自我概念积极的消费者，其自我期望值高；而自我概念消极的消费者，其自我期望值低或不稳定。

(四) 自我成败归因作用

美国社会心理学家海德和温纳提出并建立了一套从个体自身的立场出发解释自己行为的归因理论。自我归因理论认为，动机并非性格，只是起到了刺激事件与个人处理该事件所表现行为之间的中介作用而已。每当消费者处理过一桩刺激事件后，他将根据自己所体会到的成败经验，并参照自己所了解的一切，对自己的行为后果，作出以下几方面的归因解释：① 根据自己的评价，应付某项工作是否有足够的能力；② 反思对工作是否尽了最大的努力；③ 凭个人经验判断对工作感到困难还是容易；④ 自认为此次工作成败与运气好坏有关；⑤ 感觉工作时的心情以及身体健康状况；⑥ 工作时及以后别人对自己工作表现的态度。

三、自我概念与消费行为

自我概念作为影响个人行为的深层个性因素，同样存在于消费者的心理活动中，并对其消费行为有着深刻的影响。这是由于消费者在长期的消费实践中，通过与他人及社会的交往逐步形成关于个人形象的自我概念。这一概念涉及个人的理想追求和社会存在价值，因而每个消费者都力求不断促进和增强它。而商品和服务作为人类物质文明的产物，除具有使用价值外，还具有某些社会象征意义。换而言之，不同档次、质地、品牌的商品往往蕴含着特定的社会意义，代表着不同的文化、品位和风格。通过对这些商品和服务的消费，可以显示出消费者与众不同的个性特征，加强和突出个人的自我形象，从而帮助消费者有效地表达自我概念，并促进实际的自我向理想的自我转化。

运用自我概念理论可以清楚地解释消费者购买动机和购买行为中的某些微妙现象，并揭示这些现象背后的深层原因。例如，有的消费者非常偏好某家商店，即使该商店地理位置偏远，商品价格明显高于其他商品，他也乐此不疲，常常光顾。从表面上看消费者的这一行为似乎是不合理和不可理解的，实际上可能由于该商场的购物环境舒适优雅、服务完善周到，或者店名及商品品牌具有独特性，能够显示出特定消费阶层的身份地位，与消费者的自我概念相一致，因而受到消费者的特殊青睐。

大量实践证明，消费者在选购商品时，除以质量优劣、价格高低、使用性能强弱为依据外，关键的是把商品的品牌特性是否符合自我概念作为重要的选择标准，即判断商品是否有助于“使我成为我想象或期望的人”，以及“我希望他人如何看待我”。如果能够从商品中找到自我印象或评价一致(相似)之处，消费者就会倾向于购买该商品。一个自认为气质不凡、情趣高雅、具有较高欣赏品位的消费者购买服装时会倾向于那些款式新颖、色调柔和、质地优良、做工考究、设计独特的服装，而不喜欢大众化、一般化的种类。在一项关于小轿车的购买行为研究中，随机选取了购买小轿车的消费者，让他们对自我形象、自己的汽车以及另外 8 辆汽车做出评价。结果表明，这些消费者的自我认识与他们对自己汽车的认识比较一致，而与其他 8 辆车的认识相比差异很大。由此得出结论，消费者所购买的某种品牌商品与他们的自我概念是比较一致的。这一现象在品牌、特性、档次差异较大的商品，如化妆品、家用电器、服装、礼品的消费上表现得尤为明显。

本 章 小 结

本章对导致消费者行为差异性的心理基础——个性进行了系统的阐述，重点分析了构成个性的主要心理因素如气质、性格、能力、自我概念等。

个性，心理学中称人格，是指决定和折射个体如何对环境作出反应的内在心理特征，是先天生理因素与后天因素共同作用的结果。个性是在先天生理素质的基础上，并在一定社会历史条件下，通过参与社会实践活动形成和发展起来的。

心理学中所说的气质和日常人们所说的气质含义并不完全一样。日常所说的气质，常常指一个人的风格、风度或某种职业上所具有的非凡特点。而心理学上所讲的气质是个人心理活动稳定的动力特征，是指一个人在心理活动和行为方式上表现的强度、速度、稳定性和灵活性等动态方面的心理特点。

性格是指个体对现实稳固的态度以及与之相适应的习惯化了的行为方式，是个性心理特征中最鲜明、最重要的方面，它通过个体对事物的倾向性态度、意志、活动、言语、外貌等方面表现出来。性格不同于气质，不是生来就有的，而是在个人生理素质的基础上，在长期的社会实践活动中逐步形成的。

能力是指人们顺利地完成某种活动所必须具备的，并且直接影响活动效率的个性心理特征。消费者能力可以分为一般能力和特殊能力。一般能力是指消费者顺利完成各种活动所必须具备的基本能力，如记忆能力、观察能力、思维能力、想象能力和注意力等。特殊能力是指消费者为了完成某些特殊的活动所具备的能力，如绘画能力、艺术鉴赏能力等。

自我概念又称为自我形象，是指个体对自己的能力、气质、性格等个性特征的感知、态度和自我评价，换言之，即个体自己如何看待自己。每个人内心深处都持有关于自我形象的概念，这一概念以潜在的、稳定的形式参与到日常行为活动中，对人们的行为产生极为深刻的影响。同样，自我概念也渗透到消费者的消费活动中。对消费者的自我概念进行探讨，有助于从更深层次上研究个性对消费行为的影响。

学习课件

练　习　题

一、单项选择题

1. 消费者活泼、好动、敏感、反应迅速、喜欢与人交往、注意力容易转移、兴趣广泛但不持久、情绪变化快，这种气质属于(　　)。

A. 胆汁质　　B. 多血质　　C. 黏液质　　D. 抑郁质

2. 喜欢标新立异、追求新颖奇特商品的消费者气质属于(　　)。

A. 多血质　　B. 胆汁质　　C. 抑郁质　　D. 黏液质

3. 消费者在购买过程中对商品刺激反应缓慢，喜欢与否不露声色，沉着冷静，决策过程较长，不易受广告宣传、商品包装及他人意见的干扰影响，喜欢通过自己的观察、比较做出购买决定，对自己喜爱和熟悉的商品会产生重复的购买行为，这种购买类型属于(　　)。

A. 敏感型　　B. 冲动型　　C. 随机型　　D. 理智型

4. 实际的自我概念与理想的自我概念之间的自我概念是(　　)。

A. 情境的自我　　B. 社会的自我

C. 期待的自我　　D. 社会理想的自我

5. 导致消费者形成最终购买态度的最主要的原因是(　　)。

A. 消费者的感觉　　B. 消费者的思维

C. 消费者的个性特征　　D. 广告或社会舆论

6. 消费者的气质、性格、能力、自我概念等构成消费者的(　　)。

A. 个性心理特征　　B. 心理活动过程

C. 性格特点　　D. 兴趣爱好

二、多项选择题

1. 消费者个性特征具体包括(　　)。

A. 整体性　B. 独特性　C. 稳定性　D. 可塑性

E. 社会性

2. 体液说理论根据哪一种体液在人体内占优势把气质分为(　　)四种基本类型。

A. 胆汁质　B. 抑郁质　C. 多血质　D. 黏液质

E. 黑胆质

3. 黏液质和抑郁质消费者的购买行为表现类型为(　　)。

A. 理智型　B. 敏感型　C. 冲动型　D. 粗放型

E. 果断型

4. 关于性格和气质的区别，以下叙述正确的是(　　)。

A. 两者形成的客观基础条件不同　　B. 两者的表现相同

C. 两者的稳定程度不同　　D. 两者的心理特征相同

E. 两者的社会评价不同

5. 由于受到环境、教育、社会实践等众多因素的影响，消费者能力的差异主要表现在(　　)方面。

A. 能力类型的差异　　B. 能力水平的差异

C. 能力大小的差异　　D. 能力强弱的差异

E. 能力表现时间的差异

6. 自我概念的构成要素包括(　　)。

A. 实际的自我　　B. 理想的自我

C. 社会的自我　　D. 期待的自我

E. 理想的社会自我

三、名词解释

1. 个性
2. 气质
3. 性格
4. 能力
5. 自我概念
6. 期待的自我

四、简答题

1. 简述个性的含义及特征。
2. 简述性格的特征。
3. 简述性格与气质的联系。
4. 简述价值倾向说的性格分类。

5. 简述消费者能力的构成。

6. 简述自我概念的作用。

五、论述题

1. 论述气质四种类型及其特点。

2. 论述自我概念与消费者行为之间的关系。

六、应用实践题

1. 随机选取班上 10 名同学，通过气质测试问卷对其气质类型进行测试，最后结合每种气质类型的特点，对相应同学的特点进行分析。

2. 以小组为单位，去附近商场进行实地观察，观察不同类型消费者的购物行为表现，并从中分析其相应的自我概念类型。

七、案例分析题

气质在消费行为中的表现

中国质量万里行活动中，不少制造、销售假冒伪劣商品的工商企业被曝光，消费者感到由衷的高兴。3 月 15 日是世界消费者权益日，某大型零售企业为了改善服务态度、提高服务质量，向消费者发出意见征询函，调查内容是“如果您去商场退换商品，销售员不予退换怎么办？”要求被调查者写出自己遇到这种事情时会怎样处理。其中主要有以下几种答案：

(1) 耐心诉说。尽自己最大的努力，慢慢解释退换商品的原因，直到问题得到解决为止。

(2) 自认倒霉。向商场申诉也没用，商品又不是商场生产的，质量不好商场也无能为力，自己吃点亏下回长经验。

(3) 灵活变通。找好说话的其他售货员申诉，找营业组长或值班经理求情，只要有一人同意退换，问题就有望解决。

(4) 据理力争。绝不求情，与售货员一争到底，若不解决，则通过媒体曝光，再不解决，则向工商局、消费者协会投诉。

(资料来源：作者根据相关资料整理而成。)

思考：

1. 这个调查内容能否反映出消费者个性心理特征的本质？

2. 四种答案各反映出消费者的哪些气质特征？

4

第四篇　外部环境因素与消费者行为

第八章　社会文化与消费者行为

知识目标

理解社会文化的含义与特征，了解亚文化的含义及其分类标准；掌握不同亚文化群体具体的消费心理及消费行为特点；掌握中国文化的特点及其对消费者消费行为的影响。

能力目标

能运用亚文化群体的相关知识对不同消费行为作出合理的解释，并揭示行为背后的根源；深刻理解中国传统文化的特点，准确分析中国传统文化对消费者购买行为的影响，并能对不同的消费者购买行为作出合理的解释。

课程思政

近些年，“国潮热”在中国年轻消费群体中悄然盛行，购买带有中国传统文化元素的产品成为许多年轻人表达情感、彰显个性的重要方式。当下备受年轻人追捧的“国潮”产品有李宁体育用品、故宫文创产品等，这些产品几乎都离不开传统文化的影子，而文化自信又是一个国家、一个民族发展中最基本、最深沉、最持久的力量。工业和信息化部等五部门联合发布的《数字化助力消费品工业“三品”行动方案》中指出加强新生消费群体取向研究，创新消费场景，推进“国潮”品牌建设是彰显中华民族博大精深的文化底蕴的时代发展机遇。因此，“国潮热”的盛行不仅有利于社会主义文化氛围的营造，更是中国人消费升级、愈发注重精神需求的必然结果。此外，随着全球化进入全新的阶段，近些年文化渗透以及文化争端问题日益凸显。出于对文化边界的坚守以及民族文化的自豪感，全球各地的华人纷纷以自己的方式为中国的传统文化正名。这也是中华民族根植最深、影响最大的爱国主义情怀在年轻消费群体中得到强化的积极信号。基于这样的背景，消费者应该将对家国意识、民族文化的整体感知积极融入日常消费活动中。

案例导入

消费市场期待白酒新形象

白酒行业的社会形象，这似乎是个令人头疼的问题，消费者对白酒的“抵触”情绪究竟有多大？白酒行业应如何重塑自身形象？东方财富网在2013年3月中上旬的一次市场调查显示，实际情况也许并没有那么糟糕，即便白酒行业的各种风波事件接踵而来，消费市场仍对白酒新形象充满期待。

我们应理性看待白酒“风波”。

对于“禁酒令”“严控三公消费”等政策或措施给白酒行业带来的影响，有53.44%的受访者认为具有积极意义，有利于行业调整转型及长远发展，另有11.13%的受访者认为白酒行业仍然景气，未来还将会有进一步的消费升级。

自2004年以来，我国宏观经济的快速发展和拉动内需的经济政策，带动了白酒行业综合竞争力的提升，人民生活水平的不断提高和日益增长的消费需求，为白酒行业保持产销量稳步增长创造了条件。随后8年间，白酒行业深刻感受到经济形势的变化，通过调整产业结构，加快技术进步，增强产品创新能力，开拓市场营销模式等一系列举措，使行业产量不断扩大，价格结构逐步提升，名优白酒的市场地位日益凸显，整体经济运行指标得到稳步提升。

但与各项主要经济指标一路飙升相比，白酒行业所处的社会环境却变得越来越严峻。随着社会关注度的增强，来自政府、社会、舆论的压力不断加大。这种压力虽然不会对行业发展产生直接阻力，但却降低了中国白酒的社会美誉度，滋长了民众对诸多白酒品牌甚至整个白酒行业的误解。

“风波”随之而来。勾兑门、塑化剂、禁酒令……公众更将“厉行勤俭节约，反对铺张浪费”的文明之风理解为白酒行业的利空讯号，央视《焦点访谈》曝光极少数白酒企业的不规范生产行为，也进一步加剧了白酒行业的恐慌心理。

如何化解“风波”带来的负面影响？如何解决白酒行业的持续健康发展问题？

江苏洋河酒厂(苏酒集团)股份有限公司董事长张雨柏在接受《华夏酒报》记者采访时表示，白酒行业眼下遇到的问题，是发展道路上的正常现象，应该以理性的态度加以对待，尽快树立白酒行业的正面形象，积极营造白酒行业良好的社会环境，让消费者正确认识白酒行业、白酒产品和白酒文化，消除对白酒的误解偏见。

像“中国梦，梦之蓝”这样的品牌诉求，在中华民族伟大复兴的时代背景下，充分表现白酒行业对于“中国梦”的追求与信念，不失为对传统白酒文化的创新之举，使之能充分适应现代生活需求，以白酒文化创新促进社会文明的进步，振奋国人精神。

尤其难能可贵的是，半数以上的受访消费者对白酒“风波”持理性态度，并对调整期之后的白酒发展走势寄予充分信心。从某种意义上来说，这为白酒行业接下来的形象之“变”增添了巨大动力。

那么白酒行业应以怎样的形象示人？这背后又需要哪些文化诉求与传播的创新举措？

调查数据显示，中产阶层市场或将成为白酒行业的突围机会，而相应的文化转变则必不可少。在这份调查问卷的受访者身份中，包括企事业单位普通员工，专业人士如律师、金融家等，企事业中高层管理人员，政府机关公务员等。

以收入水平为划分依据，中产阶层人士占受访人群的50%以上，其中年收入在20万元以上的占27%，年收入在10万元到20万元之间者占35%。

对于主流化趋势十分明显的中产阶层消费者，白酒形象应该是怎样的？我们拿什么迎接中产阶层的到来？

洛阳杜康控股销售有限公司总经理苗国军认为，白酒市场正在经历一场由“名酒”到

“民酒”的转变，这也预示着此前那种“功利”色彩浓厚的酒文化将难以为继，取而代之的是更加“人性”的酒文化，经济收入和生活水平的提高，使人们更加注重精神层面的体验和享受，对于白酒的品牌形象来说，必须体现出价值和人性思考的回归。

北京大学文化资源研究中心主任、北京大学中文系教授、博士生导师张颐武则表示，酒业消费市场目前所发生的转变，其实是社会发展的一个缩影，比如对“精致化”的追求，这不仅是中产阶层的消费理念，更是他们对生活方式的追求和理解，“所以过去他们只愿意为实体产品付钱，而这种习惯已经发生了深刻转变，电影业的繁荣就是一个有力证明。”他举例分析说，未来的白酒形象中必须要着重体现“精致”一面，在传统基础上融入更多优雅时尚的元素。

事实上，随着消费市场的日渐成熟，白酒消费市场的细分化趋势愈加明显，针对不同消费阶层，白酒品牌需要更精准的定位，白酒新形象也应当是多层次、多角度的。

中山大学国际营销学教授、博士生导师卢泰宏从营销体系的合理化建设方面，对白酒行业提出了细分消费主体的具体建议。在卢泰宏看来，白酒企业的营销体系必须建立在研究消费者行为的基础上，通过系统化地收集、分析消费者信息，归纳总结不同地域、不同消费群体的饮酒行为特点，比如频率、地点、香型、度数、价位、目的等，并将之形成数据库。“这才是白酒企业营销行为的决定性工具。”他说，酒类企业唯有把握消费者行为，得到消费者群体的广泛认同和响应，才能逐步树立良好形象。

(资料来源：作者根据相关资料整理而成。)

第一节　社会文化概述

一、社会文化的含义

文化是用来表述人类生存以来所积累的一切成果的名词。从考古遗址中所发现代表古代文明的各种人工制品，到为描述新出现的各种事物、事件及相互关系而创造的新词汇，都属于文化。此外，文化还包括人类所创造的作为人类与环境相互关系的一切成果，即物质的、社会的、知识的和美学的一切创造物。

物质的创造物包括从金字塔(以及更早的建筑)到今天的宇宙飞船，从针灸用的小银针到庞大的核动力发电厂，当然也包括一切建筑物、耕地、市镇和公路等。

社会的创造物包括：过去和现在的所有大大小小的社会机构、学校、宗教团体、俱乐部、合作社、政府、企业组织、基金组织和各种政党，也包括城市联盟、选举委员会和妇女改革组织(还有已故外来移民的后裔们所组成的各种少数民族的社会组织)等。

知识的创造物包括通过口头语言、书面记录、由相应技术所创造与保留下来的一切知识，还有体现于口头流传下来的以及写成书本的“技术诀窍”，例如包括科学知识、神话、荒诞故事、乐谱、凭记忆流传下来的无语音乐以及绘画艺术等。

美学的创造物包括较明显的各种艺术形式，如绘画、图案与建筑风格、音乐作曲与演奏、舞蹈，还有书面的和口头个别流传下来的小说、故事、诗歌等文学作品，还包括制备食品、香水、香气的配方(包括实物形式或书写形式)等。

现在一般认为文化有狭义和广义之分。狭义的文化是指人类精神活动所创造的成果，如哲学、宗教、科学、艺术、道德等；广义的文化是指人类创造的一切物质财富和精神财富的总和。在消费者行为学研究领域，我们关注的是特定文化中社会成员所共同持有的信念、价值观、风俗习惯以及它们对消费行为的影响。因此，我们采用 Schiffman 和 Kanuk 对文化的界定，即文化是某个特定社会的大多数成员所习得和共享、用以指导其消费行为的信念、价值观和习俗的总和。

二、社会文化的影响

(一) 社会文化对个人的影响

社会文化对个人的影响主要表现为文化给人们提供了看待事物、解决问题的基本观念、标准和方法，文化也使人们建立起是非标准和行为习惯。诸如在不同的场合，应该做什么，不应该做什么等。通常社会结构越单一，文化对个人思想与行为的制约作用也就越直接。

(二) 社会文化规范群体成员的行为

社会文化规范群体成员的行为主要体现在对行为的约束上。社会规范以成文或不成文的形式通过各种途径如道德标准、制度规则、组织纪律、群体规范等作用于个人，规定和制约着人们的社会行为。一个人如果遵循了社会文化的各种规范，就会受到社会的赞赏和鼓励；相反，如果违背了文化规范，就会受到否定或惩罚。文化通过提供行为准则和规范而维持社会的秩序，某一社会或群体越是坚持某种价值准则，集体对违反这种价值准则的成员进行惩罚的可能性就会越大。文化还通过提供基本价值观念，告诉人们什么是对的、好的和重要的，人们也需要知道什么是对的和错的，什么是被期望的，以及在各种不同情形下应该做什么、不应该做什么。因此，文化是满足社会存在和发展需要的重要因素。

(三) 社会文化对消费的影响

社会文化对消费的影响主要表现为在特定社会文化环境下，消费者之间通过互相认同、模仿、感染、追随、从众等方式，形成共有的生活方式、消费习俗、消费观念、态度倾向、偏好禁忌等。例如：使用筷子是中国人世代相袭的用餐方式；“春节”“中秋节”等是中国家庭团聚、互赠礼品的传统节日；红色用于庆典，黑色、白色用于丧葬之事，则是中国人特有的偏好和禁忌。

◇ 案例 8-1

中国人偏好储蓄之谜

2005 年中国的储蓄率是 46%，美国的储蓄率是 −0.5%，也就是说，中国人每赚 100 元要存 46 元，而美国人每赚 100 元要花 100.5 元。同美国人的负债消费相比，中国人更偏好储蓄。波士顿大学经济系主任克寇说过，中国人民庞大的储蓄额可以扭转整个世界经济的发展。那么，为什么中国人对储蓄“情有独钟”呢？

首先，这是由当前中国的社会经济环境决定的。一方面，从计划生育政策推行以来，中国大家庭、多人口的格局发生了巨大的变化，家庭规模变小，孩子减少。这样，在收入、货币价值一定的情况下，子女的减少，降低了家庭的支出水平，可以储蓄的钱也就会增加。同时，子女少了，传统的养儿防老观念也在改变，人们更倾向靠储蓄来保证老年的生活。另一方面，中国的社会保障体系和医疗体系相对于西方国家来说还不完善，人们需要储蓄“以备不时之需”。

其次，中国传统观念也有一定的影响。“开源节流”“勤俭节约”是我们的传统观念，人们在这种观念的影响下，更倾向于将钱储蓄到银行，而不是消费。

(资料来源：作者根据相关资料整理而成。)

三、社会文化的特征

(一) 文化的习得性

文化不是存在于人体的基因中遗传下来的，而是通过人们后天的学习获得的。学习有文化继承和文化移入两种类型。

文化继承，即学习自己民族(或群体)的文化。正是这种学习，保持了民族(或群体)文化的延续，并且形成了独特的民族(或群体)个性。中华民族由于受几千年传统儒家文化的影响，形成了强烈的民族风格与个性，即使今天在西方文化的不断冲击下，中庸、忍让、谦恭的文化内涵仍然是一种重要甚至主要的民族文化心态。这种文化心态表现在人们的消费行为中就是随大流、重规范、讲传统、重形式，这同西方重视个人价值、追求个性形成了强烈的反差。

文化移入，即学习外来的文化。在一个民族(或群体)文化的演变和发展过程中，很大程度上要学习、引进其他民族(或群体)的文化内容，甚至使其成为本民族(或群体)文化的典型特征。例如，中国人现在的礼服西装就学习借鉴了西方服装文化；日本人喜爱喝酱汤的习俗则是从中国文化中汲取的。当外来文化为本民族或群体成员普遍接受时，就自然而然地变成了本民族或群体世代相传的文化特征。

(二) 文化的适应性

文化是不断变化的。虽然文化变化一般十分缓慢，但是文化会随着环境的变化而发生变化，这是不争的事实。当一个社会或群体面临新的问题和机会时，人们的价值观念、行为方式、生活习惯、兴趣等就可能发生适应性改变，形成新的文化。文化变化过程中，新文化模式的形成和引入会受到人们感兴趣的程度和原有价值观念、行为准则的影响。相关研究表明，那些社会成员感兴趣而又与现有价值观念、行为准则差异程度最小的新事物最容易为人们所接受。如在20世纪初期的几十年中，在西方人的文化意识中，节省时间的观念并不重要，追求悠闲、享乐、安逸、舒适是许多人的信念。但近几十年来，随着市场经济的不断发展和工业化程度的不断提高，人们越来越关心如何节省时间和如何使生活过得更有质量。在节省时间和提高工作效率的新观念支配下，更多的人开始接受方便、省时的产品或服务(如快餐食品、快速加热设备、快递等)，也更愿意到时间利用率高的商场去购物。

◇ 案例 8-2

中西方婚礼服饰和婚礼主色调差异

中国婚礼的主色调是红色，这是中国传统代表喜庆的颜色。古代中国人崇拜日神，所以红色在中国人心中代表喜庆、吉利、成功和兴旺发达。中国婚礼是在红色的背景中进行的，新娘一般都穿红色的礼服，家里到处都贴有红色的喜字，新房里的物品也大都是红色的。现在由于受到西方婚礼习俗的影响，越来越多的中国人也接受了白色婚纱，但是新娘一般都是在迎娶的时候和婚宴开始的时候穿白色的婚纱，之后就会换上红色或是其他比较喜庆颜色的礼服。

西方婚礼的主色调是白色。在西方婚礼中，新娘一般都会一直穿着白色的婚纱，代表圣洁和忠贞。新娘的捧花、周围环境的装饰都是以白色为基调的。在西方国家，自罗马时代开始，白色象征欢庆。19 世纪中后期白色象征富贵，只有上层阶级才能穿代表权力和身份的白色婚纱。到了 20 世纪初，白色更多地代表纯洁。

(资料来源：作者根据相关资料整理而成。)

(三) 文化的群体性

文化是特定社会群体成员所共同具有的。每个民族或国家，每个城市，每个企业乃至部落和家庭，都会形成各自的文化，从而相应地有民族文化、城市文化、企业文化、部落文化、家庭文化等。就民族文化而言，每个民族在其繁衍和发展中都会形成自己民族独特的语言、文字、仪式、风俗、习惯、民族性格、民族传统与生活方式。例如，英国文化的典型特征是经验的、现实主义的，由此导致英国人更重视经验，保持传统，讲求实际。法国文化则是崇尚理性的，法国人更喜欢能够象征人的个性、性格，反映人精神意念的东西。这些特征具体反映在消费行为上，比如服装风格方面，英国人的时装往往给人以庄重、大方、实用、简练的鲜明印象，而法国人的时装则是潇洒、飘逸、抽象，具有更高的艺术性。文化差异不仅体现在不同国别和不同民族之间，同时也表现在不同种族、地域、宗教、机构以及家庭等不同群体之间，因此从某种意义上讲文化决定了不同群体之间的界限。

(四) 文化的社会性

世代相传的社会习惯和行为模式，包含着促进同一文化中成员间的相互交往、相互作用的社会实践，社交规律本身就是文化的重要组成部分。现代社会越来越复杂，文化不可能规定每个人的一举一动，只能为大多数人提供行为和思想的边界。这种边界的设置有时比较宽松，它通过影响诸如家庭、大众媒体的功能而发挥作用。文化对个人行为设置的边界，也就是通常所说的社会规范。社会规范是群体共享的行为和思想方面的理想模式，也就是关于特定情境下人们应当或不应当做出某些行为的规则。当实际行为与规范发生背离时，就会受到惩罚，惩罚方式多种多样，从轻微的不认同到被整个群体所抛弃。所以，社会规范对个人的影响更多的不是你能做什么，而是不能做什么。只有在孩提时代或学习一种新文化的过程中，遵循规范才会获得公开的赞许。在其他情况下，按社会文化方式行事被认为是理所当然的，而不一定伴随赞许或奖赏。

◇ 案例 8-3

美国人“阅读文化”的变化

美国的媒体指出，由于现在科技制造出来的强大视觉环境，令人无须阅读也能知天下事，以致人们越来越依赖图像信息，现在文字冷淡现象已随处可见。

吉里梅·斯普雷兹是个文字冷淡的人，他会读书写字，但却偏偏想方设法以避免阅读。斯普雷兹在美国密苏里州堪萨斯城的帕克大学修过公共事务。他喜欢从电视新闻吸收时事信息，而对书本杂志则只是略读和跳读，从封面、序言和结语中了解书中的内容，有时他还会依赖有声读物，以“听读”代替阅读。

在美国，像斯普雷兹这样的人并不罕见。专家担心，长此下去，美国人的阅读能力会下降，下一代文盲数目会大增。

一项调查显示，在 1991 年，超过半数的美国人每天花半小时或半小时以上的时间来阅读。1991—1999 年，同样的时间阅读人数比例已降至 45%。1999 年全美阅读习惯调查显示，只有 7%的美国人是“蛀书虫”，每周阅读一本或一本以上的书。59%的被采访者表示，他们在过去一年只偶尔读书，数目不足 10 本，而完全没有阅读习惯的人，在过去 20 年来大幅增加。

(五) 文化的无形性

文化是无形的、看不见的，它对人的影响也是潜移默化的。所以在大多数情况下，我们根本意识不到文化对我们的影响。人们总是与同一文化下的其他人一样行动、思考、感受，这样一种状态似乎是天经地义的，只有当我们被暴露在另一个具有不同文化价值观或者习惯的人面前时(例如当我们到另一个不同的地区或国家做客时)，我们才会意识到自己所特有的这种文化已经塑造了我们的行为。

(六) 文化的稳定性

文化是在一定的社会环境中形成的，所以具有相对的稳定性。一种文化一旦形成，便会在一定时期内发挥作用，并通过各种形式传递下去。同时，文化又是动态的，它会随着时间的变化而缓慢地演变。特别是由于科技的进步和社会生产力的发展，会出现新的生活方式，同时价值观和习惯等也会发生相应的变化。所以，对市场营销人员来说，不仅要了解目标市场现有的文化价值观，更重要的是必须把握正在出现或将要出现的新的文化价值观。

第二节 亚文化与消费行为

一、亚文化的含义

亚文化是文化的细分和组成部分，是指若干个社会成员因民族、职业、地域等方面具有某些共同特性，而组成一定的社会群体或集团。同属一个群体或集团的成员往往具有共同的价值观念、生活习俗和态度倾向，从而构成该社会群体特有的亚文化。亚文化与文化既有一致性或共同之处，又有其自身的特殊性。总体而言，亚文化在形成基础和历史积淀上与所属社会文化一脉相承，但在具体内容和表现形式上却因种种构成因素的差异而呈现出明显的独特性。

由于每个社会成员都生存和归属于不同的群体或集团，因此亚文化对人们的心理和行为的影响就更为具体和直接，这一影响在消费行为中体现得尤为明显。例如，中产阶级因收入水平、从事职业及受教育程度的相近，在消费观念、消费倾向和消费方式上表现出较大的相似性和某些共有的特征。受其影响，属于中产阶级的消费者在住房、生活社区、子女学校、汽车、购物场所、商品品牌等消费选择上往往或刻意与所属亚文化保持一致，或无意带有本亚文化群的鲜明色彩和印迹。

◇ 案例 8-4

中、欧、日、美汽车消费文化比较

1. 中国猛推大排量新车

由于过去中国居民收入水平较低、国内汽车产业不发达，加上对进口汽车征收了很高的关税，因此汽车是奢侈品，拥有汽车被视为身份和地位的象征。虽然现在汽车开始从奢侈品向正常品或必备品过渡，但爱面子和大即是好的传统观念依然对购车者有着很大的影响。市场问卷调查显示，很多购车人就认为三厢车比两厢车更气派。

中国人对新车型和高档汽车是如此热衷，中国的车市也似乎正在成为一个国际新车型的秀场，即使在一些偏远的中小城市，也时常会出现高档的SUV或跑车。

据统计，中国正在成为世界豪华车市场增长最快的国家，价值180万元以上的奥迪A8全球不超过180辆，中国就占了1/3。奔驰新款S6000等200万元以上的豪华车，在中国销售量往往占全球的20%以上。由于较经济型车有更丰厚的利润，合资企业正在加快把国外高档车引进中国，奔驰、宝马均在国内开设了生产线。

2. 欧洲、日本青睐小型车

相对于刚刚开始进入汽车社会的中国，日本和欧洲等国早已跨入了汽车社会，汽车消费文化已经成为社会文化的一部分，然而日本和欧洲等国的汽车消费文化却有着很大的差异。

德国是世界的汽车工厂，而且当地中层白领的年收入足够买一辆奔驰或宝马，但在德国的城市里，奔驰往往是公司的公车，或是当地的出租车。私车大多还是紧凑的两厢大众小型车，从甲壳虫几十年来的畅销就可见一斑。

按照德国人自己的说法，小型车的好处在于减轻道路压力、降低油耗及污染。在欧洲，人们长途旅行更愿意选择飞机和火车，家庭车主要用于城市交通。在欧洲生活的人都知道开个大车在欧洲城市找停车位有多难，而小排量微型汽车有着大车无法比拟的方便性。

日本也有着与欧洲同样的情况，因为城市公交系统非常便利、完善且价格低廉，相当高比例的日本人对买车的需求并不强烈，家中即使有车也并不常开，他们平时办事、上下班时一般都会尽量利用城市公交系统，只是在必需时才会出动自己的爱车，例如外出游玩时，一家人一辆车其乐融融。

由于车多、人多、地少、资源少，加之日本国民长期形成的节俭朴素的生活习惯，因此尽管日本人生活比较富裕，但经济型轿车仍然占了绝大多数，省油的小排量微型车特别受到日本消费者的欢迎。

3. 美国最爱大型车

美国不仅是全球拥有汽车数量最多的国家，也同样是用车体形最大的国家。大体积、大排量是美国汽车的标志。在各种车型中，SUV 和皮卡是美国人的最爱。据统计，2005年越野车在美国汽车的销售中占到四成，为了满足野外休闲的较高要求，许多车采用的是四轮驱动。

另外，美国人的汽车换手率也非常高，由于汽车价格便宜，二手车市场发达，一辆新车刚开了不到1万千米就被转手是常事。对新鲜事物的喜好也令汽车生产厂商加快新型车的推出，以刺激消费者的购买欲。

(资料来源：作者根据相关资料整理而成。)

二、亚文化的类型

每一个文化都包含着能为其成员提供更为具体的认同感和社会化的较小的亚文化，每一个亚文化都会坚持其所在的更大社会群体中大多数主要的文化信念、价值观和行为模式。尽管构成亚文化的群体有时与主流社会文化或者与其他亚文化群有某些部分或某种程度的相同或相似，但该亚文化群体的独特性还是存在的。亚文化可以从民族、宗教、地理、年龄、性别、种族、职业等角度进行分类。

(一) 年龄亚文化群

按照一般的分类方法，消费者在年龄方面的亚文化群被分为少年儿童、青年、中年和老年四个阶段。

1. 少年儿童亚文化群的消费行为

少年儿童时期是人心理发展的重要阶段，这一年龄阶段的消费者属于未成年消费者。在传统上，把少年儿童的年龄界定为0～17岁。其又可细分为乳婴期(0～3岁)、幼儿期(3～6岁)、童年期(6～12岁)和少年期(12～17岁)。为了简便起见，这里粗略地将其划分为儿童期(11岁之前)和少年期(12～17岁)。

1) 儿童消费者的心理特征与消费行为

在人的一生中，儿童期无论在生理上还是在心理上，都是一个迅速发展的时期。儿童期的心理发展变化是同生理成熟趋于一致的，并且是一个呈现一定阶段性与连续性的过程。生理上从完全依靠别人照顾到自己照顾自己并能帮助他人做事情，心理上有了一定的分析问题和解决问题的能力，并形成了最初的个性倾向，行为上逐渐地由被动转为主动。

儿童消费者的心理特征与消费行为主要体现在以下几个方面：

(1) 从纯生理性需要逐渐向带有社会内容的需要发展。儿童在婴幼儿时期的需要主要是生理性需要，以满足生理性需要为其消费的欲望和目的。随着年龄的增长，不断接触到外界环境的各种刺激，儿童的消费欲望开始逐渐向带有社会内容的需要发展。虽然这一时期的儿童主要是商品的使用者而非购买者(他们有时也购买一些小食品等相对简单的商品)，但他们逐渐会把自己的意愿告诉父母并影响父母的购买决策。

(2) 从模仿性消费逐步向带有个性特点的消费发展。模仿是儿童的天性，特别是学龄前的儿童，在言谈举止、穿着打扮等方面都爱模仿成人或其他同龄的小朋友。随着年龄的增长和自我意识的不断提高，儿童的模仿性消费逐渐被有个性特点的消费所代替，“与众不同”的意识或“比别人强”的意识常常影响他们的消费行为。

(3) 消费情绪从不稳定发展到相对比较稳定。儿童初期，在模仿心理的作用下，儿童的消费心理很不稳定，今天喜欢这个，明天又会喜欢那个。随着年龄的增长，控制自己情感的能力不断增强，而且儿童的偏好逐渐显露出来，因而其消费情绪逐渐稳定下来。

(4) 儿童消费品中娱乐用品的消费比重较大。玩耍是儿童的天性之一，为了满足儿童的这一生理和心理需要，家长们毫不吝啬地为孩子们购买各种玩具、娱乐性和知识性的儿童读物，光顾各种有助于儿童身心发展的儿童娱乐场所。可以说在所有的年龄阶段中，儿童消费者用于娱乐消费的比重最大。

2) 少年消费者的心理特征与消费行为

从年龄上来说，少年期一般指的是十一二岁到十六七岁的年龄段。在我国这一群体其实指的就是整个中学时期(包括初中和高中)。当然高中阶段或高中阶段后期实际上已经属于青年前期，但由于这一时期的消费者在经济上还没有独立，在心理上也还没有完全成熟，所以这里指的少年期也包括了这一部分人。

少年期是由儿童期向青年期过渡的时期，不仅生理上发育比较快、变化比较大，心理上也是变化非常大的时期，是处于依赖与独立、幼稚与成熟、被动性与自觉性交织在一起的比较特殊的时期。他们的心理特征与消费行为主要体现在以下几个方面：

(1) 喜欢与成年人比拟。由于少年期自我意识的发展变化迅速，他们在主观上认为自己已经长大成人，应该有像成人一样的权利和地位，渴望像成年人那样独立地处理自己的生活，不希望家长过多地干涉。因此，少年消费者在消费品的选择上存在着和成年人比拟的心理，希望按照自己的个性和爱好来购买商品。

(2) 从受家庭的影响逐步转向受社会群体的影响。儿童消费心理主要受家庭的影响，尤其是父母的消费观念和消费行为对他们的影响较大。但到了少年期以后，由于自我意识的提高和自理能力的增强，他们有了一定的独立性，特别是在集体学习和家庭活动中，通过与其他人的经常接触，他们的消费观念和消费行为由受家庭影响逐渐向受集体或群体的影响转变。

(3) 购买的倾向性开始确立，购买行为趋向稳定，有意识的思维与行为增多。随着购买活动次数的增加，他们的感知经验越来越丰富，对消费品具备了初步的判断、分析、概括能力，购买行为趋于习惯化、稳定化，购买的倾向性也开始确立，购买动机与现实条件的吻合度有所提高。

2. 青年亚文化群的消费行为

青年期通常是指 18 岁到 35 岁之间的这一年龄段。由于青年消费者人口众多，消费能力和购买潜力都很大，使得青年消费者在整个消费活动中处于重要的位置。因此，了解青年消费者的购买行为特点，对市场营销活动来说显得非常重要。青年消费者的心理特征和消费行为主要体现在以下几个方面：

(1) 追求新颖、追求时尚的消费趋向。青年消费者好奇心强，对新事物比较敏感，因此他们对市场上出现的新产品最感兴趣，希望自己购买的商品能符合潮流的发展，跟上时代的步伐。所以，青年往往是新商品、新消费的追求者、尝试者和推广者，并逐步影响更多的消费者。在他们的带领下，出现一轮又一轮的消费时尚。总之，一种新的消费趋势总与青年分不开，时尚的特征也从青年身上最充分地体现出来。

(2) 购买行为具有较强的感情色彩。青年消费者尤其是青年初期、中期的消费者，生活经验还不丰富，对事物的分析和判断能力还没有达到成熟阶段，他们的思想感情、兴趣爱好、性格特征还不完全稳定，因而往往容易感情用事，爱冲动。在购买商品的过程中，他们特别重视商品的外观、款式、品牌、颜色等，而对内在质量、价格等考虑较少，因此常常出现购后后悔的现象。由此可见，青年消费者对商品的选择，往往以感情和直觉为基础，消费行为感性多于理性，冲动性购买行为比较常见。

(3) 具有较强的购买力和较广的购买范围。这里所讲的青年消费者，具有独立的购买能力，他们有一定的经济来源，而经济负担又不是太重，特别是现在的青年人，大多没有经历过艰苦的生活，因此消费起来比较大方，显示出较强的购买力。另外，他们的消费观念也比中老年人更开放，更加追求现代化的生活方式。因此，凡是能满足他们这方面消费的商品，都能引起他们的兴趣，激发其购买动机。尤其是新婚青年的购买行为，更是与其他任何年龄阶段的消费者行为不能相提并论。

(4) 追求个性，表现自我。青年消费者的自我意识已经达到了一定的水平，他们追求独立自主，每一种行为都力求表现出自我，因此体现个性和表现自我成了青年消费者较强烈的心理需求。在购买行为上，表现为消费者倾向由不成熟向成熟过渡，对能表现自己个性的商品更感兴趣。

3. 中年亚文化群的消费行为

中年人一般指35岁到60岁之间的人。中年人是社会的中坚群体，他们阅历广，生活经历丰富，老练而稳重。但中年人工作上要出成果，又要做好青年人的表率，同时社会负担和家庭负担都比较重。他们的消费行为特点主要体现在以下几个方面：

(1) 理智型购买多于冲动型购买。中年人经验丰富，比较理智，会控制自己的情绪，很少感情用事。在消费行为中，他们从购买欲望的形成到购买行为的实施，都是经过深思熟虑的，较少出现像青年消费者那样购后后悔的情况。

(2) 计划性购买多于盲目性购买。大多数中年人既要赡养老人，又要负担子女的生活和教育费用，因此家庭经济负担比较重。特别是近几年来我国家庭用于子女的费用不断提高，子女教育的费用已经成了很多家庭一笔不小的开支。因此，很多中年人不得不精打细算，量入为出，在实施购买行为前就要计划好所购买商品的价格、数量、质量、用途等，计划外购买和冲动型购买的现象要比青年消费者少得多。

(3) 注重商品的实用性与便利性。由于经济条件的限制以及繁重的工作压力，中年消费者在购买商品时更注重商品的实用性与便利性，对华而不实的商品不感兴趣。因此，他们选择商品时首先注重的是商品的内在质量(特别是功能、使用寿命以及操作的方便性等)和价格，然后才是款式和颜色等。比如服装消费，中年消费者不会像青年消费者那样追新猎奇，但对服装的质量、质地等比较挑剔，希望穿得体面，穿出尊严。

4. 老年亚文化群的消费行为

通常 60 岁以上的人称为老年人。国家统计局进行的人口变动抽样调查显示，我国老年人收入的主要来源为子女或亲属供养、老年人离退休金和劳动收入以及社会保险和救济。虽然这些来源的比重随着时间的推移会有所变动，但就总体水平而言，将会随着整个社会经济的发展而不断提高，从而使我国的老年市场成为新兴的潜力巨大的市场。与之相对应，老年消费者对消费品的需求特点以及所表现出的消费行为主要体现在以下几个方面：

(1) 对消费品的种类和结构有特殊的需求。老年人对消费品的种类有特殊的需求，具体表现在：吃的方面，要求食品松软易消化，并富有营养价值；穿的方面，要求衣服穿着舒适、保温以及穿脱方便；需求结构方面，老年人支出的大部分用于食品和医疗以及保健用品上，而穿和用上的支出相对较少。

(2) 有比较稳定的消费习惯和品牌忠诚。老年人经历丰富，已经形成了一定的生活习惯，而且不容易改变，比较留恋过去的生活方式，对消费有一定的怀旧心理和保守心理。因此，老年消费者的消费兴趣和爱好比较稳定，对老牌产品有着特殊的感情，而培养新的习惯和嗜好相对较难。

(3) 购买商品讲求方便。一般老年人的体力和精力都有不同程度的减弱，行动也变得不方便，所以老年消费者希望能提供方便、良好的购物环境，例如购物场所交通便利、店内有供消费者休息的设施、商品陈列便于挑选、购买程序比较简单等。

(4) 出现补偿性的消费行为。现在的老年人大多是在物质生活相对贫乏的 20 世纪五六十年代度过他们的青春年华，一直没有机会满足年轻时的各种生活追求。因此当他们从繁忙的工作和沉重的家庭负担中解脱出来后，就会爆发出强烈的补偿要求，希望自己的老年生活能过得幸福、洒脱。这部分消费者大多同意这样的提法："退休才是新生活的开始。"没有了工作负担并完成了养儿育女的任务以后，老年消费者更愿意"换一种活法"，以享受生命、享受生活。因此这部分老年人是很有潜力的消费者，尤其在旅游、健身、购买保健品和营养品方面是企业不可忽视的一个日益壮大的消费群体。

◇ 案例 8-5

Hyatt 与 Marriott 开发面向老年人的退休社区

随着美国老年人数量的逐步增长，商家们日益关注这一富有多样性的亚文化群体。众多商家正努力研究老年人的需求并开发相关产品。例如，Marriott 公司与 Hyatt 饭店都在致力于开发针对老年人市场的退休社区产品。退休社区提供有退休公寓、各类服务及生活护理。公寓中有大小不等的个人居住单元，可举办种类多样的社会娱乐活动，也有家政服务，餐饮服务，以及不同层次的医疗保健服务，其中有可为某些人提供的全套家庭护理服务。

退休社区是个潜力巨大的市场。但如果认为每一个大于 65 岁的人都将会是一个退休社区内的潜在顾客，这种想法是错误的。最主要的顾客年龄大多是 80 岁以下。同样，如果认为很多老年人都身体虚弱需要人照料的想法也是不正确的(只有 5%的 65 岁以上的美国老年人被送进了社会性养老机构内)。与一般人的设想相反，并非所有老年人都孤身一人，许多人都有伴侣。这一成熟的市场将会是极富多样性的,仅有85岁以上的群体具有相当的共性。因此，市场营销人士对于老年人亚文化群体必须认真研究。

老年人退休后的生活方式差异颇大。有些人喜欢同自己家人住在一起，有些人偏爱公寓套房，也有人喜欢拥有住房的所有权而共享公共庭院的公寓单元。有些人喜欢生活在社区内，参与社会交往，享受娱乐活动，而另有一些人则更喜欢独处和独立。

Hyatt与Marriott通过选择目标群体进行电话与书面调查开展了详尽的研究用以了解老年人的这些需求。其中一项研究成果将老年人这个亚文化群划分为三个亚文化群:“有活力的”(65～75岁，这一年龄段的人仍会从事旅行、打高尔夫球等活动)、“不太有活力的”(75岁以上，虽仍富于活力，但日常活动较少离家远游)和“无活力的”(极少参加各种活动的老年人)。退休社区的主要目标顾客是属于“不太有活力的”老年人。处在“有活力”年龄段的老年人将会是10年后的潜在顾客。而处于“无活力”年龄段的老年人则是多种多样不同层次家庭护理服务的潜在顾客。

过去，对于退休社区相关服务的营销方式相当简单，仅限于彩色宣传小册子及刊登在报纸、杂志上的广告。以前的研究通常注重于简单的对于年龄、收入及市场竞争的人口统计分析。因此许多市场营销人员并没有真正认识老年人这个市场，并不理解老年人对于自己需求的看法。

在退休社区的营销过程中存在一个感知与认知的问题。通常顾客的第一反应是“我还不需要”。大部分老年人希望生活在自己家里，并保持独立直到这变得不可能。鼓励消费者付钱，必然要使退休社区成员意识到那些难以面对的现实(死亡的不可避免及渐趋衰竭的健康状况)。这对于大多数人来说，绝非易事。实际上，许多老年人，尤其是较为富有的那一部分老年人，往往认为自己比实际年纪要年轻，比实际身体状况更健康。Marriott在1988年推出了首批的两幢高层退休公寓(有350～400个单元套房)。别墅式的Jefferson退休社区于1992年正式面市，内设有一个游泳池、佣人服务、健身房、24小时餐饮服务，每个洗手间和卧室都装配有紧急求救按钮，其中有一层提供熟练的护理服务，另有一层向那些不需护理却需要其他种类帮助(如帮助他们穿衣)的老年人提供服务。

一位著名的行业顾问认为退休社区最有效的营销方式是邮寄广告，经营者可以每月向潜在顾客寄去邀请参加某种活动的明信片，宣传某项服务的信函，公司编印的介绍退休社区内生活的业务通讯，甚至可以是甜点菜谱。

Marriott公司在Jefferson退休人员社区建成前就成功通过邮寄宣传材料的方式来引起人们的兴趣。他们向华盛顿地区的45000名富有的老年人寄去了宣传册子及相关信息。先预交1000美元定金后，客户可以预定尚未竣工的豪华大厦中价值100000到260000美元的一个套房，这种邮寄宣传材料的促销方式带来了极不寻常的4%的反馈率(当时2%～3%已经是不俗的比例了)。

在随后的几年里，Marriott公司斥资10亿美元在全国开发兴建150个像Jefferson公寓一样的退休社区。每个社区内，大部分单元是适于住户独立生活的，但住户也可选择接受护理服务或其他专项服务。Marriott公司还修建了另外100个公寓，这些公寓只提供两种生活方式——半独立半辅助的和完全接受护理的。

Hyatt在1990年开发出了它的退休人员社区Hyatt经典家园。社区内的公寓是中档以上的，为老年人提供整套的相关服务。Hyatt 的初期市场调查表明，老年人对于退休人员社区的最初反应都是相当的消极。即使那些曾经接触过此类服务宣传的生活在大都市的老年人也会将它等同于令人心惧的私人疗养所。鉴于此，Hyatt 在市场推广宣传中突出强调那里“积极的生活方式”，而不只是“照料你的余生”。

Hyatt 同样发现，众多老年人猜想退休社区花费昂贵，他们为住进这种社区肯定会耗尽毕生积蓄。因此，Hyatt 的营销人员将老年人在自家的开销与生活在社区的花费做了比较。大部人并不清楚在自己家中的生活开支，这种比较则可以对他们那种“我还不需要这种社区”的想法施加一定影响。Marriott 公司也发现了这种现象，并尝试了新的定价方法，其中包括降低首期付款数额，而升高月租费或每月付款数额，这样老年客户可以不必支出太多的积蓄。

最后，Marriott 与 Hyatt 还设计出了许多其他营销战略。他们在宣传推广活动中举办了一些对于退休后生活安排、健康问题及消费者动机分析等方面的研讨会。顾客参观开放日活动中则举办了一些娱乐活动以吸引客户。他们还通过一些刺激因素以促使那些潜在的客户做出最后的决定，如实行数月的租金免费，支付搬家费用，免费提供内部装修设计方案及免费度假。

总之，设计成功的退休人员社区服务项目及营销战略主要是认真听取并深入了解了潜在顾客的需求及兴趣。

(资料来源：作者根据相关资料整理而成。)

(二) 性别亚文化群

不同性别的亚文化群有着截然不同的消费心理和消费行为。一般来说，女性消费者对时尚的敏感程度往往会高于男性，女性消费者通常比较重视商品的外观，而男性消费者则比较重视商品的内在性能和品质。此外，女性消费者对价格的敏感程度也远远高于男性消费者，在购买方式上女性消费者相对比较细致且通常有足够的耐心，但同时又表现出一定的犹豫性。

延伸阅读 8-1

女性消费心理引导十诀

许许多多的经商者认为，如果消费者是企业的“上帝”，那么女性消费者就是更为活跃的主角，她们至少左右了现实生活中购买力(包括女性、儿童以及家庭所需消费的大部分，甚至很多男性消费品的购买与否也基本取决于女性)的四分之三。因此，充分掌握并巧妙地运用女性消费心理特征，积极吸引并成功诱导女性消费，应当引起企业营销者的重视。在经营的实践中，有人总结出了女性消费心理引导十诀。

(1) 激励女性的创造感。大部分女性认为购物并使她们的家庭保持舒适而井井有条，就是最大的创造和骄傲，于是对创造性的向往是女性购物的主要动机之一。因此，应把握时机，引导她们对不同职业、年龄、家庭条件、兴趣爱好等方面的创造欲望，从而触发购买欲望。

(2) 借助女性“幻想”的魔力。有些女性喜欢以自己的实际生活为基础进行幻想，并常把幻想当作现实的组成部分。所以，巧妙运用女性所特有的不完全幻想，处处留给她们发挥幻想力的余地，同时满足幻想和实用价值两方面的需求，就极容易对她们产生作用。

(3) 鼓励女性用指尖“思想”。女性的触觉远比视觉发达，致使她们对事物进行决断时，必须相当程度地依赖触觉。在百货公司，女性购买者一般会要求触摸商品，经她们实际触摸后才可能决定是否购买，换言之，女性不只用大脑思想，也用指尖“思想”。因此对那些购物时表现得犹豫不决的女性，让其亲手触摸触摸，效果会好得多。

(4) 帮助女性缩小选择范围。女性购物时，奉劝她们多中择优，只能徒增其选择上的困难。促使女性购物最有效的办法是让她们参与作出决定的过程，布置出令她们感觉自己“慧眼识英雄”的情势，缩小购物范围，从而达到推销目的。

(5) 借“被斥感”激起购买欲。女性从众心理尤其强烈，非常害怕自己属于“例外”之列，往往舍弃选择的自由，乐于在“从众泥潭”里打转。因此，恰当地利用女性唯恐被大众排斥的心理，积极诱导女性的购物欲望。

(6) 让女性拥有“唯一”。有些女性心中有一种“只有我一个”的“唯一”意识，经常希望自己是“与众不同的一个”。所以向她们兜售商品时，若能提供大多数女性都向往的“唯有我用”的诱惑，会使其产生“我是唯一被选择的对象”之类的快感，不仅能顺利引导其购买商品，还能通过她们向自己的朋友推荐商品而连带收到免费广告的效果。

(7) 不要撕破“书”的封面。“女性是一本内容和封面相去甚远的书”，为迎合潮流，她们很可能表露出与真实想法(内容)相反或别的主张(封面)。因此先接受她们的意见，然后针对其真实动机发动攻势。

(8) 用赞扬消解女性的烦恼。女性希望自己给人一种完美无瑕的形象，也竭力让自己看起来完美无瑕，因此女性十分忌讳被他人揭“伤疤”。对于体型肥胖的女性，“胖”是绝对的禁忌。因此，店员应尝试赞赏她高级的服装、别致的耳环、新颖的装束等无关紧要但又令女性喜悦的特点，营造良好的气氛之后，引导女性消费就容易收到事半功倍的效果。

(9)“佩服”女性的情绪特点。有些女性特别地无法容忍他人的指责，稍受冒犯，就会在一瞬间“勃然大怒”。遇到这类女性时，销售人员应多些耐心，使其自尊心得以满足，这样消费者才会欣然接纳意见。

(10) 运用权威意见促销。引导女性购买商品需要营销人员综合使用情感唤起和理性号召两种形式，热情地举出众多具有说服力的具体事例，显示出立即能得到的效果，而搬出那些较有名气的，为女性所熟知的权威人士，无疑是其中最为有效的方法。

(资料来源：作者根据相关资料整理而成。)

(三) 民族亚文化群

民族亚文化群是以历史渊源为基础的既有文化总体特征，又有其自身较稳定的以观念、信仰、语言文字、生活方式等形式表现出来的特征的人群共同体。民族亚文化是人们在历史上经过长期发展而形成的稳定共同的文化类型，对消费者行为的影响是巨大和深远的。我们中华民族就是由56个民族构成的总体文化，而每一个民族又具有自己的民族亚文化特征，形成了有自己民族特点的语言文字、风俗习惯、爱好禁忌。不同的民族在饮食、服装、礼仪等方面各有特点，特别是在服饰方面，争奇斗艳，各具特色，如：蒙古族喜欢穿蒙古袍；朝鲜族男人穿坎肩，肥腿裤，妇女穿小袄和色彩鲜艳的裙子；苗、侗等少数民族喜欢穿筒裙等。从服饰上我们就可以判断穿着者属于哪个民族。

◈ 案例 8-6

家乐福败走日本

2005 年，当时世界第二大零售商家乐福宣布从日本全线撤退。

家乐福在日本的经营缘何受挫？市场人士认为，家乐福在日本照搬在欧美国家的经验，单纯依靠薄利多销的运营方式，没有根据日本不同的商业文化和消费习惯来调整自己的经营策略，导致“水土不服”是主要原因。

家乐福 2000 年在日本开设的第一家大型超市设在千叶县的幕张。该超市营业面积达 3 万平方米，销售的商品超过 6 万种，其规模是东京及其周边地区最大的。但是，这里是日本在 20 世纪 90 年代兴建的国际展览中心和大型公司办公楼聚集地，几乎没有居民。开业之初，确实有大批消费者开着汽车前来采购，但时间一长，消费者的新鲜感减退，开车前来购物的消费者逐渐减少。

远离市区，使家乐福具有一定的价格优势，但在日本，价格不是影响消费者购买的决定性因素。日本消费者的消费习惯和欧美不同。欧美国家的许多家庭，在休息日会驱车到郊区大型超市大量采购价格便宜的食品和日用品，存放在家中，但日本人的饮食十分讲究新鲜度，特别是蔬菜、鱼、肉及其制成品，一般都随买随吃。另外，日本大部分妇女婚后不工作，也有时间去附近的超市选购新鲜食品。正因为去超市购物基本上都由家庭主妇承担，所以日本的超市一般都设在交通流量大的车站附近或者居民比较集中的住宅区和闹市区。而家乐福在日本开设的超市全部位于城市的远郊区，离东京市区最近的也有 20 多公里。

此外，日本一家大型超市连锁店的老总说，外资超市最擅长的是控制成本，采取薄利多销的运营方式，但日本市场的特性是必须根据不同地区进行细致的价格划分，而不是一刀切。这一市场特性阻碍了外资超市在日本的运作。

在控制成本方面，日本和欧美国家做法也不相同。家乐福基本上是通过从生产厂家直接进货、减少流通环节来降低进货价格的。但日本大部分产品都由商社代理销售，厂家直接向零售商供货的情况不多。由于商业文化不同，无论家乐福公司如何努力，最终也只有 55%的商品是直接从厂家进货的，另外 45%的产品必须从中间商那里进货。仅此一点，就使家乐福超市利用价格优势增加销售额的计划打了折扣。

（资料来源：作者根据相关资料整理而成。）

（四）地理亚文化群

地理环境上的差异会导致人们在生活方式、消费习俗和消费特点上的不同，形成地理亚文化群。长期形成的地域习惯，一般比较稳定。地理环境不仅决定着一个地区的产业和贸易发展格局，还间接地影响着一个地区人们的生活方式、生活水平、购买力的大小和消费结构，从而在不同的地域形成不同的消费文化。比如：我国北方人多爱深色服装，而南方人多好浅色服装；城市消费者往往喜欢黑、白、灰等颜色的服装，农村消费者更青睐红、绿、黄等鲜艳的服装；北方气候寒冷，人们有冬天吃酸菜和火锅的习惯，几乎家家户户都备有砂锅，而南方气候炎热，人们养成了吃泡菜、腊肉、腊肠的习惯；北方人喜欢吃饺子，南方人喜欢吃包子，西北部人喜欢吃饼和面条。中国闻名遐迩的川菜、鲁菜、京菜等八大菜系，皆风格各异，自成一派，就是由地域不同而形成的。

◈ 案例 8-7

中国陶瓷为何出口难

中国陶瓷一直深受广大消费者的喜爱。但前些年中国陶瓷外销出现困难。其主要问题在于对其他国家和地区的风俗习惯不熟悉。比如，中东地区属伊斯兰文化，他们排斥印有动物图案的商品；由于气候炎热，那儿的房屋、器皿，包括衣着都是冷色调的；由于水贵如油，他们不喜欢大杯子。因此最受中东人欢迎的是印有冷色调的花木图案、容量在 40～70 ml 的小杯。美国人则正好相反，他们人高马大，喜欢外形粗犷、有大手把的大杯，图案也多为小房子、小娃娃、小马等；美国人鼻子高，用直口杯不方便，最好销的是口沿外翻的器皿。

(五) 宗教亚文化群

全世界有佛教、道教、伊斯兰教、天主教、基督教等不同的宗教群体，这些宗教在不同的国家或地域甚至是同时存在的。不同的宗教群体具有不同的文化倾向、习俗和禁忌，宗教的信仰者都有各自的信仰、生活方式和消费习惯。宗教能影响人们的行为，也能影响人们的价值观。

1. 基督教亚文化

以美国为例，早期基督教(主要是新教)是美国价值体系的主要来源，在这种价值体系的基础上，形成了美国的社会结构和政治体系。如今美国社会的主要节日，像圣诞节、复活节和感恩节等，都起源于基督教。基督教教徒在美国最多，占整个人口的 90%，但基督教本身又有许多分支，如罗马天主教、新教、卫理公会、路德会、“基督教”长老会、复活教等，这些分支教派各自具有不同的信仰和行为方式。

基督教的重大节日是圣诞节。圣诞节期间，全体工作人员要放假休息，狂欢过节，以示庆祝。因此圣诞节前后，在信奉基督教的西方国家里，会掀起一次大规模的购物狂潮。人们的许多消费欲望，特别是孩子们的美好愿望都会在圣诞节的日子里得到实现。在圣诞节期间，人们还会购买大量的圣诞贺卡和圣诞礼品，以便互相赠送，表示美好的祝愿。

基督教教徒一般忌讳 13 这个数字(传说基督耶稣被出卖时只有 13 个人，而第 13 个人就是出卖耶稣的人)，认为它不吉利。因此，在信奉基督教的国家里，商品编号一般不使用 13 这个数字。在宾馆、居民住宅楼里也见不到 13 层、13 号这样的标记。如果向这些国家出口商品，应该特别注意不要触犯他们的忌讳，尤其避免使用这个被他们认为不吉利的数字 13，否则商品的销售就会遇到极大的困难。

◈ 案例 8-8

圣诞购物高峰

每年圣诞节期间，美国热心的购物者都会创造购物高峰。大多数百货商店的年销售额会在10月到新年这3个月达到年收入的1/3或1/2。

在圣诞节购买和分发礼物已成为很多国家的风俗。即使在基督徒只占有全国人口 1%的日本，圣诞节也是狂欢的。德国人家门口的圣诞市场会卖腊肠、糖果和节日礼物。在椭圆形的意大利比萨广场，购物者们会购买书、玩具、糖果，街上有优美的音乐和精彩的杂技表演。即使在商品数量不足、库存较少的东欧也会在圣诞节时狂欢。

同时，人们十分重视节日期间的装饰。例如，广场上装满了圣诞树，步行街上装饰了成千上万的彩灯。

节日购买和互赠礼物是相当普遍的。查尔斯·狄更斯在《圣诞颂歌》一书中写道："据我所知，圣诞节是人们在一年中最自由地打开心扉的时候。"与此同时，人们的口袋也敞开了。

2. 罗马天主教亚文化

天主教教会是一个结构完备、等级森严的组织，教皇位于权力中心，其他人则很少有权力对圣经上的事件进行解释。天主教教徒家庭人口一般较多，因此他们的家庭生活水平和社会地位不如新教教徒和犹太教教徒，天主教徒要承担更多家庭哺育的责任。天主教的消费禁忌相对比较少，所以他们构成了几乎所有细分市场的组成部分。企业的营销活动必须注意尊重他们的信念和习惯，不要在广告中出现神父和修女。

3. 伊斯兰教亚文化

伊斯兰教亚文化起源于中东地区，以《古兰经》为基础。伊斯兰教教徒注重工作、家庭、教育，注重对成功和幸福的追求。他们在药物、酒精的使用和性生活方面持保守态度。他们非常重视家庭，对长辈尤其尊重。虔诚的教徒不仅不食用猪肉制品，还不吃任何没有按照伊斯兰教教规准备的食物。

4. 佛教亚文化

佛教起源于印度，并在东亚、南亚一带广泛流传。现在世界各地有不少的佛教信徒，特别是中国。我国的四大佛教圣地——五台山、九华山、峨眉山、普陀山，年年香火旺盛，朝拜者众多。佛教徒一般在家中供奉释迦牟尼的画像，吃斋念佛，他们相信一切生物都处在轮回之中。所谓轮回，就是意念和行为引起因果报应，从而使人们不断受苦，又不断重生的过程。只有遵守八重道的人才能逃离轮回，获得解脱，而这些人需要行善、守律和集中精神进行内省，以促进悟性的增长。佛教教规规定，教徒禁止食用任何肉类制品，禁止饮酒，讲求清心寡欲，提倡素食。他们把食用动物性食品看作是对佛的不尊重，看作是不虔诚。佛教要供奉所崇拜的佛像，其消费的宗教用品主要有香火、爆竹和专用纸张等。普通消费者因对佛教世界的好奇，也经常购买一些佛教用品，如佛珠、佛鼓、佛像等。目前这类商品在我国已经成为旅游业的一种重要纪念品。

◇ 案例8-9

宗教影响印度人的行为

在印度文化中到处可以看到宗教的影响。

1. 重精神，轻享受

历史悠久的国度都拥有众多的节日。中国人过节特别讲究吃，喜欢用美味佳肴烘托节日气氛。印度人却从来不讲究口福，节日庆典更与美味无缘，有时甚至还要减少餐桌上的食物。印度节日的主要目的是让神灵高兴，自己再从中得到精神上的满足。

印度教徒相信生命轮回，他们认为肉体死后，肉体包裹的灵魂会投胎转世。肉体是灵魂的载体，也是灵魂最后解脱的障碍，所以印度教徒不会用美食骄纵自己的身体。

2. 重内在秩序，轻外部环境

印度人对精神有多执着，对现实就有多冷漠。印度街道和公共场所显得散漫而无序，路上，车辆和动物并行，很多汽车都有碰撞过的痕迹。仅仅把这种混乱归结为管理不善并不全面。根据印度教圣典《奥义书》的解释，人生活在物质世界都是幻觉，何必在意眼前的混乱呢？同时，印度教的轮回观念使印度人不太重视时间。

印度并非没有秩序，这种秩序是建立在内心之上的。印度教按社会分工把人分为四个等级：负责祭祀的婆罗门地位最高，刹帝利是武士阶层，吠舍主要是经商，首陀罗只能从事卑微的工作。这种种姓制度构筑起了印度钢铁般的社会结构。在现代都市，城市生活掩盖了市民的种姓身份，但只要来到一个印度教徒的家庭，依然会看到等级差别的存在。厨师只负责做饭，扫地者只负责扫地，两种工作不得混淆。

3. 重个人，轻集体

印度教的修行是一种个人行为，任何人都无法取代。《吠陀》里有一句话：“就算在群飞的几种鸟儿中，每一只鸟都是自己飞。”印度教没有固定的礼仪和聚会，一个人每天的行动和想法，决定了他来世的命运。这种自我意识在印度妇女的纱丽中得到了体现。正如一棵树上没有完全相同的两片叶子一样，在印度妇女的纱丽中，很难看到一模一样的颜色和图案的搭配。

(资料来源：作者根据相关资料整理而成。)

(六) 种族亚文化群

白种人、黄种人、黑种人都各有其独特的文化传统、文化风格和态度。他们即使生活在同一国家甚至同一城市，也会有自己特殊的需求、爱好和购买习惯。这是以种族渊源及遗传性特征为基础的亚文化群体。不同种族的消费者在体形、肤色、发色等方面的差异会对消费者的心理与行为产生某些特定的影响。如黑种人和白种人都有其特有的文化风格和态度，他们在购买的产品和品牌、购买行为、支付的价格、选择的媒体等方面都有显著的差异。比如就具体所购买的产品来说，美国黑种人在衣服、个人服务和家具上的支出比美国白种人要多。

(七) 职业亚文化群

不同职业的亚文化群在生活方式以及消费习惯上有很大的区别，而这种区别往往是由职业的不同而产生收入差别所造成的。例如，我国IT、金融、电信及外企等高收入企业和行业的白领人士，在消费水平和消费方式上与传统行业的职业人士就有明显的差别。这种以职业区别形成的亚文化同时又包含着较复杂的其他文化因素。

除以上介绍的亚文化群以外，用其他变量还可以细分出更多的亚文化群。特别是在现代社会中，消费者的价值观念、生活方式、消费态度总是在不断变化着，这就导致新的亚文化群层出不穷。通过对新的亚文化群的分析，营销人员可以了解目标市场的需求状况和消费行为特征，从而提高市场营销活动的目的性和针对性，以取得良好的效果。

第三节　中国文化对消费者购买行为的影响

一、中国文化的特点

当代中国文化具有浓厚的传统文化特色，传统文化是当代中国文化最深厚的基础。中国文化的特点如下。

(一) 中国文化具有强大的生命力和凝聚力

英国历史学家汤因比认为，在近六千年的人类历史文明中，出现过 26 个文明形态，但在全世界只有中国的文化体系是长期发展而从未中断过的。这种强大的生命力表现在它的同化力、融合力、延续力和凝聚力等方面。以中国文化的同化力为例，佛教并不是中国的本土文化，在公元 1 世纪传入中国之后，经过魏晋、隋唐几百年，都不能使佛教文化征服中国的士大夫，结果一部分演变成中国式佛教(如禅宗)，一部分则消融到宋明理学之中。中国文化的凝聚力，则具体体现在文化心理的自我认同感和超越地域、国界的文化群体归属感。如今数以万计浪迹海外的华侨、华裔，有的虽已在异国定居繁衍，但在他们的意识与潜意识之中，一刻也不曾忘记自己是中华儿女。

(二) 中国文化表现出多样性与异质性

中国幅员辽阔，各地的自然条件和地理环境差异很大。这种差异使得中国不同地理区域的人们，形成了不同的生活方式、思想观念和风俗习惯。中国文化的多样性和异质性不仅表现在农业区与周围地区之间，也表现在不同农业区之间，以及同一农业区的内部。中原农业民族对土地的依赖发展成为重农轻商、安土乐天的观念。生活在海滨的人们从海洋中谋求生存，不但把渔业、盐业作为主要产业，同时致力于海上交通业的发展。北方游牧民族由于生存条件比农耕民族更为严酷，而只能以迁徙和战斗来对付异族压力，因此尽管他们很早就接触到汉族文化，但并没有全盘加以接受。即使只有一水相隔的湖北人和湖南人，虽有不少文化的共同之处(如爱吃辣椒)，但也存在着许多差异，如湖北人被认为有商业头脑，而湖南人则被认为具有革命精神，有以天下为己任的豪情和务实作风。总之，强烈的地域特点更加突出了中国文化的多样性和异质性。

(三) 中国文化拥有安土乐天的心态

中国黄河、长江的特殊自然地理环境养育了中华民族，并形成和发展了中华民族的农耕经济和农业文明。中国文化作为一种农业文化，正是伴随数千年农耕经济的延续而源远流长。中华民族在长期农业生产活动中，培育和发展了独特的中国农业文化，形成了独具一格的重农、尚农的经济思想，重实际的务实精神，安土乐天的生活情趣，以及以自我为中心的自给自足观念等。作为一个农业民族，中国人采用劳动力与土地相结合的生产方式，形成了一种自然经济的封闭状态。人们固守在土地上，日出而作、日落而息，安土重迁也成了大多数中国人的固有观念。

(四) 中国文化坚持人本主义价值取向

在中国文化中，神道主义始终不占主导地位，而人本主义是中国文化的基本格调，以人为本的人本主义或人文主义向来都被认为是中国文化的一大特色。所谓人本主义，就是以人为考虑一切问题的根本，在天人之间、人神之间、人与自然之间，始终坚持以人为中心。中国古代儒家思想就一贯反对以神鬼为本，坚持人本主义的价值取向。从总体上看，由于以儒、道两家思想为主干的中国传统文化是一种伦理本位的文化，因此中国传统文化中的人本主义又被称为道德的人本主义。当代中国不少企业家提出“以人为本”的经营管理思想，正体现了这一人本主义的文化传统。

(五) 中国文化推崇尊老崇古的伦理观念

中国文化具有明显的尊老崇古特征。这一倾向的形成既与中国传统的宗法社会有关，又受传统农业社会的影响。在宗法社会，人与人、人与社会组织，以及社会组织之间是以血缘关系为纽带联系起来的，社会组织主要是在父子、君臣、夫妻之间的宗法原则下建立起来的。因此，孝被视为德之根本，以孝立身、以孝治天下的原则成为一种普遍的、不可动摇的人生准则和社会心理，并由此引出尊古敬宗、崇古敬老的伦理观念。我国封建社会中的“为尊者讳，为长者讳”的政治道德准则，视尊、长为一，由此便足见长者在社会中的地位和重要性。同时，在一个封闭的农业社会中，农业生产主要依靠经验，而经验是随年岁的增长而增长的，因此老人在农业社会中也就具有特别重要的地位和价值。人们常说的“姜是老的辣”“不听老人言，吃亏在眼前”等，都从不同侧面肯定了老人的价值，实则是对经验的推崇。总之，重视老人、敬老古法是中国文化的又一个重要特点。

(六) 中国文化重视整体，提倡协同

中国文化具有重视整体、提倡协同，通过协同达到和谐的特点。中国文化的整体观念把天、地、人视为统一的整体，以“人与天地万物为一体”“天人合一”为最高境界。在政治领域，整体观念表现为“春秋大统一”的观念；在社会领域，表现为个人、家庭、宗族和国家不可分割的情感；在文化领域，表现为兼收并蓄、和而不同的宽容精神；在伦理领域，表现为顾全大局，必要时不惜牺牲个人或局部利益以维护整体利益的价值取向等。这些观念构成了中华民族集体至上的思维趋向和共同心理，对于维护民族团结和国家统一起了积极的促进作用。许多学者认为，中国文化由于宗法集体主义的传统，具有明显的重群体、轻个体，只强调个人的义务和道德人格的独立性，而不重视个人权利和自由的倾向，这是不全面的。总体而言，中国文化在重视整体的同时，也强调群体及其成员的协同，协同是社会保持和谐、稳定、统一的手段和外在行为的表现。儒家文化的理想社会，从个人到家庭、宗族，再到国家，应是一级一级地升高，个人并不因为是集体的部分而丧失个体

的自我，这正是儒家文化在处理个体与群体关系上的思想精髓所在。

二、中国传统文化对消费者购买行为的影响

具有几千年悠久历史的中国传统文化以儒家伦理道德为核心，其基本精神被我国文化学家司马杰概括为“尊祖宗，重人伦，崇道德，尚礼仪”。中国传统文化中的这些精神内涵，构成了中国社会数千年来延续不断的文化核心价值观，对人们消费行为的影响可谓根深蒂固，具体主要体现在以下几个方面。

(一) 消费行为中的求同心理

中华民族百年来习惯求同，不愿张扬，希望自己能与他人保持一致，常常考虑自己的行为是否被他人接受和认可，不愿意“出风头”或“不守规矩”。儒家文化的核心就是中庸、忍让、谦和。在消费行为中的反映就是市场上的大众化商品居多，人们一般会以群体中多数人一致认可的消费观念来指导自己的消费行为，具有明显的社会取向和他人取向。中国人对新鲜事物普遍采取谨慎的态度，这使得营销人员在推出某类新产品时需要花费更多的时间和费用。近年来，随着经济的不断发展和对外开放的进一步加深，人们的这种消费观念有了一定的改变，特别是年轻人敢于尝试各种新奇事物，敢于表现自我。然而，求同心理在许多人心目中依然存在。

(二) 人际交往消费比重较大

中国人比较注重人情，强调良好的人际关系的重要性。这种特点对消费行为最直接的影响是比较重视人情消费。中国人维系人际关系的重要途径之一就是礼尚往来。为开展正常的人际交往，这样的人情消费会一直存在，这也为礼品市场创造了巨大的商机。

(三) 消费支出重视实用性和计划性

受儒家思想的影响，节俭自古以来在我国被视为一种美德。几千年来大多数中国人一直崇尚勤俭持家的消费观念而鄙视奢侈和挥霍，对超前消费也是抱着观望和小心谨慎的态度。因此，中国消费者花钱较为谨慎，对西方人的贷款消费更是不感兴趣。在购买商品的种类和功能方面，人们比较注重商品的实用性和使用价值，而较少购买用于享受方面的奢侈品。此外，中国人一般是按计划购买，特别是对于中老年人来说，发生冲动型购买和计划外购买的概率更是少之又少。中国人消费行为中的这种重视实用性和计划性的特点，也与中国人的消费水平有关，但更重要的还是传统文化的影响。虽然改革开放以来，人们的收入不断提高，人们也开始追求更高品质的生活质量，奢侈品市场也逐渐开始发展起来，但注重实用性和计划性，不铺张浪费，还是很多人消费时的准则。需要指出的是，在青少年消费者中，他们的消费观念已经有了很大的变化，也开始敢于超前消费，敢于标新立异，这也正是我国消费者消费行为的一个新趋势。

(四) 消费支出以家庭购买为主

中国人的家庭观念比较强，无论在购买决策上，还是在所购买的种类与内容上，都与

整个家庭息息相关。一般而言，在涉及大笔支出的大件商品上，都会与家人一起讨论进行决策并实施购买行为，而且所购买的商品都要尽可能满足大家的需要。这种以家庭为主的购买行为反映了家庭在中国人心目中的地位，折射出中国人重视伦理亲情的文化传统。

当今世界每个国家的发展都离不开其他国家，经济的全球化，使不同的文化互相交融、互相渗透，众多消费品市场已经突破了文化的界限，出现了国际化的趋势。经济全球化使越来越多的企业开始向国外推销产品，其实质往往就是推销文化与生活方式，如麦当劳、可口可乐和好莱坞电影使美国文化加速在世界各地的传播。

◇ 案例 8-10

麦当劳的全球战略

1955 年 4 月 15 日，第一家麦当劳在美国芝加哥诞生，当时一个汉堡的标价是 15 美分，全天营业额为 366 美元。现在麦当劳已在全球设有 3 万多家连锁店，每天接待顾客上千万，2022 年营收 231.8 亿美元。

1974 年，当英伦三岛第一家麦当劳开业时，伦敦人不介意排几小时长队苦苦等待。1993 年 2 月广州第一家麦当劳在开业当日，交易人数打破了当时的麦当劳全球纪录……

为什么麦当劳在世界各地都受欢迎呢？对于消费者来说，麦当劳到底意味着什么呢？要一个普通的美国人来说明麦当劳对外国消费者到底意味着什么是非常困难的事，因为他们把吃麦当劳看成是想当然的事情。麦当劳驻波兰总监 Tim Fenton 曾说："这是一般美国人所难以理解的，但是对于当地人来说，麦当劳几乎就是上天恩赐的神物，被当地人看成最好的食品。餐厅的服务是如此快捷，服务员都面带微笑，去卫生间不用交费，餐厅里还有空调，并没有烟味，我们要告诉他们什么才是食品，我们还让他们把孩子带来。"

麦当劳包含着丰富的文化内涵，世界上许多国家的消费者把麦当劳看成是美国产品中的精华，但是该公司不是教条地推广美国文化。麦当劳公司的营销战略既有全球化中的标准化，又有差异化。公司在世界各地销售同样的主打产品，例如汉堡、薯条、可口可乐等。麦当劳公司尽力保持主要产品的口味，如牛肉小馅饼、小面包和炸薯条的口味在世界各地都是相同的。公司对供应商的要求极其严格，即使是洋葱也要达到特定的标准。

世界各地的麦当劳餐厅，尽管商店规模、地点存在着差异，但是餐厅的风格和氛围是一样的。面带微笑的服务员、方便快捷的服务是麦当劳餐厅的共同特色。一位经理认为，服务是麦当劳餐厅向消费者提供的最主要的菜肴。他说道："当今世界是一个服务社会。人们渴望得到服务，但是在许多国家里只有麦当劳餐厅才能给消费者提供这样的机会。"

麦当劳公司实施全球化和标准化营销战略的同时，也针对各地实际情况对自己的营销战略进行调整。在德国，最受欢迎的食品一般是汉堡和虾子酱的沙拉；而在荷兰，人们更喜欢素汉堡；在欧洲一些国家的麦当劳餐厅里还供应啤酒，餐厅的装修设计一般要反映当地的文化特色。

麦当劳在中国的营销战略——抓住了中国的新生代。

微笑的麦当劳大叔坐在麦当劳餐厅门口，咧着嘴、憨厚地看着进进出出的顾客，眼睛笑得眯成了一条缝。从小就要学各种各样的东西，从小面临竞争压力的小学生就说："看到麦当劳叔叔就看到了开心。"小朋友们每吃一份"快乐套餐"都会得到一款麦当劳的玩具，渐渐地，很多小朋友家的Kitty猫、大头狗、Snoopy已经可以排成一个“作战方队”了。

从“更多选择，更多欢笑”，到“常常欢笑，尝尝麦当劳”，再到如今唱遍全球的“我就喜欢”，麦当劳自进入中国，不过30余年的时间，却已经牢牢抓住了中国的新生代。

麦当劳公司是如何在保证自己服务和产品质量的前提下迎合当地消费者的风俗习惯呢？公司通过尽可能雇用当地员工的方式来学习和利用当地的风俗习惯。麦当劳的雇员常要从总部飞到世界各地去开发新市场。但是，一段时间后他们都会回到总部，而把餐厅交给更熟悉当地风俗的本地人经营。本土化战略不仅是麦当劳的战略，也是很多美国海外公司的战略。

本章小结

本章主要讨论了社会文化、亚文化以及中国文化对消费者消费行为的影响。

影响消费者行为的社会文化因素中，讨论了社会文化的含义、社会文化的特征以及社会文化对消费者行为的影响。

社会文化中影响消费者心理和行为的主要是亚文化群。本章对亚文化的含义、亚文化类型以及各亚文化群的心理特征和消费行为展开了详细介绍。主要亚文化群包括年龄亚文化群、性别亚文化群、民族亚文化群、地理亚文化群、宗教亚文化群、种族亚文化群和职业亚文化群。企业营销活动可以把每一个亚文化群视为一个细分的目标市场，分别实施不同的营销策略，以取得良好的营销效果。

中国文化具有强大的生命力和凝聚力；中国文化表现出多样性与异质性；中国文化拥有安土乐天的心态；中国文化坚持人本主义价值取向；中国文化推崇尊老崇古的伦理观念；中国文化重视整体，提倡协同。这些中国传统文化的特点对中国人具体的消费行为的影响表现为：消费行为中的求同心理，人际交往消费比重较大，消费支出重视实用性和计划性，消费支出以家庭购买为主。

每个消费者都是在一定的社会文化环境中成长和生活的，社会文化环境影响和制约着人们的消费观念、需求欲望及特点、消费行为和生活方式。中国文化有其自身的特点，正是这些特点促成了中国特色消费行为的产生。

学习课件

练　习　题

一、单项选择题

1. 当一个社会或群体面临新的问题和机会时，人们的价值观念、行为方式、生活习惯、兴趣等就可能发生改变，形成新的文化，这反映了社会文化的(　　)特征。

A. 文化的习得性　　B. 文化的适应性
C. 文化的群体性　　D. 文化的社会性

2. 一种文化一旦形成，便会在一定时期内发挥作用，并通过各种形式传递下去，这反映了社会文化的(　　)特征。

A. 文化的稳定性　　B. 文化的群体性
C. 文化的无形性　　D. 文化的社会性

3. 将消费者分为少年儿童、青年、中年和老年四个不同的消费群体，这指的是(　　)。

A. 种族亚文化群　　B. 宗教亚文化群
C. 性别亚文化群　　D. 年龄亚文化群

4. 不同的宗教群体具有不同的文化倾向、习俗和禁忌，宗教的信仰者都有各自的信仰、生活方式和消费习惯，这导致群体亚文化中的(　　)。

A. 年龄亚文化群　　B. 民族亚文化群
C. 性别亚文化群　　D. 宗教亚文化群

5. 以历史渊源为基础，又有其自身较稳定的以观念、信仰、语言文字、生活方式等形式表现出来的特征的人群共同体称为(　　)。

A. 性别亚文化群　　B. 职业亚文化群
C. 民族亚文化群　　D. 种族亚文化群

二、多项选择题

1. 社会文化的基本特征包括(　　)。

A. 文化的习得性　　B. 文化的适应性
C. 文化的稳定性　　D. 文化的社会性
E. 文化的无形性

2. 亚文化的划分依据包括(　　)。

A. 年龄　　B. 职业　　C. 宗教　　D. 民族　　E. 地理

3. 少年消费者的心理特征与消费行为主要体现在(　　)方面。

A. 从受家庭的影响逐步转向受社会群体的影响
B. 从模仿性消费逐步向带有个性特点的消费发展
C. 消费情绪从不稳定发展到相对比较稳定
D. 喜欢与成年人比拟
E. 购买的倾向性开始确立，购买行为趋向稳定，有意识的思维与行为增多

4. 青年消费者人口众多，消费能力和购买潜力都很大，其消费心理特征和消费行为主要体现在(　　)方面。

A. 购买行为具有较强的感情色彩
B. 追求新颖、追求时尚的消费趋向
C. 具有较强的购买力和较广的购买范围
D. 喜欢与成年人比拟
E. 追求个性，表现自我

5. 宗教亚文化群主要包括(　　)。

A. 罗马天主教亚文化　　B. 基督教亚文化

C. 伊斯兰教亚文化　　D. 黑种人亚文化

E. 佛教亚文化

三、名词解释

1. 文化
2. 亚文化
3. 民族亚文化群
4. 地理亚文化群
5. 职业亚文化群

四、简答题

1. 简述社会文化的主要特征。
2. 简述亚文化群的基本类型。
3. 简述亚文化分类的主要标准。
4. 简述中年亚文化群的主要消费行为特点。
5. 简述老年亚文化群的主要消费行为特点。

五、论述题

1. 论述中国文化的主要特点。
2. 论述中国传统文化对消费者购买行为的影响。

六、应用实践题

访问一名身边的外国留学生或少数民族同学，了解其文化特点、风俗习惯与自己所属民族的差异，并谈谈这些差异对你有何启示。假如要把兰州牛肉拉面推广到法国，你认为会遇到哪些文化障碍？有什么办法来解决这种障碍？

七、案例分析题

中国人的"跟风潮"

当前，中国社会转型引发了诸多方面的深刻变化，各种"风潮"让人目不暇接。2010年，人民论坛问卷调查显示：七成以上的受调查者认为中国人跟风程度"非常严重"，表明随大流、跟风已成为一种普遍心态。

1. 养生热

湖南卫视以脱口秀形式打造了一个栏目叫《百科全说》。该栏目将综艺节目和养生节目相嫁接，2010年2月的一期《张悟本谈养生》的节目，使其一夜走红。随之，由张悟本所撰写的《把吃出来的病吃回去》一书一跃成为各大书店的销售黑马。养生成为时下人们最为关注的话题之一，并以一股强大的磁力影响着人们的日常生活。而"食疗大师"张悟本的倒台正是当前众多养生热乱象的典型代表。

2. 选秀热

近年来，媒体选秀节目从未冷却。从"超级女生""快乐男生""梦想中国"到"红楼梦选秀”等，一系列选秀节目进入了全面开花阶段。选秀既是目前较火的娱乐节目，也是社会各界人士争相分析探讨的热门话题。

3. 报班热

每当暑假来临之际，不少家长会跟风给孩子报特长班、兴趣班、课外辅导班等。据记者调查，有些家长虽然不愿意让孩子上兴趣班，但看到别人的孩子都上了，也不得不把孩子送去上兴趣班。

4. 相亲热

荧屏上的相亲交友类节目愈演愈烈，继湖南卫视推出婚恋交友真实秀节目《我们约会吧》后，江苏卫视《非诚勿扰》开播收视飘红，多家卫视也相继播出了相亲或交友类节目，一轮“相亲热”席卷荧屏。

“您认为当今中国人跟风的程度如何”，调查结果显示：选择“非常严重”的占75.3%；选择“比较严重”的占22.0%；选择“一般”的占2.4%；选择“不好说”的占0.3%。

调查结果还表明，当今时代，跟风现象不仅没有减少，反而有愈演愈烈的趋势。

据记者了解，“跟风潮”遍及社会各个领域和阶层，从某类型服饰的跟风到炒股、房地产买卖的跟风，从日常消费的跟风到文化消费的跟风，从广告明星代言的跟风到电视栏目的跟风，从留学跟风到文凭跟风，这一浪高过一浪的跟风潮，此起彼伏、愈演愈烈。

(资料来源：作者根据相关资料整理而成。)

思考：

1. 分析说明“跟风潮”现象背后的消费者心理机制。
2. 结合中国文化的特点，谈谈中国人爱跟风的原因。
3. 如何纠正消费者的盲目跟风行为？

第九章　社会阶层与消费者行为

知识目标

了解社会阶层的含义、特征以及决定因素，掌握与消费者行为密切相关的几个社会阶层决定因素；理解社会阶层划分标准的单一指标法和综合指标法；了解中国社会阶层划分的现状以及社会阶层演变的推动因素。

能力目标

熟悉不同社会阶层消费行为方式上的差异，能用社会阶层理论来解释这些行为差异背后的原因，并能预测不同社会阶层的消费倾向；具备根据不同社会阶层的特点制订相应营销策略的能力。

课程思政

通过课堂案例分析和课后学生访谈引导学生树立正确的阶层意识及合理的消费观念，同时在授课的过程中引导学生加强对中国梦的理解，进而增强学生的爱国情怀。本章案例会触及很多当代人的阶层观念和消费意识，其中一个核心的概念是社会阶层的“动态性”，即个体所处的社会阶层不是固定不变的。一个个体若想在物质和精神上获得更多，就需要通过在教育和培训等消费领域加大个人投入，从而打破原有的认知框架，拓宽视野，然后，通过坚持不懈的个人奋斗实现阶层跃升(向上流动)。虽然社会阶层与个人财富在某种程度上相关，但职业和个人声望等则是影响社会阶层的决定性因素。比如，许多教育家和科学家的收入远低于明星，然而这些专家对于国家和社会的贡献是明星无法比拟的。我们应该仰望和学习的是教育家和科学家，因为他们为国为民、兢兢业业，从不计较个人的物质享受。除了个体层面，阶层跃升的集体层面在于中国梦的逐步实现。学生可以通过课后对家中长辈的访谈来感受自己一家人在消费理念和消费水平方面的巨大提高。同时，结合《PRC》国家形象宣传片深刻体会中国经济的快速发展和脱贫攻坚取得的胜利使得亿万中国人实现了集体式的阶层跃升。同学们除为我们的民族和历史成就自豪外，还应为中国梦(国家富强、民族振兴、人民幸福的历史使命和宏伟目标)的最终实现而不懈奋斗。

案例导入

南京市各社会阶层体育消费的特点

随着南京市经济发展和城市化进程的加快，人均收入水平不断提高，南京市社会各个阶层对于体育活动项目的选择呈现出新的变化趋势。调查资料的结果(见表 9-1)显示，2007 年对比 2003 年，南京市六大社会阶层的体育消费项目在选择上不仅与自己的收入密切相关，而且与社交目的相关联。通过这些时尚的体育项目，他们达到了既锻炼身体，又进行了社会交流的目的。

表 9-1 2003 年和 2007 年南京市各社会阶层选取体育活动项目对比表 单位：%

时间	消 费 项 目							
	社会阶层	乒乓球	羽毛球	健身房	游泳	网球	高尔夫球	其他
2003 年	管理者	9.5	8.2	7.7	20.2	22.5	27.3	4.6
	知识分子	9.6	7.2	8.6	25.4	23.7	22.3	3.4
	个体私营业主	11.2	13.4	6.8	22.3	20.5	18.7	7.1
	工人	19.8	22.9	11.2	18.5	9.8	5.4	13.4
	农民	9.7	17.5	10.6	8.4	3.2	1.2	50.4
	失业者	8.5	14.2	9.7	7.8	2.1	0.49	57.21
2007 年	管理者	7.4	8.7	6.4	22.3	25.7	28.1	1.4
	知识分子	6.7	7.9	8.4	25.5	25.6	24.7	1.2
	个体私营业主	10.4	12.3	7.2	23.5	22.7	20.4	4.5
	工人	17.2	20.7	12.4	21.3	14.4	7.1	16.9
	农民	10.7	19.2	11.3	12.4	4.1	1.4	40.9
	失业者	9.2	16.8	11.2	9.6	4.8	0.74	47.66

注：问卷中的选择为单选题，表中百分比为选择该项的人数占本社会阶层人数的比例。

处于社会中层的个体私营业主和工人阶层对体育项目的选择出现较大的变化。上述统计资料显示，2003 年和 2007 年，个体私营业主在游泳、网球、高尔夫球三个项目上均比工人阶层高出 20%多。通过访谈得知，造成这种差异的原因主要是个体私营业主为了与客户生意上的往来，达成交易或者其他目的，而进行主动或被动选择的结果。工人阶层在体育活动项目的选择上变化不是太大，首先基于他们的中等收入水平不足以支付相对较高的场地租赁、教练费用等；其次工人阶层主要的目的是锻炼身体、娱乐身心，而且在项目的选择上会更多地考虑就近就便，一般会选择小区免费的公共健身场所或者收费不高的附属物业的小区俱乐部。

近几年随着南京市各项保障低收入人群制度的不断制定和规范，以及人们社会收入方式的多样化，目前南京市农民阶层已经不同于传统的农民阶层，很多农民随着社会的不断发展，已摆脱了土地的束缚，不断地由第一产业进入其他产业。这就给农民阶层提供了时间和物质基础，为他们参与到体育活动消费中提供了前提条件。我国的农民阶层一贯讲究勤俭持家、重视积累、长于计划、量入为出，一切以实用和耐用为目的。这种消费观念始终根植于他们的思想意识之中，宁愿花钱在吃、穿、住、行上，也不愿将钱投入体育活动中，这是我国农民阶层体育消费的一大特点。要改变这一现象，除要从根本上提高经济水平以外，还要及时更新农民的消费观念，改变他们的消费意识。失业者阶层在政府的各项保护政策下，收入也在稳步提高，在所有体育项目的选择上，2007 年比 2003 年平均高出了许多。

第一节　社会阶层概述

一、社会阶层的含义

社会阶层是指依据经济、政治、教育、文化等多种社会因素所划分的具有相同或类似社会地位的社会成员所组成的相对持久的群体。应当指出的是，社会阶层不同于社会阶级，社会阶层划分的标准不仅仅是经济因素，还有其他各种社会因素，如社会分工、知识水平、职务、权力、声望等。社会阶层有两种类型。一种类型是阶级内部的阶层。同一阶级的人在他们与特定生产资料的关系上是共同的，其根本利益和社会经济地位是一致的。另一种类型是阶级之外的阶层，它们与阶级形成交叉并列关系，划分这一类阶层的客观依据是阶级因素之外的知识水平、劳动方式等社会因素的差异。

社会阶层是一种普遍存在的社会现象。产生社会阶层最直接的原因是个体获取社会资源的能力和机会的差别。所谓社会资源，是指人们所能占有的经济利益、政治权利、职业声望、生活质量、知识技能以及各种能够发挥能力的机会和可能性，也就是能够帮助人们满足社会需求、获取社会利益的各种社会条件。文化不同对价值物的认识也不一样，它可能是物质的，或者是非物质的有价之物。无论人们希望得到的物品是什么，有一点是肯定的，即物品是稀缺的，并非每个人都能拥有，但有些人一生中得到好东西的机会比另一些人多得多。社会阶层是西方学者惯用的学术用语，在改革开放前，我国学者惯用“阶级”一词。在现代社会学研究中，“社会阶层分析”取代了“阶级分析”，“社会阶层”成为更广泛使用的术语。

社会阶层不仅是一个所有权的问题，也是一种生存状态。正如菲尔所说，社会阶层涉及这样一个问题：一个人如何安排他的金钱并如何确定他在社会中的角色，尽管人们可能并不喜欢承认社会中有些成员比其他成员更优越或者有所不同，但多数消费者还是认同不同阶层的存在及其对消费行为的影响。在实际调查中，一位妇女如此表达了她对社会阶层的认识：“我认为社会阶层意味着你去哪里上学、有多远，你的智商、你的住处……你送子女去哪里上学、你的嗜好。例如你觉得滑雪比履带式雪橇好……它不只是指金钱，因为没有人会完全了解你的确切收入情况。”

二、社会阶层的特征

在社会阶层中，某一阶层的消费者与其他阶层消费者相比，确实拥有某些独特的行为模式，具体而言社会阶层具有以下特征。

(一) 不同社会阶层展示不同的社会地位

社会地位是指个体在社会关系中所处的位置。社会中每一个个体都占有一个位置，一旦与其他个体相比较时，就会出现社会地位的高低之分，对社会地位高低划分的结果，会形成若干个社会阶层。因此，社会阶层可以理解为社会地位划分的结果。比如，每个社会成员都可以根据自己的经济状态，确定自己在社会中的位置，可以将自己划为高收入阶层，或者将自己归于低收入阶层。就整个社会的评价体系而言，一般认为高收入阶层的人社会地位较高，而低收入阶层的人社会地位较低。

处于较高社会阶层的人，一般拥有较多的社会资源，而且在社会生活中具有较高的社会地位，他们通常会通过各种方式，展现其与社会其他成员相异的方面。社会学家凡勃伦提出的炫耀性消费，就反映出人们显示较高社会地位的需要与动机。传统上，人们通过购买名牌服装、珠宝首饰、高档电器等奢侈品或者出入星级宾馆酒店来显示自己的财富和地位。今天这一类显示地位的手段或符号仍然被很多人运用。然而应该指出的是，随着社会地位的变迁和主流价值观的变化，炫耀式消费的表现方式、作用都在发生着变化。比如，随着收入水平的提高，很多过去只有高收入阶层消费者才消费得起的产品或服务已经或正在开始进入大众消费领域，这些产品作为“社会地位符号”的基础开始动摇。还有越来越多高收入阶层消费者对通过消费显示其财富和地位感到厌倦。真正的富翁反而具有“普通人”的消费习惯，他们将大多数奢侈品视为那些经济上并不特别成功的人的选择。

(二) 社会阶层划分依据的多维性

社会阶层并不是单纯由某一个变量所决定的，而是由多个因素共同决定的。个体可以从多个维度对自己或他人所处的社会阶层进行划分，现代社会个体所处的社会阶层往往取决于其受教育程度、职业、经济收入、家庭背景、社会技能等多种因素。在众多决定社会阶层的因素中，其中某些因素相对于其他因素而言往往显得比较重要。经济收入常被认为是决定个体处于何种社会阶层的重要因素，但在很多情况下这可能会存在一定的误导性。比如，年均收入类似的三位社会成员，其中一位是企业的业务员，另外两位分别是大学教师和出租车司机，然而我们很难将这三个人归入同一社会阶层。其实除了经济收入，职业甚至住所也是决定社会阶层的重要因素。一些人认为职业是表明一个人所处社会阶层的最重要指标，原因是从事不同职业的社会成员受到社会尊重的程度不一样。社会阶层的多维性决定了社会阶层划分的复杂性，也决定了特定的商品或服务作为社会阶层象征的多重性。价格昂贵的商品或服务虽然将低收入阶层的消费者挡在门外，但也不能完全保证其顾客的高层次性。比如，有些商品或服务虽然被标出天价，但商家往往将购买者视为暴发户，高收入阶层消费者即使买得起，也是不愿问津的。

(三) 社会阶层对其成员行为具有约束性

不同社会阶层间的价值观、态度和行为等方面存在着一定的差异。大多数人在和自己处于同一社会阶层的人交往时会感到很自在，而在与自己处于不同社会阶层的人交往时会感到拘谨甚至不安。因此，社会成员之间的交往较多地发生在同一阶层之内，而不是不同阶层之间。同一阶层内社会成员之间更多地交流和互动，会强化共有的价值观和社会规范，于是同一社会阶层内社会成员间的同质性就得到了强化，成员间的相互影响就会增强。同时不同社会阶层之间较少互动，就会限制商品、广告和其他营销信息在不同社会阶层成员之间的流动，使得彼此的行为呈现更多的差异性。因此，社会阶层对所属阶层成员的行为往往具有一定的约束性。

(四) 同一社会阶层成员之间表现出同质性

社会阶层的同质性是指同一阶层的社会成员在价值观和行为模式上具有某些共同点或相似点。这种同质性很大程度上由成员之间共同的社会经济地位所决定，同时也和他们彼此之间更频繁的互动有关，俗话说“物以类聚，人以群分”，同一社会阶层内的社会交往频率往往高于不同阶层之间的交往。对营销者来说，同质性意味着处于同一社会阶层的消费者会订阅类似的报纸、观看类似的电视节目、购买类似的产品、到类似的商店购物以及光顾类似的酒店等。

(五) 社会阶层显示出一定的动态性

随着时间的推移，同一个体可能从原来所处的阶层跃升到更高的阶层，也可能跌入较低的阶层，因此个体所从属的社会阶层是会发生变化的。社会越开放，社会阶层的动态性也就表现得越明显；反之，则个体从一个阶层进入另一个阶层的机会就越小。

个人可以在不同的社会阶层内部(水平流动)或社会阶层之间(垂直流动)流动。水平流动是指人们在同一社会垂直分化阶层内部的位置转移。水平流动有时候起因于社会职业的结构性变化，如从第一、第二产业转向服务业。大规模的水平流动往往是由科学技术的发展所推动的。垂直流动是指人们在一个分层结构层面中的不同阶层之间的流动。垂直流动还可以细分为向上流动和向下流动。向上流动是指流入层次高于流出层次，向下流动则指流入层次低于流出层次。

个人的努力和社会条件的变化是促成社会成员不同阶层之间流动的主要原因。如果个人通过勤奋学习和努力工作，赢得社会的认可和尊重，从而获得更多的社会资源，进而实现从较低到较高社会阶层的迈进。至于社会条件的变化方面，比如“文化大革命”时期，知识分子的社会地位很低，但改革开放以来随着社会对知识的重视，知识分子的地位不断提高，作为一个群体，它从较低的社会阶层跃升到了较高的社会阶层。

延伸阅读 9-1

阶层的骤变

社会各阶层的流动带来了诸多商机。从 1978 年以来，中国的职业结构趋于高级化。所谓高级化，就是白领和专业性职业越来越多于蓝领职业。具体而言，企业管理者、专业技术人员、办事人员、商业人员和服务人员增长迅速。

对于其增长的原因,《当代中国社会流动》一书认为，市场化是“经”，现代化是“纬”，二者的共同作用推动了中国职业结构的增长趋于高级化。这一方面为社会成员的向上流动提供了越来越多的空间，另一方面也改变了消费结构。比如，随着收入的增加，非基本消费的数量和比重提高，人们所购买的商品越来越“高级化”。以正在扩大的中产阶层为例，他们将是私产房、私人汽车、定制旅游休假和相应文化消费的主体。消费文化也发生了改变：其一是出现消费分层，消费自主性增加，大众耐用消费品有了稳定的需求；其二是地位消费，随着中产阶层的增多，出现了消费名牌以彰显身份的“地位消费”。据调查，白领群体在个性化和炫耀性消费方面远远高于人均水平。与此同时，一些专业化职业也随之出现，如家庭服务员、老年护理工、育婴师、插花师、盆景制作员、动物摄影师、色彩搭配师、健身教练、心理医生和胎教员等。这些新兴的职业有很多可以演变为创业的机会，如一些大城市就出现了不少心理咨询事务所。

另外，城市发展所聚集起来的各类资源还有可能对周边的非城市地区产生辐射，从而带动非城市地区的产业结构升级和职业结构变迁。比如 20 世纪 80 年代江苏南部乡镇企业的迅速崛起，在很大程度上就受益于近邻上海的发展。借助于城里溢出的生产资料和销售市场，乡村里乡镇企业产生了经理人员、办事人员和工人等职业，进一步分析之后还发现，只有 200 万人口以上规模的城市，其非城市区才发展起了较大比重的第二产业；只有 500 万人口以上规模的城市，其周边地区才发展起了较大比重的第三产业；而 60 万～200 万人口的城市，其周边地区一般存在着较大比重的第一产业，即农、林、牧、渔等。这些社会流动演变的规律一方面解释了各种社会现象，另一方面也从一定程度上指导着商人们的投资决策。

(资料来源：作者根据相关资料整理而成。)

(六) 社会阶层呈现出一定的层级性

社会阶层是由社会分层所导致的。所谓社会分层，就是“个体在社会中或高或低的等级，这一等级是由社会中的其他成员排列的，以便产生一个尊重和威望的等级”。将消费者分成上、中、下层的社会分层方法暗含着，一个社会中的某些成员在威望和权力方面比其他成员的等级更高。不管是否愿意，社会中的每个成员，实际上都处于从最底层到最高层某一阶层的位置上。那些处于较高位置上的人被归入较高层级，反之则被归入较低层级，由此便形成了高低有序的社会层级结构。社会阶层的层级性在封闭的社会里表现得更为明显。社会阶层对消费行为的影响是显而易见的，如果消费者认为某种商品主要被同层次或更高层次的消费者所消费，那么他购买该产品的可能性就会增大，反之他选择该商品的可能性就会减小。

(七) 社会阶层的符号象征性

一个人的社会阶层是与他特定的社会地位相联系的，然而辨认一个人的社会地位也许比较困难。由于决定社会地位的很多因素诸如收入、财富等不一定是可见的，人们往往需要通过一定的地位符号将这些不可见的成分有形化，因此社会阶层可以通过一定的符号表现出来。地位符号可能是所穿服装的品牌、便宜或昂贵的商品，甚至是谈吐举止等，这些都向别人表明消费者所从属的特定的社会地位。

当然，地位较低的人不会有意表现他们低等级的符号，然而地位较高的人尽量努力展现他们的地位，保护他们的地位不被低估。事实上，人们的地位等级越往上，他们就越喜欢有意显露出更多的地位符号。当人们炫耀性地表现地位符号来显示他们的社会经济地位时，他们是在进行凡勃伦所说的炫耀性消费，比如刚刚获得巨大财富的人有时试图通过炫耀性消费来表明他们新的地位。当然，地位符号也可能产生误导，有些符号可能会被并不属于这个阶层的消费者欺骗性地利用。比如，为了给人以较高经济地位的印象，家庭可能会购买对他们而言负担较重的家具或者汽车。

随着社会的变迁和主流价值观的变化，能够象征社会地位的符号以及不同地位符号的作用都在发生着变化。随着收入水平的提高，很多过去只有高收入阶层才消费得起的商品或者服务已经或者正在进入大众消费领域。

三、社会阶层的决定因素

社会阶层的决定因素既有经济层面的，也有政治和社会层面的。对社会阶层的决定因素进行研究的成果介绍如下。

(一) 吉尔伯特和卡尔法

吉尔伯特(Gilbert)和卡尔(Kahl)两位学者将社会阶层的决定因素分为经济变量、社会互动变量和政治变量，如图 9-1 所示。

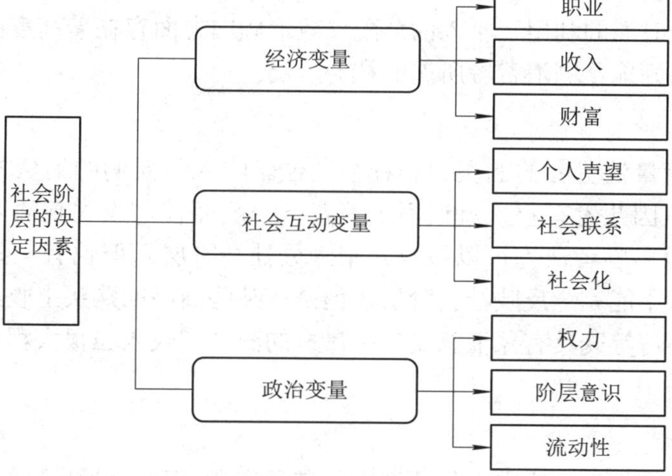

图 9-1　社会阶层的决定因素

1. 经济变量

经济变量具体包括职业、收入和财富。职业和收入是经济变量中的两个重要因素。职业地位是人们在现代社会中的主要社会地位。在大多数消费者研究中，职业被视为表明一个人所处社会阶层的最重要的单一性指标。不同的职业，消费差异较大。

2. 社会互动变量

社会互动变量具体包括个人声望、社会联系和社会化。个人声望表明群体其他成员对某人是否尊重、尊重程度如何等。社会联系涉及个体与其他成员的日常交往，包括与哪些人在一起，与哪些人相处得好等。社会化则是个体获得技能、形成态度和习惯的过程。家庭、学校、朋友对个体的社会化具有决定性影响。虽然这类变量在实际研究中测量起来比较困难而且费用高昂，但它们对于决定一个人所处的社会阶层非常有效。

3. 政治变量

政治变量具体包括权力、阶层意识和流动性。其中阶层意识对消费者的行为具有重要影响。所谓阶层意识，是指某一社会阶层的人，意识到自己属于一个具有共同的政治、经济利益的独特群体的程度。

(二) 与消费行为密切相关的社会阶层决定因素

1. 职业声望

在有关社会阶层的研究中，职位声望是评价人们“价值”的一种方式。大多数学者把职业声望视为确定一个人社会阶层的最重要的指标之一。当人们初次见面时，我们通常会询问对方从事何种工作，因为职业是确定一个人社会身份的重要依据。一个人的职业不仅赋予他相应的经济报酬，而且会极大地影响他的生活方式。不同职业背景的消费者通常有着不同的消费习惯。比如，工薪阶层的食物支出占收入的比重较大，而经理、医生、律师等专业人员则将收入的较大部分用于在外用餐、购置衣服和接受各种服务。在我国，机关事业单位，电力、通信、银行、证券等行业，由于经济收入较高，从事这些职业的消费者往往拥有较高的社会威望和社会地位，在社会阶层中也就具有较高的层次。正是由于一个人的职位与其业余时间的利用、收入的分配、政治倾向方面存在着高度的相关性，职位声望才被认为能够很好地预测消费者所属的社会阶层。

2. 收入

收入被用来衡量消费者的购买力和社会地位。收入与人们的消费方式、生活习惯等有着密切的关系，因此没有收入就谈不上消费。一般而言，收入高的人比收入低的人社会地位高，因此很多学者认为可以按收入来划分社会阶层。但也有一些学者不同意这样的观点。虽然收入不能完全反映社会阶层，但是在某些商品的购买上收入具有很强的预测作用。比如，商品房等既具有象征意义又很昂贵的商品，收入在很大程度上决定了消费者是否购买。

3. 拥有财物

财物是一种社会标记，它向人们传递有关其所有者处于何种社会阶层的信息。拥有财物的多寡、财物的性质同时也反映了一个人的社会地位。对于拥有的财物，它不仅指汽车、股票、银行存款等通常所理解的财物，也包括受过何种教育、在何处受教育、在哪里居住等“软性”财物。

4. 个人业绩

一个人的社会地位与他的个人业绩密切相关。比如，同是大学教授，如果你比别人干得更出色，你就会获得更多的荣誉和尊重。平时我们经常听到的“某某医生是这个医院里最好的眼科医生”“某某教授正在进行一项非常重要的研究”，均是对个人业绩所作的评价。个人业绩除了职业上所取得的成就，还包括其他非工作上的业绩，如见义勇为、支持公益事业等。一个人会在工作中和非工作中，逐渐按照一定的社会阶层形成自己的行为模式，从而使自己归属于某一社会阶层。

5. 价值取向

同一社会阶层内的成员互动相对于不同阶层之间更为频繁，这使得同一社会阶层成员在价值观上具有共同点和类似性。因此，个体的价值观或个体关于应如何待人处事的信念是表明他属于哪一社会阶层的又一重要指标。这种共同的或阶层所属的价值观一经形成，就会反过来成为一项衡量标准，用以确定某一个体是否属于该社会阶层。不同社会阶层的消费者对事物的理解和对财富、生活的看法是有所不同的，这实际上是对价值取向差异的一种折射。

6. 权力

所谓权力，就是让他人按照自己的意志行动的能力，也就是一个人在群体和社会中向别人施加影响的能力，特别是在某些国家，权力就意味着一切。按照社会学家韦伯的说法，权力是决定社会分层的三个要素之一。在我国，某些个体或特殊群体，如政府官员，国企老总，各级人大代表、政协委员，虽然不一定都拥有很多的经济资源，但是由于其特殊的权力地位，如拥有审批权、政策和法律的制定与解释权等，往往属于社会权力分层的顶层。

7. 阶层意识

人们越是具有阶层意识，就越有可能通过组织的政治团体、工会、消费者协会来维护其自身的利益。从某种意义上说，一个人所处的社会阶层是与他在多大程度上认为自己属于该阶层所决定的。一般而言，处于较低阶层的个体会意识到社会阶层的现实，但对具体的阶层差别并不十分敏感。

第二节　社会阶层的划分标准

对社会阶层的划分方法有很多，大致可以分为两类，即单一指标法和综合指标法。

一、单一指标法

单一指标法是指根据某个单项指标如收入、职业、受教育程度等将消费者分成不同的阶层。单一指标法对社会阶层的划分标准主要有两类指标。第一，以外显地位为划分标准，如职业等。第二，以潜在地位为划分标准，如收入、受教育程度、技术水平等。前一种划分主要是为了描述人口在社会垂直分层中的分布状况以及人们活动的时空范围。后一种划分则是为了了解人口内在素质的垂直分布状况以及其对人们的影响。

确定社会阶层的划分标准时，首先要考虑到一定社会条件和社会状况，并非任何可以对人们进行等级划分的因素都可以作为划分标准，只有那些对人们的心理和社会表现产生较大且持续影响的因素，才能作为划分标准，例如受教育程度。此外，确定划分标准时还应注意结合具体的划分目的，以便有的放矢地开展研究。常用的社会阶层划分标准主要有以下几种。

(一) 收入

收入与人们的消费方式、生活习惯、安全感和积极性有着密切关系。这是因为收入是维持一定生活方式的必要前提条件，收入的高低直接影响人们的消费态度、消费能力和消费水平，高阶层必然依附于高收入。从某种意义上说，教育和职业的重要目的就是获得收入。很明显，财富能显示人的地位，也是消费能力的衡量标准。然而，一般情况下，收入对消费的影响没有受教育程度和职业对消费的影响那么大。因此，仅以收入作为衡量社会阶层的基本指标就存在一定的局限性。第一，研究者必须决定以哪种收入作为评价标准，如是个人收入还是家庭收入，是税前收入还是税后收入，是工资收入还是总收入。第二，人们一般不愿意公开自己的收入，即使说出了自己的收入，也不一定是真实的收入。第三，收入并不能完全解释人们的生活态度和消费方式。例如，一个大学教授与一个只受过初等教育的小商贩或许收入相同，但他们的观念、意识、情趣、爱好会有很大差别，而这种差别直接影响他们对商品的选择标准、欣赏品位以及消费观念和态度。尽管如此，收入作为阶层划分标准还是具有很大的应用价值，最主要是因为这种划分比较容易操作，目前国家统计局每年都公布按照收入划分的各阶层收入的情况。

◇ 案例 9-1

网络社会阶层

研究商品的营销策略，必须区分出商品的目标消费阶层。研究消费阶层的传统方法是人口统计学和消费心理学。前者从人口统计的角度，从消费者的性别、年龄、地区、民族、学历等方面分析其市场行为;后者从消费者的生活方式和消费行为方式来分析其市场行为。由于网络社会和信息经济消费的特殊性，即使是在人口统计和生活方式上具有共同特征的人群，在信息商品的消费支出上也可能完全不同。

美国 Forrester 电子商务研究中心认为,人们对科技的态度决定了信息经济的消费行为。该公司是从消费者对科技的心态、采用科技产品的动机、购买科技产品的经济能力三个方面进行分析的，科技消费学也由此而生。

该公司根据在美国得到的调查数据，将消费者分为10个组群。

① 快走族：是事业心重、收入高的科技使用者，多为雄心勃勃、生活忙碌的双薪家庭，是商用软件的主要用户。

② 新观念族：是那些经济富裕，并深信科技能够惠顾家庭与教育的人。

③ 鼠标族：是高收入、重视娱乐、热爱互动娱乐节目的科技消费者。

④ 拼搏族：是深信科技能帮助事业腾飞的人，很多是学生和年轻的专业人士。这一组群收入较低，但计算机拥有率居各组群之冠。

⑤ 数字潜力族：是眷恋家庭、低收入的科技爱好者，也是低价计算机的潜力市场。

⑥ 追星族：这群人收入较低，多为喜爱科技娱乐的游戏迷，是低价高科技玩具的主顾。

⑦ 握手族：大多是事业有成的专业人士，对高科技包容度较低，善于面对面交流，有些是公司的高层主管。

⑧ 保守族：多数比较顾家，收入高，对科技持怀疑态度，大多居住在非中心城市，家庭中有操作简便的影音播放设备。

⑨ 新闻娱乐族：是高收入、以娱乐为取向的组群，是视觉产品的消费者。

⑩ 局外族：是低收入、对科技有恐惧感、对任何科技的接受能力都最差的人群，其生活方式随时代的变化明显迟缓。

(资料来源：吕本富，《网络营销周刊》，2004年9月22日)

(二) 职业

迪尔凯姆从社会分工角度阐述了社会阶层划分的必要性，剖析了职业地位高低的原因。职业地位是人们在现代社会中主要的社会地位，是个人进行社会活动的主要场所。职业环境、职业声望、职业活动的范围和性质等不仅影响着在职人员的社会表现，还影响着社会流动的方向。在现代社会，职业对个人来说尤为重要，职业在很大程度上是生活的来源，是地位的象征，同时也是身份的承载。职业之所以如此重要，是因为职业包含了许多其他方面的信息，职业与教育及收入等都有着紧密的关联。大部分职业要求一定的教育程度，不同的职业有不同的收入，在人们心目中，不同的职业代表着不同的社会地位。一个人的工作类型以及与其共事的同事的类型直接影响着他的价值观、生活方式和消费过程的各个方面。由于职业在一定程度上反映出一个人的知识层次、专业特长、收入水平，因此根据所从事的职业可以大体确定人们的生活方式和消费倾向。将职业作为划分标准的困难在于，对社会上的成千上万种职业进行分类并确定出等级并非易事。

工业社会是以分工为基础的社会，分化出许多种不同类型的职业，而且不断有新的职业产生。人们常用不同的方法给职业评分或评等级，最常用的是社会经济地位指数(SEI)，是由彼得·布劳和奥蒂斯·达德利·邓肯提出的。它是以不同职业人的受教育程度和收入为基础的一种评价方法。社会经济地位指数的每个组成部分都被赋予一定的权重，以使每个职业所得分数与公众对这个职业的地位评价标准相类似。一旦合适的权重被确定，任何职业的等级就可被评定出来。

SEI 是目前衡量职业地位的常用方法，职业声望调查也成了近年来研究最重要的视角之一。中国社会科学院社会学研究所研究员李春玲在2001年的研究就是根据职业的社会经济地位指数得分排列，得到了24个社会经济地位等级群体，如表9-2所示。

表 9-2 社会经济地位等级群体

等级	职 业	SEI
1	党政高级领导干部，如部级及以上级别干部	无
2	高级专业技术人员，如大学教授、知名科学家	90
3	党政中层领导干部，如局长、处长	87
4	事业单位的负责人，如医院院长、报社社长、学校校长	84～85
5	党政机关、事业单位普通干部，如科长、乡镇长、街道主任	81～84
6	传媒、司法、教育等行业专业技术人员，如记者、律师、教师	79～83
7	三资、国有、私营企业厂长、经理，第三产业企业中层管理人员	78～79
8	执法人员，如警察、工商人员、税务人员	76～77
9	普通公务员，如政府机关的办事员	75～77
10	医疗、工程、经济类中高层专业技术人员，如医生、工程师、会计师	75
11	私营企业主	74
12	集体企业厂长、经理，第二产业中层管理人员，如乡镇企业厂长、工矿企业车间主任	68～73
13	中低层专业技术人员，如护士、技术员、小学教师、幼儿教师	69～73
14	党政机关和事业单位后勤、政工、行政人员和业务员、经销人员	64～72
15	各类企业的后勤、政工、文秘、财务人员	59～67
16	农村专业技术人员，如兽医、乡村医生	64
17	小店主、小作坊主、个体经营者	54～64
18	商业服务业普通员工，如邮递员、出租车司机	54～64
19	产业工人	48～59
20	农业专业户	48
21	普通农民和渔民	43～47
22	个体劳动者，如修鞋匠、街头小贩	39～54
23	重体力工人，如搬运工、建筑工人	45～51
24	保姆、钟点工、人力三轮车夫	10～34

(三) 受教育程度

受教育程度直接影响着人的能力、知识、技术、趣味、价值观、审美观等。受教育程度会全面地、持续地影响人的一生，因此受教育程度分层结构也是一个至关重要的因素。随着社会的发展，它在划分阶层方面的作用将越来越大。受教育程度不仅能提高人的社会地位，改变一个人的社会阶层，影响个人品位、价值观和获取信息的方式，而且还会影响自身消费行为模式和生活方式的各个方面。受教育程度对消费者的影响在于，受教育程度不同的消费者会有不同的价值观念、审美标准、欣赏水平、兴趣爱好，从而在消费活动中表现出不同的品位和特点。一般来说，受教育程度高的消费者比较偏爱知识性较强的商品，且在选择商品的过程中喜欢并善于利用各种外界信息，而受教育程度较低的消费者则表现出相反的倾向。因此，在大多数社会中，一个人所受的教育程度越高，他的社会地位也就越高。

(四) 权力

权力是指个体能够控制或影响他人行为的能力，而不管别人是否愿意合作。很明显，权力有可能不随财富而存在，并不是所有的富人都有权力，同时也并不是所有的有权者都富有，不过这两个方面密切相关。由于权力意味着一个人在群体和社会中向别人施加影响的能力，因而权力的大小往往会影响一个人的性格、态度和行动意向。处于同一权力阶层的人，对社会政策的评价，对社会现象的看法具有较大的共同之处。我国自古以来官僚等级浓厚，直到今天，权力大小、高低依然是社会分层的重要标志，权力资源所能够发挥的作用常常超过了收入和财富。

二、综合指标法

综合指标法是指赋予收入、职业、受教育程度、声望等不同的权重，测定消费者在这些项目上的总分，以此决定他属于哪一个阶层的方法。综合指标法运用多个社会经济变量从不同层面测量消费者的社会地位。这类方法的基本思想是先在若干规模较小的社区做详细的调查研究，以决定每一位成员适合归入哪一个阶层，再寻找反映社会地位的客观指标和确定其权重。衡量指标及其权重的确定要满足一个基本条件，即它们能够再现小社区研究中成员的分类模式。划分社会阶层的综合指标法很多，下面重点介绍科尔曼地位指数法和霍林舍社会地位指数法。

(一) 科尔曼地位指数法

科尔曼地位指数法是由社会研究公司(Social Research，Inc.)于20世纪60年代创立的，并在消费者研究中得到了广泛运用。该方法从受教育程度、户主的职业声望、居住区域、家庭年收入4个方面综合评估了消费者所处的社会阶层。表9-3列出了运用该方法时所常用的问题和格式。在计算总分时，职业分被双倍计入，这样一个消费者的最高得分可以达到53分。另外，如果被访者尚未成家，则在计算总分时，受教育程度和户主的职业声望两项得分均双倍计入总分。对于户主在35～64岁之间、以男性为主导的已婚家庭，其综合得分如果在37～53分之间，则为上等阶层，得分在24～36之间的为中等阶层，得分在13～23分之间的为劳动阶层，得分在4至12分之间的为下等阶层。

表9-3 科尔曼地位指数法中的变量及其评分标准

变量		评分	
		被访者	被访者配偶
受教育程度	8年(含8年)以下初等教育	1	1
	高中肄业(9～10年)	2	2
	高中毕业(12年)	3	3
	1年高中后学习	4	4
	2年或3年制大专	5	5
	4年制本科毕业	6	6
	硕士毕业或5年制大学	7	7
	博士毕业或6～7年制专业学习	8	8

续表

变量		评分	
		被访者	被访者配偶
户主的职业声望(如果被访者已退休，则询问退休前的职业)	长期失业者(以失业救济金为生者，不熟悉的零工)	0	
	半熟工，保管员，领取最低工资的工厂帮工和服务人员	1	
	掌握一般技术的装配工，卡车与公共汽车司机，警察与消防员，配送工	2	
	熟练工匠，小承包商，工头，底薪销售职员，办公室工人，邮局职员	3	
	员工在 2～4 人之间的小业主，技术人员，销售人员，办公室职员，一般薪水的公务员	4	
	中层管理人员，教师，社会工作者，成就一般的专业人员	5	
	中小公司的高层管理人员，雇员在 10～20 人的业主，中度成功的专业人员(如牙医)	7	
	大公司的高层管理人员，获得巨大成功的专业人员(如名医、名律师)，富有的企业业主	9	
居住区域	平民区(社会救济者和下层体力劳动者杂居)	1	
	劳动阶层居住，虽非平民区，但房子较破败	2	
	主要是蓝领，但也居住有一些办公室职员	3	
	大部分是白领，也居住着一些收入较高的蓝领	4	
	较好的白领区(没有很多经理人员，但几乎没有蓝领居住)	5	
	专业人员和经理人员居住区	7	
	富豪区	9	
家庭年收入	5000 美元以下	1	
	5000～9999 美元	2	
	10 000～14 999 美元	3	
	15 000～19 999 美元	4	
	20 000～24 999 美元	5	
	25 000～34 999 美元	6	
	35 000～49 999 美元	7	
	50 000 美元以上	8	
	总分： 估计的社会地位：	—	—

根据科尔曼地位指数法，科尔曼(Coleman)和雷因沃特(Rainwater)将美国消费者分为上层(14%)、中层(70%)和下层(16%)。每一阶层又被进一步细分，总共形成了 7 个在生活方式上存在差别的社会群体(如表 9-4 所示)。

表 9-4　科尔曼-雷因沃特社会等级结构

社会阶层		收入/美元	学历	职业	社会群体特征
上层	上上层(0.35%)	600 000	硕士	董事长	靠世袭而获取财富、贵族头衔的名副其实的社会名流
	中上层(1.2%)	450 000	硕士	公司总裁	靠业务成就、社团领导地位起家的社会新贵
	下上层(12.5%)	150 000	医学学位	开业医生	除新贵以外的拥有大学文凭的经理和专业人员，专注于事业、私人俱乐部和公益事业
中层	中产阶级(32%)	28 000	本科	高中教师	收入一般的白领工人和他们的蓝领朋友，居住在“较好的居民区”，力图干“合适的事”
	劳动阶级(38%)	15 000	高中	装配工人	收入一般的蓝领工人，各种有不同收入、学历和工作性质背景但过着典型的工人阶级生活方式的人
下层	下上层(9%)	9000	高中肄业	门卫	地位较低，但不是最底层的社会成员。他们有工作，不需要福利救济，生活水平只是维持在贫困线之上
	下下层(7%)	5000	小学	无业	接受福利救济，在贫困中挣扎，通常失业或做“最脏”的工作

(二) 霍林舍社会地位指数法

霍林舍社会地位指数法是从职业和教育两个层面综合测量社会阶层的一种方法。表 9-5 列示了编制霍林舍社会地位指数的量表、项目权重、计算公式以及社会地位等级体系。从该表中可以看出，职业和教育均被分为 7 个类别，但它们被赋予不同的权重。必须指出，霍林舍地位指数是用来衡量、反映个人或家庭在某一社区或社会集团内部所处的社会地位，同时某个变量上的高分有可能补偿另一变量上的低分。因此，总体社会地位可能掩盖某些地位因素与特定商品消费之间的联系。

表 9-5　霍林舍社会地位指数

职业量表(权重为 7)	
职 业 名 称	得 分
大企业的高级主管、大企业业主、重要专业人员	1
业务经理、中型企业业主、次要专业人员	2
行政人员、小型企业业主、一般专业人员	3
职员、销售员、技术员、小业主	4
技术性手工工人	5
操作工人、半技术性工人	6
无技能工人	7

续表

教育量表(权重为 4)	
学　历	得　分
专业人员(文、理、工等方面硕士、博士)	1
四年制大学本科(文、理、医等方面学士)	2
一到三年专科	3
高中毕业	4
上学 10～11 年(高中没毕业)	5
上学 7～9 年	6
上学少于 7 年	7
社会地位分 = 职业得分 × 7 + 教育得分 × 4	
社会地位等级体系	
社会地位(比重%)	分数区间
上层(3%)	11～17
中上层(8%)	18～31
中层(22%)	32～47
中下层(46%)	48～63
下层(21%)	64～77

三、中国的社会阶层

不同的社会发展阶段有不同的社会阶层结构，下面以改革开放为节点，对新中国成立70余年来的社会阶层结构变动情况作一介绍。

(一) 改革开放前的阶层划分

1949年新中国成立后，我国实行高度集中的计划经济体制，行政权力控制资源的再分配，城乡二元分割，城市社会“单位”化，社会流动很少。在计划经济体制下，计划的制定者和实施者就构成了社会的核心阶层即所谓的干部阶层，专业技术人员和知识分子构成了另一个稳定的社会阶层，工人阶级是当时社会的中坚阶层，农民则处于社会分层体系的最边缘地带。当时的社会阶层划分是一种政治化、权力化、身份制的分层，表现为强烈的刚性和缺少变化。

(二) 改革开放后的阶层划分

改革开放后中国的社会结构发生了极为深刻的变化。中国开始从计划经济体制到社会主义市场经济体制转轨，从农业的、乡村的、封闭半封闭的传统型社会向工业的、城镇的、开放的现代化社会转变，经济因素、职业因素在社会阶层划分中的影响越来越大。目前我国社会主义市场经济体制还在逐步完善，社会分层体系也在不断变化。现行对中国社会阶层的划分一般采用陆学艺教授的研究成果。陆学艺以职业分类为基础，以组织资源(具有决定性意义)、经济资源、文化资源这 3 种资源的占有状况作为划分社会阶层的标准，把当今中国的社会群体划分为五大社会经济等级和十大社会阶层。

1. 五大社会经济等级(根据家庭人均年收入或月收入数据)

(1) 社会上层：高层领导干部，大企业经理人员，高级专业人员及大私营企业主。

(2) 中上层：中层领导干部，大企业中层管理人员，中、小企业经理人员，中级专业技术人员及中等企业主。

(3) 中中层：初级专业技术人员，小企业主，办事人员，个体工商户，中高级技工，农业经营大户。

(4) 中下层：个体服务者，工人，农民。

(5) 底层：生活处于贫困状况并缺乏就业保障的工人、农民和无业、失业、半失业人员。

2. 十大社会阶层(根据资源拥有量的差异)

(1) 国家与社会管理者阶层(拥有组织资源)，约占 2.1%(在城市中的比例为 1%～5%，在城乡合一的县行政区域约占 0.5%)。该社会阶层一般是在党政、事业和社会团体机关单位中行使实际行政管理职权的领导干部，他们是当前社会经济发展及市场化改革的主要推动者和组织者。

(2) 经理人员阶层(拥有文化资源或组织资源)，约占 1.5%(有些城市高达 9%)。该社会阶层一般是大中型企业中非业主身份的高中层管理人员，他们是市场化改革最积极的推进者和制度创新者。

(3) 私营企业主阶层(拥有经济资源)，约占 0.6%(私营经济发达地区高达 3%，低的地方为 0.3%)。该社会阶层是拥有一定数量私人资本或固定资产并进行投资以获取利润的群体。这一阶层的政治地位无法和其经济地位相匹配，但他们是先进生产力的代表者之一，是社会主义市场经济的主要实践者和重要组织者。

(4) 专业技术人员阶层(拥有文化资源)，约占 5.1%(大城市为 10%～20%，城乡结合区为 1.5%～3%)。这是在各种经济成分的机构中专门从事各种专业性工作和科学技术工作的人员，他们是先进生产力和先进文化的代表者之一，也是社会主导价值体系及意识形态的创新者和传播者，还是维护社会稳定和激励社会进步的重要力量。

(5) 办事人员阶层(拥有少量的文化资源和组织资源)，约占 4.8%(城市为 10%～15%，城乡结合区为 2%～6%)。他们是协助部门负责人处理日常行政事务的专职办公人员，是社会中间层的重要组成部分，未来十几年该社会阶层成员数量仍会进一步增加。

(6) 个体工商户(拥有少量经济资源)，约占 4.2%(实际人数要比登记人数多)。这类群体拥有较少量私人资本并投入经营活动或金融债券市场且以此为生，是市场经济中的活跃力量。

(7) 商业服务员工阶层(拥有少量的 3 种资源)，约占 12%。这是指在商业和服务行业中从事非专业性的、非体力的和体力的工作人员，这一阶层和城市化的关系最为密切。

(8) 产业工人阶层(拥有少量的 3 种资源)，约占 22.6%(其中农民工占 30%)。这是指第二产业中从事体力、半体力劳动的生产工人、建筑业工人以及相关人员，其中农民工占该社会阶层的30%左右。改革开放以来，该社会阶层的社会经济地位明显下降，其人员构成也发生了根本性的变化。

(9) 农民阶层(拥有少量的3种资源)，1999年为44%。目前中国规模最大的一个阶层，就是指承包集体所有的耕地，以农、林、牧、渔业为唯一或主要职业和收入来源的农民。这个阶层几乎不拥有组织资源，在整个社会阶层结构中的地位比较低。

(10) 城乡无业、失业、半失业者阶层(基本上没有3种资源)，约占3.1%。这一社会阶层是特殊历史过渡阶段的产物，是指无固定职业的劳动年龄人群(不包括在校学生)。

第三节　社会阶层与消费者行为关系

处于不同社会阶层的消费者在消费动机和消费行为方面存在着一定的差异，所以社会阶层经常被作为市场细分的一个变量。虽然影响消费者行为的环境因素有很多，但是同一社会阶层消费者在需求、偏好、价值观和行为模式上总会表现出某些共同之处。比如，为了展现某种社会地位，同一社会阶层的消费者可能赋予某种商品或服务一些象征意义，并热衷于购买和使用这种商品。所以，社会阶层会影响消费者行为，消费者行为反过来又会展现他们各自所处的社会阶层。不同社会阶层在消费者行为方面的具体差异体现在如下几个方面。

一、消费心理上的差异

社会阶层之间的一个重要差别在于其成员的心理，特别是他们的价值观念、信念和趣味的不同。比如，尽管劳动阶层的消费者在取得丰裕的生活必需品方面存在某些障碍，但他们并不一定羡慕那些社会地位比他们高的人。因为对这些人而言，维持一种更高社会阶层的生活方式有时并不见得是一件值得为之努力的事情。一位蓝领消费者评论道：“那些人的生活非常紧张，有更多体力、心力衰竭和酗酒现象。要维持他们所期望的地位、服装标准和晚会水平肯定很难。我并不想处于他们的位置上。”这位蓝领工人的话代表了相当一部分人的价值观和行为取向。

不同社会阶层消费者消费行为的差异可以用他们看待世界的不同方式来解释。中层群体通常比较关注未来，他们通常比较自信，愿意承担风险，相信自己能够控制自己的命运，尽量放宽眼界。相反，下层群体更关注现在和过去，他们关心安全性，关心自身及家庭。表9-6揭示了美国中、下层消费者在心理上的部分差异。

不同社会阶层的消费者对商品象征意义的感知是不同的，这一研究证明了不同社会阶层群体在心理上的差异。下层群体的人们通常认为大房子和好车子的主人之所以拥有这些，是因为他们的“好运气”。相反，社会等级比较高的消费者将购买有地位象征意义商品的能力归因于自我激励。

表 9-6　美国中、下层消费者在心理上的差异

美国中层消费者	美国下层消费者
着眼于将来	着眼于过去和现在
具有长远的时间观	时间观不如中等阶层那么长远
理智的和井然有序的生活感	情绪化和模糊的生活感
视野较开阔，有自由选择感	视野较狭窄，感到选择余地小
充满自信，愿意冒险	不如中等阶层那么自信
对世界和国家大事较关心	不太关心国家大事
工作导向而非快乐导向	更强烈的工作导向
具体和现实的思维方式	更具体和现实的思维方式
宗教不是很重要	宗教不重要
认同城市生活方式	更强烈地认同城市生活方式

二、产品选择和使用上的差异

消费者所属的社会阶层不同，对商品或服务的偏好也就不一样。很明显，收入不高会限制人们对昂贵的赛车和游艇的购买。受教育程度往往影响人们对艺术作品的消费，而职业则与休闲活动有较为密切的关系。对啤酒、服装和原创艺术品的消费也因社会阶层的不同而各异。尽管各社会阶层人士都消费啤酒，但是一种啤酒在上层群体中更为流行，另一种啤酒则可能在下层群体中销路更畅。同一商品或服务对不同社会阶层的人来说，其意义可能也不一样。对于工人阶层来说，牛仔服可能是一种经济实惠的衣服，而对于上层人士来说，牛仔服则是一种时髦的用于自我表现的服装。

◇ 案例 9-2

高收入者的购买行为影响大众消费

较强的时尚品位往往是高收入群体的消费行为特点。他们在对品牌的认同和选购方面，与一般消费者有什么不同呢？不久前，零点研究集团受招商银行委托对北京、广州、上海、武汉、西安、沈阳、成都 1616 位高收入人士进行了调查。

以手表为例，对比高收入者所使用的品牌和普通消费者心目中的理想品牌，可以发现，高收入群体持有量最高的前两个品牌正是普通消费者心目中理想品牌的前两位。在前十位的理想品牌中，有七个品牌也位列高收入群体持有率最高的前十名之中。受到不同阶层消费者喜欢的前两个品牌都是劳力士和欧米茄，但高收入群体所使用的手表品牌中，这两个品牌和其他品牌的持有率非常接近，而普通消费者心目中理想品牌的前两位与其品牌的得票则存在较大差距，尤其是劳力士，其得票率遥遥领先。这说明高收入群体在消费时并不是简单地追求名贵，他们在体现自己的身份与荣耀的同时，非常注意个性化，以此表现自己独特的品位。

再以手机品牌为例，国外品牌手机使用者，更关注产品的品牌，其次才是价格；而国

内品牌手机使用者最关注价格，其次是外观是否时尚，最后才关注手机的品牌。这表明普通消费者虽然认同高收入群体的消费品牌，但在做出实际购买行为的时候，却有着不同的跟随方式。高收入群体最注重品牌的内涵，通过品牌来表现自己的个性；而普通消费者购买时则在心理价位的基础上注重外观的时尚程度。

这种现象可以给各种产品的营销者一个启迪，即利用普通消费者对高收入群体消费心理上的认同，在高收入群体的消费中挖掘时尚理念，再通过多样化的产品变现将这种消费变得大众化，这样才可以抓紧大众时尚，从而激活整个链条。

(资料来源：作者根据相关资料整理而成。)

三、信息接受和处理上的差异

信息搜集的渠道和数量也随社会阶层的不同而存在差异。处于低层的消费者获取信息的能力通常很有限，对信息的真假缺乏甄别能力。因此，他们在购买决策过程中可能更多地依赖亲戚、朋友所提供的信息。中层消费者从媒体上所获得的信息会比较多。不仅如此，特定媒体和信息对不同阶层消费者的吸引力和影响力也有很大的不同。比如，越是高层的消费者，看电视的时间越少，因此电视媒体对他们的影响相对要小。

不同社会阶层的消费者所使用的语言也各具特色。艾里斯(Ellis)的一系列实验表明，在很大程度上根据一个人的语言可以判断他所处的社会阶层。即使是在角色扮演中要求被试者模仿上层群体的说话方式，人们也仍然能够大致判断出他实际所属的社会阶层。一般而言，越是上层的消费者，使用的语言越抽象，越是下层的消费者，使用的语言越具体，而且更多地伴有俚语或街头用语。西方的很多高档车广告，因为主要面向上层群体，因此使用的语句稍长，语言抽象，画面或材料充满想象力。相反，那些面向中、下层群体的汽车广告，则更多宣传其功能属性，强调画面而不是文字的运用，语言上更加通俗和大众化。

四、支出模式上的差异

不同社会阶层的消费者所选择和使用的商品也存在差异，尤其是在住宅、服装和家具等能显示地位与身份的商品的购买上，不同阶层的消费者差别非常明显。例如，在美国，上层消费者的住宅环境优雅，室内装修豪华，购买高档的家具和服装；中层消费者一般存款较多，住宅也相当不错，但他们对内部装修则不是特别讲究，高档的服装、家具数量不多；下层消费者的住宅区周围环境较差，在衣服与家具上投资较少。此外，下层消费者的支出行为在某种意义上带有“补偿”性质。一方面，由于缺乏自信和对未来并不乐观，他们十分看重眼前的消费；另一方面，教育水平普遍较低，这使他们容易产生冲动型消费。

五、休闲活动上的差异

社会阶层还与娱乐休闲活动的选择有密切的联系。一个人所偏爱的休闲活动通常是同一阶层或邻近阶层的其他个体所从事的某类活动，他采用新的休闲活动往往也是受到同一阶层或较高阶层成员的影响。例如，较高阶层的消费者倾向于看话剧、听音乐会等，网球、羽毛球在中层到上层群体中则较为流行。较低阶层的消费者更倾向于与商业相关的活动，如观看拳击、职业摔跤比赛等。

上层群体所从事的职业，一般体力消耗较少，为了锻炼身体，多会从事要求臂、腿快速移动的运动，如慢跑、游泳、打羽毛球等。同时，一些耗费时间较多的活动如钓鱼、划船等也受到上层群体的欢迎。下层群体倾向从事团体或团队型体育活动，而上层群体多喜欢个人性或双人性活动。中层消费者是商业型休闲和公共游泳池等公共设施的主要使用者，因为上层消费者一般自己拥有这一类设施，而下层消费者没有兴趣或无经济能力来从事这类消费。

六、消费、储蓄和信用卡使用上的差异

研究发现，消费、储蓄和信用卡的使用也与社会阶层有关。较高阶层的消费者具有更强的未来导向，并且在财务方面更富有自信感，因而更愿意在保险、股票、不动产上进行投资。相对而言，较低阶层的消费者更关心即时的满足。对于储蓄他们的主要兴趣在于提高其未来财务上的安全系数(如退休或失业以后如何维持生活)。因此在信用卡使用上，较低社会阶层的消费者倾向于用他们的信用卡购买物品时采取分期付款的方式，而较高阶层的消费者则把信用卡当成现金方便的替代物来使用。

七、购物方式上的差异

一般而言，处于不同社会阶层的消费者，其购买行为及其所选择的购物场所会有很大差异。社会阶层是决定消费者购物场所的决定性因素，人们一般倾向避免去与自己想象中社会阶层差异较大的商场购物。研究表明，消费者所处社会阶层与他想象的某商场典型消费者的社会阶层相差越远，他光顾该商场的可能性就越小。同时，较高阶层的消费者较少光顾主要是较低阶层消费者去的商场，相对而言，较低阶层的消费者则较多地去主要是较高阶层消费者光顾的商场。

第四节　社会阶层与营销策略

消费已经成为这个世界上最大的活动。消费主义的观点之一便是，奢侈品是顶层消费者首先尝试和热衷的，并将不断下放和普及给普通消费者。这种观点表明，一方面人们的生活标准总是向较高的社会阶层看齐，人们会努力地过更高阶层的生活方式；另一方面，随着社会的发展，奢侈品不断地放下身段，同时较低阶层消费者的消费能力也在不断地增长，这样，较高阶层消费者的生活方式便会逐渐向下传递。因此，制订营销策略时，需要认识到所关注和针对阶层消费者的行为特点，也要对社会分层结构有整体的把握。社会阶层的特征与营销策略的方方面面都有密切的联系，具体体现在以下方面。

一、市场细分

在社会阶层的特征中提到，社会阶层的同质性一般来说意味着处于同一社会阶层的消

费者会订阅类似的报纸、观看类似的节目、购买类似的产品、到类似的商场购物、光顾类似的酒店等，这为企业根据社会阶层进行市场细分提供了依据和基础。

不同社会阶层消费者在对产品和消费场所的选择上是不同的。不同阶层消费者的行为特征为营销人员对消费者进行细分提供了基础。比如，有的社会阶层的消费者在购买笔记本电脑时强调款式和颜色，有的社会阶层的消费者注重功能和实用性，有的社会阶层的消费者更加喜欢成熟的售后服务体系。在这样的情况下，不同的产品型号对应不同的社会阶层细分市场。有的公司针对社会阶层的影响对产品进行调整，比如，有的手机厂商为了保持自己在各个阶层的影响力，尽管有些低价实用的机型并不赚钱，但是仍然推出针对低收入消费者的机型。

二、广告策略

广告在现代社会中无处不在，影响巨大。广告是一种信息的传递，商家将信息传达给目标群体。广告同时也是一种价值取向。由于不同社会阶层的价值观念和追求并不一样，因此，社会阶层也一定程度上为广告指明了方向。在广告中使用的语言和符号必须使目标阶层的消费者能够而且容易理解。针对中下阶层，广告往往体现温馨美好的生活、充满精力的工作、问题的解决等。而针对较高阶层，广告往往突出地位、奢华、高贵等特征。地位和权力经常被当作社会阶层的特征，于是广告也经常迎合人们对权力和地位的诉求。广告所刊登的媒体也体现社会阶层的特征，针对某一阶层的产品广告会刊登在这个阶层常浏览的媒体上。例如，《财经》杂志上的广告多是楼盘、手表、汽车、银行等。因此，了解社会阶层的偏好对广告的投放大有益处。

三、新产品开发和分销

新产品的开发和分销也要注意到社会阶层的特征，不同社会阶层的消费者对产品性能、款式的反应可能是不同的。在新产品开发之前，有必要调查各社会阶层的消费者对该新产品款式、性能、颜色等方面的偏好，以便有针对性地设计开发新产品。

由于不同社会阶层的消费者消费场所是不一样的，社会阶层特征可以为产品分销策略提供指导。如果目标群体是较低社会阶层的消费者，那么这些消费者集中地区的邻近商场就应成为向这些消费者提供产品的主要渠道，而不能草率地依赖大型商场或购物中心。如果目标群体是较高阶层的消费者，就应该使用正规的较高层次的商场，并且要强调产品的品质。在中国针对农业劳动者所在的农村市场进行营销时，必须注重农村社会的亲情和友情关系网络，并且强调产品的实用性、实惠性和良好的售后保障，比如电冰箱的广告中会强调制冷性能好、省电、保修十年等信息，对款式、设计不做突出介绍。

◈ 案例 9-3

欧莱雅如何开拓中国化妆品市场?

法国欧莱雅集团创立于 1907 年，是目前世界上最大的化妆品集团，也是世界 500 强企业之一。近 20 年来，欧莱雅创造了销售业绩连续以两位数增长的纪录。如今，欧莱雅已拥有巴黎欧莱雅、美宝莲、兰蔻等众多品牌，其以卓越的品质令全球女士为之倾倒。

欧莱雅一直十分看好亚洲，中国已成为欧莱雅全球增长最快的市场之一。自1997年正式进入中国市场以来，欧莱雅为中国消费者带来了许多高科技创新、优质的化妆品，如巴黎欧莱雅、美宝莲、兰蔻、薇姿、卡诗和赫莲娜等，已为广大中国女性熟悉并喜爱。

欧莱雅是如何开拓中国化妆品市场的呢？

1. 本土文化

欧莱雅根据当地的人文特点，将其品牌既注入了本土文化品位，又融合了欧莱雅自身所抹不掉的异域情调。例如，欧莱雅收购美宝莲后，在上海设立了化妆品研究部，专门从事化妆品的公众测试与研究，开发出了完全适合中国女性肤色、肤质及品位的产品，并将其特有的纽约时尚及多姿多彩的魅力带给了中国女性，让中国女性领略到了异域风情。

2. 市场定位

欧莱雅将中国的品牌定位于中高档，主要分为大众品牌和高档品牌。随着竞争的加剧，欧莱雅集团的大众品牌价格开始有意识地下调，大众品牌中又分为不同档次，其最低价格已经接近国内品牌化妆品的价格，从而开始了中低市场的争夺，而高档品牌则继续高品位策略。

3. 细分市场

第一，从产品的使用对象进行细分，有普通消费者用化妆品、专业使用的化妆品。专业使用的化妆品主要是指美容院等专业经营场所使用的产品。第二，按照化妆产品的品种进行细分，有彩妆、护肤、染发护发等，并进一步对每一品种按照化妆部位、颜色等进行细分，且基本保持每1至2个月就推出新的款式。第三，按照地区进行细分。由于南北、东西地区气候、习俗、文化等的差异，人们对化妆品的偏好具有明显的差异。如：由于南方气温高，人们一般比较少做白日装，因此较倾向于淡妆；而由于北方气候干燥及文化习俗的影响，人们一般都比较喜欢浓妆；同样，由于东西地区受经济、观念、气候等的影响，人们对化妆品也有不同的要求，鉴于此，欧莱雅集团按照地区推出了不同的主打产品。第四，其他细分。如按照原材料的不同有专门的纯自然产品，此外，还有按照年龄细分等。

4. 品牌

欧莱雅集团在中国引进了十个主要品牌，分别进行不同的市场细分和定位，且对品牌的延展性、内涵性、兼容性做出了精确的定位和培养。

5. 广告与公共沟通

欧莱雅集团针对每一品牌的不同定位和内涵，有区别地进行不同的宣传，如分别请法国名模莱狄提雅·卡斯塔、国际影星巩俐、“香港小姐”李嘉欣等为其形象代言人，以达到最佳效果。

欧莱雅还在运用广告之余，充分把握和利用了一些公共沟通方式，例如，利用文艺晚会、选美、模特赛事、体育等活动，展现产品的特点，宣传品牌；通过与权威机构合作举办公益事项，扩大品牌效应；利用社会焦点，吸引消费者注意；参与权威机构的评选，提高产品的知名度。

(资料来源：作者根据相关资料整理而成。)

第五节　社会阶层的演变

一、阶层演变的因素

社会阶层的结构并非一直不变，主要有三种因素会推动社会阶层结构的演变，分别是向上流动、向下流动、社会阶层破碎。

(一) 向上流动

在许多文化中消费者可以通过向上流动(upward mobility)来提升社会地位，这往往是通过教育或职业来实现的。换而言之，底层或中层的个体可以利用教育的机会，特别是大学教育来赢取进入高社会阶层的机会。一位经济学家在谈到下层消费者的流动机会时说，“教育是进入中等阶层主要的门票”。在美国，1/3 的蓝领工人的后代是大学毕业生，因此提高职业地位的机会有 30%。然而，来自贫穷阶层的大学毕业生比例 10 年来一直低于 5%，这反映了大学学费的负担和在大学阶段将没有机会在底层和中层社会阶层之间建立起桥梁。

然而向上流动并没有保障。下层消费者仍然面临着经济和文化资源的局限及教育机会的缺乏。从统计上看，在获得高地位的职位方面他们比上层社会具有更少的机会。

(二) 向下流动

向下流动(downward mobility)在一些工业化社会中是一个日渐增加的现象。在过去的几十年间，由于工作转移到海外、被技术取代、企业降低工资或裁减员工，数百万美国家庭出现了向下流动。尽管许多家长梦想着让他们的子女有更好的生活和更高的地位，一些子女却连达到他们父母的水平都很难，这一现象称为地位恐慌(status panic)。同时，由于物质欲望的增加，越来越多的中上层和中层家庭发现他们很难保持自己所在阶层的生活方式。即使拥有大量退休资产组合的家庭在股票市场出现周期性波动导致证券价值下降时也能体会到经济压力，这反过来会影响到当前的消费行为和退休后的消费模式。向下流动在像捷克、匈牙利和波兰这样的国家是一个较为突出的问题，由于政府补贴的职位被取消，导致了很高的失业率。随着价格高涨和经济形式的下滑，许多人认为生活不如从前，面临着降低社会阶层的威胁。

(三) 社会阶层破碎

社会阶层破碎(social class fragmentation)又称为个体所属社会阶层的瓦解，其原因是多种多样的。首先，向上流动和向下流动模糊了阶层间的界线。其次，大众媒体的存在，特别是电视和互联网，正在向全世界的消费者提供多元化的阶层和文化中的价值观和规范，一些消费者自然而然地将这些群体中的部分特征纳入自己的行为。第三，传播技术的进步增加了社会阶层之间的互动，比如互联网用户在线聊天时并不会在意社会阶层。这些因素导致了许多拥有独特价值观和行为模式的社会阶层亚群体的出现。美国现在可以划分出几十个社会阶层，从城郊精英(超级富豪)到拮据人群(贫穷的单亲家庭)，类似的趋势也在其他国家出现。

二、中国社会阶层的演变

改革开放以来，随着社会转型的加剧，中国的阶层结构发生了翻天覆地的变化，改革开放之前的“两阶级一阶层”(工人阶级、农民阶级和知识分子阶层)发生了分化。关于社会阶层研究也随之成了一个热门的学术问题，各种成果不断涌现。例如，中国社科院提出以职业分类为基础，以组织资源、经济资源和文化资源的占有状况为标准来划分社会阶层。

有关中国社会阶层的划分前已述及，这里不再赘述。

延伸阅读 9-2

社科院报告解读当代中国 5 次社会阶层大流动

2001 年，中国社会科学院发布《当代中国社会阶层研究报告》，提出了“当代中国社会已经分化成十大社会阶层”的论点，并引起了广泛关注。继《当代中国社会阶层研究报告》之后，中国社会科学院“当代中国社会阶层结构研究”课题组推出了第二部研究报告——《当代中国社会流动》。

在当代中国社会流动学术研讨暨《当代中国社会流动》出版座谈会上，该报告主编陆学艺教授介绍说，参加该课题研究的专家们认为，当代中国经历了 5 次结构性的社会大流动：第一次是 1949—1956 年中国社会阶级阶层关系的重塑，这种重塑实际上意味着原有阶级阶层关系和位序结构的彻底颠覆；第二次是 1957—1965 年多维二元身份体系的建构，赋予社会成员以不同的政治、社会和经济身份，不同身份的人有着明显不同的利益、福利和社会地位，相当一部分社会成员的政治、社会地位随政治运动发生显著沉浮；第三次是 1966—1977 年社会流动的失序，政治运动对社会产生了全方位影响；第四次是 1978—1991 年社会分化与流动模式的转换，不仅原来的阶层发生了分化，新的阶层也开始出现；第五次是 1992 年以来新的社会阶层结构的初步成型，形成一种由 10 个主要基于职业的社会阶层组成的新阶层结构，在该结构中，不同阶层所处的等级位序也初步被确立起来。据了解，这个报告是课题组历时数年，在 12 个省、自治区、直辖市的 72 个县市进行抽样调查，经过多次集体研讨，并大量听取有关专家学者的学术意见后形成的。

(资料来源：根据王进昌的《中国社会科学院发布<当代中国社会阶层研究报告>》整理而成。)

本 章 小 结

社会阶层是指依据经济、政治、教育、文化等多种社会因素所划分的具有相同或类似社会地位的社会成员所组成的相对持久的群体。社会阶层的特征具体包括：不同社会阶层展示不同的社会地位；社会阶层划分依据的多维性；社会阶层对其成员行为具有约束性；

同一社会阶层成员之间表现出同质性；社会阶层显示出一定的动态性；社会阶层呈现出一定的层级性以及社会阶层的符号象征性。吉尔伯特和卡尔两位学者将社会阶层的决定因素分为经济变量、社会互动变量和政治变量三大类。与消费者行为密切相关的因素有职业声望、收入、拥有财物、个人业绩、价值取向、权力和阶层意识等。

对消费者阶层的划分主要有两大类：单一指标法和综合指标法。单一指标法是指根据某个单项指标如职业、受教育程度、收入将消费者分成不同的阶层；而综合指标法是指赋予职业、受教育程度、收入等以不同的权重，最后测定总分，以此决定消费者属于哪一个阶层。综合指标法主要有科尔曼地位指数法和霍林舍社会地位指数法。当今中国的社会群体划分为五大社会经济等级和十大社会阶层。

不同社会阶层的消费者在消费动机和消费行为方面存在一定的差异，主要表现为：消费心理上的差异；产品选择和使用上的差异；信息接受和处理上的差异；支出模式上的差异；休闲活动上的差异；消费、储蓄和信用卡使用上的差异以及购物方式上的差异。因此，制订营销策略往往需要认识到目标阶层的消费行为特点。社会阶层的结构并非一直不变，主要有向上流动、向下流动和社会阶层破碎三种因素会推动社会阶层结构的演变。

学习课件

练　习　题

一、单项选择题

1. (　　)不属于吉尔伯特和卡尔两位学者细分社会阶层变量。

A. 经济变量　　B. 政治变量

C. 社会互动变量　　D. 文化变量

2. 社会阶层的决定因素中属于社会互动变量的是(　　)。

A. 职业　　B. 个人声望　　C. 阶层意识　　D. 财富

3. 社会阶层的决定因素中属于经济变量的是(　　)。

A. 职业　　B. 个人声望　　C. 阶层意识　　D. 社会联系

4. 与消费行为密切相关的决定因素中影响消费者的消费方式、生活习惯的因素是(　　)。

A. 收入　　B. 职业声望　　C. 拥有物　　D. 个人业绩

5. 受教育程度往往影响人们对艺术作品的消费，职业则与休闲活动有较为密切的关系。这说明社会阶层会导致消费行为(　　)的差异。

A. 消费心理上　　B. 产品选择和使用上

C. 信息接受和处理上　　D. 购物方式上

6. 不同社会阶层的消费者在对产品和消费场所的选择上具有差异性，因此社会阶层对市场营销策略中的( )具有一定的意义。

A. 广告策略 B. 产品分销 C. 市场细分 D. 新产品开发

二、多项选择题

1. 社会阶层的特征主要有( )。

A. 展示不同的社会地位 B. 划分依据的多维性

C. 对其成员行为具有约束性 D. 显示出一定的动态性

E. 社会阶层的符号象征性

2. 社会阶层的决定因素中政治变量具体包括( )。

A. 权力 B. 社会联系 C. 流动性 D. 阶层意识

E. 收入

3. 与消费行为密切相关的社会阶层决定因素有( )。

A. 拥有财物 B. 收入 C. 流动性 D. 个人业绩

E. 价值取向

4. 单一指标法中用来划分社会阶层标准的要素主要有( )。

A. 收入 B. 教育程度 C. 职业 D. 权力

E. 流动性

5. 社会阶层对消费者行为的影响主要有( )。

A. 消费心理上的差异 B. 产品选择和使用上的差异

C. 休闲活动上的差异 D. 信息接受和处理上的差异

E. 购物方式上的差异

6. 推动社会阶层演变的具体因素有( )。

A. 向上流动 B. 水平流动

C. 向下流动 D. 垂直流动

E. 社会阶层破碎

三、名词解释

1. 社会阶层
2. 价值取向
3. 阶层意识
4. 科尔曼地位指数法
5. 向上流动
6. 社会阶层破碎

四、简答题

1. 简述社会阶层的特征。
2. 简述社会阶层的决定变量。
3. 简述社会阶层的划分标准。
4. 简述社会阶层演变的原因。
5. 简述社会阶层与营销策略之间的关系。
6. 列举与消费行为密切相关的社会阶层划分变量。

五、论述题

1. 论述中国目前的社会经济等级和社会阶层。

2. 论述不同社会阶层在消费行为上的具体表现差异。

六、应用实践题

1. 针对同一品牌中的不同子品牌，分析其广告的特点和所针对社会阶层的差异，解释这种差异背后的原因。

2. 深入调查附近小区住户，针对一般技术工人、个体工商业者、大学教师、成功商人等不同群体，运用科尔曼地位指数法测量他们所处的社会阶层，分析讨论他们在消费行为上的异同点。

七、案例分析题

中国中产阶层的崛起

李晨是中国中产阶层中有代表性的一员，他是一家旅游网站的副总经理，购物时基本上不考虑产品的性价比，更在意品牌所表现、传递的感觉是否与自己的身份对称。

(1) 中产阶层的初级阶段：消费物质化。

以往并不是很重视生活品质的李晨现在对生活中的很多细节都非常在意，家中的电器几乎都是顶级的国际品牌，即使是卫生间内的洁具也和五星级酒店没有区别，至于服装方面的消费，李晨现在一般只去几家高档商场购买。在总结自己的消费观时，李晨说："外在方面我注重品牌，内在方面注重品质，即使是一把牙刷，也看中品牌和品质"。

李晨的消费观念在记者的采访中得到了相当多的中产阶层的共鸣。"阶层的划分由此带来的是中国营销市场的进一步细分化，产品细分化、受众细分化。连洗发水都可以看到阶层的存在，例如资生堂、欧莱雅、沙宣、飘柔一定属于不同的社会阶层。"数码媒体集团DMG执行董事林绅龙认为中产阶层正在成为高利润品牌产品的主体消费目标。

当然，这些处在初级阶段的中产阶层，由于没有长久的历史积淀，他们的消费观还不是很成熟，他们普遍拒绝带有中文标识的产品，《远东经济评论》曾做过"中国精英调查"，得到的结论是：所有年龄段的受访者都偏好具有国际形象的品牌，35 岁以下的受访者中74%的人认为"看上去是否国际化"是他们进行购物选择的重要因素。

已经有精明的商人洞察到了这些中产阶层的消费心态，一些福建、浙江的服装企业为了迎合他们，很多选择在国外注册商标，选择高档消费场所销售，与各大国际品牌为邻，以一个完全国际化的品牌进入中国市场。记者了解到，这些被包装得彻头彻尾的"洋品牌"的销量相当不错，而生产这些品牌的中国厂商实际是令许多中产阶层不屑一顾的。

对此，零点集团的董事长袁岳分析说："中国的中产阶层还没有形成自己的中产文化，仅仅是财务上的中产，缺乏价值观辅导，更多地体现出的是一个物质化的中产，而且在消费方面还表现出三种倾向：消费模仿国际化、白领化和盲目化。受白领文化的影响，比较追求外在和表面化的东西。"

安邦资讯高级分析师贺军也表达了类似观点，他认为："中国的新中产阶层由于消费心理和消费行为的不成熟，并没有形成特殊的消费偏好，也就是说从消费和收入的硬指标上达到了中产阶层的标准，但与西方发达国家相比，中国正在形成的中产阶层还没有形成相对成熟的文化和价值观。”

(2) 阶层对位营销和分众化传播的机会来了。

中国社会科学院社会学研究所“当代中国社会结构变迁研究”课题组的调查数据显示，我国已经产生了中产阶层的消费模式，地位消费成为中国中产阶层的一个重要标志。

袁岳告诉记者：“产品营销与消费阶层对位将是未来营销的一个重要做法。也就是说，企业针对目标市场的定位应该超越目前的一些物理性指标，例如年龄、性别、收入、受教育程度、职业等，而是应该从阶层的层面更深入、全面地研究他们。但这方面，国内的企业还很少有从阶层角度研究消费者的。”

也正因为企业在这方面的普遍缺乏，一些与消费阶层对位营销的企业非常容易得到认同。例如，上海通用汽车推出的赛欧、凯越等就有着明确的阶层定位，赛欧定位于年轻的白领，凯越定位于正在成长中的年轻的中产阶层，其广告表现的是一群充满活力的职业精英为事业打拼而不断进取，提出“全情全力，志在进取”的口号，与这个阶层为事业奋进的精神特质非常吻合。“凯越和赛欧的广告都具有非常清晰的阶层诉求和身份对应关系，这样可以更容易打动目标消费群。”上海通用汽车公关部的负责人告诉记者。

在营销传播方面，由于中国的中产阶层多数工作繁忙而且趣味差异，导致与传统大众媒体日益疏离，所以如何面对上述人群以更低成本进行更有效的传播成为全新的课题，林绅龙认为 FocusMedia 分众传媒的崛起说明分众传播已经成为针对中产阶层的重要传播模式，设置在高级 Office、商厦、餐厅、KTV、酒吧、健身会所的液晶电视对特定中高收入人群具有广泛覆盖和反复覆盖的特性。“FocusMedia 这个创意概念正应验了中国当下传媒变革和市场营销的需求，成为面向于中产阶层和财富阶层的重要传播通路。”林绅龙说。

(资料来源：作者根据相关资料整理而成。)

思考：

1. 简述社会阶层的划分标准。
2. 社会阶层与消费行为之间的关系是怎样的？

第十章　社会群体与消费者行为

知识目标

了解社会群体的含义、特征、分类以及对消费者行为的影响。掌握参照群体的含义、类型和影响消费者行为的方式。理解家庭生命周期的含义、各个阶段的特点，熟悉家庭购买角色划分、家庭购买决策类型及其影响因素。了解从众的含义、特点、产生原因、表现形式和影响因素。了解消费流行的含义、特征、分类、形成原因和对消费行为的影响。

能力目标

能运用参照群体理论具体分析其对消费者行为的影响方式，掌握决定参照群体影响强度的因素以及在营销活动中的具体应用。具备运用家庭、从众和消费流行的有关知识对消费者行为进行深入剖析的能力。

课程思政

通过小组讨论、案例分析引导学生树立健康的消费观念，培养学生的社会责任感与主人翁意识，增强学生对家庭的责任意识(即对父母的感恩、对家庭的责任感)。此外，在商德培育方面，引导学生树立诚信(经营)意识。本章会触及不少消费的参照群体——同伴、家庭、意见领袖、明星等。这些群体都有可能诱发消费者的从众消费心理。一方面，通过对“安徽 17 岁高中生卖肾买 iPhone 致身体三级伤残”的从众消费案例进行讨论，使学生能深刻理解盲目从众消费的危害。另一方面，通过对钱学森、施一公等科学家抛弃国外优越的物质生活条件而回国报效祖国的案例的探讨与反思，激发学生的社会责任感与主人翁意识。此外，通过学生课堂讨论分享自己父母从小对自己在教育、旅游等消费方面的投入，进一步强化学生对家庭的责任心和感恩之心。最后，通过对近期流行的淄博烧烤案例的剖析，使学生在理解消费流行的群体心理外，理解淄博烧烤的成功是基于当地的个体工商业者、企业、政府协力创造的诚信经营环境。

案例导入

“啃老族”现象

据中国老龄科研中心调查，目前我国 65%以上的家庭存在“老养小”现象，有 30%左右的成年人基本靠父母供养。有学者认为，随着就业压力增大，独生子女大量走向社会，“啃老族”队伍还将进一步“壮大”。本来应该赡养父母的子女，现在当起了“啃老族”，这给已经步入老年的父母带来了沉重负担。

在给家庭带来经济负担的同时，“啃老族”也给社会和年轻人自身的发展带来了危害。中国社会科学院人口与劳动经济研究所所长蔡昉认为，高比例的生产能力和低抚养率是中国经济保持快速增长的“人口红利”，但随着人口老化速度上升，我国将由“人口红利”阶段转为“人口负债”阶段。在这种形势下，“啃老族”所带来的劳动力的巨大浪费，必然会对经济发展产生消极影响。同时，专家指出，年轻人不进入社会历练，他们的知识、观念、能力就会越来越与社会脱节，将来就业也会越来越困难，而长期处于社会边缘，还可能导致他们的价值观与主流价值观格格不入，给社会和谐、稳定带来隐患。

“啃老族”的出现，与近年来就业压力增大有关。劳动部《2003—2004：中国就业报告》指出，当前我国正面临自然新生劳动力的高峰期。专家统计，城镇新增劳动力中只有40%～50%能够实现就业，新成长失业青年增幅为63.2%，青年就业问题已成为劳动力市场的主要矛盾。严峻的就业形势，使得许多年轻人的就业之路变得坎坷曲折。这其中，一些人由于学历低、技能差，在就业市场上没有竞争力，很难找到就业机会，或者由于收入太低而不愿意就业。即便是大学毕业生，也感到就业形势越来越严峻，一些人似乎很难找到自己想要的工作，所以干脆自愿选择失业、待业，这些不能或者不愿就业的年轻人，自然而然就变成了“啃老族”。

但专家指出，“啃老族”的出现，也与一些年轻人就业时高不成低不就，害怕吃苦，只把眼光放在“清闲、高收入、高地位”的工作上有关系。广西儒学学会副会长钱宗范教授告诉记者，这一现象提醒我们反思这些年来的独生子女教育。“啃老族”绝大部分源自最初的几代独生子女，从小就在被“捧着”“抱着”“举着”“背着”“顶着”的状态中成长，家庭本应该传输给他们的勤劳、孝顺、责任感等价值观他们根本就没有得到，相反还养成了唯我独尊、不能独立、追求享受、缺乏责任感的性格。在社会就业岗位有限的情况下，他们对职业的期望过高，偏离自己的实际能力，因此造成就业困难。

北京大学夏学銮教授认为，对此应该进行反思的不仅有家庭教育，还有学校教育。在以升学为导向的应试教育中，在中等教育阶段，年轻人根本就得不到职业技能训练，这使得许多人在就业市场中没有优势。宁夏社会科学院副院长陈通明认为，市场经济要求青年人在各种风险中博弈，而应试教育使得年轻人思想、心理都不成熟，对社会竞争缺乏价值观的准备和心理准备，一些人由于害怕在摸爬滚打中寻找自己的位置，干脆逃避竞争，封闭自我。

多方着手治理“啃老”。专家指出，在我国即将面临“人口红利”效应衰减的情况下，“啃老族”的出现必然会降低社会竞争力，应该引起人们的高度重视。首先，政府对此应该采取积极的措施。广西师范大学廖国一说：“劳动和社会保障部门应该认识到，创造就业岗位和刺激适龄青年就业是推动社会财富增长的两个翅膀，缺少任何一个都无法确保经济持续稳定发展。”他认为，在加强政策引导、帮助青年人就业的同时，各级政府、劳动和社会保障部门还应尽快完善针对社会各层次人才的培养和资格认证体系，鼓励在校学生积极参与多种职业资格认证考试，让他们在参加工作之前就获取多种资质，增大就业可选择度，适应社会需求。曾留学日本的廖国一告诉记者，日本对“啃老族”采取了一系列措施，例如在2005年的年度预算中，针对不就业族和自由职业者，日本政府拨款800多亿日元，帮助年轻人提高工作积极性。与此同时，他们也采取了一些方法刺激年轻人就业，如由社区义工帮助这个群体“量身打造”就业计划和职业生涯；强迫“啃老族”接受心理培训，帮助他们摆脱依赖思想等。他认为，日本政府的相关做法值得我们借鉴。其次，对家长来说，也要在适当的时机狠下心来给孩子“断奶”。社会是充满竞争的，父母百般满足子女的需要，而不是积极培养其自主、自立意识，就会使子女丧失成长的机会，从而导致他们很难在激烈的竞争中取胜。纵容子女“啃老”，到头来既害了父母，也害了子女。留学德国的教育学博士卢裕民认为，我们还应该向西方国家学习，在全社会形成一种鼓励年轻人独立的舆论氛围。年轻人自己也要增强对社会、家庭的责任感，树立“先就业、再择业”的理性择业观，勇敢面对竞争，到社会中寻找位置，实现自己的人生价值。

(资料来源：作者根据相关资料整理而成。)

第一节　社会群体概述

一、社会群体含义与特征

(一) 社会群体的含义

社会群体是指两人或两人以上通过一定的社会关系结合起来进行共同活动而产生相互作用的集体，这种集体在他们自己和别人心目中都能被意识到。社会群体的内涵有广义和狭义之分，广义的社会群体，泛指一切通过持续的社会互动，按一定的社会关系结合起来进行共同活动，并有着共同利益的集体。狭义的社会群体，是指由持续的、直接的交往联系而结合起来的具有共同利益的集体。

社会群体的规模可大可小，小到可以是由两个人组成的家庭，大到可以包括整个人类社会。具有某种共同特征的若干消费者组成的集合体就是消费者群体，凡是具有同一特征的消费者都会表现出相同或相近的消费心理行为，因为同一群体成员之间一般有较经常的接触和互动，从而能够相互影响。

(二) 社会群体的特征

社会群体是人群的集合体，但是并非任何聚集在一起的人群集合体都可称为社会群体，公交车上的乘客、超市里的顾客、电影院的观众等人群集合体一般就不能称为社会群体。社会群体一般需要满足以下要素：

(1) 社会群体必须有两个或两个以上的成员组成。

(2) 社会群体必须以一定的社会关系为纽带。不同性质的社会关系构成不同性质的社会群体，比如以血缘为纽带组成了氏族和家庭，以地缘为纽带组成了邻里群体，以业缘为纽带组成了职业群体。

(3) 社会群体成员之间必须有共同的目标和持续的相互交往活动。具有共同目标并有一定持续性交往的人们，才能形成社会群体。偶然聚集在超市中购物的顾客，虽然当时他们有共同的目标——购物，但是由于他们在完成这次购物后就互不往来，因此这样的群体不能称之为社会群体。公交车里的乘客、电影院里的观众，因为他们是偶然和临时聚集在一起的，缺乏持续的相互交往活动，也就不能称之为社会群体。

(4) 社会群体成员具有共同的群体意识和规范。社会群体中的成员对所属社会群体具有一定的归属感、认同感等共同的群体意识，在与其他社会群体交往时，会自觉地用“我们”来标示其所属的社会群体，以表征自己与其他社会群体之间的区别。同时群体成员也必须共同遵守一定的行为规范。

二、社会群体对消费者行为的影响

从消费者行为分析角度研究群体影响至关重要。首先，群体成员在接触和互动过程中，通过心理和行为的相互影响与学习，会产生一些共同的信念、态度和规范，这些对消费者的行为将产生潜移默化的影响。其次，群体规范和压力会促使消费者自觉或不自觉地与群体的期待保持一致。即使是那些个人主义色彩很重、独立性很强的消费者，也无法摆脱群体的影响。再次，很多产品的购买和消费是与群体的存在和发展密切相关的，比如加入某一登山俱乐部，不仅要经常参加该俱乐部所组织的活动，而且还要购买与该登山俱乐部的形象相一致的一系列满足登山活动所需的产品。一般而言，社会群体对群体成员的行为会产生群体压力和服从行为两方面的影响。

(一) 群体压力

任何社会群体都会对与之有关或所属的消费者行为产生一定的影响。这种影响往往是通过集体的信念、价值观和群体规范对消费者形成一种无形的压力，我们把这种压力称为群体压力。这里所讲的群体规范，是指群体所确立的行为标准，群体中的每一位成员都必须遵守这些标准。群体规范不是规定其所属成员的一举一动，而是规定对其成员行为可以接受和不能容忍的范围和限度。消费者行为学的研究表明，信念和价值观对消费者个体的压力不带有强制性因素，而群体规范对消费者个体形成的压力有趋于强制性的倾向。这是因为在一般情况下，消费者个体的信念和价值观与所属群体相似，同时，群体成员之间的相互接触与交流有增强群体共同信念与价值观的作用。而群体规范是所有群体成员必须遵守的行为标准，虽然来自群体信念和价值观念，但作为标准或模式，它具有某种强制性倾向，只要群体的成员不遵从群体标准，就可能受到诸如嘲讽、讥笑、议论等行为压力或行为处罚。

(二) 服从行为

所谓服从行为，是指消费者顺从社会群体的意志、价值观念、行为规范等一系列行为活动的总称。成员对所属社会群体的服从行为主要源于以下四个方面的原因。

1. 对社会群体的信任感，使消费者产生服从行为

在多数情况下，消费者个人的行为活动总是与所属群体的态度倾向保持一致，这是群体压力与个体成员对群体的信任共同作用的结果。群体某一成员在最初独立的情况下采取某种立场，后来发现群体成员采取与之相反的立场，如果这个群体是他最信任的，那么由于服从行为的支配，他就会改变原有的立场，与群体采取相同的立场。例如，某消费者原计划购买甲品牌的电视机，后来他发现群体中的成员大多认为乙品牌电视机更好，那么他就会在服从行为的支配下，转而购买乙品牌的电视机。出于对群体的信任感，该消费者也不会再去考察乙品牌为什么比甲品牌好。

2. 对偏离社会群体的恐惧，使消费者产生服从行为

无论在什么环境下，多数人都希望自己能与大多数保持一致。在群体中，如果一个成员的行为与群体的行为标准不一致，他的选择只有两个，要么脱离这个群体，要么改变自己原有的行为。对一般人而言，往往更倾向于选择后者，即改变自己原有的行为。因为多数人是不愿意自己偏离或脱离群体的，总是希望自己能成为群体中受欢迎、受优待的人，而不希望自己成为群体的叛逆，成为群体厌恶的对象。为了避免这种结果的发生，群体成员总是趋于服从群体行为。

3. 群体的一致性，使消费者产生服从行为

消费者对所接触的事物有自己的判断和评价标准，当个体消费者与群体标准不一致时，群体一致性的压力对消费者的判断力就会产生巨大的影响，促使个体消费者改变自己原先的行为。有这样一个评判实验，有三套漂亮的服装，分别为A、B、C，同时找来五位评价者，评判哪一套服装最好，其中，四人是事先被告知统一讲B号服装最好，只有第五个人才是真正的被测试者，当五人同时对三件服装查看以后，依次、顺序地公开讲出哪一套最好，前面四人按事先安排都指出B号服装最好，当第五个人回答时，他也不假思索地回答B号服装最好。同样再找五个人来，条件与前面相同，只是采用秘密填表的方式，当主持人宣布结果时，前面四人都认为B号最好，而第五位真正被测试者认为C号最好。这时第五个人马上辩解说："刚才填写时没有认真思考，我现在同意他们的意见。"这一组对比实验反映出当群体多数采用同一标准时，某一个体的判断力将受到影响。这种群体一致性的影响，在市场经营过程中具有重要的作用。在市场上常见的"打托"现象(即伪装购买者)之所以屡试不爽，正是利用了群体的一致性来干扰个体消费者的判断能力。

4. 群体的规模，使消费者产生服从行为

群体规模对消费者行为具有一定的影响。个体消费者的服从心理或群体对个体成员压力的强弱往往与群体人员的多少相一致。一般来说，群体人数越多，对个体成员的压力越大，个体的服从心理也就越强；反之压力就会降低，个体的服从心理也逐步减弱。这种群体规模对消费者心理的影响，在平常购物活动中所组成的临时群体当中表现得最为明显。比如某消费者如果一人去商场购物，除了有明确的目标外，往往面对商品时表现得犹豫不决，而两三个人或更多人一起结伴购物时，则很容易做出是否购买的决策。

三、社会群体类型

社会群体的范围非常广泛，它可以是正式的组织形式，也可以是观念、行为上的集合体。从消费者行为学的角度考察，可以对社会群体做如下分类。

(一) 正式群体与非正式群体

正式群体一般是指有明确的组织目标、正式的组织结构，成员有着具体的角色规定并为完成组织规定的任务而产生的群体。机关、学校、企业、商店等都属于正式群体所在的范围，比如一个单位的基层党组织、大学里的教研室、企业里的新产品研发小组均属于正式群体。正式群体有一定的规范，作为其成员，在行为上应遵守一定的准则。这些规范和准则，有些作为某种制度、纪律，成为群体对成员的组织约束手段，而有些则是属于观念、情感、情趣等方面的行为心理规范，它同样对群体成员具有极强的心理约束力。表现在消费生活中的正式群体行为多属于后者，它对消费者价值观念、审美情趣的形成具有重大影响，并且这种影响对其成员是长期的、相对稳定的。比如从事文艺工作的群体成员在消费活动中，对服装商品的款式、颜色以及服饰的社会效果较为重视，而从事科技工作的群体成员则对商品的使用性质、质量等信息更为关注。

非正式群体是指结构比较松散，一般是为完成某种任务或者因为参加者志趣相同而临时组成的群体，如参观团、旅游团、考察团等都属于非正式群体的范围。非正式群体不会对其成员产生长期、稳定的影响，这是由其松散的结构所决定的，但非正式群体从消费者心理的角度考察，会对其成员原有观念产生加强或减弱的影响。特别是在一定环境中对其成员有突发式影响，而后可能形成较为固定的观念。比如某人并不爱好旅游活动，但在一次并不十分情愿的旅游活动中，由于环境、人员等因素的影响，突然引发对旅游活动的极大兴趣，从此成为这一活动的积极参加者与倡导者。

（二）自觉群体与回避群体

自觉群体是指消费者按照年龄、性别、民族、地域、职业、婚姻状况等社会自然因素自动划分的群体。这种群体最初仅仅是一种自我意识的反映，之后有些发展成为有固定组织形式的正式团体，如老年人协会、老年人俱乐部、同学会、同乡会等。自觉群体大多数对其成员并无约束力，而是成员个人有意识地运用这一群体特征来约束自己的行为活动。自觉群体对于增强消费者的趋同心理和从众心理具有明显的影响，能够促成消费者行为的统一化和规范化。

回避群体是指消费者个人极力避免归属的、认为与自己不相符的群体，它一般以年龄、性别、民族、地域、职业、婚姻状况、身体状况等社会与自然因素作为回避对象。这种群体也是消费者自我意识的一种反映，它对消费者的心理与行为具有重要影响。反感是消费者对某种现象不满的心理动机，总希望与自己反感的行为距离越远越好，因此往往会走向另一个极端。比如有些消费者尽力打扮自己，以显示自己的年轻。有些出于要反映或改变自己的社会地位、身份要求或是出自某一主观认识与社会舆论的影响，尽量采取与某一群体相异的消费行为。例如很多女性消费者不愿意穿旗袍，因为社会舆论把旗袍作为已婚女子的标志；抽“中华”牌香烟的消费者被认为是高层次的；同样的饮料，喝罐装的被认为是比较气派，而喝软包装或瓶装的则被认为是低档的，等等。

（三）隶属群体与参照群体

隶属群体是指一个人实际参加或归属的群体。这种群体既可以是一个实际存在的组织形式，也可以是一种非正式的组织形式。隶属群体的构成，大致有两种情形，一种是由具有共同或相似的信念、价值观、审美观的个体所构成的群体；另一种是由于各种社会和自然因素的制约所形成的群体。前者是个体的自愿结合，后者则往往不以个人意志为转移。

隶属群体对消费者的影响是直接的、显现的和稳定的。比如 70 岁以上的老年人，不论其自身的心理状态如何，年龄因素使其自然成为老年人群体中的一员。出生在北京的人，不论其状况如何，地域因素使其自然成为北京人群体中的一员。

参照群体是指消费者内心所向往的群体。参照群体的标准和规范会成为消费者行为的指南，成为消费者希望努力达到的标准。消费者会把自己的行为与这种参照群体的标准进行对照，以改变自己不符合标准的某些行为。美国心理学家米德认为，这种群体的标准，会成为个人的“内在中心”。参照群体既可以是一个实际存在的组织形式，也可以是虚拟或想象中的群体，比如文艺作品及影视中的某些形象往往会成为消费者心目中的参照群体。从某种意义上讲消费者行为学角度来研究的参照群体一般是指比自身更高层次的社会阶层或具有消费者所向往的消费方式的各类群体。

隶属群体与参照群体对消费者心理与行为具有以下不同的影响：

(1) 参照群体对消费者心理的影响比隶属群体更具有吸引力。消费者自身的行为与自己隶属群体的行为规范是一致的，是一种自觉的行为，自觉的行为对消费者不再具有更多的吸引力。而参照群体的行为对激发消费者的联想、引导和改变消费者的某些行为可能更具有吸引力。

(2) 对消费者个体来言，参照群体是可变的，而隶属群体是相对稳定的。随着时代的发展与变迁，消费者个体的参照群体并非一成不变。当消费者自身观念的改变或不同参照群体对消费者影响的强弱变化时，消费者总是选择对自己更有吸引力的参照群体。而消费者个体的隶属群体在一般情况下是不会变化的，它对消费者始终具有稳定的、直接的影响和约束力。

◈ 案例 10-1

百事用名人做形象代言人

1983 年，百事与美国流行音乐巨星迈克尔·杰克逊签订了一份合同。以 500 万美元的惊人代价聘请他为形象代言人，并推出了“百事可乐，新一代的选择”广告语，获得了巨大的成功。

为什么能够成功？百事可乐先做市场调查，主要调查公众对百事可乐的看法，收回的调查问卷描绘百事可乐，这是一个年轻的企业，具有新的思想，员工富有朝气和创新精神，是一个发展很快的企业。当然，因为年轻和时尚，而不免有些咄咄逼人。当时的迈克尔·杰克逊正好符合这一感觉。20 世纪的最后几年百事又邀请歌手瑞奇·马丁、珍妮·杰克逊和王菲、郭富城做形象代言人。

(资粮来源：作者根据相关资料整理而成。)

四、与消费者密切相关的社会群体

为了更全面地理解社会群体对消费者具体消费行为的影响，接下来对与消费者消费行为密切相关的几类基本社会群体介绍如下。

(一) 家庭

家庭是个体生活中很重要的一个群体，家庭成员之间的频繁互动对个体行为的影响广泛而深远，个体的价值观、信念、态度和言谈举止无不打上了家庭影响的烙印。不仅如此，家庭还是一个购买决策单位，家庭购买决策制约和影响家庭成员的购买行为，反过来，家庭成员又对家庭购买决策施加一定的影响。

（二）朋友

朋友所构成的社会群体是一种非正式群体，其对消费者的影响仅次于家庭。根据马斯洛需要层次理论人有社交和自尊的需要，因此追求和维持与朋友之间的友谊，对大多数人来说显得非常重要。个体可以从朋友那里获得友谊、安全，还可以与朋友互诉衷肠，与朋友讨论不愿对家人倾诉的问题，总而言之朋友这一群体可以满足个体的很多需求。不仅如此，结交朋友还是一种独立、成熟的标志，因为与朋友交往意味着个体与外部世界建立联系，同时也标志着个体开始摆脱家庭的单一影响。

朋友的意见和建议，对消费者选择何种商品和品牌，对于怎样评价所购买的产品均有重要的影响。这种影响随着个体与朋友相似程度的增加而增强。消费者越是觉得其朋友在某些方面与自己相似，他在作出购买决策时受朋友的影响也就越大。

（三）正式的社会群体

像中国高校市场学研究会、某某学校校友会、业余摄影爱好者协会等组织均属于正式的社会群体。人们加入这类群体可能基于各种各样的目的，有的是为了结实新的朋友，有的是为了获取知识、开阔视野，还有的是为了追求个人的兴趣与爱好。虽然正式的社会群体内成员不像家庭成员和朋友那么亲密，但是彼此之间有讨论和交流的机会。群体内那些受尊敬和仰慕的成员的消费行为，可能会被其他成员谈论或模仿。

正式的社会群体的成员还会购买一些相同的产品。比如业余摄影爱好者协会的成员要购买各种摄影器材，在购买这些产品时，成员彼此之间会相互影响，对于生产、销售摄影器材和提供相关服务的企业，自然应密切注意这类协会的活动动态，并研究如何通过协会或协会内的某些重要人物的消费行为来影响其他成员。

（四）购物群体

为了消磨时间，或者为了购买某一具体的产品而一起上街的几位消费者就构成了一个购物群体。购物群体内的成员，通常是有业余时间的家庭或朋友。人们一般喜欢邀请乐于参谋且对特定购买问题有知识和经验的人一起上街购物。与他人一起购物不仅能降低购买决策的风险性，而且还能增加购物过程的乐趣。在大家对所购商品均不熟悉的情况下，购物群体很容易形成，因为此时消费者可以依赖群体智慧，从而对购买决策更加有信心。

一种颇为特别的购物群体是在家购物群体，其成员聚集在某位朋友家里，观看和评价某一种或某一类产品。在家购物群体为营销者同时为多位潜在顾客展示产品提供了机会，一些群体成员最初可能对是否购买展示中的产品拿不定主意，但当有人购买后，会产生一种跟风效应，即犹豫不决者也随大家一起购买该产品。

（五）消费者行动群体

在西方消费者保护运动中，涌现出一种特别的社会群体，即消费者行动群体，这种群体大致分为两种类型：

(1) 为纠正某个具体的有损消费者利益的行动或事件而成立的临时性团体。

(2) 针对某些广泛的消费问题而成立的持久的消费者组织。

比如学生家长临时组织起来，对学校的办学方针和政策进行质询，要求学校领导纠正某些损害学生利益的做法，就属于前一种类型的消费者行动群体。又如针对青少年吸烟、吸毒而成立的反吸烟或反吸毒组织就属于后一种类型的消费者行动群体。大多数消费者行动群体的目标是唤醒社会对有关消费者问题的关注，对有关企业施加压力，并且促使它们采取措施改正那些损害消费者利益的行为。

(六) 工作群体

工作群体可以分为两种类型：

(1) 正式的工作群体，即由一个工作小组里的成员组成的群体，如同一个办公室里的同事、同一条生产线上的装配工人，等等。

(2) 非正式工作群体，即由在同一个单位但不一定在同一个工作小组里工作，并且形成了较为密切关系的一些朋友所组成。由于在休息时间或下班时间中有较多的接触，所以非正式工作群体如同正式工作群体一样，也会对所属成员的消费行为产生重要的影响。

第二节　参照群体对消费行为的影响

一、参照群体的含义

参照群体是指个体在形成其购买或消费决策时，用以作为参照、比较的个人或群体。他们的看法和价值观被个体作为自己当前行为的基础。对参照群体的理解，主要有三种外延：① 在进行对比时作为参照点的群体。② 行动者希望在其中获得或保持承认的群体。③ 其观点被行动者所接受的群体。

美国社会学家 H. 海曼于 1942 年最先使用参照群体这一概念，用以表示在确定自己的地位时与之进行对比的人类群体。凯利(Kelly)把参照群体划分为：为自我评价而利用比较标准的群体和以个体的价值和规范以及态度源泉来使用的群体，提出了参照群体规范性影响的特点。谢里夫(Sherif)把参照群体划分为个体之间有实际所属关系的群体和心理上热望所属关系的群体，并且也把这些实际上没有所属关系但是热望所属的群体称之为参照群体。希望向上迁移的群体往往效仿上层群体的态度和行为，所以对他们来说上层群体就是一种热望群体。从社会距离(socially distant)角度分析参照群体的一些研究表明，个体越是知觉到存在社会距离的参照群体成员以及群体活动，也就越会受到此参照群体的影响。

如同从行为科学里借用的其他概念一样，参照群体的含义也在随着时代的变化而发生变化。参照群体最初是指家庭、朋友等个体与之具有直接互动的群体，但现在参照群体的内涵不仅包括这些具有互动基础的群体，而且也涵盖了个体没有直接面对面接触，但对个体行为产生影响的个体或群体。比如像电影明星、体育明星、政治领袖和其他公众人物的言行举止，等等，均可作为消费者决策时的参考和指南。

二、参照群体的类型

参照群体具有规范和比较两大功能。规范功能在于建立一定的行为标准，比如受父母的影响，子女在食品的营养标准、如何穿着打扮、到哪些地方购物等方面形成了某些观念和态度，个体在这些方面所受的影响对行为具有一定的规范作用。比较功能是指个体把参照群体作为评价自己或别人的比较标准和出发点。如个体在布置、装修自己的住宅时，可能以邻居或仰慕的某位熟人的家居布置作为参照和仿效的对象。

参照群体可以根据个体的成员资格和群体对个体行为、态度的正面或负面影响力进行分类。表 10-1 描述了根据这一思路所划分的四种参照群体类型，即会员群体、热望群体、拒绝群体和回避群体。

表 10-1　参照群体的类型

影响力	成员资格	
	所属群体	非所属群体
肯定的	会员群体	热望群体
否定的	拒绝群体	回避群体

(一) 会员群体

会员群体是指个体享有会员资格的群体。会员群体的成员一般对群体影响持有肯定的态度。根据会员群体的互动作用和接触程度可以分为主要群体和次要群体；根据群体的组织程度分为正式群体与非正式群体(如表 10-2 所示)。

表 10-2　会员群体的类型

接触程度	组织程度	
	正式群体	非正式群体
主要群体	主要的正式群体 (学校群体、工作群体等)	主要的非正式群体 (家庭、朋友圈子等)
次要群体	次要的正式群体 (同学会等)	次要的非正式群体 (购物群体等)

(二) 热望群体

热望群体是指个体热切地希望加入，并追求心理上认同的群体。热望群体根据接触程度可分为预期性的热望群体和象征性的热望群体。预期的热望群体是指个体期望加入并在大部分情况下经常接触的群体。比如大部分公司的职员把公司经理层理解为热望群体，因为在市场经济环境下，消费者往往把财富、名誉以及权利看成是重要的社会象征。在高级服装、化妆品广告中以社会成功感或荣誉感为诉求，其重要原因就是利用了人们向往热望群体的心理。象征性的热望群体是个体并没有隶属于某一类群体的可能性，但是接受向往群体的价值、态度以及行为的群体。比如在广告策略中常常请明星、名人来代言自己的产品。

(三) 拒绝群体

拒绝群体是指个体隶属于某一群体，并经常面对面地接触，但是对其群体的态度、价值观念和行为感到不满，而倾向于采取与之相反的准则。比如有些青少年对父母过分的教育反而感到厌倦，则采取与父母的教育相反的行为。

(四) 回避群体

回避群体是指个体不愿意与之发生联系，并且没有面对面接触的群体。只要有可能个体会竭力避开这些群体，比如大部分人一般回避吸毒者、黑社会组织等。回避群体的嗜好、行为更容易引起大部分消费者的信念或态度，所以企业做广告时就应该更多地利用肯定的参照群体，回避群体一般极少单独在广告上出现。

三、参照群体的影响方式

人们总是希望自己富有个性和与众不同，然而群体的影响又无处不在。不管是否愿意承认，每个人都有与大部分群体保持一致的倾向性。那么参照群体又是如何影响消费者消费行为的呢？早在20世纪50年代多伊奇(Deutsch)和朗格勒(Gerard)就把参照群体的影响分为两种，即信息性的社会影响和规范性的社会影响。后来帕克(Park)和莱斯格(Lessig)进一步扩大为三种方式，即信息性影响、规范性影响和价值表现性影响(如表 10-3 所示)。

表 10-3　参照群体的三种影响方式

影响方式	目的	来源特征	结　果
信息性影响	获取知识	可信度	由于群体的专门性而接受品牌
规范性影响	赢得外部奖赏	社会的力量	顺从群体
价值表现性影响	维持地位、强化	类似性	与群体认同

(一) 信息性影响

信息性影响是指参照群体成员的行为、观念、意见被个体作为有用的信息予以参考，由此对其行为产生影响。信息从参照群体传递到消费者有三种方式：可能是有意识地主动寻求，可能是在偶然或不经意间听到，也可能是参照群体的成员热心的推荐或劝说的结果。

当消费者对所要购买的商品缺乏了解，凭观察和触摸又难以对产品品质作出判断时，别人的使用和推荐将被视为非常有用的证据。当然参照群体所给予的信息对消费者个体的影响程度，往往取决于被影响者与群体成员的相似性、施加影响的群体成员的专长性、或者信息是否能解决当前的问题。比如某人发现好几位朋友都在使用某种品牌的护肤品，于是她决定试用一下，因为这么多朋友都在使用也就意味着该品牌一定有其优点和特色。又如某人决定购买一台联想牌笔记本电脑，因为他一位精通计算机的朋友买的就是这种品牌，或曾经向他推荐过这种品牌的电脑。在以上这些例子中，参照群体对个体的影响都是通过信息的提供和共享而实现的。

(二) 规范性影响

规范性影响是指由于群体规范的作用而对消费者的行为产生影响。规范是指在一定社会背景下，群体对其所属成员行为合适性的期待，它是群体为其成员确定的行为标准。规范性影响之所以会发生并且起作用，主要是由于奖励和惩罚的存在。当参照群体可以给予消费者某些重要的奖赏或者惩罚时，参照群体对个体行为的规范性影响就产生了。

奖赏和惩罚可以是有形的，比如奖金、解雇等；也可以是心理上或社会上的结果，比如赞美、讽刺等。例如消费者为了得到朋友们的赞同，往往会专门购买某一特定品牌的汽车。营销人员会利用一些口香糖或洗发水广告来显示人们不喜欢别人身上的异味或肩上的头皮屑，这些都是运用了参照群体的规范性影响。

(三) 价值表现性影响

价值表现性影响是指个体自觉遵循或内化参照群体所具有的信念和价值观，从而在行为上与之保持一致。比如某位消费者感到那些有艺术气质和素养的人通常是留长发、蓄络腮胡、不修边幅的，于是他也留起了长发，穿着打扮也不拘一格，以此来反映他所理解的那种艺术家的形象。此时该消费者就是在价值表现上受到参照群体的影响。

个体之所以在没有外在奖惩的情况下自觉依照参照群体的规范和信念行事，主要是基于两方面的驱动：① 个体可能利用参照群体来表现自我，提升自我形象。② 个体可能特别喜欢该参照群体，或对该群体非常忠诚，并希望与之建立和保持长期的关系，从而视该群体价值观为自身的价值观。参照群体具体影响消费者行为的方式见表 10-4 和表 10-5。

表 10-4　参照群体具体影响消费者行为的方式

影响方式	参照群体具体影响消费者行为的方式
信息性影响	消费者从职业社团或专家群体那里搜寻品牌信息； 消费者从专门从事有关产品工作的人那里搜寻信息； 消费者从朋友、邻居、亲戚或同事那里搜寻有关品牌的知识和经验； 消费者所选择的品牌受到查看某一独立检测部门肯定性报告的影响，在这种情况下消费者从其并不隶属但抱有好感的群体那里获得信息； 消费者观察到的专家们的所作所为，影响到自己的品牌选择
规范性影响	为迎合工作中同事的期望，消费者容许同事的偏好来影响自己的品牌抉择； 消费者的决策顺从于常有社交往来的人的偏好； 家庭成员的偏好影响消费者的选择； 为迎合他人期望的愿望，影响到消费者的品牌选择
价值表现性影响	消费者感到购买或使用某种品牌可以改善在他人心目中的形象； 消费者感到购买或使用某种品牌的人具备他们极想拥有的品质和特征； 消费者有时感到成为广告中所显示的使用某种品牌的那类人是相当不错的； 消费者感到那些购买某种品牌的人受到其他人的崇敬或尊重； 消费者感到购买某种品牌有助于向他人展示自己是怎样的人或将成为怎样的人

表 10-5 在特定情境下参照群体的影响方式举例

	具体情境	行为反应	影响类型
①	朋友提到某某商场有很多新款式的服装	消费者需要买一件，就去了一趟该商场	信息性影响
	消费者在几位朋友家里都喝到雀巢咖啡	消费者决定试一试雀巢咖啡	
②	消费者的邻居认为自己的车太脏	消费者冲洗汽车并给车上了蜡	规范性影响
	广告中强调口臭在社交场合造成的尴尬	消费者购买了被推荐的除口臭产品	
③	消费者发现朋友圈中流行打太极拳	消费者认为有益身体健康，决定加入	价值表现性影响
	消费者发现很多上层社会家庭的书卷气息很浓	消费者买了很多书和字画	

四、决定参照群体影响强度的因素

参照群体并不会对消费者的每一个购买决策都产生影响，即使在群体影响确实起作用的情况下，消费者也会受到其他因素的影响。因此在不同情况下，参照群体对消费者购买行为的影响强度是不一样。具体而言，决定参照群体影响强度的因素主要有以下几个方面。

(一) 产品本身的特征

决定参照群体影响强度的产品本身的特征主要体现在以下方面。

1. 产品使用时的可见性

一般而言，产品或品牌的使用可见性越高，参照群体的影响力也就越大，反之则越小。最初的研究发现，商品的“炫耀性”是决定参照群体影响强度的一个重要因素。后来的一些研究探索了不同产品领域参照群体对产品与品牌选择所产生的影响，其中拜尔顿(Bearden)和埃内尔(Etzel)的研究从产品可见性和产品的必需程度两个层面对消费情形进行分类，然后分析在这些具体情形下参照群体所产生的影响，如表 10-6 所示。

表 10-6 产品特征与参照群体的影响

可见性	必需程度	
	必需品 参照群体对产品选择影响力弱	非必需品 参照群体对产品选择影响力强
高可见性 参照群体对品牌选择有强的影响力	公共必需品 影响力：对产品弱，对品牌强 例子：手表、汽车	公共奢侈品 影响力：对产品、品牌均强 例子：滑雪、健康俱乐部
低可见性 参照群体对品牌选择有弱的影响力	私人必需品 影响力：对产品、品牌均弱 例　子：床垫、冰箱	私人奢侈品 影响力：对产品强，对品牌弱 例子：家庭娱乐中心

2. 产品的必需程度

对于食品、日常用品等生活必需品，消费者比较熟悉，而且很多情况下已经形成了习惯性购买，此时参照群体的影响相对较小。相反，对于奢侈品或非必需品，如高档汽车、时装、游艇等产品，购买时受参照群体的影响较大。

3. 产品与群体的相关性

某种活动与群体功能的实现关系越密切，个体在该活动中遵守群体规范的压力也就越大。比如对于经常出入豪华餐厅和星级宾馆等高级场所的群体成员来说，穿着打扮比较讲究。而对于只是在一般酒吧喝啤酒或者一个星期中的某一天打一场篮球的群体成员来说，着装对其重要性就小得多。

4. 产品的生命周期

亨顿认为当产品处于导入期时，消费者的产品购买决策受群体影响很大，但品牌决策受群体影响较小。在产品成长期，参照群体对产品及品牌选择的影响都很大。在产品成熟期，群体影响在品牌选择上大而在产品选择上小。在产品的衰退期，群体影响在产品和品牌选择上都比较小。

(二) 消费者的个性特征

决定参照群体影响强度的消费者的个性特征主要体现在以下方面。

1. 消费者的经验与信息来源

当一个消费者本身对该商品具有丰富的经验或可以取得足够的信息时，消费者受到参照群体的影响程度就会相对变得小很多。

2. 个体在购买中的自信程度

相关研究表明，消费者在购买彩电、汽车、家用空调、保险、冰箱、媒体服务、杂志书籍、衣服和家具时，最易受参照群体的影响。尽管这些产品，如保险和媒体服务的消费，既非可见，又同群体功能没有太大关系，但是它们对于个体而言非常重要，而大多数人对它们又只拥有有限的知识和信息。这样，参照群体的影响力就由于个人在购买这些产品时信心不足而变得强大起来。此外，自信程度并不一定与产品知识成正比。有研究发现，知识丰富的汽车购买者比那些购买新手更容易在信息层面受到参照群体的影响，并喜欢和同样拥有知识的伙伴交换信息和意见。新手则对汽车没有太大兴趣，也不喜欢收集产品信息，他们更易受到广告和推销人员的影响。

3. 个体对群体的忠诚程度

个体对群体忠诚，他就越可能遵守群体规范。当消费者参加一个热望群体的晚宴时，在服装选择上，他可能更多地考虑该群体的期望，而参加无关紧要的群体晚宴时，可能不是很特别在意所穿的服装。

延伸阅读 10-1

参照群体对大学生消费行为的影响

参照群体影响大学生对产品品牌的选择，对于同质化的产品来说，品牌无疑赋予了产品新的内涵、新的生命力，对大学生也具有更大的吸引力。大学生倾向于选择与自己的群体身份相适应的品牌，相同的品牌会让他们感觉自己得到所在群体的认可。大学生对移动电话运营商的选择充分体现了参照群体对品牌的影响力。

参照群体在一定程度上影响其成员的价值观，经常在一起的人会产生相同的审美观和价值观。在校园里，经常可以看到一个寝室的所有成员都喜欢运动，而另外一个寝室的都喜欢音乐；一个寝室的服装风格是休闲，而另外一个寝室服装风格则是运动。频繁接触的参照群体的影响造成了审美和价值的一致，这种一致性体现在他们消费品的趋同上。

参照群体中的意见领袖对大学生的消费有重要的影响。意见领袖是指帮助他人过滤、解释或提供信息的人。意见领袖不但可以在人们需要的时候提供建议，而且在人们没有提出要求时，也会主动地提出建议。人们在做出购买决策的时候，往往深受意见领袖的影响。尤其是当这个意见领袖是某方面的专家，或者对所购买产品的介入程度高且对于个人而言是非专业购买的时候，意见领袖会代为做出最终决策甚至代为购买。

意见领袖对产品或品牌在群体内的扩散影响较大。产品生命周期理论将产品划分为四个阶段，包括导入阶段、成长阶段、成熟阶段和衰退阶段。不同产品生命周期，新产品在群体内的扩散速度和方式也不同。在导入阶段，企业通过意见领袖来导入产品。产品导入后，随着意见领袖的影响，该产品在群体内传播，进入成长阶段后，该过程发展比较缓慢。群体内的沟通又促使产品在群体内部迅速自发扩散，最终进入成熟阶段，这一阶段的速度最快。

(资料来源：作者根据相关资料整理而成。)

五、参照群体在营销中的具体运用

参照群体在营销中的具体运用体现在名人效应、专家效应、普通人效应和经理型代言人方面。

(一) 名人效应

名人或公众人物如影视明星、歌星、体育明星，作为参照群体对公众尤其是对崇拜他们的受众具有巨大的影响力和感召力。对很多人来说，名人代表了一种理想化的生活模式。正因为如此，企业花巨额费用聘请名人来促销其产品。研究发现，用名人做代言的广告较不用名人的广告评价更正面和积极，这一点在青少年群体上体现得更为明显。但是，名人广告也面临着较大的风险：首先并非所有的名人都适合为企业做广告，名人的声誉和形象应与广告产品或服务的形象定位相一致。其次名人的可信度直接影响到广告效应，消费者若认为名人对广告产品并不熟悉也没有使用体验，或者认为名人是受金钱驱使而为企业做广告，名人广告的效果就会明显下降。最后名人往往是媒体关注的焦点，一旦卷入某些不光彩事件或丑闻的话，则不可避免地会对名人所代言的品牌或企业带来负面的影响。

运用名人效应的方式多种多样。比如可以用名人作为产品或公司代言人，即将名人与产品或公司联系起来，使其在媒体上频频亮相。也可以用名人作证词广告，即在广告中引述广告产品或服务的优点和长处，或介绍其使用该产品或服务的体验。还可以采用将名人的名字使用于产品或包装上等做法。

(二) 专家效应

专家是指在某一专业领域受过专门训练，具有专门知识、经验和特长的人。医生、律师、营养学家等均是各自领域的专家。专家所具有的丰富知识和经验，使其在介绍、推荐产品与服务时较一般人更具有权威性，从而产生专家所特有的公信力和影响力。尤其是那些与消费者身心健康密切相关或社会经济风险较大，且又需要专业知识和经验的产品或服务，如食物、药品等产品，或医疗、法律等专业服务，利用专家为广告代言人则会产生明显的说服效应。当然，在运用专家效应时，一方面应注意法律的限制，如有的国家不允许医生为药品做证词广告。另一方面应避免公众对专家的公正性、客观性产生怀疑。

(三) 普通人效应

运用满意顾客的证词证言来宣传企业的产品或服务，是广告中常用的方法之一。由于出现在荧屏上或画面上的证人或代言人是和潜在顾客一样的普通消费者，这会使受众感到亲近，从而使广告诉求更容易引起共鸣，获得认同。如今，越来越多的企业在电视广告中展示普通消费者或普通家庭如何用广告中的产品解决其遇到的问题并获得满意的效果，如何从产品的消费中获得乐趣等。由于这类广告贴近消费者，反映了普通消费者的消费感受，因此它们可能更容易获得被认可。

(四) 经理型代言人

近些年来以公司经理或总裁作为广告代言人的做法渐趋流行。公司的总裁或总经理，尤其是大公司的首席执行官，一直是社会关注的焦点，传奇的经历和成功的业绩使他们备受公众的仰慕或崇拜，以他们作为广告代言人，无疑能够吸引更多的受众和提高广告的可信度。同时，以他们作为广告代言人，也向社会公众传递这样一种信息，即公司高层关注消费者的利益，进而可能激起消费者对公司产品或服务的信心。

第三节　家庭对消费行为的影响

一、家庭的概念、类型及其对消费者行为的意义

(一) 家庭的概念

家庭是指以婚姻关系、血缘关系和收养关系为纽带而结成有共同生活活动的社会基本单位。家庭既是很多产品的基本消费单位，又是一种重要的社会群体。它对个体性格和价值观的形成，对个体的消费与购买决策模式均会产生非常重要的影响。可以说，几乎所有消费者的购买模式都带有家庭影响的烙印。

(二) 家庭的类型

家庭按其成员构成可以分为以下几个类型：

(1) 核心家庭。是指由父母双方或其中一方同他们未婚子女所组成的家庭，也包括只有一对夫妇，还没有孩子的家庭。

(2) 主干家庭。是指一个家庭中至少有两代人，且每代只有一对夫妇(包括一方去世或离异)的家庭，这种家庭最典型的形式是三代同堂家庭。

(3) 联合家庭。是指父母双方或其中一方同多对已婚子女组成的家庭，或兄弟姐妹婚后仍不分家的家庭。

(4) 其他类型的家庭。是指除了上面几类家庭以外的家庭，如未婚兄弟姐妹组成的家庭。

◇ 案例 10-2

“分享装”可口可乐

英国可口可乐公司的总裁意识到，许多核心消费者并不生活在传统家庭中。研究发现，英国大部分家庭没有小孩或是单亲家庭，由于住房费用不断提高，这些人大多数和其他人同住。为了满足他们的需要，可口可乐推出了“分享装”(1.25 升)可乐，使两个同住者能更方便地像传统家庭那样分享饮料。有一则广告巧妙地对此进行了描述，在一张海报上展示了年轻男女穿着一件很大的、伸展开的内衣，而另一张海报描绘了两个中年男人戴着同一副看来黏糊糊的假发，广告上写着“分享装新可乐，给那些爱分享的人”。

(资料来源：作者根据相关资料整理而成。)

(三) 家庭对消费者行为的意义

家庭对消费者行为有着重要的意义：

(1) 家庭是大部分商品或服务的主要目标市场。家庭消费不同于个体消费，家庭消费无论是在消费数量上还是消费种类上都远远超过个人消费。许多商品或服务都是以家庭为单位进行购买和消费的，因此家庭是许多企业的目标市场。

(2) 家庭决定家庭成员的消费方式。当青年男女组建家庭以后，他们都会调整或改变自己的消费行为，寻找能为双方接受、认可的消费方式。

(3) 家庭对于子女的消费方式有着潜移默化的影响。子女对于消费行为的学习、理解、把握是从他们观察父母的消费开始的，父母的消费观念、消费行为、消费文化会通过他们的言传身教一代代地被继承下来，如父母的仪表、品味、穿戴习惯会直接影响子女的着装观念。

住户则是一个范围更广泛的社会群体或购买决策单位。住户是指居住生活在同一住宅单元或同一屋檐下的人所组成的群体。家庭和住户经常被交替使用，但这两者既有联系又有区别：一方面住户包括了家庭，另一方面住户强调的是其成员居住生活在同一起居空间，而不注重婚姻、血缘或收养关系。住户可以分成家庭住户和非家庭住户。当住户中的成员有婚姻、血缘或收养关系时，就称其为家庭住户。当住户中的成员没有婚姻、血缘或收养关系时，就称其为非家庭住户。在我国，现阶段家庭和住户基本上是一致的，绝大多数的住户属于家庭住户。但是随着社会的变迁，社会竞争压力的增大，我国的非家庭住户正呈现日益增长的趋势，如现在很多刚毕业的大学生在就业时，几个人合租一套商品房，以减轻房租的压力，就属于典型的非家庭住户。

二、家庭的功能

家庭作为社会的基本组织，具有很多的功能，这其中经济功能、情感交流功能、赡养与抚养功能和社会化功能都与消费者行为研究联系较为密切。

(一) 经济功能

在小农经济社会，家庭既是一个生产单位，又是一个消费单位，他发挥着重要的经济功能。在现代社会条件下，家庭的经济功能尤其是作为其重要内容的生产功能尽管有所削弱，然而为每一个家庭成员提供家庭福利和保障，仍然是家庭的一项主要功能。在传统上，丈夫是家庭经济来源的主要提供者，从而使他在家庭中占有支配性地位。而如今越来越多的妇女参加工作，她们对家庭所做的经济贡献也越来越大。

(二) 情感交流功能

家庭成员的人际关系一般是最亲密的，家庭也是思想、情感交流最丰富的场所。一个人在工作、生活等方面遇到困难、挫折和问题的时候，能够从家庭中得到安慰、鼓励和帮助。家庭成员之间的亲密交往和情感交流，是建立在亲缘关系基石上的，因此具有较为坚固的基础。在现代竞争日益激烈的社会里，人们对获得家庭的关爱有着更为强烈的要求。

(三) 赡养与抚养功能

抚养未成年家庭成员以及赡养老人或丧失劳动能力的家庭成员，是人类繁衍的需要。当子女还没有独立生活能力的时候，父母负有抚养他们的责任，否则他们就无法生存，人类也就无延续。当父母老了或者丧失劳动能力的时候，子女同样也负有赡养老人的义务。家庭的这类功能，将随着社会保障制度的完善部分地由社会来承担，但它不可能完全外移。

(四) 社会化功能

家庭成员的社会化尤其是儿童的社会化，是家庭的核心功能。人从刚出生时的一无所知，到慢慢地获得与社会文化相一致的价值观和行为模式，这一过程大部分是在家庭中完成的。孩子们通过接受父母的教育，或通过模仿大人的行为，获得待人接物、适应社会的各种观念、规范和技巧。儿童时期所习得的行为、观念，对人的一生都将产生深远的影响，从这个意义上讲，家庭所履行的社会化功能，对个人的成长非常关键。

三、家庭生命周期

随着时间的推移，家庭会经历一系列不同的阶段。在各个阶段，家庭人数、家庭成员生理状况与心理需要都具有不同的特点，由此使家庭消费呈现出不同的模式。大多数家庭都会经历结婚成家、生儿育女、儿女成人自立门户、夫妻退休、丧偶等变化，家庭发展过程中所经历的这一系列不同阶段被称为家庭生命周期。换而言之，家庭生命周期是指一个家庭从建立、发展到最后解体所经历的整个过程，通常分为数个阶段，它是由婚姻状况、家庭成员年龄、家庭规模以及主人的工作状况等因素综合考虑而成的。

对家庭生命周期各阶段的划分，目前比较多的是分为五个阶段：单身阶段、新婚阶段、满巢阶段、空巢阶段和解体阶段。当然并非所有的家庭都一定会完全按照这个顺序发展，但对于其中每一个阶段而言，处于该阶段的消费者其行为有着许多共同的、明显的特征。

(一) 单身阶段

单身阶段主要是指个体离开父母独立生活到结婚组建家庭为止的阶段。在国外很多年轻人有了独立生活能力以后就离开父母独闯天下。在我国，随着大学生就业和进城打工者人数的增多，这部分群体数量也在逐渐增多。处于单身阶段的消费者一般比较年轻，没有什么经济负担，从而拥有较高的可支配收入，消费心理则多以自我为中心。收入的大部分被用于支付房租，购买个人护理用品、基本的家用器具，以及用于交通、度假等方面。这一群体比较关心时尚、崇尚娱乐和休闲，消费内容有着明显的娱乐导向。

(二) 新婚阶段

新婚阶段指的是已经结婚到他们的第一个孩子出生为止的阶段。随着人们工作、生活节奏的加快以及观念的转变，这个阶段在整个家庭生命周期中所占的时间比例有增大的趋势。由于暂时没有孩子的负担，因此这一阶段的消费者相对比较富裕，其消费心理与行为主要以规划和发展小家庭为核心，包括购买家庭保险，进行家庭储蓄，购买日常用品，以及进行浪漫的休闲、度假等。这个阶段的消费者构成了电影院门票、高档服装和家具、餐馆饮食、休闲度假等商品和服务的重要市场。

(三) 满巢阶段

满巢阶段是一个相对比较长的阶段，是指从第一个孩子出生到最小的孩子也已长大成人的这段时间。

这一阶段的持续时间往往比较长，一般会超过 20 年，所以一般把该阶段又进一步划分为三个阶段，即满巢Ⅰ、满巢Ⅱ和满巢Ⅲ三个阶段。

1. 满巢Ⅰ

满巢Ⅰ阶段主要是指家里最小的孩子在 6 岁以下的家庭。处于这一阶段的家庭由于家庭增加了新的成员，负担增加，常常感到购买力不足，在孩子的服装、食品和玩具上的支出较大。但是需要指出的是这一阶段家庭的消费行为除了受购买力的影响之外，因为这一时期孩子需要专人照看，所以这一时期的消费行为往往还要受到时间因素的影响。

2. 满巢Ⅱ

满巢Ⅱ阶段主要是指最小的孩子在 6 岁以上，多在小学或中学读书的家庭。在我国由于教育费用的提高，处于这一阶段的家庭主要是以孩子的教育支出为主，这阶段的教育除了承担孩子学校教育的费用以外，还需要承担孩子的兴趣培养和素质提高等方面的支出，因此这阶段家庭各方面的消费都比较节俭，会尽可能压缩其他各种消费支出。

3. 满巢Ⅲ

满巢Ⅲ阶段主要是指年纪较大的夫妇和尚未完全独立的子女所构成的家庭。处于这一阶段的家庭，由于收入随着工龄的提高而增加，孩子的负担又减少了，经济状况得到明显改善，因此会增加对耐用消费品、体育锻炼、医疗保健、娱乐休闲或旅游度假等方面的开支。

(四) 空巢阶段

空巢阶段始于小孩不再依赖父母，也不与父母同住，与满巢期一样，这一阶段延续的时间也比较长。空巢阶段可以具体划分为空巢Ⅰ和空巢Ⅱ两个阶段。

1. 空巢Ⅰ

空巢Ⅰ阶段是指子女已经成年并且独立生活，但是父母还在工作的家庭。处于这一阶段的消费者经济状况最好，因为孩子已经完全独立，不需要父母的支持，而且父母还在继续工作，因此可能购买娱乐品和奢侈品。另外这一阶段的消费者空闲时间增多，由于没有孩子在时间上的拖累，夫妻拥有更多的可自由支配的时间，可以做一些他们过去想做但没有时间去做的事情，如培养业余兴趣、继续接受教育或旅游度假等。

2. 空巢Ⅱ

空巢Ⅱ阶段是指子女独立生活，父母也已经退休的家庭。处于这一阶段的消费者收入大幅度减少，而且随着对健康的关注，他们的消费更加趋于谨慎，倾向于购买有益健康的商品或服务。另外这一阶段的消费者由于合适的娱乐活动太少，所以他们会把时间花在看电视上，因此电视成了他们最主要的信息来源。该阶段对于那些有一定积蓄的家庭，会产生一种“补偿消费”的心理。

(五) 解体阶段

自然法则决定着家庭的最终走向，当夫妻中的一方过世或生活能力极大下降时，就进入了家庭生命周期的最后一个阶段即解体阶段。该阶段的个体不得不转向依靠子女而生活。如果在世的一方身体尚好，仍有收入来源或有足够的储蓄，并有朋友和亲戚的支持和关照，家庭生活的调整就比较容易。但是，由于收入来源的减少以及老年人自身活动能力的减弱，其消费能力也相应下降，此时会形成一种较为节俭的生活方式，消费上基本以生活保障和保健为主。如果身体多病的话，医药方面的费用开支也不少。

随着我国近几十年来的社会变迁，家庭生命周期出现了许多新情况：① 平均结婚年龄有所推迟，再加上要攒足婚礼费用(包括购置家具)，所以导致单身阶段时间被拖长。② 现在抚育孩子的费用大大增加，再加上工作的压力，许多人不愿意过早生育孩子，就推迟了首次生育的时间。③ 随着生活水平的提高，人们的平均寿命延长，拉长了家庭生命周期，尤其是空巢阶段。④ 离婚率上升，单亲家庭日益增多。⑤ 生育率的降低，极大地改变了各个阶段的年龄分布和时间长短。

四、家庭角色划分

在现实生活中，消费通常是以家庭为单位进行的，很多情况下商品或服务的购买者与使用者不是同一人。使用者与购买者分离的事实说明，为了使其功能得到正常发挥，在家庭的购买活动中，每个家庭成员都可以扮演不同的角色，发挥不同的作用。一般而言，家庭消费决策过程中至少涉及以下五种角色：

(1) 倡议者。提议购买某产品或使其他家庭成员对某产品产生购买兴趣的家庭成员。

(2) 影响者。为其他家庭成员提供有关产品和服务信息的家庭成员。

(3) 决策者。有权决定购买什么以及何时购买的家庭成员。

(4) 购买者。实际进行购买的家庭成员。购买者与决策者可能不同，比如青少年可能有权决定购买何种汽车，但其父母才是实际与经销商进行议价并付款的人。

(5) 使用者。在家庭中实际消费或使用由他们自己或其他家庭成员所购买产品的家庭成员。

在许多家庭中，产品的使用者通常都不是购买者。例如，儿童使用的护理产品，其广告的诉求对象应该是母亲，因为她们才是产品的决策者和购买者。同样母亲和妻子是家庭中大部分衣物的购买者，包括她们丈夫和孩子的衣物。对于营销人员而言，将家庭购买情形与家庭成员的角色划分结合起来考虑是很重要的。一般认为，个人既是决策者又是消费者(使用者)，但家庭营销却增加了三种可能：有时涉及一个以上的决策者；有时涉及一个以上的消费者(使用者)；有时决策者与消费者(使用者)是不同的人。

五、家庭购买决策

(一) 家庭购买决策类型

家庭购买决策是指由两个或两个以上家庭成员直接或间接作出购买决定的过程。家庭购买决策作为一种集体决策，在很多方面都有别于个人决策。具体而言，家庭购买决策主要有以下四种方式：

(1) 妻子主导型。在决定购买什么的问题上，主要由妻子作主。

(2) 丈夫主导型。在决定购买什么的问题上，主要由丈夫作主。

(3) 自主型。由丈夫或妻子独立做出决定，常见于不太重要的购买活动中。

(4) 民主型。丈夫和妻子共同作出购买决策。

相关研究发现，购买人寿保险通常属于丈夫主导型决策；度假、孩子上学、购买和装修住宅则多为民主型决策；清洁用品、厨房用具和食品的购买上基本上是妻子主导型决策；饮料、花园用品等商品的购买一般属于自主型决策。以往对家庭购买决策类型所进行的研究，一般都忽略了一个重要参与者，即孩子。在我国，虽然一般的城镇家庭都是独生子女，儿童的数量正在稳定地减少，但随之而来的是儿童在家庭中地位的提高，他们对家庭购买决策的影响力也越来越大，这一变化使得儿童市场变得日益庞大和重要。

延伸阅读 10-2

国内逾六成女性决策家庭财务

“中国内地女性在家庭财务决策中更具主动性，逾六成内地女性担当家庭财务的决策者，高出男性受访者5个百分点，而在其他国家和地区，男性在家庭财务决策中则居主导地位。”日前，汇丰人寿保险一项针对未来退休生活的全球调查报告《家庭财务规划关乎未来退休生活》最新出炉，该项调查是针对人们对待未来退休生活的态度及采取的财务行动而进行的专项研究，调查涵盖了全球17个国家和地区，其结论主要如下。

1. 家庭决策权多由女性执掌

记者了解到，在此次调查中，被问及在家庭财务决策中扮演的角色时，63%中国内地女性受访者表示，她们是家庭财务的决策者，高出男性受访者(58%)5个百分点，而与之相对的全球其他国家和地区的调研结果显示，男性在家庭财务决策中居主导地位，65%的男性表示他们是家庭财务的决策者，明显高出女性受访者的53%。

而在家庭日常管理方面，全球近四成女性受访者表示家庭日常支出管理由她们主要负责，略高于男性受访者的34%，而在中国内地，女性持此观点的比例达38%，也高于男性的35%，此外，超过半数的中国内地受访者表示夫妇双方共同承担上述家庭责任。

汇丰人寿前首席执行官老建荣表示，从全球整体的调研结果来看，男性主要扮演了家庭财务决策的角色，而女性则更多地负责家庭日常财务的管理。但是，在中国内地调研结果却与全球普遍情况不同，即内地女性除了管理家庭日常的财务支出外，她们更在家庭财务规划中扮演着重要角色。随着中国城市化的加速发展，中国内地女性的教育和职业化程度让她们在家庭财务决策中的地位不断提高。

对此，理财专家建议，由于家庭财务需求在人生的各阶段会有所不同，无论是家庭保障、子女教育储备，或是退休养老，任何财务决定都关乎家庭成员的未来生活，因此建议家庭的财务决策应由夫妇双方共同商讨决定，以确保家庭各个成员的财务需求都能得到充分的满足。

2. 财务专业知识较低

同时，此次调查还涉及了受访者掌握财务规划专业知识的程度，在中国内地，76%的中国内地受访者表示拥有财务规划，但仅有 4%的受访者认为他们精通财务规划之道，而女性受访者的该比例仅为 1%，为全球受访国家和地区中最低。

市场人士分析，在实际生活中，中国内地居民在财务规划专业知识方面的程度普遍不高，尽管许多人都有一定的财务规划，但财务缺口依然存在。30～49 岁的人群通常承担更多的家庭责任，包括应对家庭潜在的财务风险、子女教育储备和父母赡养等；然而，他们中近四成没有人寿保险保障；并有超过 1/3 接近退休年龄的受访者没有退休养老规划。

因此，保险专家建议，保险保障是家庭财务规划的后防线，人们可根据家庭的财富管理需求，合理规划未来退休所需，做到殷实储备，确保未来养老生活的品质，而专业金融机构可以协助家庭更轻松地进行财富规划和管理。

3. 投资喜好偏向保守

记者在采访中发现，在被问及投资风险的偏好中，调查显示近六成中国内地受访者和半数亚洲受访者偏好中度或进取的投资策略，明显高于全球平均值的 43%，而全球近六成(57%)受访者的投资态度趋于谨慎，中国内地这一比例仅为 41%，亚洲受访者的该比例为 52%，也低于全球平均值。

此外，全球近七成女性受访者普遍更为偏向保守的投资策略，明显高出男性受访者的 50%，而在中国内地，约半数女性受访者持保守投资策略，而男性持此观点的比例不足四成。

汇丰人寿前首席执行官老建荣认为，在投资风险的偏好方面，亚洲和西方国家的家庭存在差异。多数西方家庭持谨慎投资态度，他们更注重保障家庭财产的安全；而亚洲家庭，尤其是中国内地家庭更渴望参与市场成长，实现家庭财富的增值。中国内地作为全球的高储蓄国家，人们在追求投资收益的同时，更需要关注家庭的需求和资产配置。因此，建议内地居民构建更为平衡、健康及多元化的财富管理体系，注意结合家庭自身的需求和风险承受能力，进而保证家庭财富长期、稳健地增长。

(资料来源：作者根据相关资料整理而成。)

(二) 影响家庭购买决策类型的因素

每种家庭购买决策类型都有不同的特点，那么究竟是哪些因素导致各个家庭采取不同的家庭购买决策类型？学者奎尔斯(W. Quals)在 1987 年发表的研究结论指出，影响家庭采取不同的购买决策类型的主要因素有以下三种。

1. 家庭成员对家庭的财产贡献

家庭的购买是需要有家庭财产做后盾的，因此不同的家庭成员对家庭财产的贡献大小不同，将会导致不同的家庭成员在家庭购买决策过程中的不同地位。一般而言，对家庭财产贡献越大的家庭成员，在家庭购买决策中的发言权也就越大。

2. 决策对特定家庭成员的重要性

有学者认为在家庭内部，实际上也存在着一种所谓“交换”的过程。某位家庭成员可能愿意放弃在某一领域的影响而换取在另一领域更大的影响力。因此，不同的家庭成员就会根据购买决策对自身的重要程度，通过这样的一种交换，来增加他或她对这项决策的影响程度。

3. 夫妻性别角色取向

所谓夫妻性别角色取向是指家庭成员在多大程度上会按照传统的关于男、女性别角色行动。比如在我国的很多家庭中都存在着“男主外，女主内”的传统思想。家庭成员在购买决策中都扮演着一定的角色。传统上，丈夫负责购买机械和技术方面的商品，比如负责评价和购买汽车、保险、维修工具等。妻子通常负责购买家庭清洁与抚养孩子有关的商品，比如孩子的食物与衣服、厨房和厕所用的清洁剂等。随着社会的发展，现代家庭中的性别角色已不再鲜明，夫妻双方的购买角色正越来越多地融合在一起。研究表明，较少传统和更具现代性的家庭，在购买决策中会更多地采用联合决策的方式。

家庭中的角色分配还与家庭所处的家庭生命周期相关，相比于建立已久的家庭，年轻夫妻会更多地进行民主型决策。随着孩子的出生和成长，家庭内部会逐渐形成相对稳定的角色分工。

第四节　从众对消费行为的影响

一、从众的含义

从众是指个体的观念与行为由于受到群体的引导或压力，而趋向于与大多数人相一致的现象。从众行为是社会生活中普遍存在的一种社会行为现象。在消费领域中表现为消费者自觉或不自觉地跟从大多数消费者的消费行为，以保护自身行为与多数人行为的一致性，从而避免个人行为上的矛盾和冲突。这种个人因群体影响而遵照大多数人消费行为方式进行消费，就是从众消费行为。

延伸阅读 10-3

阿 希 实 验

阿希实验是研究从众现象的经典心理学实验，它是由美国心理学家所罗门·阿希(Solomon E.Asch)设计实施的。从众，是指个体受到群体的影响而怀疑、改变自己的观点、判断和行为等，以和他人保持一致。阿希实验就是研究人们会在多大程度上受到他人的影响，而违心地进行明显错误的判断。

阿希请大学生们自愿做他的被试者，实验前他告诉大学生们这个实验的目的是研究人的视觉情况，当某个来参加实验的大学生走进实验室的时候，他发现已经有5个人先坐在那里了，他只能坐在第6个位置上。事实上他不知道，其他5个人是跟阿希串通好了的假被试者(即所谓的“托儿”)。

阿希要大家做一个非常容易的判断——比较线段的长度。他拿出一张画有一条竖线的卡片，然后让大家比较这条线和另一张卡片上画的3条线中的哪一条线等长。判断总共进行了18次。事实上这些线条的长短差异很明显，正常人是很容易作出正确判断的。

然而，在两次正常判断之后，5个假被试者开始故意异口同声地说出一个错误答案。于是被试者开始迷惑了，他是坚定地相信自己的眼力呢？还是说出一个和其他人一样但自己心里认为不正确的答案呢？

结果显示，不同的人有不同程度的从众倾向，从总体结果看，平均有33%的人所做出的判断是从众的，有76%的人至少做了一次从众的判断。而在正常的情况下，人们判断错的可能性还不到1%。当然，还有24%的人一直没有从众，他们按照自己的正确判断来回答。一般认为女性的从众倾向要高于男性，但从实验结果来看，男女在从众程度上并没有显著的区别。

二、从众行为产生的原因

社会行为学研究认为，群体对个体的影响，主要是由于“感染”的结果。个体在受到群体精神感染式的暗示或提示时，就会产生与他人行为相类似的模仿行为。与此同时，个体之间又会相互刺激、相互作用，形成循环反应，从而使个体行为与大多数人的行为趋于一致。正是这种求同行为，构成了从众行为的基础。具体而言，消费者之所以产生从众行为，是由于人们需要社会认同感和安全感的结果，具体介绍如下。

1. 行为参照

在情境不确定时，个人对自己的判断力缺乏信心，认为大多数人的意见是值得信赖的，其他人的行为是最具有参照价值的。从众所指向的是多数人的行为，自然就成了最可靠的参照系统。

2. 对偏离的恐惧

研究发现，任何群体都有维持群体一致性的倾向和机制。对于和群体保持一致的成员，群体会接纳和优待，对于偏离者则会疏远、排斥和制裁。

3. 群体的凝聚力

群体凝聚力越强，群体成员就越愿意采取与群体相一致的行为。兰博特(Lambert)的研究表明，当教徒们听到不利于自己所信奉的宗教言论时，甘愿忍受更大的疼痛，以显示自己宗教群体的不容怀疑性。

三、消费者从众行为的表现形式

消费者从众行为的表现形式多种多样，主要有以下几种。

1. 从行为到行为的完全从众

当消费者对某种商品不了解时，由于群体的暗示或认为多数人行为能提供有效信息，从而产生了从众行为。

2. 内心接受，行为不从众

内心接受但行为不从众指的是对形成的消费潮流从心理上已完全接受，但是在形式和行为上予以保留。比如大多数美国人认为到市郊的超级市场购物既方便又便宜，而上层社会人士出于身份、地位等顾虑，虽内心赞成，但行动上不予支持。

3. 内心拒绝，行动上从众

这是一种权宜从众行为。某些消费者对商品抱有抵触行为，但又无力摆脱群体的压力而不得不采取从众行为。比如在正式场合着西装打领带是现代消费者通行的行为方式，少数消费者尽管不习惯或不喜欢，但为了避免与多数人相背离，因而不得不遵从这一行为规范。

四、消费者从众行为的共性

消费者从众行为尽管在表现形式上有所区别，但总体而言还是有共性的，主要表现在以下方面。

1. 从众行为往往是被动接受的过程

许多消费者为了寻求保护，避免因行为特殊而引起的群体压力和行为不安而被迫选择从众。在从众过程中，消费者会产生复杂的心理感受，除安全感、被保护感等积极感受外，还会有无奈、被动等消极的心理体验。

2. 从众行为现象涉及的范围有限

总的来说，消费者的行为表现形式是多种多样、各不相同的，这是由消费活动的个体性、分散性等内在属性所决定的。因此，一般情况下，让大多数消费者对所有的消费内容都保持一致行为是不可能的，换而言之，从众行为不可能在所有的消费活动中呈现。它的发生需要一定的客观环境和诱因刺激，比如在社会环境不稳定、人心浮动的情况下，个人容易追随多数人的消费行为。又如舆论误导，小道消息大面积蔓延等，都极易使消费者因不明真相、无从判断而盲目从众。

3. 从众消费行为发生的规模较大

从众现象通常从少数人的模仿、追随开始，继而扩展成为大多数人的共同行为。多数人的共同行为出现后，又进一步刺激和推动了更大范围内、更多的消费者做出相同的或相似的消费行为，从而形成更大规模的流行浪潮。因此从众行为往往是消费流行现象的先导。

五、消费者从众行为的影响因素

消费者从众行为的发生和发展受到群体因素、个体因素以及问题的难度等多方面因素的影响。

(一) 群体因素

影响消费者从众行为发生、发展的群体因素主要表现如下。

1. 群体的规模影响着从众行为

假如对于某个问题的看法，如果只有两个人反对你的观点，你很可能会坚持自己的意见，而如果有 100 余人反对你的观点，你可能就会变得内心不安、惊慌失措，最终往往从众了事。一般来说，群体的规模越大，群体内持有一致意见或采取一致行为的人数越多，则个体所感受到的心理压力也就越大，也就越容易产生从众现象。

2. 群体的一致性影响着从众行为

如果群体中只有一个人持不同意见，则他要承受巨大的心理压力，而如果群体中另外还有一个人持反对意见，则会使前者所面临的从众压力大大缓解，从而明显降低从众的程度。

3. 群体的凝聚力影响着从众行为

群体的凝聚力越强，群体成员之间的依赖性以及对群体规范和标准的从众倾向也会变得越强，这种情形下，个体会为了群体的利益而与群体意见保持一致。

4. 个体在群体中的地位影响着从众行为

个体在群体中地位越高，越具有权威性，就越不容易屈服于群体的压力。一般来说，地位高的成员经验丰富、资历较深、能力较强、信息较多，能够赢得低地位者的信赖，他们的看法和意见能对群体产生较大影响，并使低地位者屈从，相反地位低的成员往往不可能影响到他们。老师在学生面前，军官在士兵面前，领导在下属面前都会较少从众，因为他们知道自己在群体中是地位较高的人，一般不会感到有从众压力的存在。

（二）个体因素

影响消费者从众行为发生、发展的个体因素主要表现如下。

1. 个体知识经验影响着从众行为

个体对刺激对象越是了解，掌握的信息越多，就越不容易从众，反之则越容易从众。如果一名医生和一群教师讨论教育问题，他往往不会反对教师们的意见，因为他对此问题不甚了解；而如果是讨论营养问题，他往往会反对教师们的一致意见，因为他在这方面有丰富的知识经验。知识经验多的个体拥有更强的自信心，往往倾向于把自己看成是群体中的专家而不愿从众。

2. 个性特征影响着从众行为

像智力、自信心、自尊心、社会赞誉需要等个性心理特征，与从众行为也密切相关。智力高的人，掌握的信息比较多，思维灵活，自信心较强，不容易发生从众行为；而智力低的人则容易从众。有较高社会赞誉需要的人，特别重视别人的评价，希望得到他人的赞誉，较容易从众。性格软弱、暗示性强的个体也容易表现出一定的从众倾向。

3. 个体文化差异影响着从众行为

由于文化和社会背景的不同，不同国家的成员所表现出的从众程度也会存在一定的差异性。比如美国人崇尚自由主义、以自我为中心，而中国往往崇尚集体主义、个人利益服从集体利益，因此在消费行为上中国人表现出更加明显的从众现象。

(三) 问题的难度

问题的难度大小也是导致从众行为的重要因素之一，无论哪一种商品，只要消费者对其质量、功能和效用越难做出明确的判断，就越容易引起从众行为。有研究表明，个人在解决问题时，随着问题难度的加大，需要群体其他成员帮助、指点的必要性就会增加，个人对他人的依赖和信任随之增加，发生从众行为的机会自然也会增加。

值得指出的是，从众消费行为作为一种多数消费者共同采取的大规模消费现象，必然对宏观经济运行、社会消费状况产生重要的影响。然而从众现象也是一把双刃剑。

首先，由于从众现象是通过多数人的行为来影响和改变个人的观念与行为。因此，政府部门可以通过利用各种媒介提倡正确的消费观念，鼓励引导健康的消费行为，使之成为大多数消费者共同遵从的行为规范。然后利用从众行为的影响，带动其他个体消费者，促进形成全社会健康文明的消费氛围。企业也可以利用从众行为，抓住时机进行宣传引导，培育新的消费市场，引导新的消费观念，进而促进大规模购买行为的实现。

其次，在特定条件下，从众行为也有可能导致盲目攀比、超前消费、抢购风潮等畸形消费现象的发生。对于这一消极影响，国家和企业必须采取积极措施加以防范。另外，从众行为还有可能扼杀消费者的创新意识，使新的消费观念、消费方式的提倡和推行遇到阻力或障碍。对此企业要予以格外关注，积极采取多种措施避免从众行为的负面影响。

第五节　消费流行对消费行为的影响

一、消费流行的含义

所谓流行是指一个时期内社会上流传很广、盛行一时的大众心理现象和社会行为。消费流行是指在一定时期和范围内，大部分消费者呈现出相同或相似的行为表现的一种消费现象，具体表现为由于大多数消费者对某种商品或时尚同时产生兴趣，从而使该商品或时尚在短时间内迅速蔓延、扩展，并带动更多的消费者争相效仿，成为众多消费者狂热追逐的对象。此时，这种商品即成流行商品，这种消费趋势也就成了消费流行。

消费流行对企业有重大的影响。企业推出的一种新产品能不能成为流行产品，具有一定的风险性。一旦成为流行产品之后，由于市场广阔、销量增长迅速、销售时间集中，能够在短期内给企业带来巨大的利润。但是如果对消费需求估计有误，产品大量积压，则会给企业带来很大的损失。因此企业在研制和开发新产品，希望它成为流行产品之前，必须对市场进行认真的调研和反复的测试，掌握消费者心理的变化趋势，切忌盲目生产。

消费流行能够给市场带来巨大的活力。消费流行的产品是市场的重点产品，此种产品销售迅速、购买活跃，产销双方都能获得较高的利润。在流行产品的带动下，与此有连带关系的产品，以及其他许多类似产品也会得以大量销售，使市场购销活跃、繁荣兴旺。但消费流行也会给市场带来巨大的压力，如果生产不能及时满足市场需求，或由于流通环节阻塞，消费流行就会受到抑制。在紧俏心理的作用下，越是短缺的流行产品，消费者越是急于购买，因此巨大的产品购买力给市场带来极大的压力和冲击。

二、消费流行的特征

消费流行一般具有以下几方面的特征。

(一) 骤发性与短暂性

消费流行往往体现为消费者对某种商品或劳务的需求急剧膨胀，在短期内爆发、扩展、蔓延，往往骤然发生，没有任何前兆，令人措手不及。具体表现为大批的消费者集中竞相购买，但随着人们的热情退却，流行产品很快受到冷落，无人问津。尽管流行周期的长短并没有固定的时间界线，但相对来说，在通常情况下流行意味着时间上相对比较短暂。

(二) 周期性与循环性

消费流行也如同社会上其他的事物一样，具有发生、发展的自身规律性，这就是流行周期。一般来说，商品流行周期包括流行酝酿期、流行发展期、流行高潮期、流行衰退期等四个阶段。此外有些商品的流行还表现出一定的循环性，也就是说一个“消费流行”过去后，曾经为消费者所偏爱的商品就会无人问津，然而过一段时间以后，这些被遗忘的商品有可能在市场上又重新出现和流行起来。

(三) 地域性与梯度性

消费流行既有一定的地域性，又呈现出一定的梯度性。所谓地域性是指消费流行常常是在一定的地理范围内发生的，因此在某地区流行的商品在另一地区就不一定流行。但是，由于消费流行具有扩散性，所以在不同的地区之间，时间上就形成了流行梯度，即流行的地域时间差。这种流行的地域时间差使得流行的商品或劳务在不同的市场范围内处于流行周期的不同阶段。

三、消费流行的分类

(一) 流行内容的划分

1. 物质的流行

物质的流行是指某种商品或服务的流行，它涉及日常生活中衣、食、住、行的各个方面。例如服装、装饰品、化妆品、烟酒、鞋帽、汽车、保健食品、发型、家具和耐用消费品、住宅等。从市场营销的角度看，在物质的流行中广告宣传起着特别重要的作用。

2. 行动的流行

行动的流行表现为人们行为活动方面的流行，如街舞、霹雳舞、太极拳等的流行，行动的流行受社会观念、文明程度等环境因素的影响较大，比如各种快节奏舞曲的流行就与消费者开始逐渐习惯于高频率、快节奏的生活方式相适应。

3. 精神的流行

精神的流行是指由某种共同心理取向所反映出的思想、观念、风气等的流行。流行歌曲、畅销书等就属于这一类。《富爸爸，穷爸爸》一书出版当年就创下万册的销售奇迹，这与国人对财富的认同和渴求心理密切相关。近年来兴起的吉祥车牌号也是消费者观念的一大转变，过去一文不值的电话号码，由不同数字组成了所谓的“吉祥号码”后，现在竟可卖出几万元的高价。用吉利的谐音直译出的“可口可乐”“金利来”等商品的大量出现，也正是因为它们迎合了消费者的心理意识。

上述几方面的流行是互相影响、互相制约的。思想观念方面的精神流行，往往是物质和行为流行的基础，而物质流行与行为流行又是精神流行的直接表现，就消费行为而言，物质流行更为重要，因为这是影响消费心理和行为的直接因素。

(二) 流行方式的划分

1. 自上而下的流行

自上而下的流行是指首先由社会的上层人物带头提倡和使用，然后向社会一般民众传播而形成的流行。如果具体考察流行发展的历史，可以发现很多流行始于上层社会，然后逐渐流传开来，引起世人的效仿。比如英国莎士比亚时代的高领服装，据说是亨利八世为掩饰颈瘤而设计的；高跟鞋是法国路易十四时代的产物，因为路易十四个子矮，要拔高、要威武，便穿起了高跟鞋，随之高跟鞋便流行起来。

2. 自下而上的流行

自下而上的流行是指某种商品或行为方式最先由普通消费者采用，然后逐渐扩散到社会各个阶层，为各行业的消费者所接受。这种方式的流行由于最初的倡导者知名度较低，所以传播速度较慢，持续时间往往较长。比如牛仔裤，最初是一种工作服，只有在田间、地头或工厂里干重体力活的人喜欢穿。后来，随着时间的流逝和牛仔裤设计式样的演变，越来越多的人开始喜欢上它，时至今日牛仔裤在消费者中也是极为流行的。

四、消费流行的形成原因

今天的消费流行时尚不久就会被其他的消费流行时尚所代替，当年的消费流行时尚将会被下一年的所取代。消费流行作为一种行为方式，一般要经历从发生、发展到消失的变化过程，那么是什么原因导致消费流行的形成呢，下面从社会文明程度、个性意志的自我表现、从众与模仿、媒体传播等方面进行分析。

(一) 社会文明程度

消费流行的产生和发展与社会生产力的发展水平、人类的文明程度密切相关，流行的渊源甚至可以追溯到人类的远古时代。人类自从有了自己的文明，流行的发展变化也就开始了，只是刚开始十分缓慢，因此，当时的流行后来大多形成社会风俗习惯。只是当社会化生产的程度大幅度提高、社会商品数量大幅度增长后，流行才成为一种十分复杂的社会现象。随着流行发展变化速度的加快和生命周期的缩短，消费流行的作用和影响力也越来越大。消费流行几乎渗透到人类活动的各个领域，其表现形式也越来越多样化、复杂化。消费流行往往以最快的速度反映社会现实状况，成为新的社会行为规范的先驱。

(二) 个性意志的自我表现

消费者渴求生活多样化，追求新奇，乐于表现自我等心理，都是人对个性意识追求的反映，而消费流行正是这种追求的产物。外界的客观事物总是在不断地发展变化，而商品的更新换代、推陈出新与这种变化正好相适应。消费者具有求新、求变的心理特征，大多数消费者都习惯于追求新、奇、变，以表现自己的身份、地位、爱好、兴趣和个性特点。随着时间的推移，原有的消费行为已被大家所熟悉，而原有行为中“新”的特点就不复存在了，此时由于自身特性的作用，人们开始对原有的消费行为产生心理上的厌倦，转而追求更新的消费行为，如此循环，这便是消费流行最主要的心理基础。

(三) 从众与模仿

任何一种消费行为要形成流行趋势，与一定时间、一定范围内消费者个人和群体的承认和参与是密不可分的。在人类社会中，个体希望在行为上与群体中的多数人保持一致的从众心理和人类固有的模仿心理，成为促使某消费行为流行的重要条件。当某一消费行为在一定环境中激发起众多消费者好奇、追求的心理时，众多的模仿者和不甘落后的从众者便纷纷仿效，于是流行开始形成并且逐步扩大。例如近些年来人们常听到的网络流行语“屌丝”“土豪”等，以及常见的热衷于用短信、微信等通信方式的“拇指一族”等，也都与消费者的从众心理和模仿行为有关。服从大多数人的行为趋势和个体自觉接受与模仿社会行为规范的倾向，是流行得以产生的重要条件。

(四) 媒体传播

信息现代化的加快以及网络媒体的崛起，消费者商品意识与企业竞争意识的增强，极大地促进了广告业的发展，也使之成为消费者强有力的助听器。如脑白金的“今年爸妈不收礼，收礼只收脑白金”，平安保险的“中国平安，平安中国”以及哈药六厂的系列广告，借助各种媒体迅速风靡全国。广告宣传的声势越大，传播越广，商品的知名度也就越高，对消费者行为的影响也就越强。如果再辅之以良好的服务、上乘的质量和适中的价格，则消费流行的速度就会更快、强度就会更高、周期也会更长。

总而言之，消费流行受到多种因素的综合影响和制约，社会文明程度影响和制约消费流行的水平与层次，个性意志的自我表现是影响和制约消费流行的方向与动力，从众与模仿影响和制约着消费流行的方式，媒体传播则影响和制约着消费流行的强度与范围。

五、消费流行对消费行为的影响

消费流行在很大程度上取决于消费者心理变化的过程，这种心理变化所产生的效应会极大地影响消费流行传播的地域范围、消费者群体范围和企业的市场营销活动。反过来消费流行也会在很大程度上从多个方面影响消费者的行为。

消费者的决策过程呈现一定的规律性，如在搜集信息阶段，消费者倾向于尽可能多地收集相关商品的信息，在综合比较后作出最后的决策。在购后行为阶段，通过对所购买商品的使用，产生购后的心理评价。但在消费流行的冲击下，消费者心理会发生一些微妙的变化，这些变化主要体现如下。

(一) 影响消费者认知态度的变化

按照正常的消费心理，对于一种新产品，消费者开始往往持怀疑态度。按照一般的学习模式，消费者对这一新事物往往有一个学习认识的过程。比如有些人是通过经验学习，有些人是通过亲友的介绍来学习，还有些人是通过大众传播媒介提供的信息来学习。但是由于消费流行的出现，大部分消费者的认知态度会发生变化。首先是怀疑态度消失，肯定性倾向增加。其次是学习时间缩短，接受新产品的时间提前。在日常生活中，许多消费者唯恐落后于消费潮流，一旦出现消费流行，就密切关注其变化。只要购买条件成熟，他们便会积极购买，争取加入消费潮流之中。由此可见，消费者对流行商品的认知态度发生了不同于一般产品的变化。实际上，这是消费流行强化了消费者的消费行为。

(二) 影响消费驱动力的变化

人们购买消费品，有些出于生活需要，有些则是出于社会交往的需要。这两种需要形成了购买消费品的心理驱动力，这些驱动力使消费者在购物时产生了生理动机和心理动机。一般而言这些购买动机是比较稳定的，当然有些心理动机也具有冲动性，比如情绪动机。然而在消费流行中，购买产品的驱动力会发生新的变化，如有些人有时并没有产生消费需要，但看到很多人购买，也就加入了购买该商品的行列，对消费品产生了一种盲目的购买驱动力。这种新的购买驱动力可以划入具体的购买动机之中，如求新、求美、求名、从众动机。

(三) 影响购买决策过程反方向变化

在消费流行中，原有的消费者购买决策过程会发生反方向变化，因为在正常的消费行为中，消费者往往要通过对产品的性能和价格评价、比较以后才会作出购买行为，但是消费流行使这种传统的购买决策过程受到冲击。一些消费流行商品很显然是因供求关系而提高了价格，但消费者却常常不予计较反而踊跃购买，相反原有正常商品的消费行为却有所减少，比如消费者为了购买流行时装，就对其他所需的服装暂时产生推迟购买的消费行为活动。在正常的消费行为活动中，消费者购买商品是由于某种具体的购买动机在起主导作用，比如购买商品注重实用性和便利性的求实动机。但在消费流行中，这种动机就会发生变化，从而对实用便利产生了新的理解。因为一些流行商品从整体上看具有原有商品所有的功能，能给生活带来新的便利，特别是一些食品和家庭用品更是如此。

(四) 影响消费习惯与偏好的变化

在消费活动中，有些消费者具有惠顾和偏好动机。消费者由于长期使用某种商品而对其产生了信任感，或者经常光顾印象好的厂家、商店，购物时非此不买，形成了购买习惯。在消费流行的冲击下，这种具体的消费动机会发生变化，虽然这些人对原商品、原品牌仍有信任感，但每天接触流行商品，而且不断受到亲朋好友使用流行商品所表现出的炫耀心理的感染，他们也会逐渐失去对原商品、原品牌的惠顾心理。此时如果原商品、原品牌不能改变产品结构、品种、形象，不能适应消费流行的发展，那么它们的消费者中就会有相当一部分转向购买流行商品，从而使企业失去老顾客。

总之，在消费流行的影响下，人们的消费行为会或多或少地发生变化。但综合来看，消费行为变化的基础仍然是原有动机的强化或发生转移，它并未从根本上脱离原有的消费心理动机。因为消费流行具有来得快、去得快的特点，这就要求企业或商家看准市场动态，既要抓住机遇，又要谨慎经营。对企业来讲，由消费者心理活动促成并反过来影响消费者行为的消费流行，既是企业的市场营销机会，同时也可能是企业营销中的“陷阱”，因此，把握消费流行规律、研究消费者行为，对企业掌握市场动向具有决定性的作用。

◇ 案例 10-3

动感地带

中国移动的“动感地带”(M-ZONE)业务以客户需求为导向，目标直指15～25岁的年轻时尚族群，倾力营造“时尚、好玩、探索”的品牌魅力空间，推出仅15个月时间就“感动”了2000万目标人群，也就是说，平均每3秒就有一个动感地带新用户诞生。“动感地带”业务的成功，与其紧紧抓住年轻人消费行为特征的营销策略密不可分。

“动感地带”最吸引人之处就在于其灵活的定价措施。“动感地带”设置了不同的短信套餐标准，如果每月支付20元就可发300条短信，而每月支付30元可发500条短信，这样，“动感地带”的最低资费额度可以达到每条短消息0.06元。因此“动感地带”的定价方式一经推出，就受到了收发短信的主体人群——年轻人的欢迎。

在品牌传播方面，“动感地带”采用在15～25岁年轻人中极具号召力的周杰伦作为代言人，不仅有效提升了“动感地带”在年轻人中的知名度，而且使得年轻人感觉加盟“动感地带”不再是简单的打打电话、发发短信、玩玩游戏，而是获得属于自己的“年轻人的通信自治区”，体味“我的地盘，我做主”的良好感觉。而频频出现在报纸、杂志、电视、广播、网站上的“动感地带”广告，无不惟妙惟肖地传达了该品牌的核心价值与定位，触动了目标用户内心世界的品牌定位和以此为核心的一系列推广活动，引起了广大动感用户的共鸣，“动感地带”得到了越来越多年轻人的认可。

(资料来源：作者根据相关资料整理而成。)

本章小结

社会群体是指两人或两人以上通过一定的社会关系结合起来进行共同活动而产生相互作用的集体，作为社会群体必须满足四个条件：社会群体必须有两个或两个以上的成员数量；社会群体必须以一定的社会关系为纽带；社会群体成员之间必须有共同的目标和持续的相互交往活动；社会群体成员具有共同的群体意识和规范。社会群体对消费行为主要有群体压力和服从行为两方面的影响。

参照群体是指个体在形成其购买或消费决策时，用以作为参照、比较的个人或群体。参照群体具有规范和比较两大功能，从信息性、规范性和价值表现性三个方面对消费者行为施加影响。在不同情况下决定参照群体影响强度的因素主要有：产品使用时的可见性、产品的必需程度、产品与群体的相关性、产品的生命周期、消费者的经验与信息来源、个体在购买中的自信程度和个体对群体的忠诚程度。参照群体在营销中的具体运用有：名人效应、专家效应、普通人效应以及经理型代言人。

家庭是指以婚姻关系、血缘关系和收养关系为纽带而结成有共同生活活动的社会基本单位。家庭作为社会的基本组织，具有很多的功能，其中的经济功能、情感交流功能、赡养与抚养功能和社会化功能都与消费者行为研究联系较为密切。随着时间的推移，家庭会经历一系列不同的阶段，即单身阶段、新婚阶段、满巢阶段、空巢阶段和解体阶段，这就是家庭生命周期。处于不同的阶段的家庭，有着各自不同的消费特点。

从众是指个体的观念与行为由于受到群体的引导或压力，而趋向于与大多数人相一致的现象。行为参照、对偏离的恐惧和群体的凝聚力往往是从众行为产生的原因。群体因素、个体因素和问题的难度会影响消费者的从众行为。

消费流行是指在一定时期和范围内，大部分消费者呈现出相同或相似的行为表现的一种消费现象。社会文明程度、个性意志的自我表现、从众与模仿以及媒体传播是消费流行形成的原因。消费流行会影响消费者认知态度的变化、消费驱动力的变化、购买决策过程反方向变化和消费习惯与偏好的变化。

学习课件

练 习 题

一、单项选择题

1. 消费者顺从社会群体的意志、价值观念、行为规范等一系列行为活动的总称是指(　　)。

A. 群体压力　　B. 服从行为　　C. 从众行为　　D. 消费流行

2. 消费者按照年龄、性别、民族、地域、职业、婚姻状况等社会自然因素自动划分的群体是指(　　)。

A. 自觉群体　　B. 隶属群体　　C. 正式群体　　D. 参照群体

3. 个体在形成其购买或消费决策时，用以作为参照、比较的个人或群体，该群体的看法和价值观被个体作为自己当前行为的基础。这指的是(　　)。

A. 回避群体　　B. 正式群体　　C. 工作群体　　D. 参照群体

4. 个体不愿意与之发生联系，并且没有面对面接触的参照群体是(　　)。

A. 热望群体　　B. 回避群体　　C. 拒绝群体　　D. 会员群体

5. 参照群体成员的行为、观念、意见被个体作为有用的信息予以参考，由此对其行为产生影响，这是参照群体的(　　)影响方式。

A. 信息性影响　　　　　　　　B. 服从行为影响

C. 规范性影响　　　　　　　　D. 价值表现性影响

6. 从第一个孩子出生到最小的孩子已长大成人，时间相对比较长的家庭生命周期阶段是指(　　)。

A. 新婚阶段　　B. 满巢阶段　　C. 解体阶段　　D. 空巢阶段

7. 家庭成员中，主要提议购买某产品或使其他家庭成员对某产品产生购买兴趣的家庭成员是指(　　)。

A. 决策者　　B. 影响者　　C. 倡议者　　D. 使用者

8. 以下不属于影响家庭购买决策类型因素的是(　　)。

A. 对家庭的财产贡献　　　　　B. 决策在时间和资金上的要求

C. 夫妻性别角色取向　　　　　D. 决策对特定家庭成员的重要性

二、多项选择题

1. 社会群体的特征包括(　　)。

A. 必须有两个或两个以上的成员数量

B. 必须以一定的社会关系为纽带

C. 成员之间必须有共同的目标和持续的相互交往活动

D. 成员之间必须有共同的居住场所

E. 成员具有共同的群体意识和规范

2. 成员对所属社会群体的服从行为主要源于以下(　　)的原因。

A. 对社会群体的信任感　　　　B. 对偏离社会群体的恐惧

C. 对社会群体的忠诚感　　　　D. 群体的一致性

E. 群体的规模

3. 根据个体的成员资格和群体对个体行为、态度的正面或负面影响力对参照群体进行分类，具体可以分为(　　)。

A. 热望群体　　B. 回避群体　　C. 拒绝群体　　D. 自觉群体

E. 会员群体

4. 参照群体对消费者行为的影响方式主要有(　　)。

A. 信息性影响　　　　　　　　B. 群体压力影响

C. 规范性影响　　　　　　　　D. 价值表现性影响

E. 服从行为影响

5. 在不同情况下参照群体对消费者购买行为的影响强度是不一样的，决定参照群体影响强度的因素主要有(　　)。

A. 产品使用时的可见性　　　　B. 产品的必需程度

C. 消费者的经验与信息来源　　D. 产品的生命周期

E. 个体对群体的忠诚程度

6. 从众产生的具体原因有(　　)。

A. 行为参照　　　　　　　　　B. 对偏离的恐惧

C. 社会规范的要求　　　　　　D. 群体的凝聚力

E. 法律制度的要求

7. 消费者从众行为的发生和发展受到群体及个体等多方面因素的影响，其中属于群体因素的有(　　)。

A. 群体的规模　　B. 群体的一致性

C. 群体的凝聚力　　D. 个体在群体中的地位

E. 个体知识经验

8. 按照流行的具体内容划分，可以分为(　　)。

A. 物质的流行　　B. 行动的流行

C. 自上而下的流行　　D. 精神的流行

E. 自下而上的流行

三、名词解释

1. 社会群体
2. 参照群体
3. 隶属群体
4. 规范性影响
5. 家庭生命周期
6. 从众
7. 消费流行
8. 自下而上的流行

四、简答题

1. 简述与消费者密切相关的社会群体。
2. 简述决定参照群体影响强度的主要因素。
3. 简述家庭的功能。
4. 简述家庭生命周期的五个阶段。
5. 简述家庭购买决策类型。
6. 简述影响家庭购买决策类型的因素。
7. 简述消费者从众行为的表现形式。
8. 简述消费流行形成的具体原因。

五、论述题

1. 论述参照群体在市场营销中的具体运用。
2. 论述家庭生命周期各个阶段的特点。
3. 论述消费者从众行为的影响因素。
4. 论述消费流行对消费者行为的影响。

六、应用实践题

1. 分别访问5名大学生和5名中学生，确定他们最喜欢或者最崇拜的几位明星，询问他们对这些明星有哪些方面的了解。他们是否看过这些明星代言的广告和使用过广告中的产品？将调查结果写成一份报告。

2. 设计一份调查问卷，对多个家庭进行访问，针对房子、汽车、家用电器、家具、服装、食品等商品，了解这些家庭在购买以上各种商品时所采用的决策方式、影响家庭购买决策方式的因素、在决策过程中的冲突、解决冲突的办法、各个家庭成员所充当的角色。

七、案例分析题

国产奶缘何难突围：洋奶粉强势，消费者疑虑未消

日前，中国乳制品工业协会发布了一项“国产与进口婴幼儿配方乳粉质量状况调查报告”，报告称国产奶粉质量优于进口奶粉，但从价格上看，进口品牌价格高于国产品牌近一倍。然而，很多消费者对这项调查结果存在质疑，并就该项调查引起热议。目前，国产奶粉质量到底怎样？

1. 问：国产奶粉质量安全怎样？

答：清理整顿成效明显，产品质量稳定趋好。

中国乳制品工业协会发布的报告指出，国产奶质量优于进口奶，然而，很多消费者存在这样的疑问——“这一判断是如何得出的？市场调查是否具有代表性？”

对此，中国乳制品工业协会副理事长兼秘书长刘美菊解释说：“此次针对国产与进口婴幼儿配方乳粉质量状况的调查，涉及了20项检验指标，监测结果显示，16个国产品牌全部符合标准要求，而且实际检测数值都非常好。9个原装进口产品中有3个产品不合格。”

然而，令消费者不解的是，此项报告却没有公布抽检的企业具体名称。因此，其代表性和可信度遭到了消费者的质疑。

对于不合格产品品牌的名称，中国乳制品工业协会理事长宋昆冈表示：“这些品牌是知名品牌，但协会不是执法部门，因此不适宜对外公布企业名单。”宋昆冈还表示，这次抽查的16家品牌基本上占到了我们国内婴幼儿配方奶粉市场70%的份额，是非常有代表性的。

当前，国产婴幼儿乳粉质量安全问题到底怎样？

农业部奶及奶制品质检中心主任王加启介绍，农业部从2009年开始实施全国生鲜乳质量安全监测计划，监测指标从2009年的6个增加到2013年的13个，抽检样品从每年1.3万多批次增加到2万多批次，覆盖全国所有奶站和运输车。检测结果表明，生鲜乳中三聚氰胺、皮革水解蛋白等违禁添加物检测合格率达到100%。

“5年来，我国不断加大对乳品行业的治理整顿力度，从原料奶的生产、收购、运输直至乳制品加工环节，都有严格的监管措施。”王加启介绍说，国家食品质量安全监督检验中心依据婴幼儿奶粉的国家强制性标准对在售的国产和进口婴幼儿奶粉进行抽查检测，并未发现明显的质量差异。

2. 问：国产奶缘何难突围？

答：洋奶粉强势进攻，消费者疑虑未消。

快到六一儿童节了，家住北京东城区的程震东不是考虑给5个多月的女儿买什么玩具，而是找人帮忙从澳洲给女儿带奶粉。程震东给女儿喝的是澳洲原产的可瑞康1段婴儿奶粉。“三鹿奶粉事件以后，国内的乳品企业整改了，国产奶的品质也有了提升，但是作为父母我们还是比较谨慎。”程震东说。

“三鹿”奶粉事件是我国乳品行业整体发展的转折点。在此事件之后，国内奶粉销量

急转直下，像程震东一样直接从国外购买奶粉的父母不在少数。

2012 年 5 月，中国乳制品工业协会发布《婴幼儿乳粉质量报告》提出，国内乳制品企业三年整改成就显著，国家有关部门和组织对乳制品质量抽检的结果显示，99%以上合格。

三年的整改大大提升了国产奶的质量，消费者为什么还要提出质疑呢？宋昆冈分析认为，一是消费者对于行业和企业几年来所发生的变化还不够了解；二是社会上不断出现的一些乳制品问题使广大消费者的信心进一步受到伤害，疑虑很深。

在这种疑虑中，国产奶粉在洋奶粉的强势进攻下一败涂地。中国国际乳制品交易会公布数据显示，2008 年中国奶粉进口 14 万吨，2009 年进口 31 万吨，2010 年进口 48 万吨，2011 年超过 65 万吨，洋奶粉市场占有率高达 60%以上。

“三聚氰胺事件发生之后，人们对食品安全的认知程度更高，尤其关注婴幼儿奶粉的安全。现在的洋奶粉和国产奶粉，在品牌知名度和在消费者心目中的地位仍有较大的差别。”中国食品土畜进出口商会副会长于露说。

3. 问：如何让消费者重拾信心？

答：加强监管、增加透明度是关键。

国内的乳制品质量有了稳步提高，然而，当前如何让消费者予以充分信任依然是国内乳制品企业要面临的重要问题。

于露建议，中国的乳制品企业应潜下心来重建信心体系，从质量、安全入手，下大力气增强高端消费市场竞争力，培育消费者的忠诚度和信任度。

保证质量，挽回信任，企业是主体。除企业本身外，行业协会、质检部门同样需要发挥应有的作用，其监管职能责无旁贷。

商务部研究院消费经济研究部副主任赵萍则认为：“除了加强产品质量安全检测外，很重要的还有增加透明度，比如公布选择这 16 个品牌都是什么品牌，不合格的产品到底是哪些品牌等。国内的乳制品企业也不要因为有了 99%以上的合格率就可以掉以轻心，重树信心仍需较长时间。”

“无论国产奶粉还是进口奶粉，只要质量安全合格，就是好奶粉。”王加启说，“消费者也要客观理性地看待我国奶业，理性选择，理性消费，不盲目跟风，选择适合自己的奶产品。”

业内人士认为，奶粉好坏和奶粉的检测指标有重要关联。应该建立健全国产奶粉的质量保证体系，重塑行业信誉和社会信心。消费者可以自发组织起来，定期将国产奶粉和洋奶粉进行送检，让检测结果说话，来评判奶粉的好坏。

(资料来源：作者根据相关资料整理而成。)

思考：

1. 以奶制品市场为例，分析说明从众现象对消费者行为的具体影响？
2. 结合参照群体、消费流行的相关知识，分析国产乳制品企业的出路？

第十一章　社会情境与消费者行为

知识目标

了解消费者情境的含义，掌握消费者情境的五种构成要素。理解消费者购买活动过程中的消费者情境类型，以及每一种类型的具体内容。

能力目标

熟练掌握消费者情境的五种构成要素，具备熟练分析购买情境的构成因素，以及零售环境对消费者行为影响的能力。具有初步分析、开发和利用社会情境开展商业活动的能力。

课程思政

通过案例分析和课堂小组讨论引导学生树立追求卓越、不断进取的奋斗精神和我为人人的服务精神，使学生通过学习内化中华传统文化中的“自强不息”和“仁爱”精神。本章案例主要涉及消费的外部情境，选取的讨论案例为具有体验经济的代表型企业——宜家和海底捞。宜家提供的开放式家居购物体验为消费者提供了一个完全自由、放松、不被打扰的购物环境；其精心设计的样板间和商品陈列为消费创造了沉浸式的、“如在家般”的购物环境。宜家的案例可以让学生体会什么是其精益求精、追求卓越的匠心精神。与企业打造匠心精神相对应，学生作为个体应追求“君子当自强不息”。另一方面，海底捞是通过贴心服务打造品牌，其贴心的服务令消费者惊叹不已。比如，在等待用餐环节，海底捞为消费者提供免费的水果、零食、饮料，以及消遣用的纸牌等娱乐设备；整个就餐过程中海底捞员工会注意及时添加水、调整火力；餐后帮忙打包剩余食物等。海底捞的案例可以引导学生体会以人为本、服务他人的“仁爱”精神。

案例导入

从豆浆到维他奶

“维他奶”是香港家喻户晓的豆奶饮料品牌，该豆奶饮料自1940年开始在香港生产，现在生产厂房遍及中国、澳洲和美国。豆浆，以大豆为原料，是豆腐作坊的副产品，在中国已有两千多年的历史。它的形象与可乐、牛奶相比，浑身上下冒着“土气”。但是现在，豆浆在美国、加拿大、澳大利亚等国的超级市场上都能见到，与可乐、七喜、牛奶等国际饮品并列排放。

豆浆改名维他奶,是香港维他奶国际集团有限公司为了将街坊饮品变成一种国际饮品,顺应消费者不断变化的价值观和现代人的生活形态，不断改善其产品形象而特意选择的。“维他”来自拉丁文 Vita,英文 Vitamin,其意为生命、营养、活力等,而舍“浆”取“奶”,则来自英语 soybean milk(豆奶，即豆浆)的概念。以前，香港人的生活尚不富裕，营养不良，各种疾病很普遍。当时生产维他奶的用意，就是要为营养不良的人们提供一种既便宜又有营养价值的牛奶代用品——穷人的牛奶。在以后的30年中，一直到20世纪70年代初期，维他奶都是以普通大众的营养饮品这一面貌出现的，是一个“廉价饮品”的形象。可是到了20世纪70年代，香港人的生活水平大大提高，营养对一般人来说并不缺乏，人们反而担心营养过剩的问题。如果此时还标榜“穷人的牛奶”，那么喝了不就掉价了吗？难怪豆品公司的职员发现，在马路边的汽水摊前，喝外国汽水的人“大模大样”，显得十分“有派”，而喝维他奶的人，就大多站在一旁遮遮掩掩，唯恐人家看到似的，因而维他奶公司的业务陷入低潮。

20世纪70年代中期，维他奶公司尝试把维他奶定位成年轻人的消费品形象，使它能像其他汽水一样，与年轻人多姿多彩的生活息息相关。这时期的广告便摒除了“解渴、营养、充饥”或“令你更高、更强、更健美”等字眼，广告人纪文凤为维他奶创作出深入人心的广告口号:“维他奶——点只汽水咁简单”，突显了其比汽水饮品更健康。80年代中期，维他奶又推出了一个电视广告，背景为现代化城市，一群年轻人拿着维他奶随着明快的音乐跳舞……，可以说，这时期维他奶是一种“休闲饮品”的形象。进入90年代，维他奶的电视广告《乡情》由陈浩民主演，故事情节描写祖父横过铁路为孙儿买维他奶，与朱自清的文学作品《背影》中父亲为儿子买橘子甚为相似，重点突出它亲切、温情的一面，以引起观众的注意。2003年，维他奶推出口号“维他奶至紧要得你开心”，而电视广告则以偷拍镜头的手法，当顾客拿起一包特制的道具维他奶时，便会发出笑声，表达出维他奶为顾客带来欢笑。

对于很多香港人来说，维他奶是个人成长过程的一个组成部分，大多数人对维他奶有一种特殊的亲切感和认同感，它是香港本土文化的一个组成部分，是香港饮食文化的代表作，维他奶对香港人如同可口可乐对美国人一样。由此，维他奶又开始树立一个“经典饮品”的形象。

(资料来源：作者根据相关资料整理而成。)

第一节 消费者情境及构成

社会情境因素是影响消费者行为发生的重要因素。面对同样的营销刺激，同一个消费者在不同的社会情境下会做出不同的反应。所以研究消费者行为必须考虑社会情境的影响。

一、消费者情境的含义

我们这里主要研究影响消费者的社会情境因素，所以将社会情境界定为消费者情境，是指那些独立于单个消费者和刺激消费者的单个客体(产品、广告等)之外，能够在某一具体时间和地点影响消费者购买行为的一系列暂时的环境因素。例如，购物时的气候，购物场所的布局、音乐、卖场的拥挤程度，消费者的心情等，这些因素会以不同的形式对消费者的消费行为产生影响。换而言之，不同的社会情境会导致消费者不同的消费行为。例如，面对同样的营销刺激，同样的商品、服务或广告，同一个消费者在不同的情境之下会有不同的反应。消费者情境对消费者如何评价刺激物，如何对刺激做出反应会产生重要的影响。

二、消费者情境的构成

对消费者情境构成要素的确定仍存在较大的分歧，较为流行的有两种学说，一种是根据对消费者行为产生影响的因素进行分类，比较有代表性的是贝克五要素说；另一种是根据消费者购买行为过程的不同阶段进行分类，比较有代表性的是美国的 J. 保罗·彼得(J. Paul Peter)和杰里 C. 奥尔森(Jerry C. Olson)的五个一般消费情境说。

(一) 贝克五要素说

贝克(Bellk)认为，消费者情境因素主要包括物质环境、社会环境、购买任务、先前状态和时间等。

1. 物质环境

物质环境是指影响消费者购物状态的有形或无形的物质因素，如商店的地理位置、背景音乐、气味、灯光、店内布置等。物质环境因素会对消费者的情绪和感受产生重要影响，如暗淡的光线、浑浊的空气、狭窄的过道、嘈杂的声音都可能会使消费者望而却步，改变购物计划，因此商店应努力创造良好的物质环境，以此吸引消费者。

延伸阅读 11-1

商场购物环境的美化

1. 光线

销售场所的光线可以引导顾客进入商场，使购物场所形成明亮愉快的气氛，可以使商品显得鲜明夺目、五光十色，引起顾客的购买欲望。光线暗淡，商场会显得沉闷压抑；而光线过强，又会使顾客感到晕眩，售货员精神紧张，易出差错。由于光线强弱对购物环境影响极大，因此现代商场都非常重视合理运用照明设备来营造明快轻松的购物环境。

采用自然光，既可以展示商品原貌，又能够节约能源，但自然光源受建筑物采光和天气变化影响，远远不能满足经营场所的需要，特别是大型商场多以人工照明为主。商场的人工照明分为基本照明、特殊照明和装饰照明。

(1) 基本照明。基本照明指商场为保持店堂内的能见度，方便顾客选购商品而设计的照明灯组。目前商场多采用吊灯、吸顶灯和壁灯的组合，来创造一个整洁宁静、光线适宜的购物环境。设计灯具的原则是灯光不宜平均使用，要突出重点、突出商品陈列部位，总的照明亮度要达到一定的强度。

(2) 特殊照明。特殊照明又称为商品照明，这是为突出商品特质，吸引顾客注意而设置的灯具。如在出售珠宝金银饰品柜台，采用定向集束灯光照射，显示商品晶莹耀眼、名贵华丽；在时装出售位置，则采用底灯、背景灯，显示商品的轮廓线条。

(3) 装饰照明。装饰照明是营业场所现场广告的组成部分，用霓虹灯、电子显示屏、或用旋转灯吸引顾客注意。

一般而言，营业场所的灯光照明应根据不同位置配以不同的亮度，纵深处高于门厅，陈列商品处高于通道，这样可以吸引顾客注目。

2. 色彩

色彩也会对人们的心情产生影响，不同的色彩及其色调组合会使人们产生不同的心理感受。例如，以红色为基调，会给人一种热烈、温暖的心理感受，使人产生一种强烈的心理刺激。红色一般用于传统节日、庆典布置，可以创造一种吉祥、欢乐的气氛。但是，如果红色过于突出，也会使人产生紧张的心理感受，一般应避免大面积、单一采用。以绿色为基调，会给人一种充满活力的感觉，绿色又被称为生命色，表现生机勃勃的大自然，在购物环境设计时，采用绿色，象征着树木、花草。以黄色为基调布置，给人以柔和明快之感，使人充满希望。食品中很多是黄色的，如面包、糕点等，故黄色常作为食品销售部位的主色调。但是，如果黄色面积比例过大，会给人一种食品变脏的心理感觉，使用时应注意以明黄、浅黄为主，同时避免大面积、单一使用。以紫色为基调，会给以庄严、高贵、典雅的心理感觉，使人产生一种敬畏感。紫色调常用于销售高档、贵重商品，如珠宝首饰、钟表玉器等场所。黑色是一种消极性色彩，给人一种沉重、压抑的心理感受，一般在商场不单独使用，但与其他颜色适当搭配，也会产生一定的视觉冲击力。蓝色会使人联想到辽阔的海洋、广阔的天空，给人一种深邃、开阔的心理感觉，销售旅游商品时采用效果较好。因此商场的色彩设计可以刺激顾客的购买欲望。在炎热的夏季，商场以蓝、棕、紫等冷色调为主，顾客就会有凉爽、舒适的心理感觉。采用某一时期的流行色布置销售女士用品场所，能够刺激顾客的购买欲望，增加销售额。色彩对儿童有强烈的刺激作用，儿童对红、粉、橙色反应敏感，销售儿童用品时采用这些色彩，效果更佳。使用色彩还可以改变顾客的视觉形象，弥补营业场所缺陷，如将天花板涂成浅蓝色，会给人一种高大的感觉；将商场营业场所墙壁两端的颜色涂得渐渐浅下去，会给人一种辽阔的感觉，一段时间变换一次商场的色彩，会使顾客感到有新奇感。

色彩对于商场环境布局和形象塑造影响很大，为使营业场所色调达到优美、和谐的视觉效果，必须对商场各个部位如地面、天花板、墙壁、柱面、货架、柜台、楼梯、门窗以及营业员的服装设计出相应的色调。

商场购物环境的美化与装饰：① 运用色彩要与商品本身色彩相配合。目前，市场销售的商品包装也很注意色彩的运用，这就要求商场内货架、柜台、陈列用具为商品销售提供色彩上的配合与支持，起到衬托商品、吸引顾客的作用。如销售化妆品、时装、玩具等应用淡雅、浅色调的陈列用具，以免喧宾夺主，掩盖商品的美丽色彩。销售电器、珠宝首饰、工艺品等可配用色彩浓艳、对比强烈的色调来显示其艺术效果。② 运用色彩要与楼层、部位结合，创造出不同的气氛。如商场一层营业厅，入口处顾客流量多，应以暖色调装饰，形成热烈的迎宾气氛；也可以用冷色调装饰，缓解顾客紧张、忙乱的心理。地下营业厅沉闷、阴暗易使顾客产生压抑的心理感觉，用浅色调装饰地面、天花板可以给顾客带来赏心悦目的清新感觉。③ 色彩运用要在统一中求变化。商场为确定统一的视觉形象，应定出标准色，用于统一的视觉识别，显示企业特性。但是在运用中，在商场的不同楼层、不同位置，又要求有所变化，形成不同的风格，使顾客依靠色调的变化来识别楼层和商品位置，唤起新鲜感，减少视觉与心理上的疲劳。

3. 音响

音响是创造商场气氛的一项有效途径，它也影响着消费者情绪和营业员的工作态度。音响运用适当，可以达到以下效果：① 吸引顾客对商品的注意，如电视、音带的播放。② 指导顾客选购商品，如商场向顾客播放商品展销，优惠出售信息，均可引导顾客选购。③ 营造特殊氛围，促进商品销售。随着时间的不同，商场定时播放不同的背景音乐，不仅给顾客以轻松、愉快的感受，还会刺激顾客的购物兴趣。如刚开始营业的早晨播放欢快的迎宾乐曲，临打烊时，播放轻缓的送别曲；在气候变化时，播送音乐提示，等等。商场内有各种声音，并不是都会对营业环境产生积极影响，也会有一些噪声，如柜台前的嘈杂声、机械的声响，都可能使顾客感到厌烦，有些虽然可以采用消音、隔音设备，但也不能保证消除所有干扰声响。因此，可以采用背景音乐缓解噪声，背景音乐要选择旋律轻柔舒缓的，以营造温馨的气氛，不要播放节奏强烈的打击乐、摇滚等，以免影响顾客情绪，打乱售货员的工作节奏。

4. 通风调温

商场内顾客流量大，空气易污浊，为了保证空气清新，应注意通风设施建设。营业场所的温度对顾客和商品保管都有影响，商场也应考虑空调设施的建设。一般而言，空调本身只有通风和调节温度的功能，但有的空调设备还有空气净化、灭菌等功能，选用空调用来改善营业场所环境质量，可为顾客提供一个舒适、清新的购物环境。商场的空调应遵循舒适性原则，冬季应使温度保持暖和而不燥热，夏季应保持凉爽而不骤冷。否则会对顾客和营业员产生不利影响。如冬天暖气太足，温度高，顾客从外面进店都穿着厚厚的棉衣、羽绒服等，在商场内待不了几分钟就会感到燥热难耐，急于离店。夏季空调冷气太强，顾客从炎热的街上进入商场，会受到冷风刺激、不适应，抵抗力弱的顾客还会伤风感冒。商场在选择使用空调机组时，最好选择那些能够根据楼层不同分别调节温度的设备。否则，就会出现这样的问题，即用一个温度，一楼适宜、二楼以上就会感到太热，二楼以上合适、一楼就会感到太冷，这也是目前有些商场空调机组使用的通病，如果解决不好，会带来长期的负面影响。同时空调系统的安装还要注意以下问题：① 根据营业面积的大小，解决好一次性投资与长期运行的费用承受能力。② 对空调系统热源进行投资经济效益分析，最好集中供热。③ 慎重选择制冷方式和制冷剂类型，以减少污染。④ 考虑空调的用电负荷。

5. 清洁卫生

商场是公共场所，人来人往，顾客很多，环境卫生不好，地面布满灰尘、纸屑，就不能留住顾客。购物环境卫生包括营业场所卫生、商品卫生、营业员个人卫生，保持清洁、窗明柜净，商品整洁，为顾客创造一个整洁的购物环境，是文明经商的要求。在营业现场，每天的卫生要定人定时，经常打扫，将废旧包装物及时清理收回。陈列用具，展示的商品要每天擦拭，营业员也要着装整洁，讲究个人卫生。

大多数顾客对于气味质量要求很高，不愉快的气味会给商场带来不好的影响，油漆味、卫生间怪异气味将直接影响顾客对商场的评价。因此商场保持清洁，排除异味，并定时在营业场所内挥洒空气清新剂，有利于吸引顾客停留，增加销售机会。

（资料来源：作者根据相关资料整理而成。）

2. 社会环境

社会环境是指购物或消费者活动过程中来自他人的影响，如是否有他人在场，彼此如何互动等。比如一个人独自购物和接受服务与有朋友在场时相比，行为会发生变化；消费者一人独自收看电视节目与几个朋友一起收看时的行为也会有明显的差异。

3. 购买任务

购买任务是指消费者购物的理由以及目的。对于同一种商品，购买的具体目的可以是多种多样的，或者说，购买任务提供了消费活动发生的理由。营销者经常运用的策略是将购买的任务分为自用还是送礼，因为购买一样的商品，作为礼品送人还是供自己使用，消费者采用的购买决策与选择标准完全不同。

4. 先前状态

先前状态是指消费者在行为之前的暂时性的情感(如焦虑、高兴、兴奋等)或状态(如疲劳、饥饿、备有现金等)。先前状态主要通过两种方式影响消费者：首先，它可能会影响消费者对问题的认识，如处于饥饿状态下的消费者，会产生购买食物的意识和冲动；其次，先前状态会通过改变消费者的情感来影响其行为。一般而言，在积极的情感下，消费者对事物正面的评价会更多一些，在消极的情感影响下结果则相反。先前状态主要表现为心情和暂时性条件两个方面：

(1) 心情。心情是一种不与特定事件或事物相连的暂时性情感状态。心情作为一种情感，没有情绪那么强烈，而且能够在个体没有意识的情况下产生。虽然心情可能影响个人行为的所有方面，但通常它不如情绪那样对正在进行的行为产生过大的影响。个人通常运用高兴、平静、悲哀、忧伤、压抑等词汇来描述心情，心情既影响消费过程同时又受消费过程影响，比如电视、广播和杂志内容能够影响消费者的心情和激活水平，反过来，后者又会影响消费者的信息处理活动。心情还影响消费者的决策过程以及对不同商品的购买与消费。营销人员应该善于运用能激发或诱发积极心情的事件来开展各种市场营销活动。

(2) 暂时性条件。暂时性条件是指诸如疲劳、饥饿、生病、彩票中奖或企业破产等一些暂时性的状态。就像心情一样，这里的暂时性条件作为一种先前状态，也必须是短暂的，而不是经常性的或个体长时间相伴随的，因为一位暂时缺钱和一位总是经济拮据的人，他们之间的行为会有明显的差别。

5. 时间

时间是指行为发生时消费者可支配时间的充裕程度，也可以是活动或事件发生的时机。它是消费者的重要资源。时间的充裕或紧张将会极大地影响消费者的行为，比如当消费者看到众人在排队等待时，他可能会放弃已计划好的购买活动。随着生活和工作节奏的加快，人们的时间压力越来越大，因此众多以节省时间为目的的产品相继问世。不仅如此，时间还可以作为社会情境变量对消费者产生影响。例如当时间压力增大时，消费者用于信息搜集的时间就会减少；距离上次用餐的时间越长，食物广告就越容易引起消费者的注意。不仅如此，研究还发现在一天的不同时间段，消费者对信息的处理也将不同。比如在即时识记和回忆测试中早间广告节目较晚间广告节目效果好；而在延时记忆和回忆测试中，即在观看节目两小时以后的测试中，晚间收看比早间收看效果好。一项关于时间压力对食品购物影响的研究显示，时间压力越大，消费者越有可能买不到打算购买的商品，并更少做计划外购买。当在不太熟悉的商店购物时，上述情况尤为突出。

(二) 五个一般消费情境说

品牌忠诚度、介入程度以及商品的用途均会导致社会情境因素对消费者消费行为影响程度上的差异。一般而言，消费者的品牌忠诚度越高，社会情境因素的影响作用就越小，比如当消费者强烈喜欢某一品牌时，其在任何情境下可能都不会转换品牌。消费者购买行为中介入程度越高，社会情境的影响作用就越小。商品的用途越多，社会情境因素的影响可能会越小，当商品只有单一用途时，则消费者对该商品的购买更容易受到社会情境的影响。

彼得和奥尔森在合著的《消费者行为与营销战略》一书中将一般的消费情境归纳为五个，即信息的获得、购物、购买、消费和处置。这些对情境广义的界定是与大多数商品相关的。通过分析这些情境，营销人员可以辨别消费者的行为目标、情感，认知主要的环境因素，从而制定营销战略和策略来改变、加快或维持主要的消费行为。这一种分类法的主要内容将在本章第二节进行详细的介绍。

延伸阅读 11-2

白酒零售终端形态变化深刻影响中小经销商成长

中国白酒黄金十年，零售终端形态正发生着深刻而全面的变革，具体表现为专业化与终端深度细分。随着城市化进程的加剧，中小经销商整合资源的能力将决定经销商未来发展的空间与方向。

(1) 地级市场，乃至于县级市场出现了“无店铺经营”的团购渠道。由于中高档白酒丰厚的市场利润，加之酒水经营属于润物细无声的快速消费品领域，于是在市场经济的外衣下，诞生了一大批隐形“商人”，这些“掮客”形式商人的出现，大大削弱了中小经销商经营中高档白酒品牌的能力，中小经销商面临着如何整合团购资源，如何平衡、经营中高档白酒市场，如何实现资源为我所用的艰难选择。

(2) 酒水专卖渠道出现加盟连锁浪潮，无情地蚕食了中小经销商的市场份额。必须看到酒水专卖作为一种新兴的终端形态有蔓延全国市场的趋势，这些专卖系统具备很强的针对性、实效性，而专卖店背后往往是强力资本的支撑。中小经销商面临着与资本大鳄以及商业品牌之间的激烈竞争。

(3) 超市形态终端开始从省会城市市场向地级市场、县级市场逐步渗透。终端形态的变化意味着中小经销商必须学会与超市打交道，意味着必须培养自己系统化、标准化、程序化的专业能力。这对于深具草根性质的中小经销商来说，面临着专业人才培养与市场谈判能力提高的双重压力。

(4) 酒店终端泡沫化使得中小经销商从过去有形经营，迈向更高层次的无形经营，必须具备提升区域市场品牌推广的能力。由于酒店在价格体系上出现了“价格虚高”现象，直接导致酒店终端泡沫化，酒店自带酒水已经成为常态。如何重拾酒店终端？如何将酒店终端经营成为酒水消费的主流渠道，也考验着中小经销商的商业智慧。

(5) 带有直销性质的终端系统——电子商务平台的兴起。电子商务平台的兴起导致白酒经营的触角更加隐蔽，虽然目前对中小经销商的影响并不明显，但是从京东商城推动的

B2C 模式对家电零售巨头——苏宁、国美的影响就可见一斑。B2C 电子商务对中小经销商造成的影响一旦显现，将进一步削弱中小经销商掌控市场的能力。

很显然，中国白酒市场零售终端形态变化对经销商，特别是资金实力比较弱小的中小经销商形成了实质性影响，中小经销商必须从观念上、资金上、管理模式上实现突破。

传统意义上，中小经销商利用信息不对称与品牌相对封闭就可以做到对特定区域市场策略性封锁。但是，随着互联网技术的发展，商业信息日益普及，加上中国白酒本身产品差异化程度比较弱，且中国白酒品牌众多，使得市场对白酒品牌门槛大幅度降低，中小经销商不可能凭借资源的垄断来实现对市场的垄断。面对残酷的白酒市场竞争环境，中小经销商必须在商业理念上实现跨越。

1. “相融共生，商者无疆”的经营理念

任何经营活动都是资源整合的过程，善于整合资源，并实现资源优势互补的中小经销商才能是区域市场真正的赢家。任何一个人，或者一个经销商组织都不可能实现对所有客户资源的占有，此时，经销商有多大的胸怀就会做成多大的生意。比如中国白酒团购触角已经从单纯的共性化需求走向了个性的定制化需求，作为专业的酒水经销商，在获取定制化资源能力上应该比商务人士具备更好的优势，中小经销商对上游定制化资源控制与团购人员消费者资源掌控就可以实现优势互补。例如团购者不确定的销售规模与中小经销商专业化系统化运营之间有可能形成某种程度上的战略互补，这种资源判断对实现经销商商业利益最大化具有举足轻重的影响。

“相融共生，商者无疆”虽然是一个抽象的商业理念，但对于中小酒水经销商来说却是实实在在的经营指南。因为酒水经营与酒水消费本身就是与复杂人群的交易行为，三教九流的人群构成这个传统产品特定的市场特征，区域性中小经销商要想立足于中国白酒市场，就必须成为整合资源的高手。

2. 根据市场成熟程度推动商业品牌建设

在五年前，几乎所有的酒企都在抢夺公共性资源——酒店终端，几乎所有经销商都发出了“再苦再累也要做酒店”的感叹，这种抢夺的结果就是酒店终端的泡沫化。现如今，我们不得不说，“再苦再累也要做自己的商业品牌”。这种商业品牌包括两个方面的内容：第一是作为贸易公司的品牌建设。对于中小经销商来说，建设一个强大的贸易公司品牌还是比较艰难的，毕竟贸易公司品牌是建立在超级市场基础之上的，没有超级市场，也就无所谓贸易公司品牌。第二就是零售终端平台。如华泽集团推出的华致酒行，浙江商源推出的久久名酒等，这种零售终端品牌具备强大的抵御市场侵袭的功能。在可能的情况下，推动区域性酒水零售加盟连锁终端建设，可以在一定程度上遏制上游资源对区域性市场的蚕食，增强中小经销商与上游制造商讨价还价的能力。因此，在现阶段我们提倡：“再苦再累也要建设自己的商业零售体系”。

3. 引入专业化核心人员，经营商超终端

随着中国城市化进程加剧，商超必将成为大众消费重要平台，特别是随着权贵消费阶层的消退，中产消费者阶层诞生，必将催生出商超消费浪潮。及早引入核心商超经营人才，对中小经销商赢取竞争主动权意义重大。中小经销商经营商超终端面临着软硬两方面的压力：首先是其硬件终端建设，超市的 POS 系统与贸易公司的电子接口建设，投入一点资金资源，中小经销商就能够实现与超市终端硬件对接；其次就是软件建设，包括商超谈判与管理人员培育，这一点是未来中小经销商面临的最大挑战。

不仅如此，由于商超终端属于消费者主动性购买终端，需要中小经销商能够在市场推广方面有更加深入的认知与更加娴熟的操作能力。

4. 重拾酒店终端，使得酒店终端回归消费理性

一项在天津的市场调查发现，天津市场酒店零售终端处于比较良性的发展状态，酒店终端酒水消费占比也比较高。调查发现，形成酒店直接消费最为重要的原因是天津的酒店终端白酒产品价格回归理性，终端产品加价率维持的20%以内，使得大部分消费者感觉到自带酒水意义不是很大。

酒店终端泡沫化最重要的原因就是酒水加价率超越了消费者承受的预期。由于中小经销商大部分属于本地商业中的意见领袖，如果能在酒店终端利益分配机制、酒店终端理性消费教育上做出符合客观规律的培育，必将重新激活酒店终端活力。酒店终端属于餐饮市场最为重要的零售终端，中小经销商深入细致的工作将化解上游制造商与外来超级经销商对本土市场的进攻，从而稳定基本消费。

5. 重视与资本力量的结盟

很显然，全国性一线名酒品牌与二线名酒品牌、全国性超级经销商对中小经销商的挤压不可能在短时间里减退，中小经销商要想在区域市场生存，还必须学会与强势制造商、超级经销商战略结盟，化干戈为玉帛是中小经销商很重要的生存法则。强势的制造商与超级经销商一般都拥有比较雄厚的资本实力，与其资本结盟也是中小经销商不可缺少的重要一环。目前来看，中小经销商面对终端形态复杂化趋势，要有在一定范围内与一线、二线名酒品牌进行策略性合作，与超级经销商进行战略性结盟的姿态，这种姿态不仅可以化解对手的战略性打压，而且还能够以时间换空间，在短时间内寻找自身的核心竞争力。

6. 增加对现代零售业态的关注度，在特定阶段选择加盟或者构建面向未来的零售业态

目前，中国有在线网民超过3亿人，白领乃至于中产阶级对网络渠道十分关注。作为高附加值的中高档白酒产品，还是比较符合网络零售业态的利润需要的，可以预见白酒网上销售必将成为一种常态。作为中小经销商，占据着物流与服务优势，与强势的网络平台形成战略联盟，可以形成关注网络零售的敏锐平台，从而为中小经销商介入网络销售奠定基础。

总之，夹缝中生存的中小经销商要有整合资源的意识、战略结盟的身段、利益共享的思想、激活终端的方法。只要我们能够发挥中小经销商灵活思考、不断进取的精神，就必定可以创造中小经销商美好的未来。

(资料来源：作者根据相关资料整理而成。)

第二节 消费者情境类型

在借鉴彼得和奥尔森五个一般消费情境说的基础上，根据消费者购买行为过程的不同阶段，可将消费者情境具体细分为三种类型，即沟通情境、购买情境和使用情境。

一、沟通情境

沟通情境是指消费者接受人员或非人员信息时所处的具体情境或背景。无论是面对面的沟通，还是非人员性的沟通，其效果既与沟通方式、信息质量有关，又与消费者当时的接收状态，比如是否有他人在场、心情或身体状况如何等存在着密切的关系。这里所讲的沟通情境可以从两个角度进行考察，即营销传播和群体互动。

(一) 营销传播

广告、人员推销、营业推广和公共关系等活动，都是营销传播的基本方式。一般而言，营销传播由五个部分组成：来源、编码、传送、解码和反馈。营销组织通常被视为沟通信息的来源，它需要确定传播所要达到的目标，并确定具体的传播对象。在编码过程中需要将制定的目标转化为所要传播的信息，以传播商品的利益，而销售人员只需要采取适当的手段，将这些信息转化为直接面向消费者的销售展示。当然在此过程中，需要避免与需要无关的信息或欺骗性广告。在编码之后需要通过专门指向特定受众的媒介进行信息传送，这里需要关注的是媒介的选择问题。为了方便理解，信息接收者会将信息储存在记忆中，并对信息按照自己的理解方式进行解读，这就是解码的过程。解码可以进一步分为展露、注意、理解、接受信息和保留等过程。此处还有两个关键问题，即消费者是否会按广告人员的意图去理解信息，以及信息能否积极地影响消费者的态度和行为。在传播过程中，对传播活动效果的关注，就是反馈。企业充分关注营销传播的整个过程，对各个环节沟通效果的实时把控，对最终取得良好的沟通效果有着至关重要的影响。

◇ 案例 11-1

德芙巧克力广告

2007 年 CCTV 每天黄金时段都会播出德芙巧克力的最新电视广告，专业人士评价它把德芙牛奶巧克力的魅力及纯美品质刻画得丝丝入扣，其独特的创意及制作拍摄技巧，也将德芙牛奶巧克力带向了全新的境界。这则广告片的成功不只在于创意构思，更在于技术成果，广告的制作还是延续了德芙以往的优雅气质，还是采用美女代言，唯美的画面，优雅的音乐，明快的色彩，给人的第一印象就是难以言喻的舒心。广告片从一群飞鸟飞过的天空开始，背景音乐响起，镜头转到露台上正在看书的女人，(虽然不是众人皆知的大牌明星，但是却更能体现广告的唯美，让人心生美感)露台咖啡厅男侍者的目光一直落在她身上，女人用流畅的动作拿出一块巧克力，并将一块送入口中，画面变成牛奶与巧克力交融的情景(采用 Photo-Sonics 的镜头捕捉，呈现出缓缓旋转运动的美)。顺滑丝感的感觉从口中延续到身边，咖啡色的丝绸轻绕过女人一侧的香肩，接着又随风轻拂在抚过书页的手背上，最后轻轻环绕在走过的男侍身上，女人一脸甜蜜的微笑，沉浸在阅读和德芙所带来的愉悦里。(整个广告片画面简洁，色彩淡雅，灰白的浅色映衬着巧克力的浓郁，情节简单，却让人印象深刻，其背景音乐也为广告增色不少，音乐营造的浪漫气氛使主角享受着巧克力带来的愉悦感受时，观众也伴着醉人的音乐感受生活的浪漫，让观众觉得只要吃一块德芙，生活就会更加美妙。)最后丝绸揭开，画面正中一行字“愉悦一刻，更享丝滑”。画面中低沉，感性的独白同时响起：愉悦一刻更享德芙丝滑(简洁明快，紧扣广告表现的愉悦感)，整个广告片仅30秒，却令人回味无穷。

而2008年的德芙广告更是令人印象深刻，其内容大致为在复古的英伦风街道上，一位身着小礼服的年轻女人，(一如德芙以往的风格，通过邻家美女代言，给人一种温馨唯美的感觉)走到橱窗口，比着镜子里的自己，想象着自己佩戴着橱窗里面的帽子，表情欢快，又走到珠宝的橱窗，看着玻璃上自己的影子，摆出各种pose，想象着自己佩戴着这些珠宝的样子，里面的店员看到了，温情地回头一笑，(该情节创意十足，给人一种新奇欢快的感觉，让人过目难忘)此时，女主角从包里拿出德芙巧克力，轻咬一口，顺滑丝绸的感觉从口中延续到身上，咖啡色的丝绸轻绕过女人的手臂，最后离开，女人沉浸在欢乐里(表现出德芙巧克力给人带来的是非物质的享受，已经上升到精神层面，使身心愉悦，给人的生活带来幸福)。背景音乐欢快轻柔，最后丝绸再次揭开，画面正中一行字："此刻尽丝滑"。(依然抓住了德芙巧克力丝滑的主题，简洁明快，又不乏愉悦感)同时旁白响起，令人回味无穷。

2009年的德芙广告明信片篇选用高中女生代言，唯美地表达出德芙所包含的对浪漫爱情的憧憬。广告内容为：轻松的音乐响起(贯穿始终)，女主角(憧憬爱情、崇尚时尚，追求浪漫，讲究青春的年轻群体，尤其是年轻情侣和年轻女性)正伏案微笑，看到门缝里出现一张明信片，她按照明信片上所说的来到那个地方，突然一条丝巾状的巧克力蒙住了她的眼睛，让她看到了一个美丽的世界，然后她乘坐男主角的车来到一个美丽的郊外(轻松愉悦的音乐贯穿始终，多个唯美画面构成一个浪漫的爱情故事，整个广告中，弥漫的是甜蜜、浪漫的情愫，营造的是愉悦、时尚的气氛)，看到一个方盒子，方盒子里飘出一条棕色丝巾(使用联想通过棕色丝巾把德芙的丝滑感受进行形象化，一步一步地引出文案"此刻尽丝滑"，强化了目标顾客的印象)再一次蒙住了她的眼睛，当她睁开眼睛时，她的手里多了一盒德芙巧克力。(旁白响起)：发现新德芙，更多丝滑感受，更多愉悦惊喜。文案出现："此刻尽丝滑"。

首先，来分析德芙巧克力广告的广告词"此刻尽丝滑"，这是在德芙巧克力所有制作广告中都可以明显体会到的，也是这则德芙巧克力丝滑女人篇最想让消费者体会到它的精华之所在。这个广告词之所以称得上经典，在于能给消费者带来"丝般感受"的心理体验。此广告文案还采用了类比联想的手法。所谓类比联想，是将形似、义近的事物加以类比形成的联想，是人们对一件事物的感知引起对与它在性质上、形态上相似的事物的回忆。德芙广告词："此刻尽丝滑"，把巧克力细腻滑润的感觉用丝绸来形容，用丝绸的质地与巧克力的纯正口味进行类比，想象丰富，增强了广告表达效果。其次，整个广告片画面简洁，色彩淡雅，黑白的色调映衬着巧克力的浓郁，情节简单，却让人印象深刻。此广告背景音乐也为广告加分不少，音乐营造的浪漫气氛使主角享受巧克力带来愉悦感受的同时，观众也伴着醉人的音乐感受生活的浪漫。爱情是美好的，巧克力和鲜花现已成为表达爱意的象征。看到巧克力人们都会联想到爱情，特别是情人节那天德芙巧克力已成了中国男士送女友的首选之物，想象一下所有在那天吃到男朋友送的德芙巧克力的女孩，心里的那种甜蜜和温馨。同时试想一下如果不用美女而用我们所知的其他名人代言，那么可能也收不到这么好的效果。丝般的感受，一半指的是人的口感，另一半是人吃巧克力时的综合感官体验，包括愉悦的心情、忘我的精神层面感受。"德芙如丝般的感受"是一种心灵的召唤，唤醒大众对积极品位德芙的美味和精神双重享受的兴趣。相信凭借这则优秀的广告，德芙巧克力会吸引到更多消费者的目光，德芙的知名度和美誉度将大幅度提升，它的市场前景将更加广阔。

(资料来源：作者根据相关资料整理而成。)

(二) 群体互动

群体互动具体可以分为暗示、模仿和从众行为。模仿和从众行为在前面章节中已进行了详细的介绍，此处不再赘述，这里只就暗示进行介绍。

暗示是指在无对抗条件下，用含蓄，间接的方式对消费者的心理和行为产生影响，从而使消费者产生顺从性的反应，或接受暗示者的观点，或按暗示者要求的方式行事。群体对个体的影响，主要是由于“感染”的结果。处于群体中的个体几乎都会收到一种精神式的暗示或提示，在这种“感染”下，人们会不由自主地产生这样的信念，多数人的看法比一个人的看法更值得信任。因此暗示的主要影响因素就是暗示者的数目，或者说暗示所形成的舆论压力的大小，暗示得当就会迫使个人行为服从群体行为。

二、购买情境

购买情境是指消费者在购买或获取产品时所接触到的物质和社会因素，通常涉及做出购买决定和实际购买时所处的信息环境、零售环境和时间压力。

◇ 案例 11-2

红叶超市的购物环境

红叶超级市场营业面积260平方米，位于居民聚集的主要街道上，附近有许多各类商场和同类超级市场，营业额和利润虽然还过得去，但是与同等规模的商场相比，还是不理想。通过询问部分顾客，得知顾客认为店内拥挤杂乱，商品质量差、档次低。听到这种反映，红叶超市经理感到诧异，因为红叶超市的顾客没有同类超市多，每每看到的是其他超市人头攒动而本店较为冷清，怎会拥挤呢？超市的商品都是货真价实的，与别的超市相同，怎说质量差、档次低呢？经过对红叶超市购物环境的分析，发现了问题所在。原来，红叶超市为了充分利用商场的空间，柜台安放过多，过道太狭窄，购物高峰时期就会造成拥挤，顾客不愿入内，即使入内也不易找到所需的商品，往往是草草转一圈就很快离去。商场灯光暗淡，货架陈旧，墙壁和屋顶多年没有装修，优质商品放在这种背景下也会显得质量差、档次低。为了提高竞争力，红叶超市对超市购物环境进行彻底改造。对超市的地板、墙壁、照明和屋顶都进行了装修，减少了柜台的数量，加宽了过道，仿照其他超市摆放柜台和商品，以方便顾客找到商品。整修一新开业后，立刻见到了效果，头一个星期的销售额和利润比过去增加了70%。可是随后的销售额和利润又不断下降，半个月后降到了以往的水平，一个月后低于以往的水平。为什么出现这种情况呢？观察发现，有些老顾客不来购物了，增加了一批新顾客，但是新增的顾客没有流失的老顾客多。对部分顾客的调查表明，顾客认为购物环境是比原先好了，商品档次也提高了，但是商品摆放依然不太合理，同时商品价格也提高了，别的商场、超市更便宜些，一批老顾客就到别处购物了。听到这种反映，红叶超市的经理再次感到诧异，因为一般来说，红叶超市装修后商品的价格并未提高，只是调整了商品结构，减少了部分微利商品，增加正常利润和厚利商品，其价格与其他超市相同。

(资料来源：作者根据相关资料整理而成。)

(一) 信息环境

在做出购买决策之前，消费者必须对所获取的信息进行处理，而这些信息主要来自消费者所处的环境，信息环境主要涉及如下三个层面。

1. 信息的可获性

与某一购买决策相关的信息可能要从市场上获取，也可能已经储存在消费者的记忆中。然而，在实际购买时，消费者不一定会花很大的力气去主动搜集外部信息，也不一定能够随时从记忆中提取所需要的信息。研究发现，消费者的选择与决策与是否只依赖记忆信息，以及外部信息在多大程度上展现在他面前存在着密切的关系。假如外部信息只能靠记忆中提取时，消费者做出最有利的决策买到最好品牌的可能性比有关外部信息展现在消费者面前时要低。因此，为了消费者能做出明智的决策，一些研究人员认为企业应当提供诸如电器产品的能源耗用成本、产品的生命期成本、单价和营养成分之类的信息，提供这些信息，有助于消费者决策，不仅对消费者是有价值的，而且对企业也是有利的。

2. 信息量

消费者做选择时，环境中的信息量与被选择品的数目以及属性个数存在密切的关系，很显然当被选产品或品牌很多，同时要评价的属性也很多时，环境中的信息量就会增加，信息量的增加通常有助于提高消费决策的质量，但当增加量超过一定水平时会出现信息超载，此时决策的质量反而会降低。

3. 信息的形式与格式

信息的形式是指产品信息以何种方式呈现。比如，有关食品营养成分或汽油的行驶里程信息既可以以数字方式呈现，如每升多少千米，也可以以语意方式呈现，如最好、很、一般等，用数字方式呈现信息，使消费者更容易对不同产品作出评价。同时，相对于语意呈现方式下，消费者更倾向于以产品属性为基础对不同品牌进行比较。

信息格式通常是指信息的具体组织方式，它对消费者行为同样具有重要影响。例如，消费者对单位产品价格信息的运用就取决于零售环境下信息的组织与呈现方式。研究发现如果零售商在同一价目表上列出有关竞争品牌的相对价格，消费者就更有可能运用单位产品价格信息，反之，如果每一品牌的单价是分别列示于各自的标签上时消费者运用单价信息的可能性就会降低。

(二) 零售环境

零售环境涉及很多方面的内容，比如商店的布局、过道的空间、商品的陈列、店堂的气氛等，零售环境对消费者的情绪、感受均会产生很重要的影响，商店应创造良好的零售环境，以吸引消费者。零售环境一般被认为是与特定购买场景相关联的状态，是消费行为中消费者个体的心理，个体的条件与其所处环境条件共同作用的结果。如果说时间，任务和先前状态是消费者的个体条件，那么零售环境就与物质情境相类似。此处专门介绍零售环境，更多的是要强调购买场景的特定状态和条件对处于其中的消费者的影响。

1. 商店布局对消费者行为的影响

商店布局对消费者行为的影响指的是具体某一商店的内外环境对消费者购物时心理

上产生的影响，它对消费者的具体购买活动具有重要的影响。一般包括招牌名称、门面设计、橱窗布置、灯光与色彩、音乐与拥挤等。

1) 招牌名称

招牌是商店标志的俗称，是招揽顾客的牌号。例如，在繁华的商业区里消费者很容易看到各式各样的商店招牌，一块好的商店招牌，往往能引起消费者的注意，激起消费者的联想，因此具有美感和吸引力的商店招牌，对消费者购买欲望的影响是十分明显的。

2) 门面设计

门面就是商店的出入口及周围设施，是商店的脸面，也是构成商店总体形象的重要部分，门面设计是影响消费者最初印象的重要因素。一般来讲，门面设计首先要满足消费者方便实用的心理愿望，所以店门一般应在临街明显的地方。同时考虑到商店所经营的具体商品类别差异，也应注意店门大小与招牌，橱窗的对比关系。

3) 橱窗布置

橱窗既是商店门面总体装饰的组成部分，又是商店的第一展厅。它是以本店所销售的商品为主体，巧用布景、道具和画面装饰，配以适当的灯光、色彩和文字说明，进行商店介绍和商品宣传的综合性广告艺术形式。消费者在进入商店之前，都会有意无意地浏览橱窗，所以橱窗的设计与宣传布置要适应消费者的一般心理规律，使消费者看到后有美感和舒适感，从而对商品产生好感。好的橱窗布置既可起到介绍商品，指导和促进消费的作用，又可成为商店门前吸引过往行人的艺术佳作。

4) 灯光与色彩

在商店的内外环境设计中，灯光与色彩的使用最具有普遍意义。灯光的强弱与色彩的调配都会对消费者的购物心理产生重要影响。商店的照明特别是大中型商店的照明多以人工光源为主体。合理科学的配置招牌及装饰光源，既可以吸引消费者的注意力，又可以使消费者在舒适的环境中选购商品。因此，光照设计应与消费者通过视觉所反映的心理状态相适应，以促进对消费者购买欲望的激发。

不同的色彩能引起人们不同的联想，产生不同的心理感受。在商业活动中，消费者对色彩的反应与偏好，通常与视觉规律有关。比如应注意利用浅色、淡色以显示较远的感受，给人以店堂面积扩大的错觉，产生扩展空间的作用。环境色彩与商业色彩相适应，局部环境的设置应以烘托凸显主营商品为目的，对主营商品的形象起到陪衬作用，使消费者在斑斓的色彩中进一步感受到商品的魅力。

5) 音乐与拥挤

商店内的背景音乐会对消费者的购买行为产生影响。相关研究表明，消费者在商场内购物时的步行速度取决于音乐节奏的快慢，当播放舒缓的音乐时，按天为基础计算的销售量增加了38%。然而当询问顾客是否意识到现在放的音乐与刚才放的音乐有何不同时，均表示没有发现其中的差异，由此说明音乐对消费者的影响是潜意识的。由于音乐对顾客、员工均有正面的影响，所以一些公司专门开发音乐产品用于商场或工作场所播放。

拥挤是指个体由于空间位置的有限而感到移动受到限制。拥挤可能是因为零售点接受服务的消费者太多，也可能是空间位置狭窄所致，还可能是两者兼而有之。对零售店来说，拥挤会带来一系列的后果：顾客可能会减少购物时间，改变对店内信息的运用方式，减少与营业员的沟通，另外还可能导致消费者的焦虑、不安，降低满意水平，损害商店形象。

2. 商品陈列对消费者行为的影响

商品陈列对消费者行为的影响是指商品在货位货架和售货柜台内的摆放、排列等对消费者心理及购物行为的影响，商品陈列是商店内部陈设的核心，也是吸引消费者购买的重要因素。虽然商品陈列方式因行业、经营品种、营业场所的不同而有所区别，但有一点是共同的，就是商品陈列本身就是广告，丰富多彩、琳琅满目、摆放得体的商品，往往更容易引起消费者的兴趣。实践证明，商品陈列必须适应消费者的选择心理、习惯心理，并努力满足消费者对新、对美的心理追求。一般而言，商品陈列应从以下两个方面考虑消费者的心理感受。

1) 卖场布局和商品类别与消费者行为

一个好的卖场布局必须简明，不能让消费者感到像是走迷宫一样。大量实验表明，绝大多数消费者倾向于长方形的卖场，而且应该带有平坦宽阔的通道，通道中应尽量避免设台阶。在消费者专心购物时，脚下的台阶是一种安全隐患，超市管理者必须要考虑到这一点。超市的商品种类繁多，分布时一般应以卖场的磁石点(磁石点是指超市卖场中能吸引消费者注意的地方)分布为基本原则，而且要让商品物有所归、类有所归，不能违背消费者的购买习惯。

2) 商品陈列的高度和数量与消费者行为

消费者进入商店后，一般都会有意无意地环顾商店内的货位分布、商品陈列等，以获得一个初步印象。消费者进店后的环视范围、高度应成为商品陈列或货位合理分布的最佳依据。以一般人为准，大约从腹部到头顶的高度范围内是商品最有效的陈列高度。商品陈列不但在高度上要与消费者的环视高度相适应，而且还要考虑店堂空间面积的大小及消费者的可视距离。这样，才能使消费者一进入商店就能迅速、清晰地感受到商品的形象。

商品陈列的数量同样也会影响消费者对商品的感受，商品陈列的数量过多或过少都会给消费者以不良的心理感觉，商品陈列过多过密会使人感觉杂乱，从而难于辨别和选择，而商品陈列过少过稀会使人感觉商店无货可售，或者只有剩货可售，从而降低消费者的购买热情。

(三) 时间压力

在购买情境中，时间压力对消费者行为的影响尤为突出，能够在多个环节上影响消费者的决策。在现代社会，时间是一种宝贵的资源，在商品和品牌的选择上，花费额外的时间就相当于货币的额外支出，因此消费者总是尽可能地节约时间。

(1) 不同购买决策在紧迫程度上的差异。如果是家里的洗衣机，尽管用的时间长了些，但还是可以凑合着用，则购买的紧迫程度相对就要低。

(2) 消费者在决策过程中会出现更多互相矛盾的地方。

(3) 非计划性购买的减少和买不到原先准备购买的产品。时间压力对消费者信息处理过程和购买方式等都将产生一定的影响。

(4) 很多商品和服务，比如看电视、溜冰、钓鱼等，本身就是以时间为载体的。消费者是否购买这些商品和服务，在很大程度上，取决于他们是否拥有可以自由支配的时间。

因此，很多产品被设计成能够节省时间。一般而言，越是紧张，忙碌的消费者对节约时间的商品或服务越是感兴趣，越愿意在这方面进行消费。

三、使用情境

使用情境是指消费者在消费使用产品时所面临的情境。在很多情况下，比如当消费者在餐馆用餐时，购买和使用情境是一体的。但也有不少情况，使用情境和购买情境是分离的，此时，无论是从时间的角度还是从物质因素的角度，使用情境都不同于获得产品时的情境。例如，购买化妆品，如果是供自己使用，消费者的决策过程可能很简单，但如果要送给自己的配偶或朋友，则需要考虑的因素可能会更多。因此，使用情境不仅影响产品如何被使用和消费，同样也影响消费者的购买决策过程。

此外构成使用情境的诸多因素也会对消费者行为产生重要影响。例如，大米是我国南方人的主食，但大多数南方人早餐吃的却是馒头、面条、油炸食品等，这些早餐食品通常也不会进入中餐或晚餐的餐桌。同样，啤酒、白酒等产品很少在早上被人饮用。实际上对水果、蔬菜等产品，人们在一天的不同时段可能有不同的偏好，由于商品消费量与商品的消费时段有关，所以企业对商品使用时的时间因素应予以了解和把握。

市场定位和产品细分中也可能涉及产品的使用情境。例如服装企业可以根据着装场合是正式场合穿，运动时穿还是休闲时穿而对市场进行细分。针对上述不同的细分市场，服装产品的营销策略也应有所不同。

◇ 案例 11-3

"改造"厨房

厨房电器的种类繁多，包括吸油烟机、灶具、橱柜、消毒柜、冰箱、微波炉、烤箱以及豆浆机、榨汁机等多种产品，通过个性化的定制可以让这些种类繁多的产品形成有效的功能搭配，从而在消费者身上发挥出最大的价值。

消费者对厨房使用价值期望值的提升带动了众多厨电企业纷纷由"卖产品"转型到"卖服务"，引导消费者的购买选择从单纯厨电产品转向橱柜与厨电一体化配置，因而催生出实现个人定制的厨电一体化解决方案。

同时，不同楼宇设计中厨房的面积、构造、布局各不相同，而且市面上不同企业之间，甚至同品牌不同系列产品的尺寸也不尽相同，经常出现橱柜与其他品类家电"不兼容"的现象，像一些冰箱、微波炉由于尺寸问题无法摆放到合适的位置而被消费者弃用的现象比比皆是，因此消费者对通过一站式的定制服务来解决"兼容"问题有着迫切的需求。

定制业务的前提是企业在对消费者行为的分析基础之上做出几十套备选搭配方案让消费者来选择自己喜欢的搭配，将厨房内的产品根据水槽、灶台、干湿区等不同区域进行分类搭配，将一个完整的厨房拆分掉，然后再根据消费者喜好下单定制再重新拼装，这在一定程度上规避了不同楼宇对厨房设计的不同而造成一体化不规范的问题。

"就目前的业务形态来看，定制业务的最佳平台应该是线上，电子商务给企业提供了一个无边界的销售平台。"华帝股份总裁黄启均表示，在搜集消费者需求、分析消费者行为的层面上，传统实体店传递给企业信息的速度和真实度都远不及互联网带来的效应，而以方太、老板、万和、华帝为代表的高端厨电企业早在去年就已经建立起了完善的电子商务平台，今年将是厨电企业深耕电商并检验电商渠道销售效果的关键性一年。

在黄启均看来，尽管目前的信息化技术、供应链管理还无法达到一般的消费级产品来专门下单生产，但已经开始从企业为消费者提供产品转向消费者在企业选择自己想要的产品，销售以及生产模式都开始朝向更加灵活的趋势发展，厨电行业未来的产值应该定义在创意服务型的现代产业上。

对此，美的厨电国内营销公司总经理孙命阳也表示面对厨电一体化解决方案的整体趋势，美的厨房厨电专卖店体系要进行“柜电一体化”大升级改造。

这对于向来重资产运营的厨电企业来说，意味着厨电行业需要将过去的全部推翻，要重新定义行业标准，因为定制出来的产品是一个半成品而非成品，需要再安装、调试，经过消费者的再定义才能成为成品，这在一定程度上改变了原有的生产模式。企业除了加强自身的产品设计外，还要依靠目前的信息化技术对消费者的需求做出实时的了解。

尽管宜家家居在去年就重点推广整体厨房的概念，但仅停留在将众多功能不尽相同的硬件简单拼装的层面，还没有将其完全整合。真正意义上的整体厨房更多的是集中在生产方式的变革上，是一种定制化生产方式的变化，它与传统制造业的逻辑完全不同，需要将消费者的个性化需求与企业的工业化生产结合起来。定制化生产方式对于整个供应链管理提出了新的要求，将厨房内的产品根据水槽、灶台、干湿区等不同区域进行分类也意味着整个生产过程注定不会是此前的一个大订单生产就可以实现的。

与此同时，众多试图进入厨房产业的企业更应该注重平台的建设，厨电系统所包含的产品种类繁多，很少有企业能有实力包揽厨房内所有的产品，更多的是依靠企业之间的协作来整合整个产业，从而形成规范的行业标准。

(资料来源：作者根据相关资料整理而成。)

本 章 小 结

消费者情境是指那些独立于单个消费者和刺激消费者的单个客体(产品、广告等)之外，能够在某一具体时间和地点影响消费者购买行为的一系列暂时的环境因素。例如，购物时的气候，购物场所的布局、音乐、卖场的拥挤程度，消费者的心情等，这些因素会以不同的形式对消费者的消费行为产生影响。消费者情境主要是由五个变量或因素构成，即物质环境、社会环境、购买任务、先前状态和时间。

消费者情境大致可以分为三种类型：沟通情境、购买情境和使用情境。沟通情境是指消费者接受人员或非人员信息时所处的具体情境或背景，可以从营销传播和群体互动两个角度进行考察。购买情境是指消费者在购买或获取产品时所接触到的物质和社会因素，通常涉及做出购买决定和实际购买时所处的信息环境、零售环境和时间压力。使用情境是指消费者在消费使用产品时所面临的情境。

学习课件

练 习 题

一、单项选择题

1. 消费或购买活动发生时个体所面临的环境因素，如购物时的气候、购物场所的拥挤程度、消费者的心情等，指的是(　　)。

A. 消费者环境　　B. 消费者情境

C. 消费者行为　　D. 消费者习惯

2. 影响消费者购物状态的有形或无形的物质因素是属于消费者情境构成要素中的(　　)。

A. 社会环境　　B. 物质环境　　C. 精神环境　　D. 市场环境

3. 消费者在消费行为之前暂时性的生理、情感或状态，如焦虑、兴奋、饥饿、疲劳等，指的是(　　)。

A. 先前状态　　B. 购买任务　　C. 物质环境　　D. 时间

4. 消费者购物的理由以及目的，指的是(　　)。

A. 购买任务　　B. 社会环境　　C. 物质环境　　D. 先前状态

5. 消费者接受人员或非人员信息时所处的具体情境或背景，是指(　　)。

A. 沟通情境　　B. 群体互动　　C. 物质情境　　D. 购买任务

6. 群体互动具体包括模仿、从众和(　　)。

A. 暗示　　B. 协作　　C. 沟通　　D. 交流

二、多项选择题

1. 消费者情境的构成要素包括(　　)。

A. 物质环境　　B. 社会环境　　C. 购买任务　　D. 先前状态　　E. 时间

2. 先前状态主要表现在(　　)两个方面。

A. 心情　　B. 任务　　C. 时间　　D. 先前状态　　E. 暂时性条件

3. 消费者情境具体可以细分为(　　)。

A. 购买情境　　B. 沟通情境　　C. 使用情境　　D. 消费情境　　E. 售后情境

4. 沟通情境是指消费者接受人员或非人员信息时所处的具体情境或背景，包括(　　)，即营销传播和群体互动。

A. 营销传播　　B. 消费情境　　C. 使用情境　　D. 群体互动　　E. 购买情境

5. 购买情境是指消费者在购买或获取产品时所接触到的物质和社会因素，通常涉及做购买决定和实际购买时所处的(　　)。

A. 信息环境　　B. 零售环境　　C. 消费情境　　D. 时间压力　　E. 处置情境

6. 信息环境主要涉及(　　)三个层面。

A. 信息的可获性　　B. 信息量　　C. 信息的编码

D. 信息的解码　　E. 信息的形式与格式

三、名词解释

1. 消费者情境

2. 物质环境
3. 社会环境
4. 先前状态
5. 购买情境
6. 暗示

四、简答题

1. 简述消费者情境的构成要素。
2. 简述群体互动所包含的内容。
3. 简述购买情境所包含的内容。
4. 简述灯光与色彩对消费者行为的影响。
5. 简述音乐与拥挤对消费者行为的影响。
6. 简述时间压力对消费者行为的影响。

五、论述题

1. 论述商店布局对消费者行为的影响。
2. 论述商品陈列对消费者行为的影响。

六、应用实践题

1. 到学校附近的商场实地做一次调查，调查内容包括该商场的顾客特点，商店的布局，商店的商品种类及价格，商店的服务。

2. 某大型商场为了改变经营面貌，突出经营特色，引导和激发消费者的购买行为，准备从消费者行为的特点入手，为各商品部重新命名，并为每一种新命名后的商品部设计一条广告语，请从以下商品部中任选两个，化妆部、男女鞋部、洗涤用品部、电脑及文化用品部、针织品部、儿童玩具部、男士服装部、婚纱摄影及娱乐部。

要求：

(1) 根据该商场的革新意图及本章知识，为你选出的商品部策划一个新名称，并设计一条广告语。

(2) 阐述设计的理由。

(3) 组织一次公关活动，推出这次重新命名的事件，并分析预期效果。

七、案例分析题

“宜家”的体验营销

购买服装时，如果一家服装店不能让消费者试穿的话，很多消费者就会马上离开；购买品牌电脑时，如果消费者不能亲自试试性能，感受一下质量，大多数消费者就会对其质量表示怀疑。分析这些现象，就会发现消费者在购买很多产品时，如果有可以体验的场景和气氛，消费者的购买决策就会受到很大的影响。因此，对于企业来说，营造良好的销售气氛就有可能获得更多的消费者购买机会。

当然也不是所有的产品和服务都能够让消费者亲自体验。就家具来说，尽管人们在购买沙发时都想坐上去试一试，买衣柜都想检验柜门是否好用等，但很多家具市场并没有这样的气氛和环境。比如人们经常看到的是样品上放着“勿坐”字样或是销售人员声称不能坐，别坐坏了的提醒。但是，来自瑞典的宜家家居却在这方面做起了文章，主张并引导消费者进行全面随意的体验，以至于进入中国市场没多久，就吸引了众多消费者的眼球，其体验营销的操作方法，给众多企业提供了经典的范例。

宜家积极鼓励消费者在卖场进行全面的亲身体验，如拉开抽屉，打开柜门，在地毯上走走，试一试床和沙发是否坚固等。宜家出售的一些沙发、餐椅上还特意提示消费者，请坐上去，感受一下它是多么的舒服。宜家的店员不会像其他家居店的店员那样从顾客一进门就开始喋喋不休，你到哪里，他们就跟到哪里，而是非常安静地站在一边，除非你主动要求帮助，否则店员不会轻易打扰你，以便让你静心地浏览，在一种轻松、自由的气氛中做出购物的决定。

如果仅有好的场景设置，没有好的产品，那么消费者的体验也不会取得很好的效果。宜家的工作不仅把工夫花在现场的体验气氛上，他们在产品的设计方面也用足了功夫。宜家的产品设计充分考虑到消费者日常使用的习惯，一个产品是否适合消费者使用，宜家的工作人员、设计人员都会和供应商进行深入的交流，并进行非常深入的市场调查。宜家通过卖场深入了解消费者的需求，并及时将信息反馈给产品设计人员，设计人员结合消费者的需求对产品进行改进和重新设计。

宜家的出现为喜欢变革的中产阶层提供了一个温暖的支撑。在自己的私人空间里，宜家的家具是为生活的不断变化而设计的，一个新公寓，一段新恋情，一个新家。即使仅仅随意逛逛宜家的商场都会让许多人振奋起来，宜家的许多空间都被隔成小块，每一处都展现出一个家庭的不同角落，而且都拥有自己的独立系统，向人们充分展示那未来温馨的家。经过几年的运作，宜家成了一个文化符号，让长久以来渴望自由消费的人趋之若鹜。

消费者购买家具还会有一些疑虑，即害怕不同的产品组合买到家里之后不协调，到时候就会后悔。宜家在这一点上也给予了充分的考虑，它把各种配套产品进行家居组合，设立了不同风格的样板间，充分展现每种产品的现场效果，甚至连灯光都展示出来，这样就可以让消费者体验出这些家居组合的感觉，同时体验其风格。宜家的大部分产品都是可以拆分的，消费者可以将部件带回家自己组装，宜家还配备有安装指导手册、宣传片和安装工具等。

(资料来源：作者根据相关资料整理而成。)

思考：

1. 宜家家居的体验营销主要利用了哪些情境因素来影响消费者？
2. 如果你是宜家的营销经理，将采取哪些措施来进一步提升情境的影响效果？

5

第五篇　营销组合因素与消费者行为

第十二章 营销组合因素与消费者行为

知识目标

了解营销组合的概念及其与消费者行为之间的关系；掌握产品策略、价格策略、渠道策略、促销策略在消费者行为分析中的含义、特点、类型以及对消费者行为的影响方式。

能力目标

能根据所学的知识分析消费者的价格心理、渠道的选择因素以及四种促销策略是通过什么方式影响消费者购买行为的；在了解这些营销组合因素的基础之上，能够帮助企业针对消费者心理以及购买习惯的变化做出决策上的调整。

课程思政

通过本章案例的学习，激发和增强学生的创新精神、社会道德和使命担当、利他精神、民族自豪感及家国情怀。本章详细介绍了4P营销策略(产品、价格、渠道、促销)对消费者心理及行为的影响。对应产品、价格、渠道、促销策略这四个方面的典型案例分别为：海信电视产品组合策略(特别是其领跑全球的激光电视)；追求极致性价比的小米；坚持以直营店模式为主力、限制加盟商数量的元祖蛋糕；以景点免费(可以理解为惠民促销)而驰名海内外的杭州旅游。① 海信的案例告诉消费者只有不断丰富、更新的产品线，才能赢得消费者、成为行业的全球领导者，而这背后的根源在于企业持续的创新。因此，该案例可以增进学生的创新精神、民族自豪感及家国情怀。② 通过小米案例的探讨(对极致性价比的追求)让学生理解其策略其实是对消费者的让利、可以帮助企业树立有良心企业的形象。如同做企业，做人也要坚守社会道德和使命担当。③ 通过解析元祖蛋糕的"多直营少加盟"的渠道策略解析让学生不仅理解元祖在控制食品质量及食品安全上的努力(直营对质量有绝对的掌控和把控)，也领会了企业的这种担当对其在消费者中的美誉度的影响。如同小米的案例，元祖的案例也启示学生在踏入社会时要有自己的担当并坚守做人基本原则。④ 通过讨论杭州从2002开始的景区免费如何影响城市旅游，引导学生理解利他精神。

案例导入

从“天天平价”到“优质低价”——沃尔玛在中国大变身

2008年，新上任的沃尔玛总裁陈耀昌接连打出一记组合拳：首先，大刀阔斧地对沃尔玛臃肿的组织机构进行了改组，裁员瘦身，降低人力成本；其次，摒弃沃尔玛在中国坚持了多年的“天天平价”策略，以特惠商品的形式发起了“低价冲击波”，在全国80家沃尔玛购物广场和社区店共同推出1000多种特惠商品，这是沃尔玛首次推出的大规模价格优惠政策；再次，对现有沃尔玛门店进行了大规模的“美容包装”，一改过去单调乏味的卖场气氛；最后，大力推动店内广告和促销规划，颠覆了过去循规蹈矩的呆板形象，鼓励全店创收。这些举措动作之大、速度之快，不得不让人猜想沃尔玛在中国的策略已经发生了180度大转弯。

为何说沃尔玛在中国的发展策略已经发生变化？沃尔玛进入中国市场以后，一直处于布局和观察的阶段，更多的是着眼于培养管理人员，培养供应商以及为美国和遍布世界的7000多家沃尔玛商场采购廉价的中国商品，在门店拓展方面远远落后于家乐福。所以在管理上，沃尔玛一直患有“恐龙症”，即所有关键决策均需传到美国阿肯色州本顿威尔的沃尔玛全球总部进行高层决策。甚至有沃尔玛员工抱怨“连商场里的冻库温度过高，美国总部都能检测到并打电话过来处理”。而美国沃尔玛高层又对万里之外的中国市场知之甚少，这样难免使得中国沃尔玛错失很多发展机会。在中国沃尔玛前任总裁钟浩威那里，只能是原封不动地照搬美国模式与经验。在蛰伏中国十多年后，2007年沃尔玛收购了好又多35%的股权，从而变身为当时中国最大的外资超市集团。中国经济的强劲增长和中国沃尔玛的不俗盈利表现最终打动了美国沃尔玛高层，押宝中国市场。

沃尔玛在中国的大变身主要通过以下举措来实现。

1. 全面提升卖场及商品形象

沃尔玛摒弃传统低价折扣店的形象，更加注重中国主流消费群体的需求，更加强调市场营销和客户关系管理。“天天平价”(EDLP)是美国沃尔玛发家的法宝，按照沃尔玛的说法“天天平价”并不是一种短期的促销行为，而是持续地通过改善营运来降低成本，达到为顾客省钱的目的。在中国，沃尔玛超市所在的位置都是当地繁华热闹的商圈，不是新兴商业街就是曾经的百货大楼所在区域。这些地方都是当地有一定经济实力消费者的主要购物选择区域。如果再以折扣店的形象——白白的墙、空空的过道以及木卡板直接堆放商品，消费者可能会选择到其他商场购物。因此，沃尔玛的策略从“天天平价”转换到“优质低价”，并对门店进行改造，对服装、化妆品、个人护理等区域进行装修，提升了卖场形象。

2. 大力增加营业外收入

在EDLP政策指导下的沃尔玛反对一切与“天天平价”相违背的行动，如海报、广告、“惊爆价”等。沃尔玛的五种价格政策“天天平价”“让利商品”“省更多”“哇”“清仓商品”都有严格的适用商品范围和毛利标准。商品变价和负毛利申请需要非常严格的审批，这对快速变化的市场价格竞争显得反应有点迟缓。另外，沃尔玛之前长期坚持不收取供应商进场费，所以沃尔玛的海报也很少，只有开业和重大节日才制作一期海报。沃尔玛长期不允许供应商作店内广告，这导致了大量资源闲置，如墙面、户外、灯箱、柱子、电梯、店中店出租、百货组合等。这些资源所产生的收入对其他超市的利润贡献巨大。现在沃尔玛全面利用了这些资源，使得利润实现快速增长。

3. 加快开店步伐，收购兼并更加频繁

经过多年的发展，沃尔玛已经完成了在中国的布局：依托位于深圳的沃尔玛亚洲总部和深圳及天津的南方、北方配送中心，辐射东北、华北、华东、华中、华南、西南等几大区域。多年的人才储备及培养计划为沃尔玛储备了大量的零售人才，他们能够使新店在竞争激烈的市场中顺利运营。

(资料来源：作者根据相关资料整理而成。)

随着市场经济的发展、技术的不断完善、商品种类与数量的增多，消费者的购买行为在悄然地发生变化。影响消费者行为的外在因素除社会因素、经济因素和文化因素以外，营销组合因素也是一个不可忽视的方面。营销组合是指产品、价格、渠道、促销四种策略的有效组合，简称4P。本章将从这四个方面探讨其对消费者行为产生的影响。

第一节　产品策略与消费者行为

产品是消费行为的客体，是消费者进行一切消费行为的对象。企业只有通过向消费者提供产品，满足消费者的需要与动机，才可能从中实现自身的价值与效益。因此，消费者对产品的认知、选择和购买决策不仅影响着企业的发展，甚至还决定着一个企业能否持续生存。一个企业的产品能否为社会所接受，并为消费者所认可，从一定程度上反映了该企业营销战略决策的成功与失败，充分了解、把握产品与消费者行为之间的关系，是企业成功经营的关键。

一、产品的心理功能

从心理和行为的角度来看，产品具有两大类的功能：一是产品的基本功能，这类功能取决于产品本身的物理性质，包括实用功能、方便功能、舒适功能、安全功能、耐用功能等；二是产品的心理功能，这类功能主要取决于消费者对产品的认知、理解以及社会习俗的影响，是产品在消费者身上产生的心理效用。这些心理功能主要包括以下功能。

(一) 象征功能

象征功能是指产品本身的象征意义符合消费者的需要，能为消费者带来满足。产品的象征意义主要有时代象征、地位象征、职业象征、性格象征、年龄象征等。

产品的象征意义可以从产品的价格、风格、外观、色彩等方面得以表现。比如：在产品价格上，购买价格昂贵、款式豪华的名牌产品，可能被认为是经济富有、社会地位较高的象征；在产品风格上，购买线条、形体、色彩独特的产品，可能被看作是富于创新、具有较高的艺术鉴赏能力的象征；在产品外观上，购买外观细腻精致的产品，可能被认为为人处事方面比较细致，而购买结构简单、造型粗犷的产品，可能被看作是男性的象征；在产品色彩上，红色象征喜庆，而白色象征素洁典雅。

除了上述由产品本身的客观特性所赋予的象征意义，还有一些人为因素赋予产品的象征意义。比如，一些地区的消费者认为带有"8"的产品象征着发财、好运、吉祥，带有"6"的产品象征着顺利如意，吃大枣象征早生贵子，吃鱼象征年年有余等。这类人为赋予的象征意义虽然带有严重的主观性，但在现实的消费行为中较为常见，不少企业巧妙地利用了这类象征意义获得了营销上的成功。

◇ 案例 12-1

万宝路形象塑造变更之路——女士香烟变为男士香烟

万宝路品牌诞生于 1924 年，那个时候的美国，刚刚经过第一次世界大战的冲击，许多青年都自认为受到了战争的创伤，并且认为只有拼命享乐才能将这种创伤冲淡，于是他们或在爵士乐的包围中尖声大叫，或沉浸在香烟的烟雾缭绕中。无论男女，他(她)们嘴上都会悠闲雅致地衔一支香烟，但是爱美的女性抱怨白色的香烟嘴常沾染了她们的唇膏。于是"万宝路"出世了，开始定位于淑女的消费品或者是女士之烟，因此早期的营销策略都是围绕着这一定位来制订的，形象塑造也以此为核心。为了保证淑女们不因吸烟而破坏了完美的唇型，厂商特意把烟嘴染成红色。用当时的广告语说就是"与你的嘴唇和指尖相配"，以期待广大女士为这种无微不至的关怀所感动，从而打开销路。然而几个星期过去，几个月过去，几年过去，公司销售热潮始终没有出现。从万宝路问世到 20 世纪 50 年代的 30 年时间里，它一直默默无闻。当时美国香烟消费量达每年 3820 亿支，平均每个消费者每年要吸烟 2262 支之多，然而吸烟者中很少有人选择万宝路香烟，甚至知道这个牌子的人也极为有限。

在一筹莫展中，1954 年莫里斯公司找到了当时非常著名的营销策划人李奥·贝纳，交给他一个课题：怎么才能让更多的女士购买、消费万宝路香烟？

作为企业课题的承接者，面临既定的万宝路香烟产品、包装等资源处境，李奥·贝纳的任务是让更多的女士熟悉、喜爱从而购买万宝路香烟。如何解决这个问题？假如李奥·贝纳完全局限于莫里斯公司提出的任务和既定的资源，循着扩大女士香烟市场份额的思路进行策划，那么风靡全球的万宝路就不会出现了。幸运的是，李奥·贝纳并没有被任务和资源所限定，而是对莫里斯公司给予的课题进行了辩证思考。

在对香烟市场进行深入分析和思考后，李奥·贝纳大胆向莫里斯公司提出将万宝路香烟定位为男子汉香烟，变淡烟为重口味香烟，增加香味含量，同时大胆改造万宝路形象，包装采用当时首创的平开盒盖技术并以象征力量的红色作为外盒的主要色彩。重新定位的主要原因是一种卷烟品牌的成功，必须拥有自己大量和稳定的消费群，这就需要消费者长期而又高频次地吸烟，而女性不具有这种特征。青少年时期的女性消费者，即使她们的母亲抽烟，也不会被鼓励吸烟。当她们产生爱美之心时，她们会担心吸烟使牙齿变黄、脸色难看，从而进行有效的节制。当她成为贤妻良母时，为了子女的健康也常会放弃吸烟。总之，女性不是香烟的最好顾客，把万宝路的形象塑造为女士之烟这是失败的根本原因。由此，万宝路在广告上进行了重大改变：万宝路香烟广告不再以妇女为主要诉求对象，而是一再强调万宝路香烟的男子汉气概，以浑身散发粗犷、豪迈、英雄气概的美国西部牛仔为品牌形象，吸引所有喜爱、欣赏和追求这种气概的消费者。

企业和产品形象的改变，彻底改变了莫里斯公司的命运。在按照李奥·贝纳的策划思路改变后的第二年(1955 年)，万宝路香烟在美国香烟品牌中的销量一跃排名第 10 位，之后更是扶摇直上。从这里开始，万宝路才走上了一条正确的形象塑造之路。

(资料来源：作者根据相关资料整理而成。)

(二) 审美功能

消费者购买产品，不仅要求产品具有基本的实用价值，还要求产品的外部形象有一定的欣赏价值。随着收入的增加，生活水平的提高，一些消费者的文化艺术修养、审美观念也在逐步提高，购买产品时往往注重产品的造型美、艺术美、色彩美。消费者把产品的外部形象是否符合自己的审美标准作为是否购买该产品的决策依据。

产品的审美功能是指产品本身为消费者的审美活动所创造的美的感受。消费者对产品的审美心理是围绕着产品的色彩、造型、装饰、包装、品牌名称等，并结合商业美化而产生的刺激、理解和反应的过程。消费者在审美心理上，总是期望得到某种满足，比如新颖性、特色性、美观性等，从而在审美感受中有了兴趣、爱好和渴望的体验。

在消费活动中，产品可以引起不同的审美感受，因此产品的审美功能对消费行为的影响至关重要。与一般日常感受相比，审美感受具有自己的特点。首先，审美感受带有明显的感情色彩。比如，乐器音质的柔和动听、家庭装饰的优雅温馨、服装的新颖典雅等，容易使人身心愉悦，因而这类产品备受消费者的欢迎。其次，审美感受带有强烈的主观选择性。由于消费者的兴趣、爱好、愿望不同，其对产品的审美感受也会存在比较明显的差异。审美感受上的差异导致消费者的主观选择性具有明显的差异。最后，审美感受中信息反馈作用比较明显。消费者在消费行为中，能够将自己过去积累的信息知识、经验很快反馈到审美对象中，进而影响其消费行为。

二、新产品与消费者行为

随着社会经济的发展，人们生活水平的提高和科学技术的进步，人们总是不满足于旧的消费方式和内容，对产品的需求也越来越复杂，从而迫使企业加快产品的更新换代，以满足消费者新的需求。

(一) 新产品的类型

新产品是相对于旧产品、老产品的一个概念。在现代营销学中不论是产品整体创新还是产品部分改革，凡是能够给消费者带来新的利益，具有新功能、新结构、新特点的产品都是新产品。不同类型的新产品，对消费者的消费心理、消费行为会产生不同程度的影响，而消费者的消费心理和行为方式反过来也会影响其对新产品的接受程度。新产品可以按照不同的标准对其进行分类，这里主要介绍以产品的改进程度为依据的划分类型。

1. 完全新产品

完全新产品是指市场上从未出现过的，运用新的科学技术或新材料、新工艺设计生产的，在造型、结构、性能等方面完全创新的产品。完全新产品的出现，往往对消费者的消费观念、消费方式、消费过程、消费心理等方面产生重要的影响。比如，当年电视机的出现，为世界几十亿人提供了新的传播媒介和家庭娱乐方式，使整个社会生活面貌发生了重大变化。

◇ 案例 12-2

芭比娃娃经久不衰的奥秘

芭比娃娃是高约 30 厘米，或长发披肩，或一头乌黑卷发，或漫不经心的马尾式，具有窈窕淑女形象的玩具娃娃。就是这样一种玩具创造了风靡世界市场几十年的奇迹。

芭比娃娃是 1959 年由一位女商人按照她女儿芭芭拉的模样设计的。其区别于一般玩具娃娃的显著特点是产品形象的“拟人化”和“情感化”。她不仅仅是一个玩具，而且还是一个可以用心交流、用情寄托的忠诚朋友、伙伴。不仅如此，芭比娃娃还有自己的动人故事：芭比娃娃，5 月 3 日出生，O 型血，小学五年级的学生，学得最好的功课是语文和音乐，对算术不感兴趣；母亲是一位服装设计师，父亲是乐团的指挥，经常在国外演出旅行。尽管这一故事的背景比较简单，但它却能与少年儿童的心理产生强烈的共鸣，为小朋友们塑造了一个栩栩如生的自身像。

市场总是不断变化的，消费者的需求也是千差万别的。阿墨曼自 1987 年担任马特尔公司总经理以来，凭借其空前丰富的想象力，使得芭比娃娃闻名遐迩，也使得她的形象不断翻新。阿墨曼不断收集各种信息，根据顾客心理、喜好、兴趣和时尚的变化，推陈出新、求新求变。随着时间的推移，除保持芭比娃娃的部分要素不变之外，将芭比娃娃的生活环境、喜欢的游戏、交往的朋友等要素进行不断变化，同时推出了一系列新的玩具产品，使芭比娃娃保持着一个常新和可爱的形象。

芭比娃娃自问世以来，阿墨曼就特别重视新技术的应用。从产品的设计、原材料应用到玩具的“娱乐”方式等都尽量适时应用高新技术。阿墨曼说：“只有高新技术才能使芭比玩具走在现代生活潮流的前头。”为此，他不断摸索如何用硅谷技术推出一种“健谈的芭比娃娃”，可以让其通过预先设置的计算机芯片说出 10 万多个短句。

芭比玩具的设计主管道格拉斯·格林说：“消费者正在经历一场根本性的变化，对于多数成年人来说，计算机技术实在叫人吃惊。可是任何一个 1975 年以后出生的美国孩子从小就对计算机技术驾轻就熟。”由此，马特尔公司集中精力开发了一些软件，如由外围公司制作的芭比超级模特儿游戏，还有以马特尔公司的“看图学说话”系列玩具为基础的教育游戏机。可以预见，随着高新技术的进一步发展和应用，新一代芭比玩具将以更加拟人化和感情化的形象走向市场。

2. 换代新产品

换代新产品是指在原有产品的基础上，采用或部分采用新技术、新材料和新工艺研制出来的新产品。这类新产品的性能得到显著提高，它在市场上被消费者所青睐，能带给消费者以新的生理和心理需求上的满足。比如，彩色电视机就是在黑白电视机的基础上革新发展起来的，彩色电视机的图像生动清晰，色彩鲜明绚丽，性能更加优越。这类新产品顺应了时代发展的要求，满足了消费者日益增长的消费需求。

3. 仿制新产品

仿制新产品是指市场上已有的，但在性能、用途、质量上对原有产品进行了改进的新产品，比如服装类产品中领型、袖子、衣袋等方面的改变。这类新产品保持了原有产品的某些优点，突出了新产品的某些特点，容易被消费者接受，对消费方式不会产生重大的影响。

4. 改良新产品

改良新产品是指在原有产品的材料、结构、款式、包装等方面略加改良形成的新产品，比如，在普通牙膏中加入不同物质而制成的各种功能的新牙膏，其仍保留牙膏清洁牙齿的基本用途，与普通牙膏相差不大。这类新产品在一定程度上适应消费者需求的变化，可以满足消费者求新的心理，但不会使消费方式有明显的改变。

◇ 案例 12-3

“洋厨”卖“彩面”

面条本是中国人传统的主食之一，也是餐饮市场中式快餐的主角。然而，想不到的是卖了几百年面条的中餐面食餐馆，竟被一个卖“彩面”的“洋厨”叫了板！

意大利餐饮业引进中国面条后，依靠自己的创新，推陈出新地生产出了红面条、绿面条、黄面条，令市民和游客大饱了眼福、口福。

说是洋人创新，其实这个“创新”最简单不过了，简单到谁都能够制作，其中红面条是在面条中掺了西红柿汁，绿面条是拌了菠菜汁，而黄面条则是多加了几个鸡蛋罢了，虽然只是多用了一些调料，却使“面”目全非，让原有的寻常面条“大放异彩”，而且由于调料的不同，使得每一种彩色面条口味各异。“洋厨”葛萨利除了做“彩色面条”，还用调配好的“彩色面粉”做成“彩色面皮”，然后用不同的馅包成形色各异的“彩色饺子”，煮熟后盛入盘中，五彩缤纷，琳琅满目，让人馋涎欲滴。

(资料来源：作者根据相关资料整理而成。)

需要指出的是，无论何种类型的新产品，其新的特点都要得到消费者的认可，即消费者认为能够给自身带来新的利益或新的心理满足，否则就不能称之为新产品。目前世界上许多国家都非常重视新产品的开发，一些发达国家用于研究新技术、开发新产品的费用占国民生产总值的 2%左右。但据统计，开发新产品的成功率仅为 20%，也就是说，有 80%左右的新产品没有被消费者所接受和承认，而未被承认和接受的主要原因是新产品没能使消费者在心理上得到满足。所以，深入研究消费者对新产品的心理要求和消费特点，是提高新产品成功率的重要保证。

(二) 新产品购买者的类型与特点

由于消费者对新产品普遍存在着不同程度的疑虑心理，因此不同消费者购买新产品会出现早、晚，快、慢，简单、复杂的差别。根据消费者购买新产品时间先后顺序的不同将新产品购买者分为五类。

1. 最先购买者

最先购买者是新产品的带头人，一般所从事的职业地位高，文化教育程度高，经济条件较好，社会活动丰富，市场信息灵通，具有较强的革新个性，争强好胜，具有炫耀、偏好心理。最先购买者人数很少，但可以起到示范、表率作用，因而是新产品推广的首要力量。企业营销人员在向市场推出新产品时，应把促销手段和传播对象集中于最先购买者身上，如果使用效果较好，他们就会积极宣传，影响后面的使用者。

2. 早期购买者

早期购买者所从事的职业地位较高，文化教育程度较高，经济条件较好，社会活动较多，市场信息来源较多，具有乐于接受新事物的特征，具有求新、赶时髦的心理。这部分消费者大多是某个群体中具有较高威信的人，受到周围朋友的拥护和爱戴，并且对新生事物比较感兴趣，对新产品有比较强烈的消费欲望，是新产品购买的积极分子。正因如此，他们经常收集有关新产品的各种信息资料，成为某些领域里的意见领袖。早期购买者与最先购买者一样，人数也较少，但是这类购买者绝大部分是在产品的介绍期和成长期购买新产品，会对后面的购买者产生较大的影响，所以他们对于带动其他消费者购买新产品有极其重要的作用。

3. 中期购买者

中期购买者所从事的职业地位一般，文化教育程度一般，收入一般，社会活动一般，掌握市场信息不多，一般具有明显的趋同性，不落后于时尚潮流的特征，从众心理较为明显。这部分消费者在消费中具有明显的仿效心理，他们乐于接受新生事物，但是比较慎重，一旦证实新产品的特点后，会马上实施购买行为，成为形成某一消费热潮的重要力量。由于该类购买者数量较大，是促成新产品在市场上趋向成熟的主要力量，因而研究其消费心理和消费习惯对于加速创新产品扩散有着重要意义。

4. 晚期购买者

晚期购买者所从事的职业地位一般，文化教育程度一般，经济条件一般，社会活动较少，所掌握的市场信息较少，一般具有抑制型的个性特征，往往具有谨慎、求实、从众心理。这部分消费者的思想谨慎，对新生事物反应迟钝，总是被动地顺应消费趋势。他们的信息多来自周围的同事或朋友，很少借助宣传媒体，其受教育程度和收入状况相对较差。所以，他们从不主动采用或接受新产品，当看到购买新产品的人越来越多，且已证实新产品的特点以及由此带来的消费趋势后，他们才开始购买。这部分消费者人数大体同中期购买者相当，他们对于新产品在市场上达到成熟饱和状态作用重大。

5. 最晚购买者

最晚购买者所从事的职业地位较低，文化教育程度较低，经济条件较差，社会活动很少，市场信息闭塞，一般具有较强的消费惯性，保守、习惯、疑虑心理对其购买行为影响较大。

这五类消费者中，大部分新产品的购买者是中期和晚期购买者，最先、早期和最晚购买者人数都较少。

(三) 消费者对新产品的心理表现

消费者对新产品的接受过程是一个动态的过程，这个动态过程按照“原有平衡状态——出现不平衡状态——建立新的平衡产品”的规律运行。当企业在市场上推出新产品时，扩大了消费者可供选购的产品种类，从而冲破了消费者原有消费行为的平衡状态，使消费者处于不平衡的状态，消费者通过调整自己的消费行为，降低可供购买的产品品种、数量至某一满意的水平，也就是建立起新的平衡状态。

消费者对新产品的接受水平是先慢后快，先低后高，直至达到社会饱和。在新产品初上市时，由于消费者对新产品的信息缺乏了解，没有建立起新产品的评价标准，对新产品能带来的利益缺乏信心等方面的原因，消费者接受水平往往较低。当新产品打开市场后，有关新产品的信息通过大众传播媒介(如广播、电视、报纸、杂志等)和人际传播(如口头传播、消费示范等)在消费者中得到广泛、迅速地扩散，消费者也已建立起了一定的评价标准，并相信新产品能给自己带来利益，此时消费者会以较快的速度接受新产品。当新产品的社会拥有量趋于饱和时，消费者对新产品的接收水平会逐步下降，并相对稳定在一定的水平，直至被另一种新产品所替代。消费者对新产品的接受具有以下几种明显的心理表现。

1. 求新心理

求新心理主要表现在新产品刚上市时，每一种新产品都以与众不同的形式出现，具有强烈的刺激性，容易引起消费者尤其是一些喜欢标新立异的消费者的关注。这些消费者通过接受新产品来满足他们的好奇心。求新心理是一种普遍的、易变的、不稳定的心理现象。

2. 从众心理

从众也就是平常所说的“随大流”，是指消费者暂时放弃个人的信念和态度而采取与大多数人一致的信念与行为。随大流行为是从众心理的外在表现。一般来讲，人们往往认为合乎潮流的产品都是好的，因此市场上对新产品不屑一顾的人极少，绝大多数人会寻求社会认同感，而放弃自己原有的意见，接受大多数人所接受的东西。从众心理是新产品在市场上得以大面积扩散的重要条件。

3. 模仿心理

模仿是指消费者倾向于再现他人一定的外部特征和行为方式，如姿态、动作和行为。在社会消费关系中，处于不同层次的消费者在消费倾向方面是相互影响的，尤其是收入水平和消费水平较低的消费者，往往把收入水平和消费水平较高消费者的消费行为当作模仿的对象，这种模仿心理也是新产品得以扩散的条件。从众心理和模仿心理主要表现在新产品扩散的中期，当最先和早期购买者购买和使用新产品后，产品的优越性得到证实，消除了其他消费者的疑虑并增强了其对新产品的信心，影响了人数较多的中期和晚期购买者。

三、产品名称与消费者行为

产品名称是企业赋予产品的称呼和识别符号，常常成为产品形象的代名词。一个易读易记、引人注意、富有联想、符合消费者心理的产品名称，往往能刺激消费者的购买欲望。

相反，一个名不符实、庸俗难记、缺乏特性的名称会抑制消费者的购买欲望。产品名称对消费者行为的心理效应主要体现在以下几个方面。

（一）产品名称便于消费者认知

产品名称应该能向消费者描绘出产品的性能、功能和使用对象等信息。例如“胃得乐”药片、“美加净”护肤品等，这些产品名称提示了产品的特性和功能，能使产品对消费者产生一定的吸引力。

（二）产品名称便于消费者对产品形象的记忆

产品名称应用词简洁，读感好，有冲击力，达到“音、意、形”的完美统一，让消费者听、说、看后不容易忘记。难发音或音韵不好听的字，难写或难认的字，含义不佳的字，字形不美的字等，都不宜用作产品名称。例如，“养乐多”“健力宝”“美津浓”等名称，读起来音韵好听，易于记忆，容易赢得消费者的认同。

◇ 案例 12-4

文字特色——可口又可乐

“可口可乐”这个名字，既“可口”亦“可乐”，不但保持了英文的音，还比英文更有意思。可口可乐能在中国所向披靡，就是因为它首先有一个无可比拟的中文名。“可口可乐”四个字生动地暗示了产品给消费者带来的感受，即好喝、清爽、快乐——可口亦可乐，让消费者胃口十足，“挡不住的感觉”油然而生。

(资料来源：作者根据相关资料整理而成。)

（三）产品名称能诱发消费者的情感

产品名称或含义具有美感，符合消费者希望吉利、顺利的心理，能够为消费者购买该产品形成良好的情感基础。例如，“金利来”因“名正言顺”而成功，它的“金利、红利一起来”的含义正好迎合了人们的心理；“登路喜”也因含有“登上喜气之路”而畅销；“万事利”“万事达”“贵福祥”等都因名称吉利而深受广大消费者的喜爱。

（四）产品名称能启发消费者的联想

产品名称如果能给人以优美、高雅等方面的联想，便能较好地反映出企业的形象，在市场竞争中给消费者带来好的印象。“精工”“西铁城”能含蓄地传达钟表最本质的特点——工艺精致，计时准确，给人以富有现代气息的感觉。“娃哈哈”营养口服液使人联想到天真活泼、身心健康的少年儿童，也含蓄地展示了企业的形象。

（五）出口产品名称要符合当地消费者的习惯与风俗

我国名牌产品“黑妹”牙膏因英文直译名为“BLACK-SISTER”在美语中含有种族歧视，出口到美国市场，不受欢迎。出口到非洲的“白象”牌香皂，也因译名中含有“白痴”之意而很少有人问津。而美国饮料“SPRITE”，意为“妖精、精灵”，美国人认为很可爱，进入中国市场后，因为中国人忌讳谈“鬼怪”，所以深谙中国人心理的“老外”给这个“妖精”取了个动听的中国名“雪碧”，让人们在炎热的夏天一听到这个名字，顿感清凉和亲切。

总之，产品的名称应力求寓意深远，情趣健康，便于记忆，能高度概括产品的特性，从而达到刺激消费者心理需求，引发其购买欲望，促进产品销售的功能。

四、产品商标与消费者行为

产品商标是产品的标记，是为人们识别产品而设计的一种符号，一般以图形表示，或以图形和文字结合的形式表示，或仅以文字本身与文字变形的形式表示。商标是产品质量的象征，也是厂商信誉的标志，它在很大程度上决定了消费者对产品品质的判断和对企业印象的认定，有力地影响着消费者的心理活动与购买行为。下面主要介绍产品商标的功能和商标设计的策略。

(一) 产品商标的功能

1. 识别功能

商标相当于产品的“面谱”，是区别某一产品与其他产品的标志。商标以其独特的设计、巧妙的构思、鲜明的标志吸引着消费者，有助于消费者在购买决策过程中，与众多的同类产品进行辨别和比较，便于挑选和购买，也便于消费者了解和记忆。

2. 强化功能

商标是产品的外在标记，一般是标注在产品表面(如包装上)或通过产品广告、企业广告来显示。因此，随着产品或广告的宣传，所标注的商标会起到一种不断强化的作用，加深消费者对商标的认识，刺激消费者的购买欲望。

3. 保护功能

商标既属于经济范畴，也属于法律范畴。法律意义上的商标特指注册商标，即通过政府部门依据《商标法》核准而获得注册的商标。商标一旦在国家商标局注册后就受到法律的保护，禁止他人假冒或伪造。商标受法律保护的特点，使得它在规范企业生产和经营活动的同时，也维护了商品生产者、经营者的形象和信誉。对于消费者而言，商标给予消费者某种程度的信赖感、安全感，也保护了他们的合法权益和经济利益。

4. 提示功能

商标对消费者购买心理的影响还体现在它的提示功能上。在消费者接受的外部刺激中，商标是最具直接意义的刺激物。商标作为商品特征综合、抽象的体现，能以其鲜明的标志和独具匠心的设计，强化对消费者的刺激，激发其购买欲望。比如，中国的“旺旺”牌膨化食品，因其“旺旺”两字和商标上那个白白胖胖的小孩图案，使人们联想到过年时的祝福话语：“生意兴旺”“人丁兴旺”，有效地迎合了人们图吉利的心理，刺激了消费需求。

(二) 商标设计的策略

商标设计就是商标(文字或图案)的构思和创作，其构成是灵活多样的，既可以是词组、字母、数字、图形等材料单独构成，也可以由这些材料的两项或几项组合而成，甚至可以由商品的包装和容器的特殊式样构成，例如茅台、阿尔卑斯、浏阳河、北冰洋冷饮等。然而要设计出一个构思巧妙且为消费者所喜欢和接受的商标，需要运用一定的设计策略。

1. 简洁性商标设计策略

一个人在单位时间内所接受的信息量是有限的。消费者在购买商品时，对商品的注意时间很短。如果商标的设计过于复杂难懂，消费者就不易辨别和记忆，从而影响消费者对商品和企业的认知。这就要求企业在设计商标时：① 单纯醒目，易于理解和记忆；② 线条简明，色彩明快和单纯；③ 简短易懂，以顺口悦耳的文字或字母组合，鲜明的个性，让消费者在短时间内留下清晰的印象。

2. 富有感染力的商标设计策略

生动活泼的造型易于吸引消费者的视线，含义隽永的文字能激发消费者的美感，从而产生强烈的感染力，达到过目难忘的效果。具体要求是：① 运用消费者熟知且喜爱的形象，进行图案设计，例如"唐老鸭""三毛""奥特曼"等儿童用品都是运用儿童熟悉的卡通形象作商标；② 专门设计新的形象，例如"天鹅"商标是以一只展翅腾飞的天鹅为商标；③ 运用寓意美好的文字作商标，例如"郁美净"儿童霜。

3. 形象一致的商标设计策略

这种策略要求商标与所代表的商品名实相符，能使消费者一看到商标就明白实际商品，或者说商标应该能够使消费者容易联想到它所代表的商品或服务。例如，前面讲到过的"精工"钟表，显示商标所代表的商品经过精心制作而成。

4. 中性化商标设计策略

这种策略是指采用公司的字母缩写而成的抽象的几何图案作为商标，这些字母或图案本身没有任何具体意义，但经过宣传后已被广大消费者所接受。这种设计多用于那些科技含量高、专业化程度强的电子、化工、机械、西药等行业的产品，因为这些产品的情感色彩很少，适用中性化的商标。

五、产品包装与消费者行为

产品包装是产品的重要组成部分，其对于消费者的购买行为有着重要的影响。好的产品包装能够引人注目、提升产品在消费者心中的地位，进而增加消费者的购买意识和购买行为。

（一）产品包装的功能

产品包装在现代经济生活中已成为不可缺少的组成部分。包装是指人们借助色彩、形状、字号与商标等所烘托出来的产品的附加价值。包装具有一定的心理功能，能吸引消费者的注意力，诱发消费者的购买动机。产品包装的功能主要体现在以下几个方面。

1. 唤起兴趣，激发消费者的购买动机

消费者走进商场，如果没有特定的品牌偏好，那么激发购买动机的往往是那些色彩鲜艳、造型奇特、外观精美包装的商品。这些商品最容易进入消费者的视线，并使消费者产生良好的第一感觉，从而激发消费者的兴趣，刺激消费者的需要，诱发购买动机。

2. 传递信息，缩短消费者对商品的认知过程

包装是商品生产者、经营者与消费者之间主要的信息媒介。独特的包装，能反映商品本身的独特品质，使之更清楚地与其他商品相区别，便于消费者的辨认，缩短消费者对商品的认知过程。

3. 建立信任，形成对商品的良好印象

包装上有关品牌、商标、说明等方面的宣传，赋予商品鲜明的特征，使之成为一种有效的宣传形式，不断加深消费者对该商品的印象与信任，并由此在消费者心目中树立商品的良好形象。因此，从这个意义上讲，包装就是商品“无声的推销员”。

(二) 包装设计的策略

在当前激烈的市场竞争环境中，产品包装的设计不再是简单地发挥用以承载和保护商品的功效，而更多的是发挥着如何迎合消费者的消费心理，吸引消费者的作用，因此产品包装的设计需要注意以下几个方面。

1. 包装设计应便于消费者携带和使用

在设计中，包装的尺寸应该大小适中，形状不易改变，使用方便。比如，为了携带方便，可考虑设置手提装置；对于密封结构的玻璃、金属容器类产品，可考虑设置旋开盖、易拉罐等结构。

2. 包装设计应便于消费者识别

包装作为一种区别于其他产品的工具，让消费者能在众多同类产品中清楚快速地识别出来，就需要在包装上创造一种强烈的视觉冲击力，使消费者留下难以忘怀的深刻印象。包装的设计应遵循统一色彩、统一形象的原则。心理学家研究表明，不同颜色具有不同的冲击力、感染力、诱惑力和象征力，对人的感觉、注意力、思维会产生不同的影响。企业可以通过统一包装色彩的知觉刺激和心理刺激，引发消费者的联想，吸引消费者的注意力，加强消费者对产品的印象，从而影响市场的销售。例如，可口可乐使用活泼、鲜明而轻快的红色；柯达使用最能表现产品特质的、色彩饱满且璀璨辉煌的黄色；富士胶卷采用给人妖艳欲滴的生命感的绿色。这些包装的色彩在消费者心目中已深深地定位扎根，人们称之为“可口红”“柯达黄”“富士绿”，这些统一色彩已成为消费者识别产品的要素之一。

3. 包装设计应将针对性与系列化相结合

包装设计的针对性是指应针对不同的消费市场和不同的消费者特点，设计产品的包装。比如，针对女性消费者设计的产品包装，应以色彩鲜艳、造型新颖精致等特点为主；针对儿童消费者设计的产品包装应以色彩鲜艳、形象生动的特点为主。包装设计的系列化包括两方面的含义：首先是要求包装的设计风格应形成系列化；其次是包装设计的价格档次应形成系列化。

4. 包装设计应充分考虑色彩的影响

包装设计色彩的运用是与整个画面设计的构思、构图紧密联系在一起的。包装设计中的色彩要求醒目、对比强烈、有较强的吸引力和竞争力，以唤起消费者的购买欲望，促进销售。例如，食品类用鲜明、丰富的暖色调，突出食品的新鲜、营养和美味；化妆品类常用柔和的中间色调；儿童玩具类常用鲜艳夺目的纯色和冷暖对比强烈的各种颜色，以符合儿童的好奇心理。

第二节 价格策略与消费者行为

商品价格是消费者衡量商品价值和商品品质的标准之一，也是直接关系到消费者切身利益最敏感的因素。因此，商品价格的高低直接刺激着消费者的消费行为，并深深地影响着消费者的消费心理与消费习惯。

一、价格的心理功能

商品价格的心理功能，是指在社会生活和个性心理特征的影响下，在价格功能的基础上形成的对价格以及消费者的购买行为起着引导作用的一种心理现象。其主要表现在以下几个方面。

(一) 商品价值和品质的认知功能

商品价格在一定程度上体现了商品价值的大小和质量的高低，是商品效用程度的一个客观尺度，具有衡量商品价值大小的功能。在现实生活中，人们经常用价格作为尺度和工具认识商品，具体表现为消费者普遍具有的“一分钱，一分货”“便宜没好货”的心态，这种心态的产生是由于消费者把商品价格当作了比较商品价值和品质的标准。

随着经济的飞速发展，产品更新速度日益加快，新产品不断投放到市场上，大多数消费者因为产品专业知识不足，鉴别能力不够，难以分辨新商品质量的优劣和实际价值的高低，这时价格就成了他们衡量商品价值和品质的尺度。比如，对汽车价格和质量关系的一项研究发现，消费者认为较高价格的汽车有较高的质量。只有当消费者能够通过检查商品或根据经验对商品质量进行判断时，才会对以商品价格判断质量和品质的依赖有所减少。因此，当消费者由于缺乏信息和技术而无法判断商品的质量时，价格就成了一种衡量商品质量的重要信号。

(二) 自我意识的比拟功能

自我意识是意识的形式之一，是个人对自己心理、行为和身体特征的了解、认识，表现为认识自己和对待自己的统一。消费者往往把商品价格与个人偏好、个性特征联系起来，通过价格的比拟来满足自己社会心理的需要。这种比拟功能产生于消费者对自身和自身以外的客观物质的认识，是个人的主观臆想和追求。所以，商品价格的自我意识比拟是商品价格人格化的心理意识。

价格不仅是商品价值的反映，同时也象征着消费者的经济地位。消费者在购买商品时，往往把商品价格与兴趣爱好、生活品质、价值观、文化品位等个性化特征联系起来，以满足自身的社会心理需求。因此，商品价格的自我比拟功能有多方面的内容。

1. 社会地位的自我比拟功能

在现实生活中，有些人在社会上有一定的地位，他们通过追求高档、名牌商品以显示自己的社会地位，并获得一种心理上的满足。这些消费者普遍存在一种心态，认为穿着代表着自己的社会地位。即使收入有限，他们宁可在其他方面相对节俭，也要保持自己的社会形象。

2. 经济地位的自我比拟功能

有一些收入较为丰厚的消费者，追求时尚的欲望相对比较强烈，是社会消费新潮的倡导者。他们往往是高档名牌服装的忠诚购买者，经常出入高档消费场所，对低价商品不屑一顾，把商品价格和经济地位紧密地联系在一起。相反，一些消费者乐于购买优惠价商品或打折商品，认为这类商品适合自己的经济实力，符合自己的经济地位，也是出于经济地位上的自我比拟。

3. 生活情操的自我比拟功能

有些消费者以具有高雅的生活情趣为荣，即使不会弹钢琴也会在起居室摆放一架钢琴，以获得心理上的满足。也有消费者不懂文物知识，却花巨资去收藏一些古董作为家中摆设，以拥有这些古董达到心理上的满足，希望通过这些昂贵的古董来显示自己崇尚古人的风雅。这些都是一种生活情操上的自我比拟。

4. 文化修养的自我比拟功能

文化修养的自我比拟是指利用占有或使用文化商品以满足自己文化修养的心理需要。有些消费者尽管不懂字画，但是愿意花巨资购买名人的字画挂在家中，以拥有这些名人字画为豪，并通过拥有这些字画来显示自己对文化的重视。这就是一种文化修养上的自我比拟。

(三) 需求上的调节功能

商品价格与消费者需求是相互联系、相互制约的。在其他条件不变的情况下，商品价格的下降会导致消费需求的增加，商品价格的上升会导致消费需求的减少，所以价格的高低对消费需求具有调节作用。但是，价格影响需求的变化幅度，会受到商品需求弹性的影响，不同的商品具有不同的需求弹性。一般来讲，日常生活必需品的需求弹性较小，非必需品的需求弹性较大。需求弹性小的商品，价格的升降对商品需求的影响不大，在这种情况下薄利不能达到多销的目的，企业不应降价；相反，需求弹性大的商品，价格的升降对商品需求的影响较大，此时企业可考虑通过降低价格达到薄利多销的目的，从而增加企业的经济效益。

二、消费者的价格心理

消费者的价格心理是消费者在购买活动中对商品价格认知的各种心理反应及表现，它是由消费者自身的个性心理和其对价格的知觉判断共同构成的，而且还受到社会生活各个方面的影响。

(一) 消费者对价格的习惯性

由于消费者在长期、反复的购买活动中，通过对某些商品价格的反复感知形成了对某些商品价格的习惯心理。特别是一些需要经常购买的商品，在消费者头脑中形成了深刻的印象，更容易形成习惯性的价格心理。尽管商品价格有客观标准，但是由于科学技术的快速发展，生产和销售成本的不断变化，消费者很难对商品价值的客观标准十分了解，因此他们对价格的认知是建立在他们习惯心理之上的。

消费者对价格的习惯心理影响消费者的购买行为。消费者往往从习惯价格中联想和对比价格的高低，以及商品质量的优劣。消费者在已经形成的习惯价格的基础上，一般情况下会对商品价格有一个上限和下限的概念。如果商品价格超过了消费者心目中的上限，则消费者会认为该商品太贵了；如果商品价格低于消费者心目中的下限，则消费者会对商品的质量产生怀疑。总之，如果某种商品违背了习惯价格，消费者就会产生拒绝购买的心理。如果商品价格恰好在消费者的习惯价格水平上，就会博得他们的信赖和认同。

消费者的价格习惯心理一旦形成，往往要维持一段时间，在短期内是不易改变的。当商品价格变动时，会迫使消费者的心理经历一个由不习惯到习惯的过程。因此，企业在制订价格策略时必须了解价格习惯心理对消费者的影响，对超出习惯价格范围内的商品价格要慎重考虑，要调查清楚这类商品的价格在消费者心目中的上下限。如果商品的价格脱离了消费者的上下限，则企业需要宣传和解释价格形成的原因以及商品品质等因素，促使消费者尽快由不习惯转为习惯，接受当前价格，从而购买商品。

(二) 消费者对价格的倾向性

由于不同消费者的消费心理和消费目的不同，对商品价格的承受能力也不尽相同，因此在购买活动中对商品价格的选择表现出不同的倾向。消费者认为商品价格的高低一般以商品的功能、质量、外观造型、时效性等为依据。不同类型的消费者，由于不同的价格心理，对商品的档次、质量和品牌等都会产生不同的倾向心理。消费者对商品价格的倾向心理主要受三个因素的影响：

(1) 消费者的社会地位、经济收入、文化水平、个性特征等个人因素的影响。一般来说，社会地位、经济收入较高的消费者对价格认知倾向就高；而社会地位、经济收入较低的消费者对价格认知倾向就低。

(2) 商品因素的影响。对于高档、耐用消费品及名牌商品等，消费者倾向于高价高质；而对于一般日用消费品、非名牌商品，消费者倾向于低价实用。

(3) 购物环境的影响。同种商品同一价格在不同的环境下出售，消费者对其倾向心理也不同。如将某一商品放在精品店里出售，消费者就会倾向于价格高相对比较合理；反之，将其放在超市销售，消费者可能感觉价格太高而不愿购买。

消费者对商品价格的倾向心理主要有两大类：

(1) 不同消费者对同一类商品价格的选择具有不同的倾向性。如果消费者对不同价格的同类商品的性能、质量、外观造型等方面没有发现明显的差异，很多消费者就会倾向于选择价格较低的商品。

(2) 同一消费者对不同种类商品的价格选择也具有倾向性。一般来说，对于耐用品、礼品或高档商品、时令商品，消费者会倾向于选择价格较高的购买；而对于日用消费品，消费者会倾向于选择价格较低的购买。

(三) 消费者对价格的感受性

消费者对价格的感受性是指消费者对商品价格高低的感知程度。对消费者而言，商品价格的高低是相对的，是消费者通过比较而形成的感觉与判断。一般来讲，消费者会将某商品价格与商品自身的情况、市场同类商品价格以及同一购买地点的不同商品价格进行比较，从而做出该商品价格高低的判断。但是现实生活中，这种感觉往往会产生错觉，所做的判断也往往是不正确的。造成这种错误判断的原因有两方面：首先取决于消费者对该商品真实价格的了解程度；其次取决于消费者的需要程度。

◇ 案例 12-5

"5 折狂欢" 背后的消费心理

"价格差异感受性"是指人们会把商品的价格和自己的"内部参考价格"做比较，比较结果显示等于或低于内部参考价格才会倾向于购买。研究者发现一个很有趣的现象——更高的折扣能提高初次购物顾客的后续购买率，但会减少老顾客的后续购买。为什么会这样呢？这是因为对于初次购物顾客来说打折后的价格和内部参考价格相比的确更低了；而对于老顾客来说，其内部参考价格很可能已经变成了上次购物的实际价格(折后价)，也就是说，内部参考价格降低了，此时的打折就没有什么新奇了，自然无法吸引老顾客。所以淘宝的"5 折狂欢"促销火爆的可能原因之一就是吸引到了很多一年才来一次淘宝购物的消费者。

"促销预期"也是影响购买行为的重要因素。有研究表明，在面对一个促销商品时，若消费者预期与下一次同等程度的促销时间间隔很长，则会评价当前促销更具有吸引力，更易于做出购买决策。如果促销时间间隔较短，则对消费者的吸引力会大大降低。为什么"5 折"有如此巨大的魔力呢？换言之，在相同的价格情况下，贴上"5 折"标签的商品和贴上"买一赠一"的商品哪个更受欢迎？研究者曾经有过不同的意见，而事实上这个问题与商品的分类特征、原价等很多因素有关。例如，越不容易存储的商品，直接打折的效果更好；越容易存储的商品，赠送的效果相对更好。

(资料来源：作者根据相关资料整理而成。)

(四) 消费者对价格的敏感性

消费者对价格的敏感性是指消费者对商品价格变动的反应程度。由于商品价格变动对消费者的消费生活影响很大，从而使消费者对商品价格变动产生反应，但并非意味着消费者对各种商品价格的敏感程度相同。消费者对商品价格的敏感度受到商品的必需程度、商品供求状况以及商品竞争程度三个因素的影响。一般来说，商品必需程度越高，消费者对价格的敏感度越高；而必需程度越低，则消费者对价格的敏感度越低。例如，对于蔬菜、食盐、大米等生活必需品，价格略微提高，消费者会难以接受；对于电视机、家具等高档消费品，价格高出几十元甚至几百元，消费者也不会太计较。当某种商品供不应求时，消费者对其价格往往不太敏感，价格的上涨一般不会导致需求的大幅度减少；而当供过于求时，消费者对价格变动非常敏感，价格稍微上涨，商品就可能滞销。商品的市场竞争程度也会影响消费者对商品价格的敏感度。如果市场上商品的替代品过多，竞争激烈，则消费者对其价格的敏感度高；反之，消费者对它的价格敏感度就低。

三、商品定价策略与消费者行为

企业在制定商品价格时，一方面需要考虑企业自身营销目标的实现和营销组合的搭配，另一方面还需要考虑外部的竞争状况、供求关系以及政治、经济、社会因素的影响。除此之外，还需特别考虑消费者对价格的心理反应。下面介绍几种与消费者心理密切相关的定价策略。

(一) 产品生命周期定价策略

在产品生命周期的各个阶段，消费者有着不同的消费心态。在产品生命周期的导入期和成长期，由于对新产品不了解，大部分消费者抱持观望态度，较少购买。此时，可利用消费者的“求新”“猎奇”心理，采取高价的定价策略，吸引那些具有追求新潮、满足自尊心理的消费动机的消费者购买。在产品生命周期的成熟期和衰退期，应采取低价、降价的定价策略，以吸引那些保守型或经济能力较低的消费者购买。

(二) 尾数定价策略

尾数定价策略是指利用消费者对数字认知的某种心理，尽可能在价格数字上不进位，而保持零头。这种定价策略对消费者的心理影响有两点：① 使消费者产生价格低廉和企业经过认真的成本核算才定价的感觉，从而使消费者对企业产品及其定价产生一种信任感。② 使消费者产生一种价格实惠的感觉，原因在于在消费者心里常常用特别的价格做一个划分点。某些数字常隐藏着特别的意义，比如 99 元与 100 元相差不过 1 元，但是在消费者心中的感受却截然不同。根据不同消费者的消费习惯，把尾数定价与吉祥数字的利用结合起来效果更好，比如价格中用 9、8、6 作为尾数通常会受到欢迎，最好不要用 4、7 作为尾数。这种尾数定价策略一般适用于收入不高，对日常生活用品价格敏感的消费者，尾数可使他们感到价格保留在较低一级的档次，从而降低心理上的排斥感。

(三) 习惯定价策略

习惯定价策略是指根据消费者的价格习惯心理而制定出符合消费者习惯的一种价格。许多商品尤其是日用品，由于经常使用，其在消费者心里已形成了一种习惯价格，企业的定价应尽量适应这些习惯，不应轻易变动，否则会引起消费者强烈的心理反应。当定价高于习惯价格时，消费者认为是变相涨价；当定价低于习惯价格时，消费者则怀疑商品是否存在质量问题，从而影响该类商品的销售。

(四) 声望定价策略

声望定价策略是指企业利用消费者追逐、仰慕名牌产品或名店声望的心理而故意把价格定成整数或高价。这种定价策略一般适用于一些高质量的名牌产品或消费者不了解的新产品，尤其是一些奢侈品或礼品，给消费者一种“好货不便宜”“一分钱一分货”的感觉。由于消费者会以价格来判断商品的质量和档次，并以此显示自己的身份和地位，因此采用这种定价策略，能让消费者认为自身已进入更高层次的消费档次，满足了其自尊心理。

(五) 招徕定价策略

招徕定价策略是指将某几种商品的价格定得非常低，在引起消费者的好奇心理之后，带动其他商品的销售。这一定价策略常为综合性百货商店、超级市场以及高档商品的专卖店所采用。这里需要注意的是，用于招徕的降价品，应该同低劣、过时商品明显区别开来。招徕定价的降价品，必须是品种新、质量优的适销产品，而不能是处理品，否则，不仅达不到招徕顾客的目的，还会有损企业声誉。

◇ 案例 12-6

堤内损失堤外补

商店采用招徕定价策略更多的是将少数产品价格定得较低，吸引顾客来购买“便宜货”的同时顺便购买其他正常价格的商品。将某种产品的价格定得较低，甚至亏本销售，而将其相关产品的价格定得较高，也属于招徕定价的一种。例如，美国柯达公司曾经生产一种性能优越、价格低廉的相机，市场销路很好，可是这种相机有一个特点，就是只能使用“柯达”胶卷，结果销售相机损失的利润由高价的柯达胶卷全部予以补偿。在实践中也有故意定高价以吸引顾客的。比如，珠海某商场里曾有一款定价上千元的打火机，引起了人们的兴趣，但因其式样极为平常而无人问津，然而它旁边平价的打火机却销路大增。

(资料来源：作者根据相关资料整理而成。)

(六) 折扣定价策略

折扣定价策略是指企业给产品制定一个低于原定价格的优惠价格，其功能是利用消费者追求“实惠”、抓住“机会”的心理，通过优惠价格来刺激和鼓励消费者大量购买和重复购买。在实际运用中，折扣定价策略通常可分为数量折扣定价策略、季节折扣定价策略和新产品推广折扣定价策略。

◇ 案例 12-7

家乐福的定价策略

家乐福是靠低价策略打开市场的，同样进入市场后在一定程度上靠低价商品来维持。家乐福10%左右的商品是低价商品，然而这10%的商品却带动了其他90%的正常价格商品的销售。这些低价商品又主要以利润低、购买频率高、购买量大的日用品和食品饮料为主，一般的低价商品比正常价格低10%～20%。这也迎合了人们敏感的价格心理。

家乐福在店庆和一些节日活动期间还会采用一些特价策略。例如，在店庆期间，一款自行车售价396元，而进价则为392元，最后与厂家结算时平均每辆车的利润仅0.5元；一种迷你衣柜进价159元，售价却只有149元；一种休闲沙发床正常售价779元，此时也仅售 599 元。这些特价商品，强烈刺激了顾客的购买欲望，使店庆期间的销售额大增。

（资料来源：作者根据相关资料整理而成。）

四、消费者对价格变动的反应

价格作为营销 4P 组合中最敏感的因素，在于它会根据市场的供给进行调整，并且频率之高大大超过了其他三个因素；反过来，价格的调整也会影响消费者、竞争者、分销商和供应商的利益和行为。

不同市场的消费者对价格调整的反应是不同的，即使处在同一市场的消费者对价格变动的反应也可能不同。从理论上来说，可以通过需求的价格弹性来分析消费者对价格变动的反应，弹性大表明反应强烈，弹性小表明反应微弱。但在实践中，价格弹性的统计和测定非常困难，其准确度常常取决于消费者预期价格、价格原有水平、价格变化趋势、需求期限、竞争格局及产品生命周期等多种复杂因素，并且会随着时间和地点的改变而处于不断变化之中，使得企业难以分析、计算和把握。所以，研究消费者对调价的反应，多是注重分析消费者的价格意识。

价格意识是指消费者对商品价格高低强弱的感觉程度，直接表现为顾客对价格敏感性的强弱，包括知觉速度、清晰度、准确度和知觉内容的充实程度。它是掌握消费者态度的主要方面和重要依据，也是解释市场需求对价格变动反应的关键变量。

价格意识强弱的测定往往以购买者对商品价格回忆的准确度为指标。研究表明，价格意识和收入呈负相关关系，即收入越低，价格意识越强，价格的变化直接影响购买量；收入越高，价格意识越弱，价格的一般调整不会对需求产生较大的影响。此外，广告对消费者的价格意识也起着促进作用，使他们对价格更为敏感。

消费者可接受的产品价格界限是由价格意识决定的，这一界限规定了企业可以调价的上下幅度。在一定条件下，价格界限是相对稳定的，若条件发生变化，则价格的心理界限也会相应改变，从而影响企业的调价幅度。因此可将消费者对价格调整的反应归纳为以下内容。

（一）一定范围内的价格变动是可以被消费者接受的

提价幅度超过可接受价格的上限，则会引起消费者的不满，使消费者产生抵触情绪，而不愿购买企业产品；降价幅度低于下限，会导致消费者产生种种疑虑，也会对实际购买行为产生抑制作用。所以，企业调价的幅度不应超过消费者心理价格的上下限，只有这样的调价才能被消费者所接受。

（二）消费者心理价格的上下限会随条件的变化而进行调整

在产品知名度因广告而提高、收入增加、通货膨胀等条件下，消费者可接受价格的上限会提高。在竞争对手进入市场后消费者对产品的信息有更多的了解，对产品质量有更明确的认识，同时在收入减少、价格连续下跌等条件下，消费者心理价格的下限会相应降低。

（三）消费者对产品频繁调价会产生不同的心理反应

对于降价，消费者可能认为：产品将因式样陈旧、质量低劣而被淘汰；企业遇到财务困难，很快将会停产或转产；价格还会进一步下降；产品成本降低了；等等。对于提价，消费者则可能这样理解：很多人购买这种产品，我也应赶快购买，以免价格继续上涨；提价意味着产品质量的改进；企业将高价作为一种策略，以树立名牌形象；卖主想尽量取得更多利润；各种商品价格都在上涨，提价很正常。

(四) 不同产品的调价引起消费者的心理反应强度不同

对于价格较高、经常购买的商品，消费者往往对其价格变动较为敏感；对于价格较低、不经常购买的商品，消费者一般对其价格调整不太在意。对于价格较高、不经常购买的大件耐用品，消费者通常更关心获得、使用、保养和维修产品的支出，如果企业产品的性能、品质和服务得到消费者的认同，即便价格高于同类竞争产品，消费者也会欣然接受。

第三节 渠道策略与消费者行为

通俗地讲，渠道就是产品或服务从生产领域到消费领域的通路。活跃在这条通路中的人员主要有经销商、代理商，以及处于渠道起点和终点的生产者与消费者。在商品经济中，产品必须经过交换，发生价值形式的运动，使产品从一个所有者转移到另一个所有者，直至消费者手中，这称之为商流。同时伴随着商流还有产品实体的空间移动，称之为物流。商流和物流相结合，使产品从生产者到达消费者手中，这便是分销渠道。本节将重点讨论渠道的终端卖场，也就是零售商店环境与消费者行为之间的关系。

一、渠道模式与渠道选择

随着社会经济的不断发展，特别是市场流通领域的日益繁荣，消费者在决定购买场所、购买方式和购买内容的时候，有了更多的选择余地。广大消费者更加注重购买方式的便利、快捷和舒适。因此，企业在设计分销渠道以及选择具体的终端卖场等方面，应从消费者的心理特征出发，为其提供方便、适用的销售方式。

分销渠道是指某种产品或服务从生产者向消费者转移时，取得这种产品或服务的所有权或帮助转移其所有权的所有企业和个人。下面介绍常见的分销模式和分销渠道的选择。

(一) 分销渠道模式

1. 长度不同的分销渠道模式

根据企业产品到达消费者之前所经过的环节或层次的多少，可以将渠道划分为以下长度不同的五种模式。

(1) 生产商——消费者分销渠道：生产商不通过任何中间环节，直接将产品销售给消费者，也就是说生产商自派推销员，或采取邮购、电话销售等形式把产品直接卖给消费者，这是最简单、最直接、最短的分销渠道。该渠道模式的特点是产销直接见面、中间环节少，有利于降低流通费用，及时了解市场动态，迅速投放产品于市场，但由于需要生产商自设销售机构，因而不利于专业化分工。

(2) 生产商——零售商——消费者分销渠道：这是经过一道中间环节的渠道模式，生产商将产品先卖给零售商，再由零售商转卖给消费者，当然也有些生产商开设零售商店，直接面向消费者。该渠道模式的特点是中间环节少、渠道短，有利于企业充分利用零售商的力量扩大商品销路，树立企业形象，提高企业经济效益。

(3) 生产商——批发商——零售商——消费者分销渠道：这是经过两道中间环节的分销模式，生产商先把商品销售给批发商，由批发商转卖给零售商，再由零售商转卖给消费者。该渠道模式是消费者分销渠道中的传统模式，消费品多数采用这种渠道模式。该渠道模式的特点是中间环节较多、渠道较长，有利于生产商大批量生产，节省销售费用；也有利于零售商节约进货时间和费用，扩大经营品种。但由于流通领域停留时间相对比较长，不利于生产商及时准确地了解市场需求的变化，消费者急需的商品难以及时得到满足，随市场需求变化的适应性比较弱。

(4) 生产商——代理商——零售商——消费者分销渠道：生产商先委托代理商向零售商出售商品，再由零售商转卖给消费者。这种渠道模式的特点是中间环节较多，但由于代理商不承担经营风险，这样就容易调动代理商的积极性，有利于迅速打开和占领市场。但是如果代理商选择不当，生产商就容易受到较大的损失。

◇ 案例 12-8

美国金霸王电池在重庆市场上的营销策略

美国金霸王电池从进入重庆市场到占领该市场，仅用了六个月的时间。这得益于其独特的营销策略。

重庆是中国西南地区最大的城市，美国金霸王电池要开拓重庆这个大市场，是设立自己的办事机构，还是找一个当地贸易代理商？这对美国厂商来说是个非常值得思考的问题。经过三思后，美国人最终选择了后者。因为他们知道当地代理商对重庆经济状况、人们生活水平比较了解，对重庆零售店分布状况、重庆电池市场竞争状况及人们的购物习惯等都比较熟悉，并且他们能根据这些情况采取适当的营销策略。这就为美国金霸王电池在重庆电池市场采用“速战速决”策略提供了前提条件。

美国金霸王电池厂商在重庆找的代理商是重庆凯丽贸易公司。在签订了代理合同后，重庆凯丽贸易公司就开始着手分析金霸王电池的特点和重庆电池市场的具体情况。金霸王电池是一种价格高、质量好且比较耐用的电池，在重庆市场上电池竞争非常激烈，市场上已有“555”“东芝”等品牌，价格也有多种，1 元多的、2 元多的、3 元多的，等等，但都比较便宜。针对这种情况，该公司采取了“三步走式”的营销策略。

第一步，代销。任何新产品开拓新市场都是非常艰巨的，金霸王电池开拓重庆市场也不例外。重庆电池市场的竞争本已非常激烈，即使金霸王电池价格跟其他普通电池差不多，它要占领重庆市场也是比较困难的，何况它的零售价高达 13 元一对。尽管金霸王电池的质量可靠耐用，但在起初人们是不会相信它的。这一切就决定了金霸王电池要想进军重庆市场，必须经历一个“试用”过程，以使人们了解它，从而采取购买行为。

电池与其他诸如洗发水、洗衣粉等产品相比的主要区别在于：洗发水、洗衣粉等产品在使用上是可分的(即使用时有量的多少)，而电池在使用上是不可分的(即电池在使用时，作为整体中的一对，不能单独只用一个或一个的一部分)。这就决定了金霸王电池的“试用”与洗发水、洗衣粉等产品的“试用”是不同的。洗发水、洗衣粉等产品可以制成样品小包(每包的成本只有几角钱)，然后将样品小包免费赠送给消费者，通过消费者试用产品并对产品质量的赞许来刺激其购买。而对金霸王电池来说，将它一对一对地送给用户免费试用，成本太大，对厂家来说得不偿失。那么能否采取经销策略呢？根据实际情况，在当时采用经销策略也是不可行的。因为金霸王电池价格太高，而商家、消费者当时并不了解它，尽管该产品质量和性能确实较好，但商家还是不敢轻易冒险进货。考虑到免费试用和经销策略都行不通，重庆凯丽贸易公司想到了“代销”。

代销，就是指生产厂家或代理商把产品让给批发商或零售商，在规定时间或者在批发商、零售商销售该产品后才收取货款的销售方式。它实际上是厂家(代理商)把产品让给商家的“试用”过程，若“试用”成功，商家就会经销该产品。代销是有风险的，可能厂家代销出去的产品既收不到货款也取不回货。为了有效地发挥代销的作用，重庆凯丽贸易公司对重庆市场进行了分区。为了把代销风险控制在最低限度，重庆凯丽贸易公司在各区(县)找的代销商都是当地信誉好、效益好的大零售商。在两个半月的以点带面的代销后，金霸王电池在重庆已占领了一定的市场，这时重庆凯丽贸易公司紧紧抓住机会，把营销策略推进到第二阶段——铺货。

第二步，铺货。它是金霸王电池能够“闪电”占领重庆市场的最关键的一步。所谓铺货，就是指厂家(或代理商)送货给零售商，并尽力说服其经销该产品的一种营销策略。由于金霸王电池的质量、性能确实过硬，故代销给它带来了一定的市场，但仅仅依靠几个大商家，其占领市场的进程将极其缓慢。为了加快占领市场的步伐，重庆凯丽贸易公司想到了“铺货”。铺货的重点是重庆各区(县)的零售店。在零售店的铺货中，重庆凯丽贸易公司特别关注到其他任何电池厂家都忽视了的电话亭的铺货。这一特别关注，使得铺货策略比原来想象的还要有效。这是因为一对普通电池，BP 机只能用七八天，而一对金霸王电池，BP 机却可以用上四十来天，这大大方便了 BP 机的使用者，并且 BP 机使用者往往在电话亭购买电池。

铺货需要很多业务员，为了解决这一问题，重庆凯丽贸易公司招聘了一些市场营销专业的学生作为兼职业务员。这些学生曾为多家厂家做过市场调查、产品促销、广告宣传等实践活动，在促销方面很有经验，这为他们成功说服零售商经销金霸王电池打下了基础，从而将营销策略推向了第三阶段——终端促销。

第三步，终端促销。终端促销是指厂家为了扩大产品的名声，提高或巩固产品的市场占有率，在零售店处张贴广告或悬挂广告横幅以刺激消费者购买产品的营销活动。为了进一步扩大金霸王电池的名声和销售量，重庆凯丽贸易公司在零售店处张贴了许多广告画，并且每隔一段时间就检查一次，若广告画被其他产品广告画所覆盖，就立刻补贴。这样在很短的时间内，“金霸王”就进入了重庆人的脑海里，并留下了深刻的印象，这也影响着他们购买电池的行为。

金霸王电池的销售渠道还有一个特点：它直接由生产厂家(代理商)转到零售商之手，而不像其他同类产品流通中要经过批发商。这一销售渠道有利于重庆凯丽贸易公司控制产品价格，有利于稳定市场，从而有利于重庆凯丽贸易公司与零售商之间良好合作关系的形成，而这种良好合作关系的形成必然会促进金霸王电池在重庆市场上的开拓。

在“代销——铺货——终端促销”的营销策略下，通过富有特色的销售渠道，金霸王电池终于在六个月以后就成了重庆电池市场上的一枝独秀。

(资料来源：作者根据相关资料整理而成。)

(5) 生产商——代理商——批发商——零售商——消费者分销渠道：这是一种经过三道中间环节的渠道模式。生产商先委托代理商向批发商出售商品，批发商再转卖给零售商，最后由零售商卖到最终消费者手中。我国在对外商品销售中一般采用这种分销渠道模式。该渠道模式的优点在于利用代理商为生产商销售商品，有利于了解当地市场环境，打开和占领市场，降低销售费用，增加企业的效益。而其缺点在于中间环节相对比较多，商品在中间环节的流通时间比较长，不利于商品及时打开市场；同时由于生产商对市场环境的了解相对没有代理商熟悉，很容易产生让代理商控制生产商的经营行为，从而不利于生产商自身的经营和发展，所以要选择适合的代理商对企业而言也是不易的。

2. 宽度不等的分销渠道模式

根据分销渠道中同一环节中间商数量的多少，可以将渠道划分为以下宽度不等的三种模式。

(1) 密集分销渠道：企业通过众多的中间商把产品送到消费者手中。该渠道模式中间经过的网点越多越好，力求使产品的覆盖面尽量广泛，方便消费者就近购买，一般适用于价格低、产品差异性小的日常消费品。

(2) 选择分销渠道：企业在某一目标市场挑选几家规模合适、信誉较好的中间商，以特约经销方式或代理方式固定双方长期的合作关系。选择分销渠道一般适用于选择性较强的耐用消费品。

(3) 独家分销渠道：企业在某一目标市场仅选择一家中间商经营本企业的产品，双方签订独家经销或总经销协议来保证彼此的权利和义务。独家分销渠道一般适用于新产品、名牌产品和技术性较强的产品。

(二) 分销渠道的选择

对于企业来说，产品质量再好，价格再合理，如果没有通畅的分销渠道，产品的市场销量必然大受影响。如何选择合适的分销渠道，关键要从消费者的角度考虑，根据消费者的不同特点来选择合适的中间商和中间环节。一般来讲，消费者对产品分销渠道的要求，很大程度上与产品的使用或消费频率、价格、体积、配套的售后服务等多方面因素相关。从消费者的需求特点出发，企业分销渠道选择时应重点考虑以下几个方面的因素。

1. 消费者的密集程度

如果目标市场的消费者消费地点比较集中，企业可在消费地点设立门市部或者派出销售代表上门推销，建立直接渠道面向消费者销售产品。即使消费者分布比较分散，目标消费者数量不多，也可以采用邮寄产品目录、电话推销或者采用短而窄的间接分销渠道来销售产品。如果消费者数量较多而且消费地点分散，则需要采用长而宽的间接分销渠道。

2. 消费者的品牌要求

针对青年人、高收入阶层追逐名牌的消费心理，对于名牌产品尤其像名牌服装、名牌家电可以采用设立专卖店，或者由名店销售的方式，分销渠道呈现短且窄的特征。针对那些对品牌不太在意、讲求购买方便和物有所值的消费者，可以利用较多的批发商和零售商，即采用长而宽的分销渠道来销售商品。

3. 消费者的购买频率

如果消费者的购买频率低，采用直接分销渠道所需投资较少，能明显减少中间环节的费用；如果消费者购买频率高，则宜采用间接分销渠道来销售商品。

4. 产品本身的特性

价值高的产品适宜采用短而窄的分销渠道；反之，宜采用长而宽的分销渠道。技术复杂性强、需要售后服务的产品宜采用短而窄的分销渠道；反之，宜采用长而宽的分销渠道。此外，体积大的产品、生鲜类产品宜采用短的分销渠道。

二、终端卖场与消费者行为

(一) 终端卖场的选择要求

一般而言，企业对终端卖场的选择要求取决于以下几个方面。

1. 消费者收入和购买力水平

购买力水平是市场重要的构成要素之一。消费者购买力水平的高低，不仅影响某种商品的购买量，还影响购买的商品档次。大部分消费者的购买力来自个人收入，因此也可以说收入水平的高低是指导企业认识商品购买者、选择终端卖场的重要依据。不同收入水平的消费者对商品购买地点的选择和要求是不一样的，因此企业销售产品或服务，首先必须考虑的就是其所面对的消费者群体的定位。企业在选择终端卖场时，必须考虑到不同地方的个人可支配收入以及个人可任意支配收入的水平。一般而言，收入水平较高、购买力较强的消费者选择商品的种类和数量相对较多，而且愿意到规模大、声誉好、装潢高档的卖场购物，而对货币成本不是太在意。那些收入水平较低、购买力较低的消费者则表现出更愿意去超市、大卖场和定位中档偏低的卖场购物。

2. 目标消费者出现的位置

如果让消费者一旦产生需要就能够方便地购买，则意味着商品必须跟踪消费者。不论消费者出现在哪里，适合于满足消费者需要或购物欲望的商品就必须同时出现在哪里。这就要认真研究消费者可能的活动范围，以及在每一个地方可能产生的消费需要和欲望是什么。

3. 消费者的购买心理

不同消费者的购买兴趣、关注因素、购物期望等心理特征是不同的，消费者的购物心理直接影响到他们的购买行为。因此，如果不考虑消费者在一定条件、时间和地点下的购买心理，盲目选择终端卖场，往往会达不到预期的销售效果，而合理的商业网点布局、准确的市场定位能够吸引众多消费者的光顾。

4. 消费者对卖场的认知

卖场的外观设计，卖场内硬件配套设施及先进程度，商品的摆设，销售人员的衣着、谈吐、态度，商家所采用的促销手段等，都会影响前来卖场购物的每一个消费者，使他们从对客观事物的个别属性的反应升华到对作用于他们感官的客观事物的整体反应上，从而完成了作为消费者心理活动的认知过程的感知阶段。当消费者对自己的心理活动进行整合后，就形成了自身对这家卖场的看法和态度，这一看法和态度又将决定或在很大程度上影响着消费者的购买行为。因此，消费者对卖场的认知主要通过商品、服务、硬件设施、促销、购物便利、卖场气氛等，以及电视广告、网络、报纸、POP广告、口碑传播等信息传播渠道获得。

(二) 终端卖场环境对消费者行为的影响

终端卖场环境是消费者购买商品和服务时所具有的空间和社会的特征，即卖场内外的环境和相应的销售服务。消费者大部分的购买决策过程、对商品的选择过程以及销售人员对消费者的推销和引导过程一般都是在终端卖场环境中进行的。

由于消费者需求的个性化和多样性，消费者的购物心理和消费行为会由于终端卖场环境中各种因素的影响而发生相应的变化。比如，许多物质因素，如卖场的位置、商品的陈列、灯光、颜色、卖场的大小以及各种其他环境(如温度和噪声)，都可能影响消费者在卖场里停留时间的长短和他们购物时的心情。因此，企业应该努力创造适合于消费者购买行为的终端卖场环境，以使消费者在卖场停留的时间更长，与商品的接触更多。

终端卖场环境主要包括卖场布局、卖场柜台陈列和卖场的销售服务水平三个方面。卖场布局在第十一章已做了详细介绍，这里不再赘述，现主要对卖场柜台陈列和卖场的销售服务水平进行介绍。

1. 卖场柜台陈列

卖场柜台陈列主要是向消费者提供商品信息，因此应该运用陈列艺术，充分利用空间、道具、色彩来烘托商品，创造意境，以达到向消费者进行心理激励，刺激其购买的目的。常见的陈列方式主要有逆时针陈列、分类陈列、季节陈列、相关商品陈列、专题商品陈列和醒目商品陈列等。不论哪种陈列方式，都应与消费者的选择心理和购买行为习惯相适应。下面就商品陈列的位置、商品的摆放顺序、货位的分布进行介绍。

1) 商品陈列的位置

商品陈列的位置应与消费者的环视范围相适应，让消费者能够迅速、清晰、更多地感受到商品的形象，引起其兴趣和注意。一般来讲，最醒目的商品陈列范围是消费者目光正视之处以及视线上下30°的地方，即人的眼部和胸部所对应的位置是最能吸引消费者注意的地方。同时商品陈列在上面比下面，左边比右边更容易引起消费者的注意。商品陈列的数量也会影响消费者对商品的感觉，陈列过多或过少，都会使消费者产生不良的心理感受。

2) 商品的摆放顺序

商品的摆放顺序可以根据不同商品的购买频率、购买习惯以及商品的特性由下到上、由外到内地摆放，以便于消费者浏览、比较和挑选。同一类型的商品可以在货架上一层层上下垂直摆放，比如把型号小的服装放在最上层，中型号的放在中层，大型号的放在最下层。这样既可以节省空间，又方便消费者寻找。

3) 货位的分布

由于商品陈列的品种繁多，进行货位分布时要考虑消费者对商品的需求和购买习惯，以便于消费者查找和选购商品。一般卖场要重点考虑方便品、选购品和贵重品的合理摆放。首先是方便品的陈列。方便品的购买要求是便利、迅速，因此应选择陈列在卖场的一层、地下层、主要通道两侧、出入口附近、临窗等位置，使货位明显，便于寻找，符合消费者求方便、求迅速的购买习惯。其次是选购品的陈列。选购品的购买要求是选择机会多，消费者能够安心、从容地对不同品牌、质量、价格、功能、式样、造型的商品进行认真仔细的比较和选购，因此应选择陈列在营业面积宽敞、光线充足、噪声干扰小的楼层和区域，符合消费者便于挑选、易于选择的要求。最后是贵重品的陈列。贵重品的购买要求是多方比较、反复思考、慎重决策，因此应选择陈列在商店顶层或相对僻静处，或设立专柜，布置高雅、优美的环境，符合选购时间长、有安全感的要求，满足消费者对高品质、高价位商品的特殊心理。

延伸阅读 12-1

超市卖场的五个磁石点

第一磁石点：卖场中主通道的两侧，是顾客必经之地，也是商品销售最好的地方。此处配置的商品是主力商品、购买频率高的商品和采购力强的商品。这类商品大多是消费者随时需要，又时常要购买的。例如，蔬菜、肉类、日配品(牛奶、面包、豆制品等)，这些应放在第一磁石点内，可以增加销售量。

第二磁石点：在第一磁石点的基础上摆放，主要配置流行商品，色泽鲜艳、引人注目的商品和季节性强的商品。第二磁石点需要超乎一般的照明度和陈列装饰，以最显眼的方式突出表现，让顾客一眼就能辨别出其与众不同的特点。同时第二磁石点上的商品应根据需要隔一定时间进行调整。

第三磁石点：超市中央陈列货架两头的端架位置。端架是卖场中顾客接触频率最高的地方，其中一头的端架又对着入口，因此配置在第三磁石点的商品主要是刺激顾客，一般为高利润商品、季节性商品和厂家促销商品。

第四磁石点：卖场中副通道的两侧，是充实卖场各个有效空间的摆设商品的地点。这是一个要让顾客在长长的陈列线中注意的位置，因此在商品的配置上必须以单项商品来规划，即以商品的单个类别来配置。为了使这些单项商品能引起顾客的注意，应在商品的陈列方法和促销方法上对顾客做刻意的表达诉求，主要有热门商品、有意大量陈列的商品和广告宣传的商品等。

第五磁石点：收银处前的中间卖场，是各门店按照总部安排，根据各种节日组织大型展销、特卖活动的非固定卖场，其目的在于通过采取单独一处、多品种大量陈列方式，造成一定程度的顾客集中，从而烘托门店气氛。同时展销主题的不断变化，也给消费者带来新鲜感，从而达到促进销售的目的。

(资料来源：作者根据相关资料整理而成。)

2. 卖场的销售服务水平

卖场的销售服务水平取决于销售人员对消费者卖场购买的心理规律的了解与掌握以及在此基础之上卖场服务技巧的掌握与应用。

1) 消费者的卖场购买心理规律

消费者在进入卖场时，一般首先对店面的环境进行观察，不自觉地浏览卖场现场的各种事物。他们所注意到的商品一般会有三种情况。第一种情况是他们在进入卖场前已有了明确的购买对象。在这种情况下消费者的主要意识集中在他们想购买的商品上，一般不会过多地注意其他商品，进入卖场后立刻寻找他们想购买的商品货位。第二种情况是在进入卖场前已有明确的购买目的，但进入卖场在寻找或购买目标商品时被其他商品所吸引，产生了新的购买欲望，进而促成其新的购买行为。第三种情况是消费者在进入卖场前没有明确购买对象，只是在进入卖场浏览商品时，被新异的商品或精彩的促销活动所吸引，对这些商品发生了兴趣，产生了具体的购买动机，进而发生购买行为。消费者的卖场购买心理规律如图 12-1 所示。

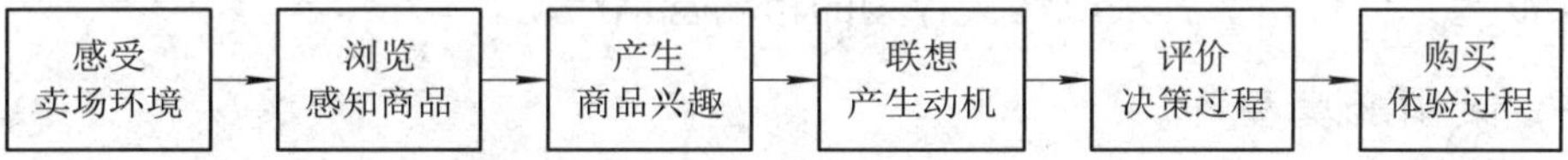

图 12-1　消费者的卖场购买心理规律

2) 销售人员的卖场服务技巧

消费者在购买决策过程中，可能会与销售人员接触，有的消费者希望销售人员能帮助他们选择商品，而有的消费者只是希望销售人员提供一些有用商品信息。因此加强销售人员与消费者之间的沟通，协调他们之间的相互关系，对销售的顺利实现意义重大。

消费者在卖场购物时，销售人员应根据消费者的卖场购买心理规律，对应消费者的每一个步骤相应地为消费者提供各种服务，推动消费者购买行为的顺利实现。按照图 12-2 所示销售人员服务工作步骤来开展销售工作，可使销售人员更容易与消费者进行心理上的沟通和交流，消费者也容易与销售人员建立相互信赖关系。

图 12-2　销售人员服务工作步骤

在这些步骤中，需要注意的服务策略与技巧主要有以下几点：

(1) 了解来意，适时接待。销售人员应寻找时机，主动接触，了解消费者的购买意图，热情、主动地接待使消费者感受到亲切感，产生“自己人”的心理效应。销售人员应该根据消费者的穿着打扮，判断其身份和爱好，同时善于从消费者的言行举止分析判断其个性心理特征。

(2) 展示商品，争取消费者。销售人员应根据消费者的不同要求向其展示或介绍商品的性能、质量、适用性以及售后服务等情况，让消费者全面了解商品，激发消费者的购买欲望，使其对商品产生信任感，增强消费者的购买信心。

(3) 周到服务，增进信任。销售人员可利用包装、整理和收付款的时机，进一步向消费者介绍有关商品的使用常识或售后服务，增强消费者对卖场的满意度。

第四节 促销策略与消费者行为

从现代市场营销理论看，企业不仅要开发出优良的产品，制定有吸引力的价格和通过适当的渠道将产品送达目标消费者，还必须通过促销活动与自己的目标消费者进行双向沟通。企业主要的促销类型有广告、人员推销、营业推广和公共关系。这四个最基本的促销类型在企业利润最大化的原则下，根据市场的特点有比例地进行搭配，就是促销组合。

一、促销的类型和特征比较

促销又称为促进销售，是指企业将产品或服务的有关信息传递给消费者，以激发消费者的购买欲望，促进消费者采取购买行为的市场营销活动。

(一) 促销的类型

1. 广告

广告是一种以付费的形式通过一定媒体对产品或企业进行宣传的促销方式。其具体手段种类繁多，常见的有电视广告、广播广告、报纸广告、杂志广告、产品包装、产品说明书、户外广告、海报招贴和传单、售货现场陈列、视听资料、邮寄广告、产品目录等。其典型的特点是公开展示、普及性、夸张的表现力和非人格化。

2. 人员推销

人员推销是指企业通过派出销售人员与一个或一个以上可能成为购买者的人交谈，推销商品，促进和扩大销售。人员推销是销售人员帮助和说服购买者购买某种商品或劳务的过程，它涉及一个或多个潜在的买主和一个销售人员之间的直接交易，主要包括上门推销、柜台推销和会议推销三种形式。由于具有面对面接触、人际关系培养、瞬时反应的特点，人员推销在购买过程的某个阶段，特别是在建立消费者偏好、信任和行动时是最有效的工具。

◇ 案例 12-9

IBM：重组销售队伍

1992 年 IBM 的销售额从 1990 年的近 690 亿美元跌至 1992 年的 645 亿美元，同期的年利润从 59 亿美元变为亏损 49.6 亿美元。1993 年 4 月，新一任董事长兼首席执行官的格斯特纳走马上任，他面临的第一个重大战略性决策就是解决销售队伍的问题。队伍过于庞大，运作不便而且很难以较快的速度满足消费者不断变化的需求；公司不再听取顾客的意见，相反以自我为中心，在顾客需要解决问题的方法时，公司却一味地推销产品；IBM 的奖惩体系着重奖励计算机主机的销售额。面对日益激烈的竞争、不断下滑的销售额以及变化无常的客户购买习惯，格斯特纳采取了以下措施：一是组织一批富有斗志的业务骨干，他们是推销被客户忽视的产品的销售能手；二是调整销售人员结构，客户管理人员可以在自己的业务上有先决权，可避开部门经理，直接向新设立的14个业务组领导汇报；三是改变原来只从内部提拔人才的原则，聘用在咨询行业中有经验的公司外部人员担任公司一半的职务；四是将公司的奖惩体系改成60%佣金以获利为根据，其余部分由消费者调查显示的顾客满意度来决定。IBM一系列的改革带来了1995年令人刮目相看的销售业绩。

3. 营业推广

营业推广又称为销售促进，是指通过具有短期刺激作用的特定活动促使潜在消费者更快或更多地购买某一产品的促销方式。营业推广的类型包括使用优惠券、临时减价、小包装销售、有奖竞赛、有奖抽彩、赠送样品等形式。其典型的特点是沟通信息、刺激和邀请。

4. 公共关系

公共关系是指企业利用各种传播手段，沟通内部关系，塑造自身良好的形象，从而促进产品销售的一种促销方式。公共关系宣传一般被认为具有高度可信任性，因为新闻故事和特写对消费者来说要比广告更可靠、更可信。很多潜在消费者能接受公共关系，但是回避推销人员和广告。通过新闻的方式将信息传递给消费者比以销售导向的信息沟通要好，它能够降低消费者的防卫心理。公共关系还像广告那样，有一种能使企业或产品引人注目的潜能。

消费者对促销的认知过程不同，在此指导下的消费者行为也会产生差异，因此企业应通过不同的促销方式和沟通方式，向消费者传播不同的信息，引导消费者向卖方预期的阶段发展。

◇ 案例 12-10

海尔的公益事业

海尔是海。全球用户的厚爱和海尔人的不懈努力，汇集成海尔这片蓝色的大海，海尔以海的品格，年复一年地为社会默默地奉献着。

1993年，海尔投资制作了212集的动画片——《海尔兄弟》；1994年海尔开始投资参加希望工程；1998年海尔投资建成海尔科技馆，现已成为全国青少年科普教育基地；2002年海尔赞助“中国少年儿童海尔科技奖”“海尔之星——我是奥运小主人”等活动。海尔集团从1984年以来，累计上缴税金近100亿元，海尔自己的职工发展到3万人，拉动就业30余万人。海尔集团先后被云南团省委、青岛团市委、希望办授予“希望工程贡献奖”和“社会的海尔”等奖项。2002年9月6日，世界性慈善组织国际联合劝募协会向海尔集团首席执行官张瑞敏授予“全球杰出企业领袖奖”和“最佳捐赠者奖”。2004年1月，中国青基会授予海尔集团国内企业唯一的“希望工程特殊贡献奖”。2005年1月张瑞敏当选“爱心中国”——首届中国最具影响力慈善人物。

海尔集团长期支持中国的体育事业，他们的口号是：让体育走向世界，让中国走向未来。2004年7月13日，中国申奥成功3周年纪念日，海尔集团副总裁周云杰代表海尔集团向赴雅典奥运会赛场的国家体操队队员赠送一批海尔新一代迅驰笔记本电脑，为每个体操队队员提供便捷实用的“移动网吧”。2005 年 5 月 15 日，由海尔具体总冠名的“海尔杯”2005 年青岛国际马拉松赛在青岛五四广场鸣枪开赛。

(二) 不同促销类型的特征比较

这里从沟通方式、信息反馈(对形式的控制、反馈数量、反馈速度)、信息流向、信息内容控制、识别发送者、到达目标群体的速度以及信息灵活度等方面对各种促销类型的特征进行比较，如表 12-1 所示。

表 12-1　各种促销类型的特征比较

特征	广　告	人员推销	营业推广	公共关系
沟通方式	间接的、非人格化的	直接的、面对的	通常是间接的、非人格化的	通常是间接的、非人格化的
对形式的控制	低	高	中等到低	中等到低
反馈数量	少	多	少到中等	少
反馈速度	延迟	立即	多样	延迟
信息流向	单向	双向	多为单向	单向
信息内容控制	能	能	能	否
识别发送者	能	能	能	否
到达目标群体的速度	迅速	缓慢	迅速	通常迅速
信息灵活度	根据潜在消费者进行调整	面向全体目标群体的信息相同	面向各类目标群体的信息相同	不能直接控制信息

营销人员必须通过促销沟通使消费者在心理和行为方面产生一系列的变化，这些变化具体包括通过刺激消费者对某产品种类或产品形式的需求，使消费者知晓某品牌、产生肯定某品牌的态度、产生购买某品牌的意图、产生完成购买某品牌的行为。当然，并不是所有的促销策略都旨在使消费者产生实际的购买行为，比如公共关系这样的促销手段主要希望在消费者心目中树立一种良好的品牌形象，而不在意消费者是否立刻产生购买行为。

二、促销的心理功能

从消费者心理的角度分析，各种类型的促销手段具有以下心理功能。

(一) 传播功能

促销将各种相关信息及时传递给消费者，使消费者形成对产品的认知，帮助消费者了解产品与服务。由于借助不同的促销手段，可以使信息传递打破时间和空间范围的限制，广泛渗透到各消费地区和不同的消费者群体。

(二) 诱导功能

促销可以吸引消费者的注意力，建立或改变他们对企业和产品的态度，激发其潜在的购买欲望，影响其购买决策以及诱导新的消费需求。

(三) 情感功能

不同的促销手段通过各自的情感诉求方式影响消费者的心理，使消费者对产品及产品的生产企业产生一定的好感。在这一好感的基础上，进一步形成对该产品和企业的信赖感，从而在企业与消费者之间建立一种亲密友好的信赖关系。

(四) 促销功能

促销功能是各种促销类型的基本功能。各种促销手段通过对产品和服务的宣传，把相关信息传递给广大消费者，引起消费者注意，深化消费者对产品的认识，增强其购买信心，加速购买决策过程，从而促进产品销售，实现企业营销目标。

三、促销的心理效应

促销的心理效应主要表现为消费者对各种促销手段所产生的心理变化。在产品信息传播活动中，消费者对某种产品从一无所知到产生购买行为会有一个心理变化过程，常见的心理活动过程一般要经历引起注意、发生兴趣、产生需求和实际购买四个阶段，如图 12-3 所示。

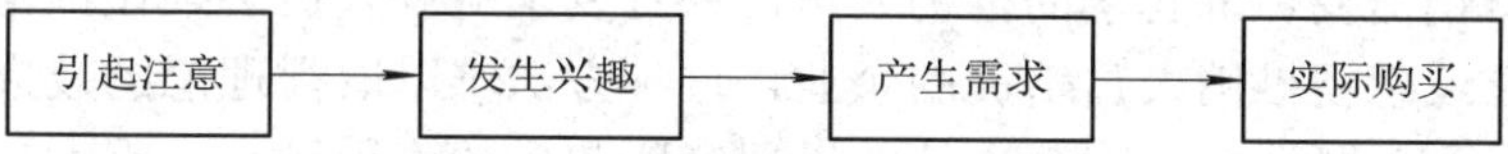

图 12-3　促销的心理活动过程

引起注意阶段指的是消费者通过各种促销对产品从一无所知到有所了解，并引起消费者对某种产品或服务的注意；发生兴趣阶段指的是消费者通过各种促销，通过各种信息渠道，对产品加深理解，并产生好感，激发兴趣，形成一定的态度；产生需求阶段是指消费者经过多种信息渠道，对产品或服务产生需求；实际购买阶段指的是消费者在确信需要、好感的基础上，最后进行购买产品或接受某种服务的行为。

各种类型的促销手段在不同的心理活动阶段对消费者的心理作用会产生不同的效果。一般来讲，在引导消费者了解、注意和认识产品方面，广告最有效；在诱导消费者产生兴趣、引起需求方面，人员推销效果最显著；在促成消费者实际购买方面，营业推广最合适；在帮助消费者了解企业和产品、产生信任感方面，公共关系最有效。

四、促销类型对消费者行为的影响

广告、人员推销、营业推广和公共关系这四种基本营销类型，从信息沟通方式角度可以概括为两大类，即双向沟通和单向沟通。人员推销是典型的双向沟通方式，主要表现在促销活动中企业的销售人员与消费者同时都是信息的发布者和接受者。广告是最典型的单向沟通方式，因为不论何种广告，做广告者一方发出信息，将信息传达给目标接受者，不可能同时相互沟通和交接信息。营业推广和公共关系方式中虽包含着双向沟通的一些方法，但是从总体上看仍应归为单向沟通方式。

各种不同的促销方式，具有各自不同的信息沟通特点、适用范围和局限性，因此其对消费者行为的影响也是不一样的。

(一) 广告的影响

广告是最常用的促销手段之一，特别适用于强化企业和广大消费者之间的沟通。广告能够高效率地向目标消费者传递有关企业和产品的信息，影响和改变他们对企业和产品的看法与态度。其沟通特点主要有：一是以新颖奇特的方式吸引消费者的注意，给消费者以一定的刺激，消费者在注意广告的瞬间，会对该广告中有关的产品名称、商标等内容留有记忆；二是通过各种媒体，及时、反复地传递产品的信息，能使消费者加深印象并便于收集有关资料，在购买前有充分的考虑、比较和选择，从而节约购买时间，减少购买风险；三是利用社会心理的作用机制，在消费者中造成广告的轰动效应，促使流行、时尚等社会现象的出现。

(二) 人员推销的影响

人员推销是一种有效信息传递的沟通方式和劝说手段。其信息沟通特点有两点：一是面对面的接触，销售人员能够观察消费者的特征及根据其需要来调整自己的沟通内容和方式，而消费者也比较容易增加其在产品或购买决策中的参与程度，关心和了解销售人员所介绍的产品；二是培养感情，有利于销售人员与消费者之间长期关系的建立和维护。

当然人员推销需要训练有素的推销人员，并且要求从业人员必须在推销之前做好充分的准备，对缺乏或忽视推销人员培训的企业，这种方法难以取得理想的效果。人员推销对于自认为具有较高判断能力、充分自信的消费者所起到的作用较小，因为这部分消费者并不喜欢他人干涉或指导自身的购买行为。

(三) 营业推广的影响

营业推广的最大作用在于打破消费者对其他品牌的忠诚度，以刺激其短期购买行为。营业推广方式可以吸引新的试用者和奖励忠诚的消费者，提高偶然性用户的重复购买率。与广告相比，营业推广更多地体现出一种“推”的作用，是一种短期行为，在品牌相似性高的市场上使用营业推广，在短期内能产生较高的销售反应，但缺少持久性。大量使用营业推广会降低品牌忠诚度，增加消费者对价格的敏感度，而淡化品牌质量的概念。营业推广的信息沟通特点主要有三点：一是引起消费者的注意并能提供信息使消费者很快注意到产品；二是提供诱因，使用一些明显的让步、优惠、服务、提供方便等方式，让消费者感到有利可图；三是强化刺激，通过特殊的手段刺激消费者立即付诸购买行动。

(四) 公共关系的影响

公共关系是一种重要的营销手段，它在增进公众及消费者对企业的认知、理解、支持、沟通，树立良好的企业形象与信誉方面发挥着极大的作用。从对消费者信息资料的掌握和获取上看，公共关系是最为直接、可靠的。为使公共关系促销达到好的效果，要求企业应设立具有高度应变能力的公关部门。比如，汶川地震后，王老吉捐款 1 亿元，因此成为很多网友心目中的偶像；在 2010 年广州亚运会期间，王老吉成为广州亚运会高级合作伙伴，不仅充分展示了其强大的品牌实力，而且也为民族饮料品牌在后奥运时代的体育营销提供了一个成功的范本，促使品牌传播效果呈几何式增长。

但是公共关系也会因地域、人力上的限制而无法对消费者产生广泛的影响。利用公共关系促销的另外一个潜在缺点在于可能会使消费者只记住企业而忽略它的产品。公共关系的沟通特点有三点：一是可信度高，由记者撰写的新闻感觉比广告更真实可信；二是更能接近许多有意避开销售人员和广告的消费者；三是新奇，公共报道利用新、奇、特的手法宣传企业的产品和服务。

◈ 案例 12-11

李宁“飞天点火”，点燃民族品牌腾飞之梦

2008 年 8 月 8 日晚，在北京奥运会开幕式上，李宁高举火炬凌空绕场一周点燃主火炬塔的那一刻，让世界瞩目，也令人久久难忘。李宁在点燃北京奥运主火炬的同时，更点燃了中国人对李宁的认可和支持，也点燃了中国人对李宁品牌的热情和支持，使人们产生了巨大的品牌联想。李宁不仅代表他个人点燃了北京奥运的圣火，更代表了其身后的运动品牌。这次“飞天点火”是企业借助奥运营销的成功典范，同时也是李宁公司奥运营销的一个典范。奥运之后，除李宁公司官方网站的大幅宣传外，公司还在全国各地引爆了各种奥运促销活动。

2005 年 1 月 24 日，阿迪达斯击败“李宁”成为北京 2008 年奥运会第七个合作伙伴。这就意味着北京 2008 年奥运会和残奥会的所有工作人员、志愿者、技术官员以及中国奥运代表团成员都将身穿印有阿迪达斯标志的服装，这也意味着从 1992 年起就穿着李宁牌运动服登上领奖台的中国运动员将不能够在自己的家门口穿上自己的品牌。但是，坚持认定自己只是在财务能力上败给阿迪达斯的“李宁”并不认为自己“输”了，在他们看来，奥运的路还很长。

也许对于“李宁”来说，仅仅依靠 CCTV 奥运频道主持人、记者的出镜率以及几支拥有相当实力的运动队伍的出色发挥来完成在 2008 年奥运会上的亮相仍然是不够的，甚至是不保险的，还必须有更醒目的举动让世界记住“李宁”。于是在商业上连出绝招的同时，“李宁”品牌的创始人、曾经的体操王子李宁终于亲自登场，在全世界目光的交集中点燃鸟巢的主火炬，这不仅让所有人再一次见到了曾经身为运动传奇的他，也不得不令所有人都联想到了他身后的那个同名的品牌。若干年后，当人们再次提及北京奥运会时，也许不会想到阿迪达斯创意独特、包装精美的“一起 2008，没有不可能”的广告，也许不会想到所有登上领奖台的运动员都穿着阿迪达斯的运动服，但所有人一定不会忘记，是一名伟大的中国运动员，一位成功的中国本土体育品牌创始人点燃了北京奥运会的主火炬，他的名字叫李宁。

显而易见，李宁担当最后点火人及其以后的奥运举办方和 CCTV 的大肆宣传，都助推了李宁品牌核心竞争力的提升。对李宁、阿迪达斯和耐克等品牌来说，李宁这个“点火人”不仅仅是个荣誉问题，更是对阿迪达斯和耐克等品牌的强烈震撼的挑战，因为李宁不仅是自己，他还是李宁公司的形象和商标，不仅全世界的人们通过奥运转播熟悉了这个人和他的公司，更重要的是中国人将会经常提起他并联想到他的公司和商标。

（资料来源：作者根据相关资料整理而成。）

本章小结

本章讨论的是营销组合因素对消费者行为的影响。营销组合具体包括产品、价格、渠道和促销四种因素的有效组合。

产品是消费行为的客体，是消费者进行一切消费行为的对象。企业只有通过向消费者提供产品，满足消费者的需要与动机，才可能从中实现自身的价值与效益。从心理和行为的角度来看，产品具有两大类的功能：基本功能和心理功能。心理功能主要有象征功能、审美功能。不同类型的新产品，对消费者的消费心理、消费行为会产生不同程度的影响。

以产品的改进程度为依据可以把新产品分为完全新产品、换代新产品、仿制新产品和改良新产品。由于消费者对新产品普遍存在着不同程度的疑虑心理，因此可以根据消费者购买新产品的时间先后顺序将新产品购买者分为五类。消费者对新产品的接受往往表现出求新、从众和模仿心理。产品的名称常常成为产品形象的代名词，一个易读易记、引人注意、富有联想、符合消费者心理的产品名称，往往能刺激消费者的购买欲望。产品的商标和包装在很大程度上决定了消费者对产品品质的判断和对企业印象的形成，有力地影响着消费者的心理活动与购买行为。

价格是消费者衡量商品价值和商品品质的标准之一，也是直接关系到消费者切身利益最敏感的因素。就对消费者的影响而言，价格有着与其他商品要素不同的心理作用机制，如商品价值和品质的认知功能、自我意识比拟功能。消费者的价格心理主要包括习惯性、敏感性、倾向性及感受性。制定合理的商品价格，是商品成功走向市场，取悦消费者的重要前提。常用的定价策略有产品生命周期定价策略、尾数定价策略、习惯定价策略、声望定价策略、招徕定价策略和折扣定价策略等。在企业的经营实战中，商品价格的变动与调整是经常发生的，而消费者可接受的产品价格界限是由价格意识决定的，这一界限规定了企业可以调价的上下幅度。

随着市场流通领域的日益繁荣，消费者在决定购买场所、购买方式和购买内容的时候，也有了更多的选择余地。广大消费者更加注重销售方式的方便、快捷和舒适。因此，企业在选择分销渠道时要考虑消费者密集程度、品牌要求、购买频率、产品特性和购物环境等因素。

促销是将产品或服务的相关信息传递给消费者，以激发消费者的购买欲望，促进消费者采取购买行为的市场营销活动，主要包括广告、人员推销、营业推广和公共关系。企业要根据促销类型的特征、产品的特性、消费者的需求选择最适合的促销方式，促进消费者的购买行为。

学习课件

练　习　题

一、单项选择题

1. 从事的职业地位、文化教育程度、收入、社会活动均一般，掌握的市场信息不多，消费行为表现出明显的趋同性和从众性，这属于新产品的(　　)。

A. 最先购买者　　B. 早期购买者

C. 中期购买者　　D. 晚期购买者

2. 人们借助色彩、形状、商标等所烘托出来的产品的附加价值，它的好坏直接影响产品的价格和销路，这指的是(　　)。

A. 产品名称　　B. 产品商标　　C. 产品设计　　D. 产品包装

3. (　　)是将某几种商品的价格定得非常之低，在引起消费者的好奇心理和观望行为之后，带动其他商品的销售。

A. 声望定价策略　　B. 招徕定价策略

C. 折扣定价策略　　D. 习惯定价策略

4. (　　)是指企业给产品制定一个低于原定价格的优惠价格。

A. 习惯定价策略　　B. 招徕定价策略

C. 折扣定价策略　　D. 声望定价策略

5. (　　)适用于价格低、产品差异性小的日常消费品。

A. 选择分销策略　　B. 密集分销策略

C. 独家分销策略　　D. 代理分销策略

6. (　　)是指在原有产品的基础上采用或部分采用新技术、新材料和新工艺研制出来的新产品。

A. 改良新产品　　B. 换代新产品

C. 仿制新产品　　D. 完全新产品

7. 在外部环境和社会时尚发生变化时，消费者为感受时代气息和追求与社会同步发展而产生的心理是(　　)。

A. 模仿心理　　B. 从众心理　　C. 求新心理　　D. 时髦心理

8. 使用优惠券、临时减价、小包装销售、有奖竞赛、有奖抽彩以及赠送样品等的促销方式是(　　)。

A. 营业推广　　B. 广告　　C. 公共关系　　D. 人员推销

9. 促销的心理功能不包括(　　)。

A. 传播功能　　B. 促销功能　　C. 情感功能　　D. 审美功能

10. 促销的心理效应不包括(　　)。

A. 引起注意　　B. 发生兴趣　　C. 产生需求　　D. 诱发联想

二、多项选择题

1. 以产品的改进程度为划分依据，新产品的类型主要有(　　)。

A. 完全新产品　　B. 仿制新产品
C. 创新新产品　　D. 换代新产品
E. 改良新产品

2. 消费者对新产品的心理表现有(　　)。
A. 审美心理　　B. 象征心理　　C. 从众心理　　D. 模仿心理
E. 时髦心理

3. (　　)属于产品商标的功能。
A. 识别功能　　B. 强化功能　　C. 保护功能　　D. 提示功能
E. 象征功能

4. (　　)是商品价格的心理功能。
A. 商品价格和价值的认识功能　　B. 自我意识比拟功能
C. 社会地位的自我比拟功能　　D. 经济地位的自我比拟功能
E. 社会情操的自我比拟功能

5. (　　)是商品的心理定价策略。
A. 尾数定价策略　　B. 折扣定价策略
C. 招徕定价策略　　D. 习惯定价策略
E. 产品生命周期定价策略

6. 根据同一环节上中间商数量的多少，可以将分销渠道划分为(　　)。
A. 创新分销策略　　B. 广泛分销策略
C. 独家分销策略　　D. 选择分销策略
E. 复杂分销策略

7. 分销渠道的选择受(　　)因素的影响。
A. 产品本身特性　　B. 消费者购买频率
C. 消费者品牌要求　　D. 消费者密集程度
E. 消费者的喜好

8. 促销四大类型是指(　　)。
A. 人员推销　　B. 广告　　C. 公共关系　　D. 电视广告
E. 营业推广

9. 促销的心理活动过程包括(　　)。
A. 引起注意　　B. 发生兴趣　　C. 产生需求　　D. 决定购买
E. 实际购买

10. 营销组合中的 4P 是指(　　)。
A. 产品策略　　B. 价格策略　　C. 渠道策略　　D. 创新策略
E. 促销策略

三、名词解释

1. 产品商标
2. 产品包装
3. 尾数定价策略
4. 招徕定价策略

5. 分销渠道
6. 密集分销渠道
7. 独家分销渠道
8. 人员推销
9. 营业推广
10. 公共关系

四、简答题

1. 简述新产品购买者类型。
2. 简述产品名称与消费者行为之间的关系。
3. 简述商标设计的策略。
4. 简述分销渠道模式类型。
5. 简述分销渠道选择需考虑的因素。
6. 简述终端卖场的选择要求。
7. 简述消费者卖场购买心理规律。
8. 简述销售人员卖场服务技巧。

五、论述题

1. 论述消费者对价格变动的反应。
2. 论述终端卖场环境对消费者行为的影响。
3. 论述促销类型对消费者行为的影响。

六、应用实践题

1. 把学生每 5 人分成一个小组，选出一名组长，并为每个小组指定一个不同的连锁店，组长选出该连锁店内 10 个不同的商品，说明每个商品的商标和包装特征，然后各小组去指定的商店收集这 10 个商品的价格数据。

小组讨论：为什么不同商标和包装的产品价格会有所不同？

2. 访问当地一家卖场的经理或主管，了解该卖场是如何吸引消费者前来光顾的。

七、案例分析题

“海飞丝”和“飘柔”：盛典促销

美国宝洁公司迄今为止已有 180 多年的历史，是世界上最大的消费品生产商之一，在几十个国家设有分公司。1988 年，美国宝洁公司看好中国市场，在广州成立了在中国的第一家合资企业——广州宝洁有限公司。一年多后，广州宝洁成功地移植了国际名牌 Head&Shoulder 洗发香波和 Rejoice 洗发水，中文名称分别为“海飞丝”和“飘柔”。

当时，“海飞丝”和“飘柔”是国际市场的老名牌，但在中国却是新产品，需要宣传推广，让消费者尽快认识和接受。广州宝洁为此策划了几次大型营业推广，并取得了不同凡响的效果。

1. 举办海飞丝、飘柔美发亲善大行动

1990 年 2 月，海飞丝、飘柔自投放市场以来，因迎合了中国消费者崇尚洋货的消费心理，曾一度成为抢手俏货，但随着更多的外国洗发护发用品的涌入，海飞丝、飘柔的市场份额逐步下降。广州宝洁与黑马设计事务所认真地分析了市场情况，决定以广州为突破点，抓住春节期间人们普遍都要洗发换新装的时机，借助发廊的配合，举办美发亲善大行动，让消费者在实际使用中领略宝洁产品的种种优点，提高购买率。

根据调查资料，广州市内有3000多家发廊。以每家发廊每天接待20个顾客计算，一个月的总洗头人数就接近广州市区的总人数。在广州市场洗发水的销售总量中，发廊占了34%左右，因此公司选取了10家能代表广州市区最好水平的发廊，并且全都位于闹市地段，店铺分布合理。公司还招聘了10多名美丽的亲善小姐，集中起来对她们进行头发生理、洗护常识、礼仪等培训，并给她们配发很有特色的礼仪服装和化妆品，让她们去配合发廊行动。

整个活动要保证让所有的参加者都获得利益，无论是发廊亲善小姐，还是媒介部门和消费者，凡是给活动以支持的都可以得到满意的收获。

给消费者的实际利益是不用买任何产品，只需要剪下一张广告，就可以换取一张相当于自己一日或两日工资收入的洗发券。公司设计了6388张洗发券。即使是没有工资收入的学生或家庭主妇，也一样有机会到广州市区的高级发廊去享受服务。

公司采用了两种换券方法。第一周采用到广州体育馆换券的方式，由于整个宣传是立体式的，电视、电台、报纸、街头招贴及发廊一起宣传，结果前来换券的人空前踊跃，直到换完最后一张洗发券，还有3000多人在排队。第二周考虑到换券者的层面及区域，改成了寄信换券的方式，以后每周都有固定数目的洗发券发出，每周都是先到先得。工作人员每天把信件按区、街道作统计分类，然后有规律地抽选并寄发洗发券。

大行动的宣传以每周五的《羊城晚报》四分之一版广告作为高潮，连续进行四周。确定报纸篇幅，确定媒介发布时间，确定每次不同的换券游戏规则。在大行动期间，天河区每周五的晚报往往5点钟就卖完了，这样一来各种职业、各个区域的消费者投稿换券回收率就有了很大的提高。大行动的亲善形象，是一个不算特别漂亮但很面熟、亲切的小姐，与10位驻点小姐一起，为顾客解答各种有关头发洗护的问题。为了使大行动能产生立体辐射的效果，在区域上做了两大划分，中心区域在广州市内，主要履行免费洗发的承诺，在广州市外及媒介所能影响的范围，另设一项咨询奖，目的是用有限的资金，使广告发挥最大的效力。

这次活动，广州宝洁花了相当于拍5部广告片的费用，但却使海飞丝和飘柔在广州地区的销售额比上年同期增加了3.5倍。在杭州市场也如法炮制，投入仅5万元，结果销量比上年增长了10倍。

2. 举办海飞丝南北歌星、笑星光耀荧屏大型文艺晚会

1990年5月11日、12日、13日，广州宝洁再领风骚，出资赞助广州电视台推出海飞丝南北歌星、笑星光耀荧屏大型文艺晚会。晚会上众多明星登台献艺，演出获得极大成功，广州宝洁的换票行动也取得了很大的成效。

广州宝洁送出了一万张门票，每张门票价值20元，任何一位消费者，凭购买海飞丝、飘柔、玉兰油30元以上面额的发票一张，并且30元宝洁产品内一定要有白色飘柔，即可换取晚会门票2张。

这次活动与不久前进行的海飞丝、飘柔亲善大行动有异曲同工之妙，它们增强了消费

者对宝洁产品的认识和接受，使得1990年度海飞丝、飘柔、玉兰油在广州市场的销售量比上年增加了4.5倍，由此这两项活动获得了1990年度美国宝洁公司总部的两项大奖——“最佳消费者创意奖”“最佳客户创意奖”。

与此同时，宝洁产品也开始向全国辐射，从乌鲁木齐到西双版纳，市场上到处都可以见到宝洁公司产品的踪迹。外销也很有起色，东南亚等地的客户对宝洁产品反应强烈，成交额不断上升。

3. 举办飘柔之星全国竞耀活动

1994年和1995年，广州宝洁举办了两届飘柔之星全国竞耀活动，目标是在消费者心中形成崇拜，提高品牌的忠诚度，让使用飘柔产品成为一种时尚。

活动分为三个阶段。经过摄影、初选、面试及公众投票，由各省市推选出一名“飘柔之星”，于指定日期到广州参加总决赛。决赛之前，广州宝洁特别为远道而来的候选人安排了为期半个月的培训，课程包括健美操、专业模特训练、化妆、头发护理及服装挑选的指导等。此外，还安排候选人参观宝洁公司，了解跨国公司的生产运作，并往深圳旅游观光。在璀璨的飘柔之星颁奖典礼上，各省的“飘柔之星”参与演出了不同类型的节目，如服装、健美操会演、问题对答及才艺表演等，并从中角逐“飘柔之星”“活力之星”“才艺之星”“友谊之星”“风采之星”五项殊荣。

飘柔之星活动对于鼓励年轻人积极进取，抓住机遇，突破自我，开拓更美好的前程，起到了广泛而有力的推动作用，同时也培养了一大批“飘柔”的品牌忠诚者。

思考：

1. 宝洁公司营业推广活动的特色表现在哪些方面？
2. 从宝洁公司的活动中你认为一个公司成功开展促销活动应注意哪些问题？

参 考 文 献

[1] 符国群. 消费者行为学[M]. 北京：高等教育出版社，2010.
[2] 李付庆. 消费者行为学[M]. 北京：清华大学出版社，2011.
[3] 于慧川，林莉. 消费者心理与行为[M]. 北京：清华大学出版社，2012.
[4] 叶敏，张波平，宇伟. 消费行为学[M]. 北京：北京邮电大学出版社，2007.
[5] 余禾. 消费者行为学[M]. 成都：西南财经大学出版社，2010.
[6] 龚振. 消费者行为学[M]. 广州：广东高等教育出版社，2011.
[7] 陈碧琼. 消费者行为学[M]. 重庆：重庆大学出版社，2006.
[8] 王曼，白玉苓，王智勇. 消费者行为学[M]. 北京：机械工业出版社，2007.
[9] 孙丽辉，卞志刚，赵冬梅. 消费者行为学[M]. 大连：东北财经大学出版社，2009.
[10] 肖立. 消费者行为学[M]. 北京：中国农业大学出版社，2011.
[11] 黄维梁. 消费者行为学[M]. 北京：高等教育出版社，2005.
[12] 张雁白，张建香，赵晓玲. 消费者行为学[M]. 北京：机械工业出版社，2011.
[13] 罗子明. 消费者心理学[M]. 北京：清华大学出版社，2007.
[14] 李晓霞，刘剑. 消费者心理学[M]. 北京：清华大学出版社，2010.
[15] 荣晓华. 消费者行为学[M]. 大连：东北财经大学出版社，2011.
[16] 李东进. 消费者行为学[M]. 北京：机械工业出版社，2007.
[17] 贠晓哲，赵志耘. 消费者行为学[M]. 北京：社会科学文献出版社，2011.
[18] 徐俊昌. 消费者行为学[M]. 北京：机械工业出版社，2012.
[19] 江林. 消费者心理与行为[M]. 北京：中国人民大学出版社，2006.
[20] 姚山季，张立，王永贵. 消费者行为学[M]. 天津：南开大学出版社，2010.
[21] 董昭江. 消费行为学[M]. 北京：清华大学出版社，2012.
[22] 安圣慧. 消费者行为学[M]. 北京：对外经济贸易出版社，2011.
[23] 朱姝. 消费者行为学[M]. 上海：华东理工大学出版社，2009.
[24] 冯军. 消费心理学[M]. 北京：对外经济贸易大学出版社，2008.
[25] 余杰，罗乐娟. 消费心理学[M]. 北京：北京理工大学出版社，2010.
[26] 徐萍. 消费者心理学教程[M]. 上海：上海财经大学出版社，2012.
[27] 汪彤彤. 消费者行为分析[M]. 上海：复旦大学出版社，2008.
[28] 冯丽云. 消费者行为学[M]. 北京：经济管理出版社，2008.
[29] 吴长亮. 消费者行为学[M]. 郑州：郑州大学出版社，2011.
[30] 王旭. 消费者行为学[M]. 北京：电子工业出版社，2009.
[31] 张香兰. 消费者行为学[M]. 北京：清华大学出版社，2012.
[32] 刘飞燕. 消费者行为学[M]. 南京：南京师范大学出版社，2011.
[33] 王志敏. 消费者行为学[M]. 上海：立信会计出版社，2008.
[34] 张中科. 消费者行为学[M]. 北京：中国人民大学出版社，2011.

[35] 李晴. 消费者行为学[M]. 重庆：重庆大学出版社，2003.
[36] [法]多米尼克·夏代尔，(印)拉祖. 消费者行为学：概念、应用和案例[M]. 李屹松，王飙，译. 北京：中国财政经济出版社，2007.
[37] 韦恩·D·霍依尔，德波拉·J·麦克依尼斯. 消费者行为学[M]. 4版. 刘伟，译. 北京：中国市场出版社，2008.